DIETWULF BAATZ

DER RÖMISCHE LIMES

Archäologische Ausflüge zwischen
Rhein und Donau

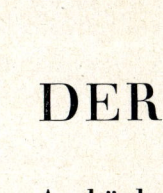

Gebr. MANN VERLAG · BERLIN

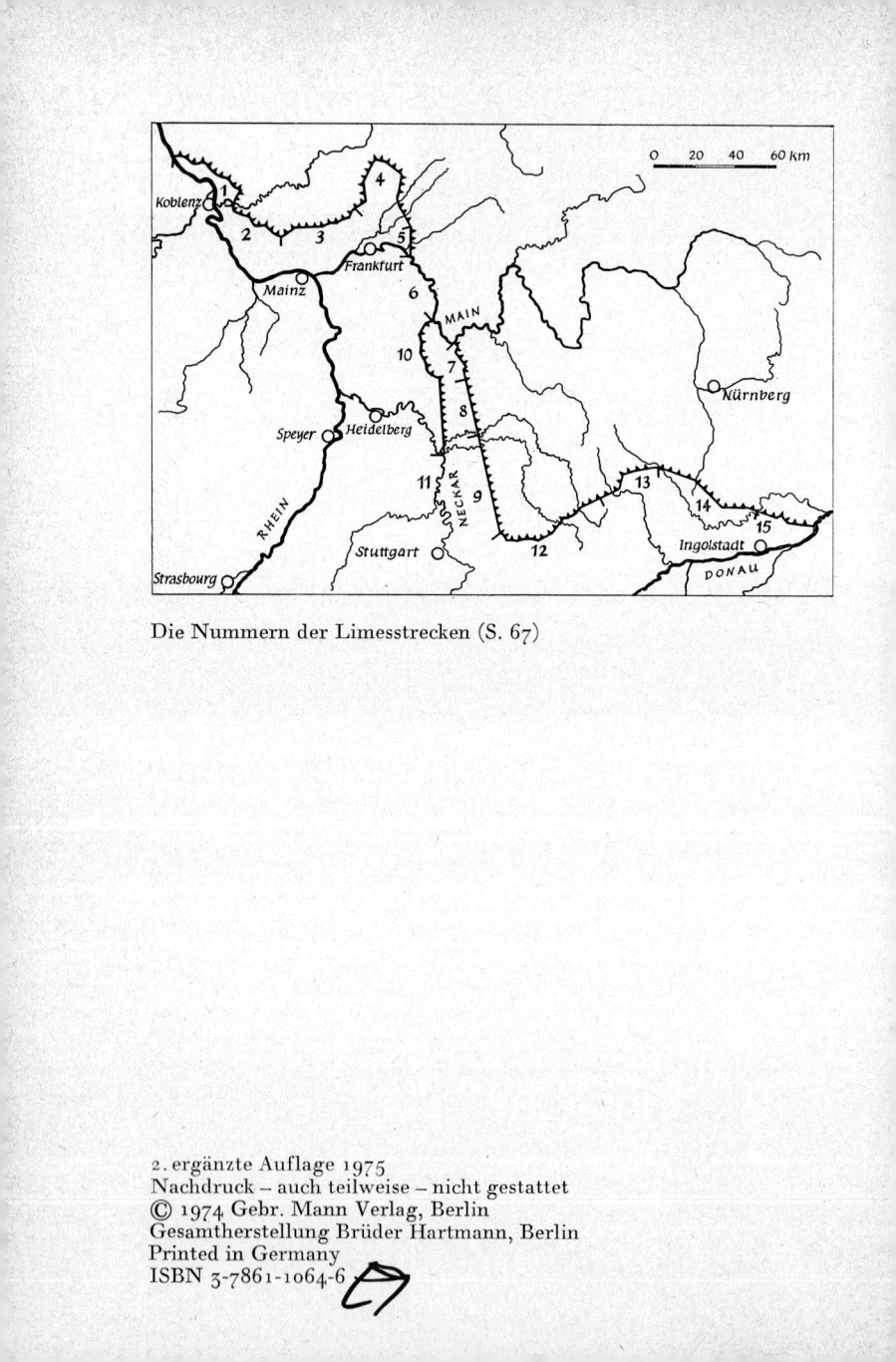

Die Nummern der Limesstrecken (S. 67)

2. ergänzte Auflage 1975
Nachdruck – auch teilweise – nicht gestattet
© 1974 Gebr. Mann Verlag, Berlin
Gesamtherstellung Brüder Hartmann, Berlin
Printed in Germany
ISBN 3-7861-1064-6

Inhaltsverzeichnis

Vom Rhein zur Lahn (Strecke 1) S. 75 – Von der Lahn
zur Aar bei Adolfseck nördlich Bad Schwalbach (Strecke
2) S. 90 – Von der Aar bis Glashütten im Taunus; westliche Taunusstrecke (Strecke 3, Westteil) S. 100 – Von
Glashütten im Taunus bis zum Köpperner Tal; Hochtaunus (Strecke 3, Ostteil) S. 108 – Vom Köpperner Tal
bis zum Hainhaus bei Grüningen; Osttaunus und westliche Wetterau (Strecke 4, Westteil) S. 122 – Vom Hainhaus bei Grüningen bis Marköbel; nördliche und östliche
Wetterau (Strecke 4, Nord- und Ostteil) S. 156 – Von
Marköbel bis Groß-Krotzenburg am Main (Strecke 5)
S. 143 – Von Hainstadt bis Wörth am Main; ältere Mainlinie (Strecke 6, Nordteil) S. 148 – Von Wörth am Main
bis Schlossau; nördliche Odenwaldlinie (Strecke 10, Nordteil) S. 153 – Von Schlossau bis Bad Friedrichshall am
Neckar; südliche Odenwaldlinie (Strecke 10, Südteil)
S. 167 – Von Wimpfen bis Köngen; Neckarlinie (Strecke

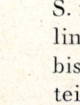

Vorwort

Vom Rhein bei Koblenz bis zur Donau unweit von Regensburg ziehen Pfahlgraben und Teufelsmauer durch Deutschland. Dieses Stück der ehemaligen römischen Reichsgrenze ist ungefähr 500 Kilometer lang. Kein anderes archäologisches Denkmal Mitteleuropas erreicht auch nur entfernt diese Abmessungen. In ihrem letzten Ausbauzustand ist die Grenzstrecke von mehr als sechzig Limeskastellen geschützt worden; neunhundert Wachttürme standen daran. Diese Wehrbauten sind Zeugen einer jahrhundertelangen Auseinandersetzung mit den Germanen, die oft die ganze Kraft des Römerreichs beanspruchte. Bei der Völkerwanderung haben germanische Stämme den Limes überschritten und weite Teile des alten Imperiums in Besitz genommen: ein Vorgang, der für die spätere politische Gliederung Europas von außerordentlicher Bedeutung war.

Noch in Ruinen üben die antiken Bauten den Zauber eines südlichen Fremdlings in unserer mitteleuropäischen Landschaft aus. An vielen Stellen zieht der Limes durch einsame Wälder und abgelegene, reizvolle Landschaften. Gerade dort ist er häufig besonders gut erhalten. Dieses Buch möchte nicht nur ein zuverlässiger Führer für Wanderungen am Limes sein, es soll zugleich in die Geschichte und Archäologie des Limes einführen. – Einige Hinweise auf lohnende Ziele findet der Benutzer in der Einleitung zur Beschreibung der Limesstrecken (S. 71). Ohne den Besuch der einschlägigen archäologischen Museen wird man den Limes aber kaum verstehen. Daher werden die Museen im Text stets besonders erwähnt. Sie erscheinen auch im Anhang übersichtlich zusammengefaßt (S. 298). In einem einleitenden Abschnitt werden Geschichte und Aufbau des Limes kurz behandelt. Wer sich darüber genauer orientieren möchte, sei auf die wissenschaftliche Literatur hingewiesen, von der im Anhang eine Auswahl aufgeführt wird (Schriftenverzeichnis S. 297).

Nach dem zweiten Weltkrieg gab es zunächst keine leicht zugänglichen Schriften über den Limes in Deutschland. Da war es das Verdienst von Wilhelm Schleiermacher, im Jahre 1959 mit dem »Limesführer« einen vorzüglichen, allgemeinverständlichen Zugang zu den Resten der römischen Grenze eröffnet zu haben. Der

»Limesführer« füllte eine fühlbare Lücke aus und erlebte drei Auflagen. Inzwischen haben sich durch zahlreiche Bauvorhaben, aber auch durch wissenschaftliche Forschungen an mehreren Kastellen so viele Änderungen ergeben, daß eine durchgreifende Erneuerung des bewährten Führers geboten erschien. Er wurde daher völlig neu geschrieben. Als Grundlage der Streckenbeschreibung diente eine Bestandsaufnahme des Limes, die in den letzten Jahren mit Hilfe der Deutschen Forschungsgemeinschaft unternommen werden konnte. Dabei besorgte Herr B. Beckmann die Aufnahme der Limesstrecken 1, 2, 6, 9 und 12, wofür ich ihm sehr danken möchte. Die übrigen Limesstrecken hat der Verfasser aufgenommen. Die Grundlage unserer Kenntnis des Limes bleibt aber weiterhin das umfangreiche, von E. Fabricius herausgegebene Limeswerk (ORL; siehe Schriftenverzeichnis). – Die Abbildungen sind zum Teil der wissenschaftlichen Literatur entnommen worden. Andere sind von Mitarbeiterinnen des Saalburgmuseums gezeichnet worden, wofür ich Frau I. Roebel und Frau M. Schleiermacher freundlich danken möchte.

Möge auch für dieses Buch gelten, was J. Collingwood Bruce im Jahre 1863 seinem »Handbook to the Roman Wall«, dem vorbildlichen Führer zur Hadriansmauer in England, mitgab: »Ein Buch wie dieses hat das einzigartige Vorrecht, seine Tage nicht nur zu Hause zu verbringen. Es reist mit seinem Besitzer und teilt sein Geschick bei Wind und Wetter . . .«

Saalburg, im Januar 1974   D. Baatz

Vorwort zur 2. Auflage

Überraschend schnell war die erste Auflage des »Römischen Limes« vergriffen, ein erfreuliches Zeichen für das wiedererwachte Interesse an diesem bedeutenden Denkmal des Altertums. Die zweite Auflage wurde durchgesehen, ergänzt und auf den neuesten Stand gebracht.

Saalburg, im Mai 1975   D. Baatz

Abkürzungen: ORL s. Schriftenverzeichnis S. 297. – Wp. heißt Wachtposten (d.h. Limesturm). Die darauf folgenden Zahlen geben die Limesstrecke und die Wachtpostennummer nach ORL an. Wp. 7/15 ist demnach der fünfzehnte Wachtposten der Limesstrecke 7. Siehe dazu S. 73; die Limesstrecken sind aus den Übersichtskarten S. 4 und S. 67 zu ersehen.

Geschichte und Aufbau
des obergermanisch-raetischen Limes

Rom erreicht den Rhein und die Donau

In den Jahren 58–51 v. Chr. eroberte der römische Staatsmann und Feldherr C. Julius Caesar Gallien. Die keltischen Völker Galliens bewohnten damals das heutige Frankreich, Belgien, die Westschweiz und den größten Teil des linksrheinischen Deutschland. Der gallische Krieg Caesars fügte dem Römerreich nicht nur ein Gebiet hinzu, in dem sich später reiche Provinzen entwickelten. Hier hatte es sich in den folgenden Jahrhunderten im Frieden wie im Krieg mit der einheimischen Bevölkerung auseinanderzusetzen. Das Ergebnis dieser Auseinandersetzungen bestimmte die Grundlagen der späteren Gliederung Europas.

Schon im ersten Jahr des gallischen Krieges hatte Caesar nicht nur mit keltischen Stämmen zu tun. Er kämpfte auch gegen Germanen. Unter der Führung Ariovists hatten suebische Völker den Rhein überschritten. Sie versuchten in Gallien Wohnraum und Einfluß zu gewinnen. Sie wurden aber von Caesar geschlagen und über den Rhein zurückgetrieben. Der Fluß stellte nach Caesars Bericht die Grenze zwischen den keltischen und germanischen Stämmen dar. Die heutige Forschung hat erkannt, daß die Frage nach den Wohnsitzen, der Herkunft und dem Volkstum der Germanen zu verwickelten und vielschichtigen Antworten führt. Darauf soll in einem späteren Abschnitt kurz eingegangen werden. – Durch den erfolgreichen gallischen Krieg Caesars wurde der Rhein zur Grenze des Römerreichs. Mehr als vier Jahrhunderte lang standen sich Germanen und Römer hier gegenüber. Oft mußte Rom seine ganze militärische Kraft einsetzen, um sich zu behaupten. Andererseits ging von der hohen Zivilisation des Imperiums ein Glanz aus, dem sich die Germanen nicht entziehen konnten. Ihr Leben wurde in vielfacher Weise von römischen Einflüssen erreicht und durchdrungen.

Caesar hat keine Eroberungen jenseits des Rheins geplant. Er überschritt lediglich zweimal auf kurzen militärischen Expeditionen den Strom (55 und 53 v. Chr.). Seine beiden in der Gegend von Neuwied überaus rasch gebauten Rheinbrücken waren Paradestücke römischer Organisationskunst und Technik. Den gewünschten Eindruck auf die Germanen haben sie gewiß erreicht.

Wenige Jahrzehnte später entwarf Kaiser Augustus einen umfassenden Plan zur Festigung der römischen Position in Mitteleuropa. Seit den Zügen der Cimbern und Teutonen (113–101 v. Chr.) war man sich in Rom der Gefahren bewußt, die von den Nordvölkern drohen konnten. Von den Erfolgen seines Vorgängers ausgehend wollte der Kaiser diese Gefahren nunmehr endgültig beseitigen, indem er das Land bis zur Elbe eroberte.

Im Jahre 15 v. Chr. gewannen die beiden Stiefsöhne des Kaisers, Tiberius und Drusus, in einem raschen Feldzug die Alpen und das Alpenvorland bis zur Donau. In diesem Raum wohnten damals keltische Stämme, von denen die Vindeliker, Raeter und Noriker die bekanntesten sind. Etwa gleichzeitig wurden die Legionen aus dem Inneren Galliens, wo sie seit den Feldzügen Caesars in Garnison gelegen hatten, an den Rhein verlegt. Im Jahre 12 v. Chr. standen sie bereit, als Drusus vom Rhein aus die Feldzüge zur Eroberung Germaniens eröffnete.

Nach glücklichen Anfangserfolgen scheiterte der Plan des Kaisers nicht nur am zähen Widerstand der Germanen, sondern auch an den schwierigen und ungewohnten Bedingungen, die das Heer und die Verwaltung in dem für die Römer fremdartigen Lande vorfanden. Auch band der pannonisch-dalmatische Aufstand (im heutigen Ungarn und Jugoslawien) römische Truppen in einer wichtigen Phase der Germanenkriege. Dann beendete die schwere römische Niederlage im Teutoburger Wald für Jahre die römischen Eroberungsabsichten (9 n. Chr.). Nach weiteren verlustreichen Kämpfen des Feldherrn Germanicus ließ Kaiser Tiberius im Jahre 16 n. Chr. die Germanenfeldzüge abbrechen. Der Rhein wurde wieder Grenze.

Während der Germanenkriege spielte sich eine Episode ab, die für die spätere Provinz Raetien und ihren Limes günstige Folgen hatte. Im Jahre 7 v. Chr. führte der römische Feldherr L. Domitius Ahenobarbus ein römisches Heer über die Elbe. Er traf dabei auf den germanischen Stamm der Hermunduren. Die Berührung verlief friedlich, und der römische Feldherr wies den Germanen im heutigen Thüringen und Franken Wohnsitze an, die vorher von den Markomannen verlassen worden waren. Seitdem herrschten zwischen den Hermunduren und dem Römerreich friedliche Verhältnisse. Aus diesem Grund konnten bei der Beendigung der Germanenfeldzüge 16 n. Chr. sämtliche Legionstruppen aus dem Alpenvorland abgezogen werden, denn eine Gefahr aus dem Norden war in dieser Gegend nicht zu befürchten. Im Gebiet der Raeter und Vindeliker blieben nur leichte Hilfstruppen, die ihre Lager zunächst mitten im Lande hatten. Aber schon unter der Regierung des Kaisers Claudius (41–54 n. Chr.) wurden die Truppen an die Donau gezogen, wo nun eine Reihe von Kastellen errichtet wurde. Etwa zur gleichen Zeit hat der Kaiser die Provinz Raetia gegründet.

Am Rhein bleiben die Legionen nach dem Ende der Germanenkriege in ihren Lagern am linken Ufer des Stroms. Diese Truppenmacht, die mit acht Legionen einen erheblichen Teil des römischen Heeres umfaßte, konnte jederzeit zu einem neuen Krieg gegen die Germanen eingesetzt werden. Dazu kam es vorerst nicht. Vor dem Legionslager Mainz blieb aber ein Brückenkopf bestehen. Er wurde in der Mitte des 1. Jahrhunderts unter Kaiser Claudius erweitert, wobei als äußerster Vorposten das Auxiliarkastell Hofheim entstand. Weitere Auxiliarkastelle, die zum Teil schon seit der Zeit des Augustus bestanden, lagen am linken Rheinufer zwischen den Legionslagern.

Während des Dreikaiserjahres 69 n. Chr. zog der Befehlshaber des untergermanischen Heeres Vitellius den Kern der Kampftruppen vom Rhein zum Bürgerkrieg nach Italien ab. Die unsichere politische Lage und das Fehlen der Besatzungstruppen führten zu Aufständen in der Provinz (Bataveraufstand) und zu Übergriffen rechtsrheinischer Germanen. Zwar wurde die Ordnung unter Kaiser Vespasian rasch wieder hergestellt (70 n. Chr.). In weiten Teilen des Grenzgebiets waren aber Zerstörungen zu beklagen. Auch hatten die Ereignisse von 69 und 70 gezeigt, daß die römische Rhein- und Donaugrenze ungünstig verlief. Wie ein Keil ragte fremdes Land weit bis an das Rheinknie bei Basel in das Reichsgebiet hinein und behinderte den Verkehr zwischen den Rhein- und Donauprovinzen.

Eroberungen der flavischen Kaiser und Anlage des Limes

Unter den drei flavischen Kaisern Vespasian, Titus und Domitian (69–96 n. Chr.) ist der römische Machtbereich jenseits von Rhein und Donau erheblich erweitert worden. Während noch die Wiederaufbauarbeiten nach dem Bürgerkrieg und dem Bataveraufstand (69–70 n. Chr.) im Gange waren, überschritt das obergermanische Heer den Oberrhein. Schon seit einiger Zeit befand sich die rechtsrheinische Seite des Oberrheingrabens unter römischem Einfluß. Hier hatten sich mit römischer Billigung und unter festen vertraglichen Bindungen germanische Stammesteile angesiedelt (Oberrheinsueben). Sie übten eine Vorfeldsicherung vor der römischen Grenze aus. Nun wurde das Gebiet unter direkte römische Kontrolle genommen und Kastelle und Straßen angelegt (Groß-Gerau, Ladenburg, Heidelberg). Gleichzeitig erweiterten die Römer den bereits bestehenden Brückenkopf gegenüber dem Legionslager Mainz. Die zerstörten Kastelle Wiesbaden und Hofheim erstanden wieder. Neue Kastelle wurden in Frankfurt a. M.-Heddernheim, Okarben und vielleicht in Friedberg (Hessen) errichtet. So hatten die Römer schon unter Vespasian in der Wetterau nördlich von Frankfurt a. M. festen Fuß gefaßt.

Im Jahre 74 ließ der Chef des obergermanischen Heeres, der konsularische Legat Cn. Pinarius Cornelius Clemens, eine Straße vom Legionslager Straßburg über den Schwarzwald bauen. Sie sollte eine kürzere Verbindung zwischen dem Oberrhein und der oberen Donau ergeben. Dadurch kam das obere Neckarland unter römische Herrschaft. Zur Sicherung des neu erworbenen Gebiets bauten die Truppen Kastelle in Rottweil, Waldmössingen und Sulz. Die neue Straße führte von Rottweil weiter zur oberen Donau, von wo aus einerseits das Legionslager Vindonissa (Windisch bei Brugg in der Schweiz), andererseits die Hauptstadt der Provinz Raetia, Augsburg, erreicht werden konnte.

Unter Titus, dem Nachfolger Vespasians, überschritten die Römer die Donau bei dem neugegründeten Kastell Eining westlich von Regensburg. Sie legten – ähnlich wie am Oberrhein – eine neue Straße am linken Donauufer an, die durch das nördlich vom Strom gelegene Kastell Kösching geschützt wurde.

Am Oberrhein, im Neckarland und an der Donau scheinen die Römer bei der Erweiterung ihres Machtbereichs kaum auf Widerstand gestoßen zu sein. Das Land dürfte verhältnismäßig schwach bevölkert gewesen sein. So stellt es jedenfalls der römische Geschichtsschreiber Tacitus in der »Germania« dar. Er berichtet, daß in dieses offenbar entvölkerte Land jenseits des Rheins, die *decumates agri*, allerhand abenteuerlustige Leute aus dem römischen Gallien einströmten, um dort seßhaft zu werden. Von ihnen ging keine Gefahr für die römische Verwaltung aus.

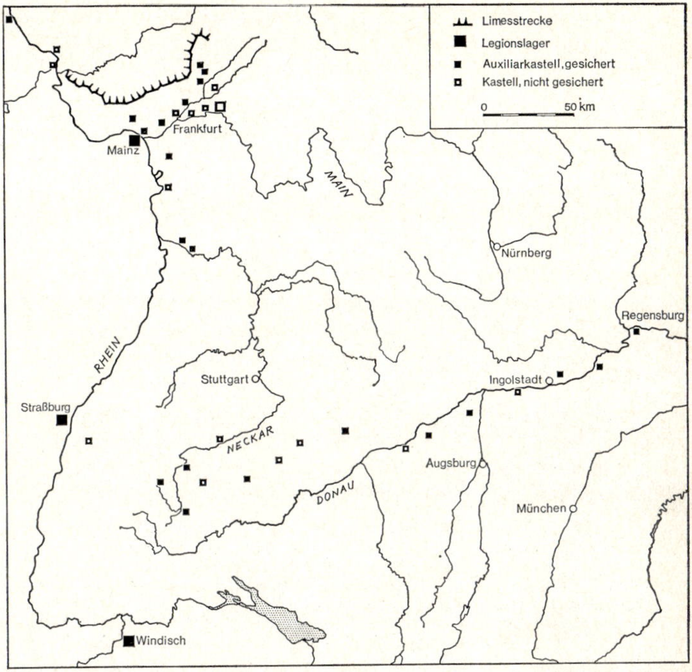

Abb. 1. Der obergermanisch-raetische Limes um 85 n. Chr. Möglicherweise befanden sich zu dieser Zeit bereits einige Kastelle am mittleren Neckar.

Am Mittelrhein waren die Verhältnisse anders. Der mächtige Germanenstamm der Chatten fühlte sich anscheinend durch das römische Vorgehen bedroht und nahm eine feindliche Haltung ein. Das Kerngebiet dieses Stammes war zwar weit vom Rhein entfernt – es lag in der Gegend um Kassel und Fritzlar – doch reichte sein Einflußgebiet bis an die von den Römern unmittelbar beherrschte Zone bei Mainz. Als man in Rom hörte, daß die Chatten in Waffen stünden, um in die römische Provinz einzufallen, ordnete Kaiser Domitian einen Präventivkrieg an (Chattenkrieg 83–85 n. Chr.). Ein erfolgreicher Germanenkrieg mag seinen Plänen auch aus innenpolitischen Gründen entsprochen haben. Unter dem Vorwand einer Vermögensschätzung (*census*) in Gallien ließ der Kaiser Truppenbewegungen ausführen, konzentrierte seine Macht in Mainz und begann plötzlich den Krieg gegen die Chatten. Die Germanen stellten sich dem römischen Heer nicht zum Entscheidungskampf. Die Überlegenheit der römischen Streitkräfte an Menschenzahl, Ausrüstung und technischen Fertigkeiten war erdrückend. So wichen die Chatten aus, fügten aber den römischen Truppen durch plötzliche Überfälle aus der Tiefe der Waldgebirge, in die sie ebenso schnell wieder verschwanden, empfindliche Verluste zu. Wie der Zeitgenosse *Sextus Julius Frontinus* berichtet, meisterten die römischen Truppen die schwierige Kriegslage dadurch, daß sie Schneisen (*limites*) in die Wälder schlugen, und zwar auf einer Länge von 120 *milia passuum* (180 km; Frontinus, Strategemata I 3,10). Das Wort *limes* wird hier übrigens noch nicht in seiner späteren Bedeutung »Reichsgrenze« verwendet. – Von den Schneisen aus konnten die Wälder durchkämmt und gesäubert werden. Das wendete die Lage zugunsten der Römer.

Wie E. Fabricius erkannt hat, trifft die Notiz des Frontinus recht gut auf den Taunus zu. Das Waldgebirge lag an der Flanke des römischen Vormarschweges, der in der Ebene nördlich von Frankfurt a. M. verlief. Die äußerste Schneise in den Bergwäldern ist vielleicht beibehalten worden. Aus ihr kann sich die älteste Limesstrecke im Taunus und am Westrand der Wetterau entwickelt haben, die möglicherweise unmittelbar im Anschluß an die Chattenkriege entstanden ist (Abb. 1). Die Wetterau nördlich von Frankfurt a. M. befand sich nun fest in römischer Hand. Sie wurde durch den Bau von Straßen und weiteren Kastellen gesichert.

Es ist nicht ausgeschlossen, daß mit der Kriegsmacht, die der Kaiser zusammengezogen hatte, noch weitergesteckte Ziele erreicht werden sollten. Fünf Legionen und zahlreiche weitere Truppen waren an dem Krieg beteiligt. Vielleicht wurde der Chattenkrieg wegen der herannahenden Dakergefahr nicht weitergeführt. Damals begannen nämlich die Daker, die in Siebenbürgen im heutigen Rumänien wohnten, die Donaugrenze anzugreifen. Die Wetterau aber blieb römisch.

Nach dem Ende des Chattenkrieges befanden sich vier Legionen in der damals neugegründeten Provinz Obergermanien (*Germania superior*). Zwei Legionen lagen in Mainz, wo zugleich der Sitz des Provinzstatthalters war, außerdem eine in Straßburg und eine in Windisch bei Brugg (Schweiz). Abb. 1 zeigt die Ver-

teilung der Militärlager an der obergermanischen und raetischen
Grenze um 85 n. Chr.

Diese Truppenmacht verleitete im Winter 88/89 n. Chr. den
obergermanischen Statthalter *L. Antonius Saturninus*, sich gegen
den Kaiser zu empören. Der Aufstand, an dem sich auch die Chatten beteiligt hatten, wurde zwar rasch niedergeschlagen. Er gab
aber den Anstoß, die Organisation der Grenzverteidigung zu än-
dern. Eine der beiden Mainzer Legionen, die sich an dem Aufstand beteiligt hatten, wurde an einen Abschnitt der Donaugrenze versetzt, der im heutigen Ungarn lag. Seitdem befand
sich am Sitz des Statthalters in Mainz lediglich eine Legion. Die
Provinz Obergermanien verfügte jetzt nur noch über drei Legionen, die in Mainz, Straßburg und Windisch stationiert waren.

Die Kastelle der Hilfstruppen sind unter den flavischen Kaisern
zunächst mitten in dem neuerworbenen Gebiet angelegt worden,
meistens an wichtigen Straßen. Sie sollten das Gebiet nicht nur
vor äußeren Feinden schützen. Ihre Aufgabe war es auch, die römische Verwaltung der einheimischen Bevölkerung gegenüber
durchzusetzen. Nach dem Aufstand des Saturninus begannen
diese Truppen an den Rand des römischen Gebiets zu ziehen, wo
die Limeslinie teilweise wohl schon seit dem Chattenkrieg bestand, teilweise auch jetzt erst ausgebaut wurde.

In seiner ersten Phase war der Limes lediglich ein Postenweg, an
dem hölzerne Wachttürmen standen. Zuerst erhielten die am
stärksten gefährdeten Grenzstrecken in der Wetterau Besatzungen aus vollständigen Auxiliarkohorten oder Alen (fünfhundert
Mann starke Infanterie- oder Kavallerieeinheiten). Sie erbauten
um 90 n. Chr. die Kastelle Butzbach, Arnsburg und Echzell.

Die Limesstrecke in den Bergwäldern des Taunus galt damals offenbar als weniger gefährdet. Der Limes existierte aber auch hier
schon als Schneise, die von hölzernen Wachttürmen aus überwacht wurde. Doch genügten im Taunus zunächst recht kleine
Kastelle auf der Saalburg, am Zugmantel und wohl in Marienfels. Sie boten nur Platz für jeweils 100–200 Mann, vermochten
also keine volle, fünfhundert Mann starke Kohorte aufzuneh-
men. Erst später erhielt die Taunuslinie nach und nach eine stärkere Besatzung. Jedenfalls sind die ältesten Strecken des Limes im
Norden der neuen Provinz Obergermanien angelegt worden, wo
sie wegen der Auseinandersetzung mit den Chatten offenbar notwendig waren.

Um 90 entstanden auch die ältesten Kastelle an der Mainlinie zwischen Hainstadt und Obernburg. Weiter im Süden ist der mittlere Neckarlauf von Köngen bis Wimpfen unter Domitian besetzt und mit Kastellen versehen worden. Main und Neckar wurden durch die Odenwaldlinie verbunden. Ob diese allerdings schon um 90 abgesteckt worden ist oder erst etwa zehn Jahre später unter Kaiser Traian, ist nicht ganz sicher. Das Land am oberen Neckar war, wie bereits dargelegt, schon seit etwa 74 n. Chr. in römischer Hand.

So waren gegen Ende der Regierung Domitians römische Hilfstruppen im Taunus, in der Wetterau, am Main und am Neckar an einer Grenzlinie aufgereiht. Es ist der Zustand, den der römische Geschichtsschreiber Tacitus kurz darauf (98 n. Chr.) mit den Worten kennnzeichnet: *mox limite acto promotisque praesidiis sinus imperii et pars provinciae habentur* (Bald zog man den Limes und schob Kastelle vor, so daß das Land als Vorsprung des Reichs und Teil der Provinz betrachtet wird). An dieser Stelle wird das Wort *limes* zum erstenmal im Altertum eindeutig in der Bedeutung von »Reichsgrenze« verwendet.

Unter Kaiser Domitian ist auch die Donaugrenze in Raetien auf breiter Front überschritten worden. Am Anfang seiner Regierung nahmen die Römer im Anschluß an das bereits gewonnene Gebiet am oberen Neckar einen Landstreifen auf der Schwäbischen Alb unter Kontrolle. Es entstand eine Kastellreihe mit Stützpunkten in Burladingen, Gomadingen, Donnstetten und Urspring. Diese Kastellreihe schützte eine Grenzzone, die bei Günzburg die Donau erreichte. Die Albkastelle waren nicht durch eine Limesgrenze verbunden, die mit Wachttürmen versehen war (Abb. 1).

Sehr bald erweiterten die Römer ihren Machtbereich nördlich der Donau noch einmal. Eines der Ziele dürfte die Einbeziehung und Nutzung des fruchtbaren Nördlinger Rieses gewesen sein. Zugleich bildete die neue Grenzzone einen besseren Schutz der Provinz Raetien und ihrer aufblühenden Hauptstadt *Augusta Vindelicum* (Augsburg). Die römischen Truppen erbauten um 90 n. Chr. Kastelle in Eislingen-Salach (?), Heidenheim, Oberdorf, Nördlingen (?), Munningen, Gnotzheim, Unterschwaningen, Weißenburg und Pfünz. Sie sind ähnlich wie die älteren flavischen Kastelle Obergermaniens an wichtigen Straßenverbindungen und auch in den Zentren der Siedlungsgebiete angelegt worden. Sie bildeten die militärische Stütze der Grenzzone. Ein Limes mit Postenweg und Türmen existierte vorerst nicht.

Bevor nun die Geschichte des Limes weiter verfolgt wird, mag es zweckmäßig sein, einige genauere Erklärungen zum römischen Heer, dem Limes und den Germanen einzufügen.

Die Gliederung des römischen Heeres

Das römische Heer der Kaiserzeit war ein Berufsheer, das aus lange dienenden Soldaten bestand. Es war in Legionen und Hilfstruppen (Auxiliartruppen) gegliedert. Außerdem gab es in Rom die Praetorianergarde und schließlich die verschiedenen Flotten. Den Kern bildeten die jeweils ungefähr 5500 Mann starken Legionen. Im Gegensatz zu den Hilfstruppen bestanden sie nur aus römischen Bürgern. Allerdings war das Bürgerrecht in der Kaiserzeit nicht auf die Stadt Rom oder auf Italien beschränkt. Vielen Provinzbewohnern außerhalb Italiens war es ebenfalls zuteil geworden. Die Verleihung des Bürgerrechts an Provinziale erreichte ihren Höhepunkt durch einen Erlaß des Kaisers Antoninus Caracalla (*constitutio Antoniniana*). Dadurch erhielt jeder freigeborene Einwohner des Römerreichs das Bürgerrecht (213 n. Chr.). So wird es verständlich, daß eine Legion sich jeweils aus der Provinz rekrutieren konnte, in der sie stationiert war. Um 100 n. Chr. verfügte das römische Imperium über 30 Legionen, die in den Grenzprovinzen lagen.

Die Legion war in zehn Kohorten eingeteilt. Die erste Kohorte hatte doppelte Stärke (etwa 1000 Mann), die zweite bis zehnte enthielten jeweils etwa 500 Mann. Die normalen Kohorten waren in je sechs Centurien unterteilt, so daß auf eine Centurie rund 80 Mann kamen. Die erste Kohorte war stärker und enthielt zehn Centurien. So gab es insgesamt 64 Centurien in der Legion. Zu der Truppe gehörte außerdem eine kleine Reiterabteilung für Melde- und Aufklärungszwecke. Allerdings ist die Gliederung der Legion im Lauf der Jahrhunderte mehrfach geändert worden. – Der Chef der Legion war ein Beauftragter des Kaisers (Legatus) aus senatorischem Adel. Wir würden einen solchen Offizier heute als General bezeichnen. Ihm standen als Stabsoffiziere sechs Tribuni Militum zur Seite. Sie kamen teils aus senatorischem Adel (Tribuni laticlavi), teils aus dem Ritteradel (Tribuni angusticlavi). Diese Stabsoffiziere hatten keine fest umrissenen Führungsaufgaben. Ein anderer hoher Offizier aus dem Ritterstand, der Praefectus Castrorum, hatte für das Lager der Legion und

Abb. 2. Grabstein eines Centurio der 20. Legion (Museum Colchester in England). Der Centurio trägt die Offiziersrüstung, die sich von der eines einfachen Soldaten erheblich unterscheidet (vgl. Abb. 4). In der rechten Hand hält er den Stock (vitis), das Rangabzeichen des Centurio, das sein Recht zur körperlichen Züchtigung der ihm unterstellten Soldaten versinnbildlicht. Photo RGZM.

Inschrifttext: *Marcus Favonius Marci filius Pollia Facilis centurio legionis XX. Verecundus et Novicius liberti posuerunt. Hic situs est.*
Marcus Favonius Facilis, Sohn des Marcus, aus dem Stimmbezirk Pollia, Centurio der 20. Legion. Seine Freigelassenen Verecundus und Novicius haben (den Grabstein) gesetzt. Hier liegt er begraben.

den Nachschub zu sorgen. Das Rückgrat der Truppe im täglichen Dienst und im Einsatz bildeten jedoch die Führer der Centurien, die Centurionen. Im Gegensatz zu den höheren Legionsoffizieren, die dem Senatsadel oder dem Ritterstand angehörten, gingen sie üblicherweise aus dem Mannschaftsstand hervor. – Einen angesehenen Posten unter dem Rang des Centurio hatte der Adlerträger der Legion (Aquilifer). Der goldene Legionsadler war das Sinnbild der Truppe. Für die übrigen Feldzeichen – die mehr kultischen Imagines und die taktischen Feldzeichen, die Signa – gab es besondere Fahnenträger.

Ferner war eine Anzahl von Unteroffizieren und Gefreiten bei
der Legionsverwaltung und bei besonderen Einrichtungen tätig
(Lazarett, Werkstätten und Magazine). Innerhalb jeder Centurie
gab es außer den einfachen Soldaten (Milites) mehrere Dienst-
grade unter dem Centurio, angefangen bei den Gefreiten (Immu-
nes) über den Tesserarius zum Optio, der den Centurio vertreten
konnte. So hatte die Legion einen komplizierten Aufbau mit
zahlreichen Rangstufen und einem genau vorgeschriebenen
Dienstbetrieb, zu dem auch eine verzweigte Bürokratie gehörte.
Der Grundriß eines Legionslagers (Abb. 7) mag einen Eindruck
von der differenzierten und präzisen Organisation der Truppe
geben.

Zum Schutz der eigentlichen Limesstrecken waren keine Legionssoldaten vorgesehen, sondern Hilfstruppen. Insgesamt war die
Stärke der Hilfstruppen der Anzahl der Legionssoldaten ungefähr gleich. Unter den Hilfstruppen genossen die Reiterregimenter (Alae) das höchste Ansehen und die beste Besoldung. Ihnen
folgte die Auxiliarinfanterie (Cohortes). Ferner gab es teilweise
berittene Verbände (Cohortes equitatae). Am Schluß standen,
auch in der Besoldung, die erst seit Kaiser Hadrian fest organisierten Numeri. Die Alen und Kohorten waren entweder 500
oder 1000 Mann stark. Je nach ihrer Stärke wurden sie daher als
Cohors quingenaria oder Cohors milliaria bezeichnet; entsprechend war es bei den Alen. Die Chefs der Alen und Kohorten kamen aus dem Ritterstand. Ihr Titel war Praefectus, bei größeren
Truppen gelegentlich auch Tribunus. Mitunter kam es vor, daß
ein abkommandierter Legionscenturio vorübergehend eine solche Hilfstruppe führte. Diese Regelung war bei den Numeri
dauernd üblich. Die Centurionen nannten sich dann Praepositus
Numeri.

Die Ala hatte als Unterabteilungen nicht Centurien, sondern
Turmae (Reiterzüge). Je nach der Stärke der Einheit waren es 16
oder 24 Turmen. Auf eine Turma entfielen dann rund 30 bzw.
40 Reiter. Der Führer einer Turma wurde Decurio genannt.

Die Kohorten waren nach dem Muster der Legionskohorten in 6
Centurien (Cohors quingenaria) oder in 10 Centurien (Cohors
milliaria) eingeteilt. Dazu kamen bei den Cohortes equitatae noch
120 bzw. 240 Reiter, die in 4 oder 8 Turmen gegliedert waren.

Die Numeri waren am obergermanischen Limes meistens nur
kleine Verbände von weniger als 200 Mann. Erst später sind mitunter auch größere Numeri aufgestellt worden (z. B. im Kastell

Niederbieber). Am raetischen Limes hat man zwar keine Inschriften von Numeri gefunden. Es gibt aber Kastelle, deren Abmessungen für eine solche kleine Truppe passend wären.

Unter den Hilfstruppen gab es manche Spezialeinheiten. Als Beispiel mag die *Cohors I Flavia Damascenorum milliaria equitata sagittariorum* dienen. Die Kohorte war eine teilweise berittene, tausend Mann starke Einheit, die ursprünglich aus damascenischen Bogenschützen gebildet worden war. Sie lag in Friedberg in Hessen. Während ihres Aufenthalts in Obergermanien rekrutierte sie sich dann aus dieser Provinz. Der Name der Truppe war

Abb. 3. Eine Seite eines Militärdiploms, gefunden in Mainz. Die Urkunde wurde 90 n. Chr. für den Reiter Mucapor von der 1. Aquitanerkohorte ausgestellt. Bronzediptychon. Breite 21 cm.

Abb. 4. Römische Soldaten während des Gefechts. Rechts: Legionär im Schienenpanzer, links: Auxiliarsoldat im Kettenpanzer. Traianssäule (Rom). Die Säule ist 113 n. Chr. errichtet worden. Photo Deutsches Archäologisches Institut, Rom.

daher schon nach wenigen Jahrzehnten lediglich eine Traditionsbezeichnung. Auch die übrigen Hilfstruppen ergänzten sich aus der Provinz, in der sie standen, gleichgültig, aus welchem Teil des Römerreichs sie gekommen sein mochten. Beim Eintritt in die Hilfstruppen wurde von den Provinzbewohnern der Besitz des römischen Bürgerrechts nicht verlangt. Allerdings gab es auch unter den Auxiliaren römische Bürger. Auf jeden Fall erwarb der Alen- oder Kohortensoldat das Bürgerrecht bei der ehrenvollen Entlassung nach 25 Dienstjahren. Zur Bestätigung seines neuen Rechtsstandes erhielt er ein Militärdiplom (Abb. 3). So war der Dienst in den Hilfstruppen eine der Möglichkeiten für die Provinzbevölkerung, das römische Bürgerrecht zu erwerben.

Die lange Dienstzeit der Soldaten erlaubte eine eingehende und vielseitige Ausbildung. Viele lernten bestimmte, für das Heer wichtige Handwerke. Davon zeugen die häufigen Funde von Handwerksgeräten in den Kastellen, die man heute in den Museen sehen kann. So haben insbesondere die Pioniere der Legionen für die damalige Zeit technische Spitzenleistungen vollbracht (Straßen-, Brücken-, Kanal- und Wasserleitungsbau; Wehr- und Bela-

Abb. 5.   Römischer Infanteriehelm aus Hebron, Eisen. 1. Hälfte des 2. Jahrhunderts n. Chr. (Foto RGZM).

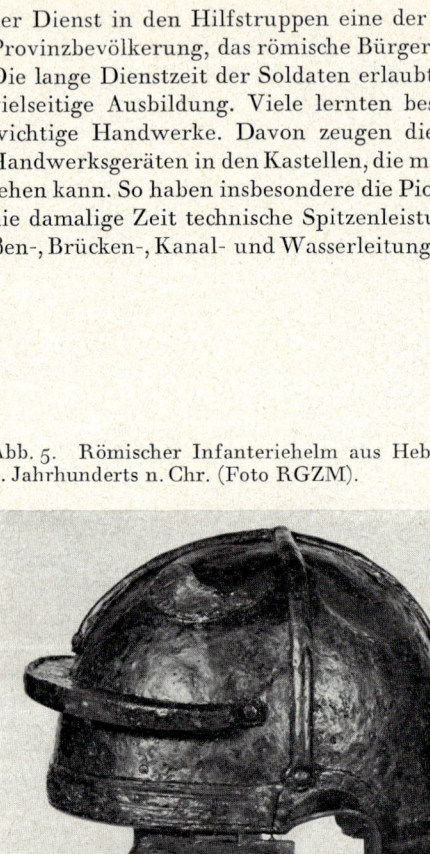

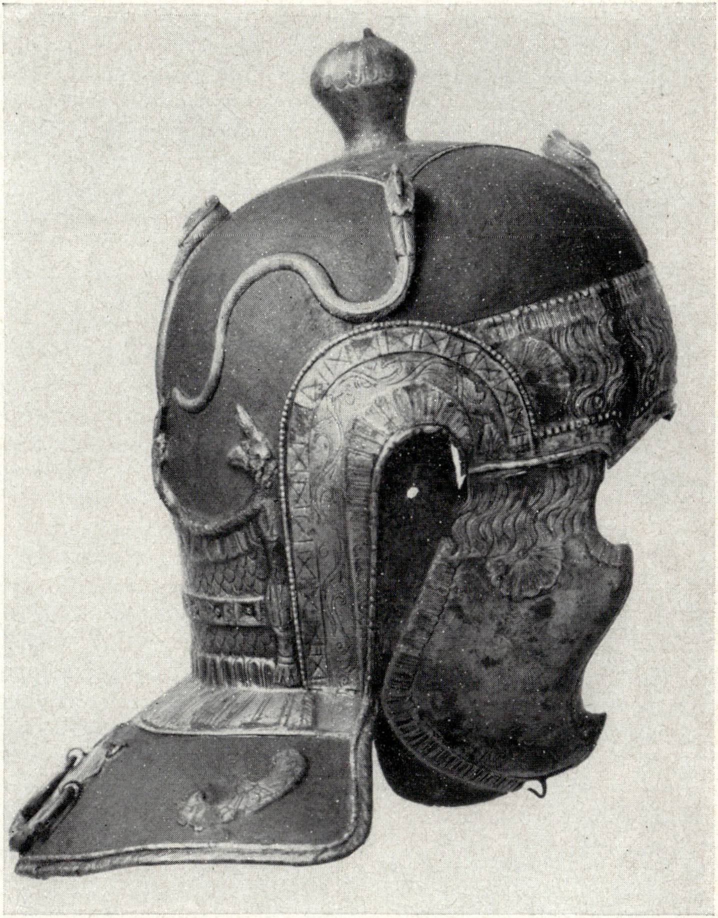

Abb. 6. Römischer Reiterhelm aus Frankfurt a. M.-Heddernheim. Eisen mit Bronzeauflagen. Foto Museum f. Vor- und Frühgeschichte, Frankfurt a. M.

gerungsbauten aller Art). Die dazu notwendigen Werkstätten befanden sich hauptsächlich bei der Legion (Fabricae Legionis), einige auch bei den Hilfstruppen. Auf der sorgfältigen Ausbildung
beruhte unter anderem die technische und taktische Überlegenheit
des römischen Heeres über die Streitkräfte der Nachbarvölker.
Genauso vielgestaltig wie der Aufbau des Heeres war auch die
Ausrüstung der Soldaten. Sie hat sich zudem im Lauf der Jahrhunderte geändert und der jeweiligen Waffentechnik angepaßt.
Auf Abb. 2 erkennt man die Ausrüstung eines Offiziers. Abb. 4
zeigt die Kampfausrüstung von einfachen Legionären und Auxiliarsoldaten am Anfang des 2. Jahrhunderts n. Chr. Der Legionär trägt den damals gerade neu erfundenen Schienenpanzer
über einer langen, hemdartigen Tunica. Man erkennt den Helm
und den rechteckigen, gebogenen Legionärsschild (Scutum), von
den Waffen das Schwert (Gladius). Nicht dargestellt sind der
Dolch (Pugio) und die typische Wurflanze (Pilum). Der Auxiliarsoldat ist mit dreiviertellangen Lederhosen und einer kurzen
Tunica bekleidet. Die Tunica schaut ein wenig unter dem Kettenpanzerhemd hervor, dessen Ränder ausgezackt sind. Er trägt
außerdem einen Helm, die üblichen Soldatenschuhe sowie ein
Halstuch. Bei den Spezialeinheiten unter den Hilfstruppen
gab es abweichende Arten der Bewaffnung und Kleidung. Im
Lauf der Zeit glich sich aber die Bewaffnung der Hilfstruppen an
die der Legionen an. – Es wäre gewiß falsch, sich den römischen
Soldaten dauernd in der Rüstung vorzustellen. Den größten Teil
seiner 25 Dienstjahre verbrachte er natürlich ohne die Rüstung
in einer leichteren Dienstkleidung. Waffen wurden nur bei der
Gefahr einer Feindberührung, auf Wache oder bei Gefechtsübungen getragen.

Bauwerke am Limes

Die wichtigsten Bauwerke am Limes waren die Kastelle, in denen
die Hilfstruppen untergebracht waren. Ihr lateinischer Name
lautete Praesidium oder Castellum. Sie sind nach dem Muster der
großen Legionslager (Castra) entstanden (Abb. 7). Der Größenunterschied der Lager war allerdings beträchtlich: Während die
Legionslager Flächen von 18–25 ha hatten, kamen die Auxiliarlager nur auf 0,6–6,0 ha. Das abgebildete Legionslager Novaesium (Neuß) war 25 ha groß. Am Limes gab es besonders große

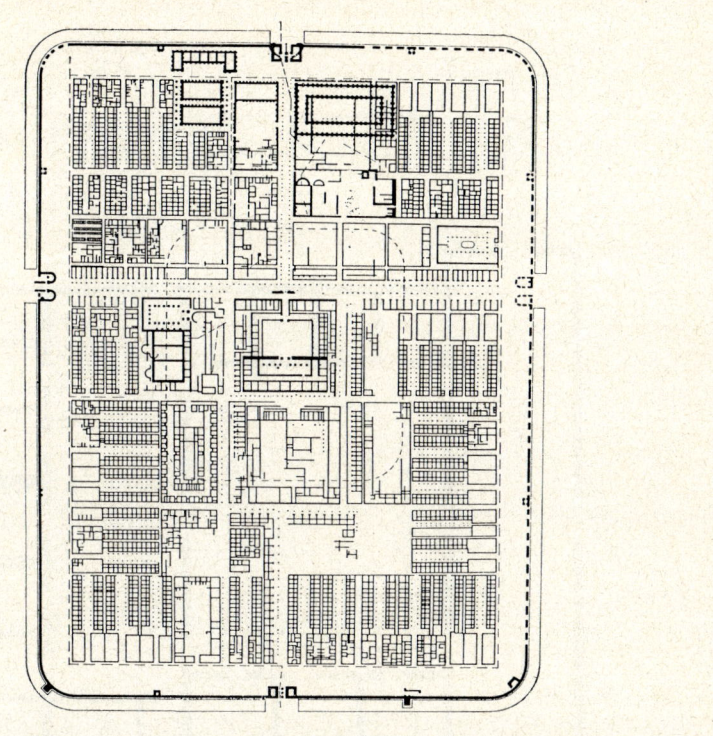

Abb. 7. Legionslager Novaesium (Neuß-Grimlinghausen).
M. 1:6600.

Kastelle für die tausend Mann starken Alen (5,2–6,0 ha). Die
kleineren, fünfhundert Mann starken Alen benötigten 3,1–4,2 ha.
Etwa die gleiche Fläche war für die Cohortes milliariae (tausend
Mann starke Kohorten) notwendig. Für die fünfhundert Mann
starken Kohorten (Cohortes quingenariae) findet man Kastell-
größen von 1,4–3,2 ha. In den größeren Kastellen lagen Cohortes
quingenariae equitatae, die wegen der Reiter und Pferde mehr
Platz beanspruchten. In manchen Fällen dürften außer den regulären Alen und Kohorten noch kleine Hilfstruppen zusätzlich in
den Kastellen untergebracht gewesen sein. Das erklärt zum Teil
den großen Spielraum der Kastellflächen. – Die kleinen Kastelle
der Numeri hatten meistens Flächen von 0,6–0,8 ha, doch gab es
gelegentlich auch größere.

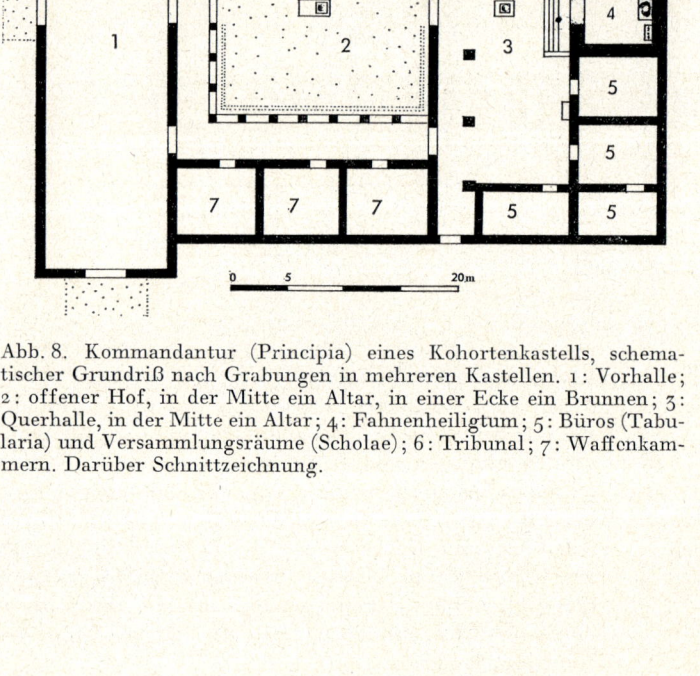

Abb. 8. Kommandantur (Principia) eines Kohortenkastells, schematischer Grundriß nach Grabungen in mehreren Kastellen. 1: Vorhalle; 2: offener Hof, in der Mitte ein Altar, in einer Ecke ein Brunnen; 3: Querhalle, in der Mitte ein Altar; 4: Fahnenheiligtum; 5: Büros (Tabularia) und Versammlungsräume (Scholae); 6: Tribunal; 7: Waffenkammern. Darüber Schnittzeichnung.

Diese für den dauernden Aufenthalt von Truppen gebauten Lager gingen aus den Marschlagern des römischen Heeres hervor.
Schon während der römischen Republik, Jahrhunderte vor dem
Bau des Limes in Deutschland, waren die römischen Soldaten gewohnt, auf ihren Märschen täglich ein befestigtes Lager zu errichten. Der Grundriß entsprach dem einer römischen Kolonie-
stadt mit rechtwinklig sich kreuzenden Straßen. Für die späteren,
dauerhaften Lager entlehnten die Militärarchitekten manche
Bauformen der gleichzeitigen Stadtarchitektur, wandelten sie
aber für militärische Zwecke ab. Andere Bauten, wie etwa die
Mannschaftsunterkünfte, entwickelten sie aus den Zeltformen
der Marschlager.

Die Militärlager hatten im ganzen Römerreich im Grunde den
gleichen Plan, denn der erprobte und zweckmäßige Grundriß
war durch eine Art »Heeresdienstvorschrift« festgelegt. Diese
Vorschrift ließ aber für die Bedürfnisse der unterschiedlich starken Truppen und für die verschiedenen Waffengattungen einigen Spielraum, sodaß sich kaum zwei Kastelle genau gleichen.

Das Kastell wurde durch eine Wehrmauer abgeschlossen. Sie war
im Grundriß rechteckig und hatte abgerundete Ecken. Anfangs
war sie meist aus Holz und Erde. In den späteren Bauphasen
wurde sie oft in Stein ausgebaut; hinter der vermörtelten Steinmauer befand sich ein Erddamm. Vor der Mauer lag ein Graben,
bisweilen auch zwei oder mehr Gräben. Sie waren nicht mit Wasser gefüllt. Die Umwehrungen der Limeskastelle blieben in ihren
Abmessungen weit hinter denen gleichzeitiger Stadtmauern zurück. In erster Linie sollten sie zum Schutz vor plötzlichen Überfällen dienen. Für die Verteidigung des Kastells erschien die
Kampfkraft der Besatzung wichtiger als hohe und ausgeklügelte
Wehrbauten. Die Limeskastelle und auch die Legionslager waren
demnach keine Festungen, sondern lediglich befestigte Kasernen.

Vier Tore führten in das Lager. In den beiden Langseiten der
Umwehrung befanden sich die beiden Seitentore (Porta principalis dextra und sinistra). Sie wurden im Kastell durch eine Quer-
straße miteinander verbunden. Diese Straße führte an der Front
des Kommandanturgebäudes (Principia) vorbei, das sich mitten
im Kastell befand. Daher hieß die Straße Via principalis. Von
dem Eingang des Kommandanturgebäudes ging eine weitere
Straße aus, rechtwinklig zur Via principalis. Diese Via praetoria
führte zum Haupttor (Porta praetoria). Das gegenüberliegende
Tor hieß Porta decumana.

Der schon erwähnte Kommandanturbau (Principia) ist aus dem
Marktplatz (Forum) der römischen Koloniestädte hervorgegangen. Er lag daher in der Mitte des Kastells. Sein Zentrum bildete
das Fahnenheiligtum (Aedes). Es enthielt außer den Fahnen der
Truppe ein Standbild des regierenden Kaisers. Das Heiligtum
war den Reichsgöttern und dem Kaiserkult geweiht. Tagsüber
zog dort eine besondere Ehrenwache auf. An den Feiertagen fanden die offiziellen Kulthandlungen der Truppe in der Querhalle
vor dem Fahnenheiligtum statt. Neben dem Fahnenheiligtum befanden sich Büros (Tabularia) für die Verwaltung der Truppe
und auch Versammlungsräume (Scholae) für Offiziere und Un-

Abb. 9. Kohortenkastell Künzing. Plan der Periode 1. Nach H. Schönberger. M. 1 : 2000.

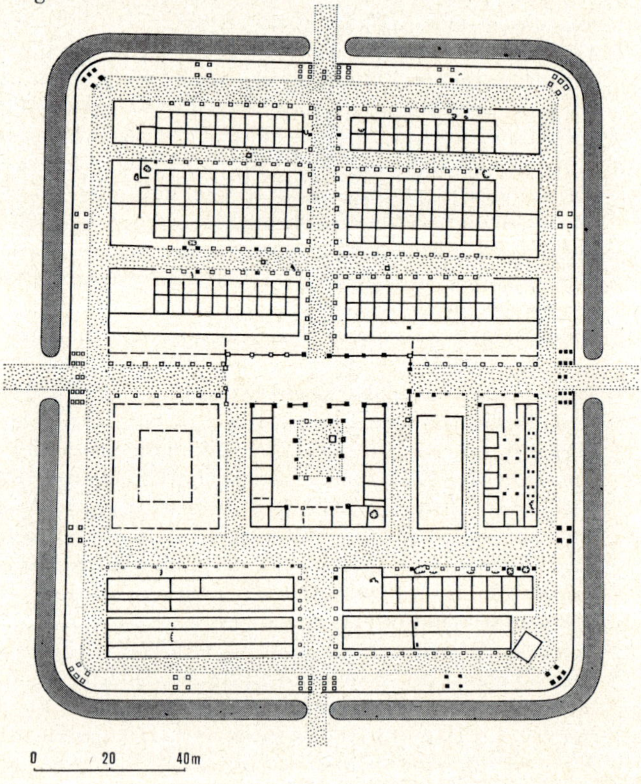

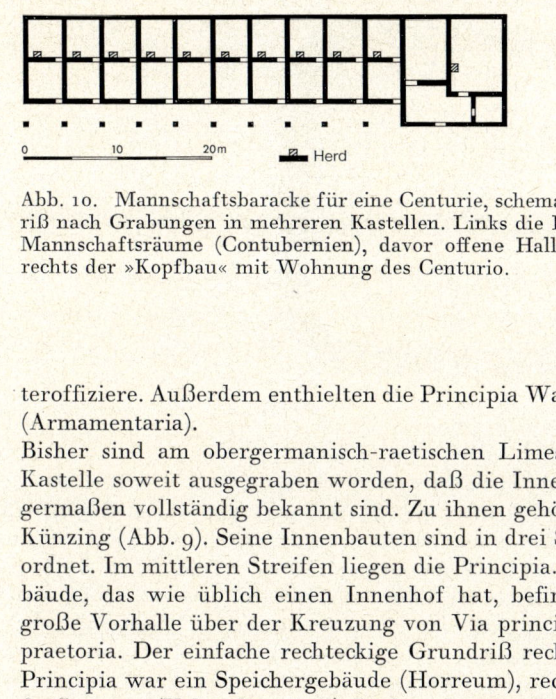

0   10   20 m   Herd

Abb. 10.   Mannschaftsbaracke für eine Centurie, schematischer Grundriß nach Grabungen in mehreren Kastellen. Links die Flucht der zehn
Mannschaftsräume (Contubernien), davor offene Halle mit Stützen;
rechts der »Kopfbau« mit Wohnung des Centurio.

teroffiziere. Außerdem enthielten die Principia Waffenkammern
(Armamentaria).
Bisher sind am obergermanisch-raetischen Limes nur wenige
Kastelle soweit ausgegraben worden, daß die Innenbauten einigermaßen vollständig bekannt sind. Zu ihnen gehört das Kastell
Künzing (Abb. 9). Seine Innenbauten sind in drei Streifen angeordnet. Im mittleren Streifen liegen die Principia. Vor dem Gebäude, das wie üblich einen Innenhof hat, befindet sich eine
große Vorhalle über der Kreuzung von Via principalis und Via
praetoria. Der einfache rechteckige Grundriß rechts neben den
Principia war ein Speichergebäude (Horreum), rechts außen lag
das Lazarett (Valetudinarium). Links neben den Principia dürfte
das Wohnhaus des Kommandenten gewesen sein (Praetorium).
Dieses große Gebäude gehörte dem Typ nach üblicherweise zu
den Peristylhäusern; es hatte einen Innenhof.
Im vorderen Teil des Lagers (Praetentura) erkennt man acht
Mannschaftsbaracken. Im hinteren Streifen des Kastells liegt nur
eine Mannschaftsbaracke, die übrigen Gebäude dürften zum Teil
Sonderunterkünfte, zum Teil auch Ställe gewesen sein. Das
2,5 ha große Kastell beherbergte eine Cohors quingenaria equitata (fünfhundert Mann starke, teilweise berittene Kohorte) und
wahrscheinlich außerdem noch eine kleine Hilfstruppe.
Die Mannschaftsbaracken waren langgestreckte Bauten (Abb. 10).
Eine Baracke faßte jeweils eine Centurie (80 Mann). Sie führte
daher gleichfalls die Bezeichnung Centuria. Meist befand sich an
einer Seite ein Anbau (»Kopfbau«) für den Centurio. Die Mann-
schaften waren darin oft in zehn Stuben untergebracht. Eine
solche Stube (Contubernium) faßte acht Mann. Der Zugang in die

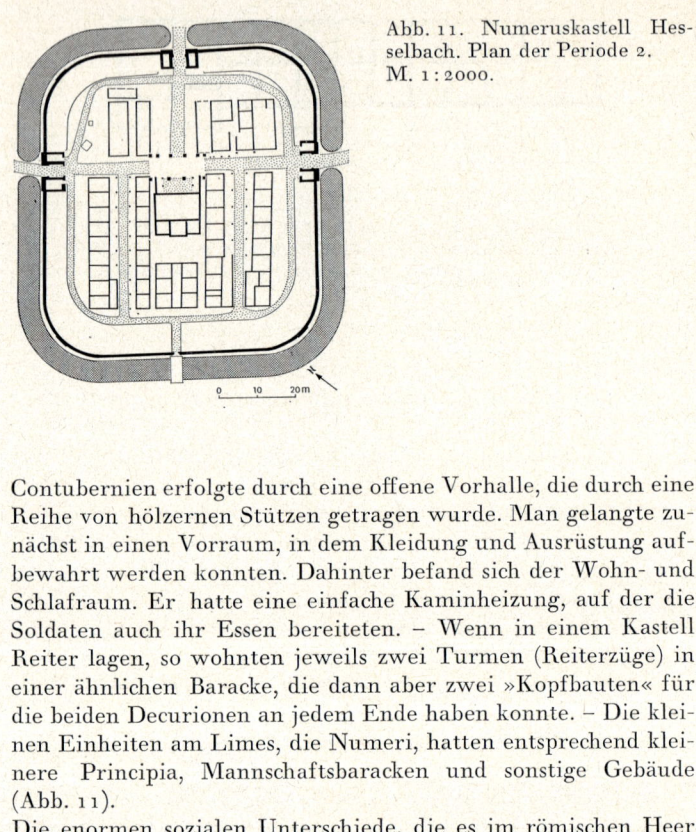

Abb. 11. Numeruskastell Hesselbach. Plan der Periode 2. M. 1 : 2000.

Contubernien erfolgte durch eine offene Vorhalle, die durch eine Reihe von hölzernen Stützen getragen wurde. Man gelangte zunächst in einen Vorraum, in dem Kleidung und Ausrüstung aufbewahrt werden konnten. Dahinter befand sich der Wohn- und Schlafraum. Er hatte eine einfache Kaminheizung, auf der die Soldaten auch ihr Essen bereiteten. – Wenn in einem Kastell Reiter lagen, so wohnten jeweils zwei Turmen (Reiterzüge) in einer ähnlichen Baracke, die dann aber zwei »Kopfbauten« für die beiden Decurionen an jedem Ende haben konnte. – Die kleinen Einheiten am Limes, die Numeri, hatten entsprechend kleinere Principia, Mannschaftsbaracken und sonstige Gebäude (Abb. 11).

Die enormen sozialen Unterschiede, die es im römischen Heer gab, erkennt man an den Unterkünften. Man vergleiche den Wohnraum eines einfachen Soldaten in einem Contubernium mit dem eines Centurio oder mit dem Praetorium des Praefectus aus dem Ritterstand!

Ähnlich wie die Umwehrung konnten die Innenbauten eines Limeskastells aus Holz oder aus Stein sein. Für die Grundrisse machte das kaum einen Unterschied. Der Plan eines römischen Militärlagers vermittelt einen Eindruck von der nüchternen Ordnung und Disziplin, der das römische Imperium seine Größe und Dauer verdankte.

Fast immer befand sich außerhalb eines Kastells ein Badegebäude (Balineum). Als Beispiel wird der Grundriß des Kastellbades von

Würzberg (Odenwald) abgebildet (Abb. 13–14). Die Grundmauern dieses Bades liegen frei und können besichtigt werden. Üblicherweise badete man in der Reihenfolge heiß – kalt. Nach Ab-
legen der Kleidung ging man also zuerst in das Schwitzbad, sodann in das Warmbad und über das Laubad (zugleich Salbraum)
schließlich in das Kaltbad. Badezeit war für die Soldaten nachmittags. Von Interesse sind die technischen Einrichtungen eines
römischen Bades. Es besaß in den warmen Räumen eine Fußbo-
denheizung (Hypokaustum). Der eigentliche Fußboden ruhte auf
kleinen Steinpfeilern und wurde von unten erwärmt. Durch
Tonröhren stieg der Rauch in den Wänden hoch und heizte diese
mit. Die Bäder wurden mit fließendem Wasser versorgt, das wie
heute aus Wasserhähnen gezapft werden konnte. Die Gebäude
hatten Glasfenster, waren innen bemalt und trugen einen weißen
oder roten Außenverputz.

Bei größeren Limeskastellen findet man außerhalb der Umwehrung in der Nähe des Bades mitunter ein Unterkunftshaus (Mansio), z. B. bei der Saalburg. Es war für dienstliche Zwecke des
Militärs bestimmt.

Neben fast allen Limeskastellen bildete sich eine dorfartige Zivil-

Abb. 12. Numeruskastell Hesselbach. Rekonstruktionszeichnung der
Periode 2.

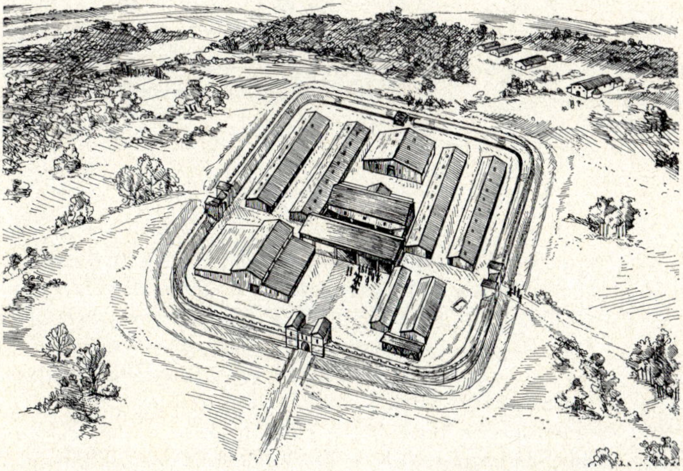

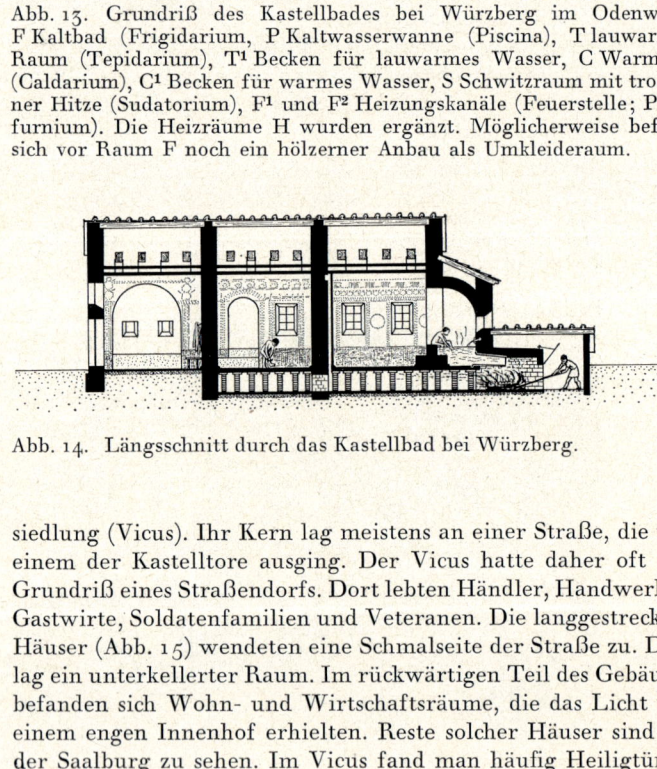

Abb. 13. Grundriß des Kastellbades bei Würzberg im Odenwald.
F Kaltbad (Frigidarium, P Kaltwasserwanne (Piscina), T lauwarmer
Raum (Tepidarium), T¹ Becken für lauwarmes Wasser, C Warmbad
(Caldarium), C¹ Becken für warmes Wasser, S Schwitzraum mit trocke-
ner Hitze (Sudatorium), F¹ und F² Heizungskanäle (Feuerstelle; Prae-
furnium). Die Heizräume H wurden ergänzt. Möglicherweise befand
sich vor Raum F noch ein hölzerner Anbau als Umkleideraum.

Abb. 14. Längsschnitt durch das Kastellbad bei Würzberg.

siedlung (Vicus). Ihr Kern lag meistens an einer Straße, die von
einem der Kastelltore ausging. Der Vicus hatte daher oft den
Grundriß eines Straßendorfs. Dort lebten Händler, Handwerker,
Gastwirte, Soldatenfamilien und Veteranen. Die langgestreckten
Häuser (Abb. 15) wendeten eine Schmalseite der Straße zu. Dort
lag ein unterkellerter Raum. Im rückwärtigen Teil des Gebäudes
befanden sich Wohn- und Wirtschaftsräume, die das Licht von
einem engen Innenhof erhielten. Reste solcher Häuser sind bei
der Saalburg zu sehen. Im Vicus fand man häufig Heiligtümer

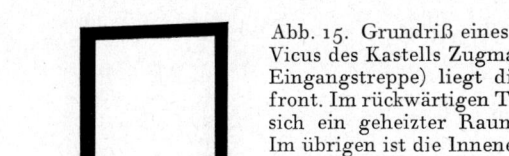

Abb. 15. Grundriß eines Langhauses aus dem
Vicus des Kastells Zugmantel. Der Keller (mit
Eingangstreppe) liegt dicht an der Straßen-
front. Im rückwärtigen Teil des Hauses befand
sich ein geheizter Raum mit Kanalheizung.
Im übrigen ist die Inneneinteilung des Hauses
wenig bekannt, da sie offenbar in Holzbauweise ausgeführt war. M. 1 : 500.

Straße

einheimischer oder orientalischer Gottheiten (Mithras, Jupiter
Dolichenus, Kybele; vgl. Abb. 62). Der Friedhof lag außerhalb
des Wohngebietes an den Seiten der wichtigsten Zufahrtstraße.
Die Limeskastelle waren, wie schon erwähnt, die dauerhaften
Unterkünfte der regulären Hilfstruppen. An manchen Limesstrecken gab es zwischen diesen größeren Kastellen kleinere
Wehrbauten, die hier als Kleinkastelle bezeichnet werden (Abb.
16). Sie dienten im allgemeinen als Unterkunft für kurzfristig
abkommandierte Wachttruppen, die in regelmäßigen Zeitab-
ständen vom nächsten Kastell aus abgelöst wurden. In manchen
Fällen könnte aber auch eine kleine Hilfstruppe dauernd die Besatzung eines solchen Kastells gebildet haben; das gilt besonders
für die Kleinkastelle aus der Spätzeit des Limes. Leider sind die
Kleinkastelle des obergermanisch-raetischen Limes bisher nur
selten genauer untersucht worden. Sie hatten, wie Abb. 16 zeigt,
recht unterschiedliche Grundrisse, was zum Teil damit zusam-
menhängt, daß sie verschiedenen Ausbauzuständen des Limes an-
gehören. Die kleinsten Bauwerke dieser Art wurden in der Fach-
literatur gelegentlich als Feldwachen bezeichnet, besonders am
raetischen Limes. Sie hatten eine Grundfläche von nur einigen

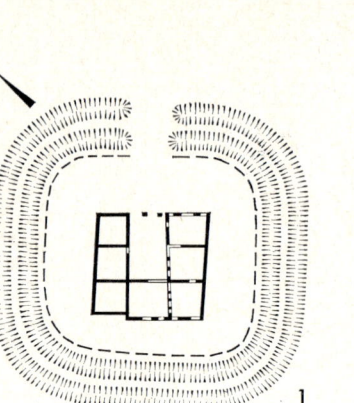

Abb. 16. Kleinkastelle am Limes 1) Älteres Kastell auf dem Pohl bei
Kemel; 2) Holzkastell Degerfeld in Butzbach; 3) Kastell Rötelsee nördlich Welzheim; 4) Kastell Hönehaus südlich Walldürn. 1–2 sind Holzkastelle; die Vorderfront der hölzernen Umwehrung wurde mit gestri-
chelter Linie ergänzt. Bei den Steinkastellen 3–4 ist nur die steinerne
Umwehrung bekannt, die hölzernen Innenbauten wurden nicht ausgegraben. Manche steinernen Kleinkastelle hatten auch einen Verteidigungsgraben. 1, 2, 4 nach ORL; 3 nach D. Planck. M. 1 : 1000.

hundert Quadratmetern. Die größten kommen dicht an die Flächen der kleinsten Limeskastelle heran (der Numeruskastelle von
0,6 ha).

Unter den verschiedenen Bautypen der Kleinkastelle gibt es den-
jenigen mit nur einem Tor in der Umwehrung und einem im
Grundriß U-förmigen Innenbau, der die Abkunft von einer
Mannschaftsbaracke deutlich verrät (Abb. 16, 1–2). Eine spätere

in Stein ausgebaute Variante dieses Typs sind die Wehrbauten,
bei denen der U-förmige Innenbau unmittelbar an die Umwehrung angelehnt ist (z. B. Kleinkastell in der Harlach am raetischen
Limes, Strecke 14, Abb. 71). Einem anderen Typ gehören die
Kleinkastelle mit zwei gegenüberliegenden Toren an (Abb. 16,4).
Am obergermanischen Limes sind die Innenbauten solcher Kastelle noch nicht untersucht worden. Sie dürften aus zwei Gebäuden bestanden haben, die an den beiden Seiten der Straße standen, welche die beiden Tore im Kastellinneren verband. Die
Kleinkastelle an der Hadriansmauer in England, die Meilenka-
stelle, sind nach diesem Schema erbaut worden. – Die Kleinkastelle dienten verschiedenen Zwecken. Einige überwachten Limesdurchgänge (z. B. bei Butzbach-Degerfeld). Andere lagen an
stärker gefährdeten Stellen der Limesstrecke, die sie zu bewachen
hatten (Paßhöhen, Flußtäler). Andere wurden angelegt, weil die
großen Kastelle zu weit vom Limes entfernt lagen (z. B. an den
Limesstrecken 14 und 15) oder weil sie eine zu große Entfernung
voneinander hatten. Viele Kleinkastelle sind erst zur Zeit der be-
ginnenden Völkerwanderung an den stärker gefährdeten Limesstrecken nachträglich entstanden.
Wir wenden uns schließlich den eigentlichen Streckenbauten zu.
Darunter verstehen wir die Wachttürme und die verschiedenen
Annäherungshindernisse des Limes. An den älteren Limesstrecken
sind zuerst Holztürme errichtet worden. Falls von einem solchen

Abb. 17. Schutthügel eines Steinturms (links), halb ausgegraben;
rechts Holzturmhügel mit Ringgraben. Ausgrabung am Anfang des
19. Jahrhunderts am Odenwaldlimes (nach Kehrer, ORL).

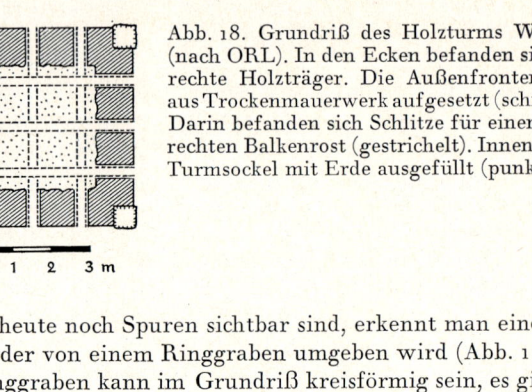

Abb. 18. Grundriß des Holzturms Wp. 10/26 (nach ORL). In den Ecken befanden sich senkrechte Holzträger. Die Außenfronten waren aus Trockenmauerwerk aufgesetzt (schraffiert). Darin befanden sich Schlitze für einen waagerechten Balkenrost (gestrichelt). Innen war der Turmsockel mit Erde ausgefüllt (punktiert).

Turm heute noch Spuren sichtbar sind, erkennt man einen Erdhügel, der von einem Ringgraben umgeben wird (Abb. 17). Dieser Ringgraben kann im Grundriß kreisförmig sein, es gibt auch quadratische Ringgräben (besonders am raetischen Limes). Der

Abb. 19. Rekonstruktion eines hölzernen Wachtturms am Odenwaldlimes (Strecke 10).

Ringgraben diente der Entwässerung. Ob in manchen Fällen
Palisaden darin standen, worauf einige alte Beobachtungen hin-
zudeuten scheinen, ist zweifelhaft. Bei Ausgrabungen fand man
in dem Holzturmhügel fast immer die Spuren der vier mächtigen
Holzträger an den Ecken des Turms. Die Römer benutzten dazu

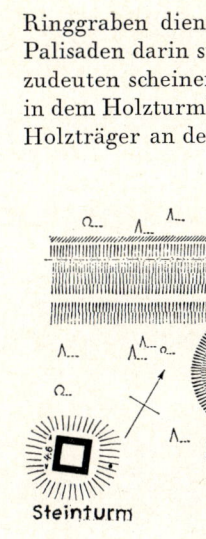

Holzturm

Steinturm

Abb. 20. Wachtposten 3/52
auf dem Mittelberg im Taunus
(nach ORL). Zuerst ist der
Holzturm entstanden, dann die
Palisade. Darauf wurde der
Holzturm durch den Steinturm
ersetzt und schließlich Wall
und Graben des Limes angelegt. Der Wall überschneidet
den Ringgraben des Holz-
turms. M. 1:1000.

behauene Balken von quadratischem Querschnitt. Nur selten fanden sich Reste des aufgehenden Bauwerks. An den Limesstrecken
3, 10 und in Spuren auch an der Strecke 15 fand man einen Turm-
Unterbau, der aus Holz, Steinen und Erde aufgebaut war (Abb.
18). Die Steine waren an den Fronten ohne Mörtel aufgeschichtet
worden. Die ganze Konstruktion wurde durch Balkenroste, die
übereinandergeschichtet wurden, zusammengehalten. Nach diesen
Beobachtungen wurde die Rekonstruktion Abb. 19 angefertigt.
Der Turm konnte nur über eine Leiter bestiegen werden. Der
Eingang führte in das Wohngeschoß. Das Obergeschoß mit den
großen Fenstern war für den Wachtdienst bestimmt. Vielleicht
besaß das Obergeschoß der Holztürme auch eine umlaufende Galerie, ähnlich wie der Steinturm auf Abb. 22. Solche Steintürme
sind auf zeitgenössischen Reliefs abgebildet worden (Traianssäule
in Rom). Die lateinische Bezeichnung für den Wachtturm war
turris oder *burgus*. Die Besatzung eines solchen Turms bestand
aus etwa vier bis fünf Mann.
Seit der Mitte des 2. Jahrhunderts n. Chr. wurden die Holztürme
des Limes durch dauerhaftere Steintürme ersetzt. Diese hatten
einen ähnlichen Aufbau. Über einem fast immer unzugänglichen

Abb. 21.   Bei Ausgrabungen tritt die Erdverfärbung durch die Palisade
deutlich hervor. An der Oberfläche sind dagegen nur an wenigen Limesstrecken Spuren der Palisade zu erkennen (nach ORL; zwischen Wp. 1/39
und 1/40).

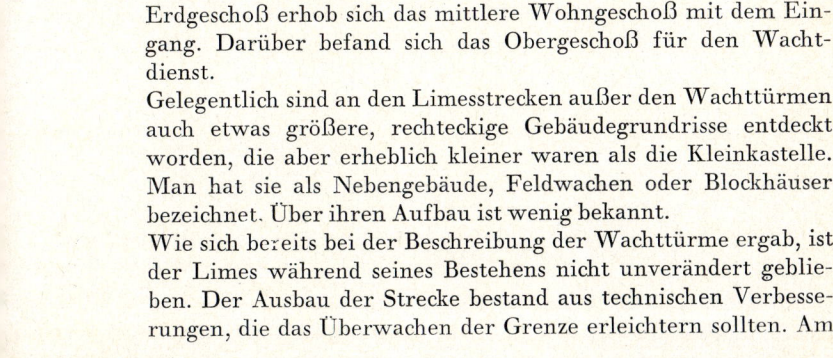

Abb. 22. Aufeinanderfolge der vier wichtigsten Bauzustände am obergermanischen Limes (schematische Darstellung).

Erdgeschoß erhob sich das mittlere Wohngeschoß mit dem Eingang. Darüber befand sich das Obergeschoß für den Wachtdienst.

Gelegentlich sind an den Limesstrecken außer den Wachttürmen
auch etwas größere, rechteckige Gebäudegrundrisse entdeckt
worden, die aber erheblich kleiner waren als die Kleinkastelle.
Man hat sie als Nebengebäude, Feldwachen oder Blockhäuser
bezeichnet. Über ihren Aufbau ist wenig bekannt.

Wie sich bereits bei der Beschreibung der Wachttürme ergab, ist
der Limes während seines Bestehens nicht unverändert geblieben. Der Ausbau der Strecke bestand aus technischen Verbesse-
rungen, die das Überwachen der Grenze erleichtern sollten. Am

Abb. 23. Obergermanischer Limes, letzter Bauzustand (Bauphase 4); Rekonstruktion.

obergermanischen Limes lassen sich vier Ausbauphasen unterscheiden, deren Spuren oftmals nebeneinander anzutreffen sind (Abb. 17 und 20).

BAUPHASE 1. Zuerst haben die Römer eine Schneise in die Wälder geschlagen und darauf einen Postenweg angelegt oder in offenem Gelände lediglich einen Weg gebaut. Dieser Grenzweg wurde von hölzernen Wachttürmen überwacht (Abb. 22,1). Ein Annäherungshindernis gab es zunächst an den meisten Strecken noch nicht (mögliche Ausnahme: ein Holzzaun an der östlichen Wetteraulinie).

BAUPHASE 2. Unter Kaiser Hadrian entstand vor den hölzernen Wachttürmen und vor dem Postenweg zusätzlich ein Annäherungshindernis, nämlich eine Palisade (Abb. 22,2). Ihre Spuren sind nur selten am Limes zu sehen. Bei Ausgrabungen zeichnet sich aber der Graben, der einst zur Aufnahme der Palisade diente, meistens deutlich als Erdverfärbung im Boden ab (Abb. 21).

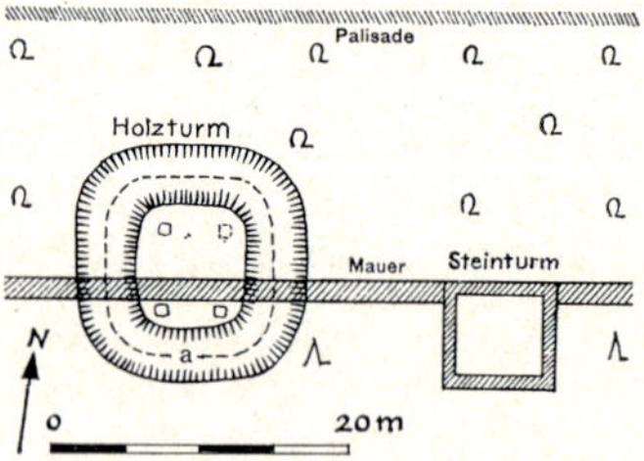

Abb. 24. Wachtposten 15/23 auf dem Hinteren See-Berg. Zuerst ist der Holzturm erbaut worden, dann die Palisade, darauf wurde der Holzturm durch den Steinturm ersetzt. Zuletzt entstand die Mauer, welche die Steintürme miteinander verbindet. Sie überschneidet die Holzturmstelle.

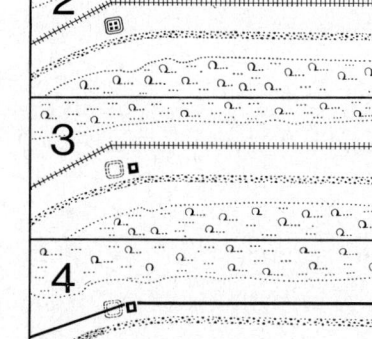

Abb. 25. Aufeinanderfolge der vier wichtigsten Bauzustände am raetischen Limes (schematische Darstellung).

BAUPHASE 3. Seit der Mitte des 2. Jahrhunderts wurden die Holztürme durch Steintürme abgelöst. Die Palisade blieb bestehen (Abb. 22,3).

BAUPHASE 4. Gegen Ende des 2. oder am Anfang des 3. Jahrhunderts wurde unmittelbar hinter der Palisade ein weiteres Annäherungshindernis angelegt, nämlich ein Wall und ein Graben. Diese sind auf weiten Strecken des Limes heute noch zu sehen (Pfahlgraben). Die Palisade blieb bestehen, ebenso die Steintürme (Abb. 22,4 und 23). Es sei besonders darauf hingewiesen, daß oben auf dem Wall keine Palisade stand.

Mitunter war die Abfolge der Bauphasen etwas verwickelter. So findet man gelegentlich zwei Holztürme oder auch zwei Steintürme nebeneinander. In diesen Fällen ist einer der Türme vor-

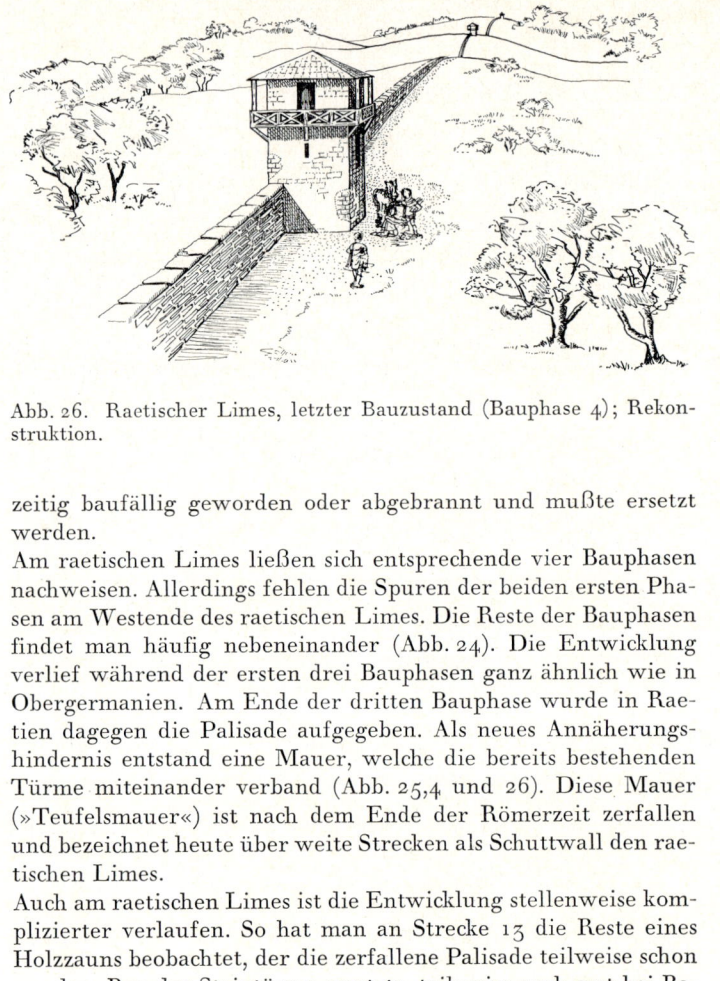

Abb. 26. Raetischer Limes, letzter Bauzustand (Bauphase 4); Rekonstruktion.

zeitig baufällig geworden oder abgebrannt und mußte ersetzt werden.

Am raetischen Limes ließen sich entsprechende vier Bauphasen nachweisen. Allerdings fehlen die Spuren der beiden ersten Phasen am Westende des raetischen Limes. Die Reste der Bauphasen findet man häufig nebeneinander (Abb. 24). Die Entwicklung verlief während der ersten drei Bauphasen ganz ähnlich wie in Obergermanien. Am Ende der dritten Bauphase wurde in Raetien dagegen die Palisade aufgegeben. Als neues Annäherungshindernis entstand eine Mauer, welche die bereits bestehenden Türme miteinander verband (Abb. 25,4 und 26). Diese Mauer (»Teufelsmauer«) ist nach dem Ende der Römerzeit zerfallen und bezeichnet heute über weite Strecken als Schuttwall den raetischen Limes.

Auch am raetischen Limes ist die Entwicklung stellenweise komplizierter verlaufen. So hat man an Strecke 13 die Reste eines Holzzauns beobachtet, der die zerfallene Palisade teilweise schon vor dem Bau der Steintürme ersetzte, teilweise auch erst bei Bestehen dieser Türme erbaut worden ist (Bauphasen 2 und 3). Ähnlich wie die spätere Mauer schließt sich der Zaun meistens an die Türme an.

Limesdurchgänge gab es bei den Kastellen, gelegentlich auch bei Wachttürmen. Im allgemeinen waren die Annäherungshindernisse bei den Türmen allerdings geschlossen (Abb. 20 und 24).

Zweck und Funktion des Limes

Das Wort *limes* bedeutet ursprünglich soviel wie Weg, Besitz-
grenze, Schneise und kommt in dieser Bedeutung in der Fach-
sprache der römischen Landmesser vor. Militärisch verstand man
unter *limes* anfangs eine offene Bahn oder einen Weg, der die
Bewegung von Truppen gestattete. In dieser Bedeutung trat das
Wort in der Zeit der Germanenkriege unter Augustus und auch
noch später bei den Chattenkriegen Domitians auf (Velleius
Paterculus II 120; Frontin, Stratagemata I 3,10). Erstmalig erscheint *limes* bei Tacitus in der Bedeutung »Reichsgrenze« (Germania 29, im Jahre 98 n. Chr. veröffentlicht). In der späteren Entwicklung wird die Bezeichnung allmählich auf den gesamten
Grenzbezirk übertragen, sie umschließt dann auch die rückwär-
tige militärische Organisation, Nachschubdepots, Truppenlager
und Verbindungswege.

Ursprünglich hatte das Wort also nicht die Bedeutung von »befestigte Reichsgrenze«. Tatsächlich war der obergermanisch-
raetische Limes auch keine Wehranlage zur Verteidigung des
Römerreichs gegen anstürmende germanische Völker. Dazu waren seine Bauwerke und die Stärke der Besatzung zu schwach.
Die Wachttürme, von denen aus der Limes überwacht wurde,
lagen zweihundert bis tausend Meter auseinander. Für diese
Strecke waren nur die wenigen Soldaten der Turmbesatzung
(4–5 Mann) unmittelbar verfügbar. Sie konnten das Grenzstück
zwischen den Türmen zwar überwachen, aber nicht verteidigen.
Die später hinzugekommenen Annäherungshindernisse (Palisade,
Wall und Graben, Mauer) waren infolgedessen keine Wehranlagen. Sie sollten das Überschreiten der Grenze erschweren und
verlangsamen und so die Überwachung erleichtern. Der Limes
war demnach nur eine überwachte Grenzlinie. Er sollte kleinere,
räuberische Überfälle verhindern. Das Grenzland war unter der
römischen Herrschaft zu einem gewissen Wohlstand gelangt und
verlockte die Germanen zu solchen Überfällen. Diese Gefahr muß
wirklich und über lange Zeit bestanden haben, sonst wäre der
Limes nicht so lange aufrechterhalten und immer wieder ver-
bessert worden. Außerdem hatte der Limes die Aufgabe, den
Personen- und Warenverkehr an wenigen, festgelegten Über-
gangsstellen zu kontrollieren.

Wie ein kleiner, lokaler Überfall abgewehrt wurde, zeigt das
taktische Schema Abb. 27. Die Wachtposten gaben die Meldung

von der Annäherung oder dem Durchbruch eines germanischen Trupps von Turm zu Turm bis zum nächsten Kastell weiter. Dazu dienten Feuer- und Rauchzeichen oder auch Hornsignale. Dann rückten von den Kastellen bereitstehende Abteilungen aus, um die Eindringlinge abzufangen. Wegen der Nachrichtenübermittlung lagen die Türme stets so, daß die Sichtverbindung zu den Nachbartürmen gewährleistet war und die Grenzlinie gut übersehen werden konnte. Daher findet man Wachttürme immer auf den Höhen, die der Limes überschreitet. Liegen die Höhen weit auseinander, so befinden sich weitere Wachttürme zwischen ihnen. Weniger wichtig ist den Römern der Ausblick auf das Vorgelände des Limes erschienen. Das läßt sich noch heute an manchen Stellen der Grenzlinie erkennen, wo die Sicht unmittelbar vor einem Turm durch ansteigendes Gelände verdeckt wird.

Das Kommando über die jeweiligen Abschnitte der Limesstrecke hatten zunächst die dort unmittelbar zuständigen Chefs der Auxiliareinheiten in den Limeskastellen. Da diese aber unterschiedlichen Rang besaßen, sind oftmals mehrere Hilfstruppen zusammengefaßt und dem Praefectus oder Tribunus mit dem höchsten Rang unterstellt worden. So waren die Numeri in der Regel der nächsten Kohorte beigeordnet. Die Chefs der großen, angesehenen Reitertruppen, der Alae, hatten meist einen längeren Limesabschnitt mit den dort liegenden Truppen zu befehligen. Die Hilfstruppen am Limes waren wiederum dem Legatus der nächsten Legion unterstellt. Allerdings hat man am obergermanischen Limes keine eindeutige Zuständigkeitsgrenze zwischen der Mainzer und Straßburger Legion feststellen können. Sämtliche Truppen standen unter dem Kommando das Provinzstatthalters, der in der Provinz den militärischen Oberbefehl hatte.

Selbstverständlich war den verantwortlichen römischen Offizieren bewußt, daß die dünne Kette von Auxiliarkastellen und Wachttürmen die Grenze keineswegs vor großen Angriffen schützen konnte. Immerhin bezeichnete sie die Reichsgrenze eindeutig nach außen. Wer sie überschritt, befand sich im Krieg mit dem Römerreich. Falls es zum Krieg kam, führten ihn die Legionen, die in der Provinz stationiert waren, zusammen mit den Hilfstruppen. Ihnen leisteten notfalls weitere Legionen und Hilfstruppen aus anderen Provinzen Beistand. Diese Auseinandersetzungen wurden als Bewegungskriege geführt. Daher hatte der Limes im Krieg kaum eine Bedeutung.

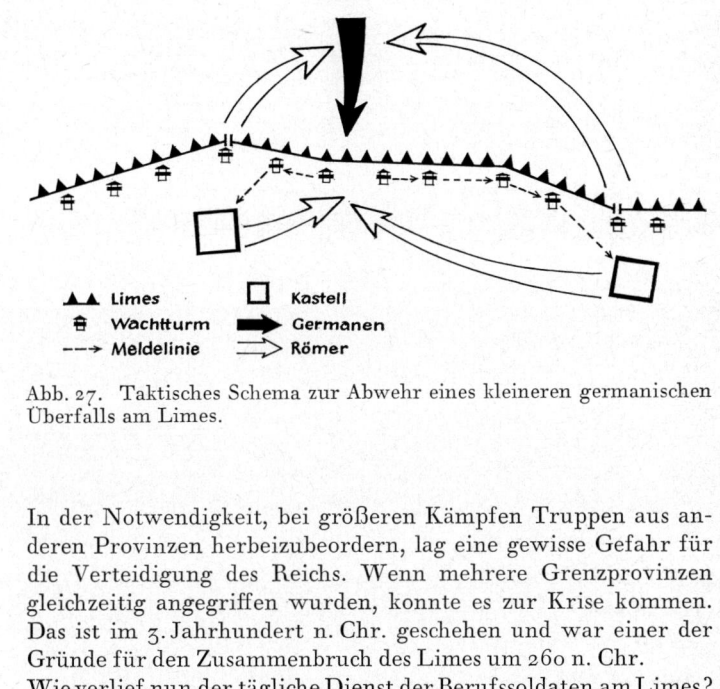

Limes ▲▲ **Kastell** ☐
Wachtturm ⊞ **Germanen** ➡
Meldelinie --→ **Römer** ⇨

Abb. 27. Taktisches Schema zur Abwehr eines kleineren germanischen Überfalls am Limes.

In der Notwendigkeit, bei größeren Kämpfen Truppen aus anderen Provinzen herbeizubeordern, lag eine gewisse Gefahr für die Verteidigung des Reichs. Wenn mehrere Grenzprovinzen gleichzeitig angegriffen wurden, konnte es zur Krise kommen. Das ist im 3. Jahrhundert n. Chr. geschehen und war einer der Gründe für den Zusammenbruch des Limes um 260 n. Chr.

Wie verlief nun der tägliche Dienst der Berufssoldaten am Limes? Genauso straff wie die Gliederung des Heeres war auch der Dienst eingerichtet. Nach antiken Berichten, Aktenstücken und Steininschriften dürfen wir uns den Tageslauf in einem Limeskastell etwa so vorstellen: Die Truppe wurde ungefähr zur Zeit des Sonnenaufgangs durch ein Hornsignal geweckt. Der Tag war damals genauso wie die Nacht in zwölf Stunden geteilt. Die erste Tagesstunde begann beim Sonnenaufgang. Die Unterführer ließen die Leute zum Dienst heraustreten und eilten in die Principia zur Morgenmeldung. Der Kommandant oder sein Stellvertreter, der Centurio oder Decurio vom Dienst, nahmen die Meldung entgegen und gaben sie einem Schreiber zu Protokoll (Abb. 28), gaben Abkommandierungen bekannt, nannten das Losungswort und stellten die Tagwachen auf. Der Vormittag war vor allem Waffen- und Gefechtsübungen vorbehalten. An ihnen konnte jedoch nur ein Teil der Soldaten teilnehmen, weil durch Wachen, Außendienst und die Arbeit in den Werkstätten viele Soldaten schon beschäftigt waren. Alle zehn Tage war eine Marsch- und

Abb. 28. Morgenmeldung der 20. Palmyrenerkohorte vom 29. März. Gefunden in Dura-Europos (Syrien). Ausschnitt aus einer Papyrusrolle aus der Zeit zwischen 232 und 235 n. Chr. (nach Excavations at Dura-Europos, Final Rep. V 1 Taf. 51). Der Anfang lautet ergänzt: *IIII Kalendas Apriles: numerus purus militum caligatorum cohortis XX Palmyrenorum Severianae Alexandrianae . . . DCCC[CXIIII] . . .*

Gefechtsübung mit Gepäck angesetzt (»*ambulatio*«), wobei die Truppe auch ein Marschlager anlegen mußte. Die dafür notwendigen Zelte, Fahrzeuge und Tragtiere waren stets in den Kastellen vorhanden, damit die Truppe jederzeit in den Bewegungskrieg übergehen konnte. – Die Mittagszeit wurde wiederum durch ein Hornsignal bezeichnet. Mittags wechselten die Tagwachen. Der Nachmittag galt für die wachtfreien Soldaten als Freizeit. Sie benötigten die Zeit jedoch auch zum Bereiten des

Essens, für das es keine Gemeinschaftsküche gab. Jede Stuben-
gemeinschaft (*contubernium*) mußte selbst kochen, ja sogar das
Getreide selber mahlen, denn die Ration wurde ungemahlen ausgegeben. Ebenso mußte die Ausrüstung instandgehalten werden,
die zum Teil dem Soldaten selbst gehörte. Nachmittags waren die
Bäder für die Soldaten geöffnet und wurden viel benutzt. Die
Hauptmahlzeit war abends (*cena*). Nach Sonnenuntergang gab
ein Hornsignal den Zapfenstreich an. Ebenso kündigten Signale
Anfang und Ende der vier Nachtwachen an. Jede Wache wurde
schriftlich angeordnet und zu Protokoll genommen.

Dieser Dienstplan, der von Offizieren und Soldaten viel ver-
langte, wurde nicht zu allen Zeiten strikt eingehalten, worüber
in der antiken Literatur gelegentlich Klage geführt wird. Der
Dienst wurde auch durch zahlreiche Festtage zu Ehren der römischen Götter und des Kaiserhauses unterbrochen. Sie waren in
einem Festkalender (*feriale*) genau vorgeschrieben. Wenn auch
der Wachtdienst nie aufhören durfte, so gab es an diesen Tagen
doch Diensterleichterungen und Festveranstaltungen. Außerdem
stand den Soldaten Urlaub zu.

Die Germanen und der Limes

Der eigentliche »Entdecker« der Germanen war der römische
Feldherr Caesar. Die Kimbern und Teutonen, die ein gutes Menschenalter vor ihm seit 113 v. Chr. Italien bedroht hatten und
erst 101 v. Chr. von Marius geschlagen worden waren, galten
den Zeitgenossen noch nicht als Germanen. Diese Stämme nannten sich auch selber nicht »Germanen«, sondern führten lediglich
ihre Stammesnamen. Die antike Wissenschaft war damals der
Ansicht, daß Mitteleuropa von Kelten bevölkert sei, auf die weiter im Osten die Skythen folgten. Die Existenz der Germanen
als eines besonderen Volkes war damals noch unbekannt.

Nachdem Caesar 58 v. Chr. mit den Sueben unter Ariovist zu-
sammengestoßen war, mußte er sich notwendigerweise mit den
germanischen Stämmen befassen. Er kam zu der Auffassung, daß
jenseits des Rheins eine Gruppe von Volksstämmen wohnte, die
von den Galliern »Germanen« genannt wurden. Aber auch zu
Caesars Zeit nannten sich die Angehörigen dieser Stämme nicht
selber »Germanen«, sondern fühlten sich als Cherusker, Chatten,
Sueben usw. Darin äußerte sich die starke Eigenart und das

Selbstgefühl der germanischen Stämme, das ja die gesamte spätere Geschichte beherrschte und selbst im heutigen Deutschland gelegentlich noch innenpolitisch wirksam ist. Eine wichtige Gemeinsamkeit gab es indessen, die wohl auch die Gallier veranlaßt hatte, die Stammesgruppe als Einheit zu sehen. Es muß die Sprache gewesen sein. Wenn sie auch schon damals zweifellos in allerlei Dialekte zerfallen war, so muß sie doch ein wesentliches Merkmal für die Unterscheidung der Germanen von den keltischen Galliern gewesen sein. Beim Handel und auch bei diplomatischen Verhandlungen ist die Sprache ein Merkmal, das den Verhandlungspartnern schon aus praktischen Gründen sofort auffällt. Übrigens war der Germanenname von einem Stamm an der Ostgrenze der Gallier auf die Stammesgruppe übertragen worden, die man später unter diesem Namen kannte. Der ursprüngliche Germanenstamm existierte schon zu Caesars Zeit nicht mehr. Eine ähnliche Namensübertragung liegt auch der heutigen französischen Bezeichnung für Deutsche (Allemands) zugrunde.

Für die Germanen war die Eroberung Galliens durch die Römer ein entscheidendes Ereignis. Sie waren nun Nachbarn des Römerreichs und damit den vielfachen Einflüssen ausgesetzt, die von dieser mittelmeerischen Hochkultur ausgingen. Erst dadurch wurden sie eigentlich zu den »Germanen« unserer Vorstellung, zu der mächtigen Stammesgruppe, die in der späteren Geschichte eine so bedeutende Rolle spielen sollte.

Als am Ende des 1. Jahrhunderts n. Chr. der Limes gezogen wurde, waren Römer und Germanen schon seit etwa 150 Jahren Nachbarn und hatten im Frieden wie im Krieg Erfahrungen miteinander gesammelt. Schon früh hatten sich manche Stämme römischen Einflüssen geöffnet, besonders die Markomannen. Bereits 19 n. Chr. gab es römische Kaufmannsvertretungen als feste Einrichtung am Hof des Markomannenkönigs. Auch militärische Einflüsse sind spürbar: der Cherusker Arminius war jahrelang Kommandant einer römischen Auxiliartruppe gewesen und hatte in dieser Stellung die militärischen Kenntnisse erworben, die es ihm später ermöglichten, ein römisches Heer vernichtend zu schlagen. Von den Chatten berichtet Tacitus, daß sie bei Kriegszügen in Reih und Glied marschierten, Marschlager anlegten und Disziplin hielten, fast wie das römische Heer.

Längst hatten die Römer diplomatische Verbindungen zu manchen Germanenstämmen angeknüpft und Verträge mit ihnen ab-

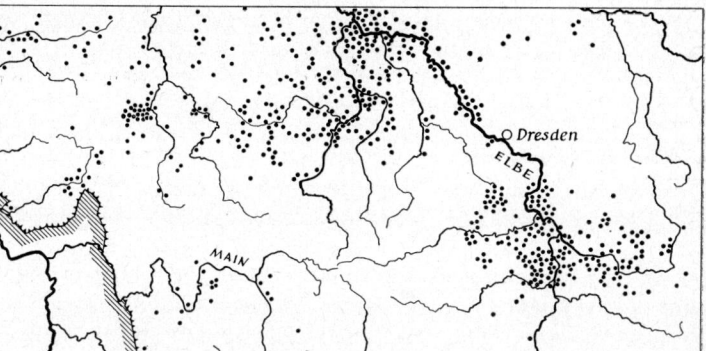

Abb. 29. Germanische Funde vor dem Limes (nach R. Koch, T. Kolnik, G. Mildenberger und R. von Uslar).

geschlossen. Auf die Weise konnten sie zu ihrem Vorteil in innere Streitigkeiten der Germanen eingreifen. Sie sicherten sich nach Möglichkeit Einflußgebiete und Pufferzonen vor ihrer Grenze. Trotzdem erwies es sich als unerläßlich, das neugewonnene Provinzgebiet jenseits von Rhein und Donau durch einen Limes zu schützen. Denn Raubzüge über die Grenze hatten in den Augen vieler Germanen nichts Entehrendes. Man rühmte sie als ein Mittel, die jungen Leute im Kriegsdienst zu üben. Es wäre einem Germanenstamm mit seiner lockeren, z. T. oligarchischen Adelsverfassung wohl auch schwergefallen, Übergriffe beute- und abenteuerlustiger Stammesmitglieder dauernd zu verhindern, selbst wenn es die Mehrheit so wollte. Eine öffentliche Verwaltung war nur in ganz geringen Ansätzen vorhanden, staatsrechtliche Begriffe im Sinne der Mittelmeerkulturen hatten noch kaum Einfluß geübt. Aus diesem Grund war es den Römern auch

schwer, in den germanischen Stämmen gleichwertige Verhand-
lungs- und Bündnispartner zu erblicken.

Um das Überwachen der Grenzstrecke zu erleichtern, haben die
Römer den Limes meistens durch unbewohnte oder nur wenig
bewohnte Gegenden geführt, soweit sie nicht Flüsse als Grenze
benutzten. Der obergermanisch-raetische Limes berührte infolgedessen nur an wenigen Stellen germanische Wohngebiete; kein
Kernland eines Germanenstamms lag in seiner unmittelbaren
Nähe. Das Kerngebiet des nächsten größeren Stammes vor dem
obergermanischen Limes, der Chatten, lag bei Kassel und Fritzlar
(Abb. 29).

Nur ein kleiner Stammesteil wohnte im Gießener Becken und
berührte den Nordteil des Wetteraulimes. Diese Germanen hät-
ten sich aber im Vorfeld der überlegenen römischen Militärmacht
nie ohne römische Billigung niederlassen können. Sicherlich bestand zwischen ihnen und den Römern ein Vertragsverhältnis
(Foedus). Ähnlich dürfte die kleine germanische Gruppe zu beurteilen sein, die in der Gegend von Öhringen dem obergermanischen Limes nahekam. Die Gefahr für den Limes ging auch
nicht von diesen kleinen Gruppen aus. Sie kam anfangs von den
schon erwähnten Chatten. Seit dem Beginn des 3. Jahrhunderts
erwuchs sie aus noch größerer Entfernung von den Alamannen,
die damals an der mittleren Elbe saßen. Die Häufung der Fund-
punkte in dieser Gegend auf Abb. 29 weist auf die Bedeutung
dieses damals neugebildeten Stammesbundes hin. In der Mitte
des 3. Jahrhunderts überrannten die Alamannen den obergermanisch-raetischen Limes und nahmen das Grenzgebiet bis Rhein
und Donau in Besitz. – Der raetische Limes war anfangs noch
weniger bedroht als der obergermanische. An ihn grenzte überhaupt kein nennenswertes Germanengebiet an. Nördlich von ihm
befand sich in einiger Entfernung das Stammesgebiet der Hermunduren, ungefähr in der Gegend des heutigen Franken und
Thüringen. Die Karte Abb. 29 zeigt, daß bedeutendere Siedlungsgebiete erst in einiger Entfernung vom Limes am mittleren und
oberen Main nachgewiesen sind. Die Hermunduren haben sich
seit der Zeit des Augustus bis zum Anfang des 3. Jahrhunderts
n. Chr. römerfreundlich verhalten und die Provinz Raetien kaum
bedroht. Dagegen wurde der Ostteil der Provinz und des Limes
während der Markomannenkriege unter Marcus Aurelius in Mitleidenschaft gezogen. Das Stammesgebiet der Markomannen lag
im böhmischen Becken, weit vom raetischen Limes entfernt (Abb.

29). Im 3. Jahrhundert n. Chr. wurde der raetische Limes durch Alamanneneinfälle erschüttert und mußte schließlich aufgegeben werden. Wahrscheinlich hatten sich die Hermunduren in dieser Zeit dem alamannischen Stammesbund angeschlossen.

Obgleich nur wenige Germanen unmittelbar am Limes saßen, war die Militärgrenze den weiter entfernt wohnenden Stämmen zweifellos gut bekannt. Dazu trug unter anderem der Handelsverkehr bei. Ein wichtiger Handelsstrom ging von *Mogontiacum* (Mainz) über den obergermanischen Limes in der Wetterau. Die Güter gelangten über das Gießener Becken und Nordhessen in den mitteldeutschen Raum. In Raetien, so berichtet Tacitus, reichten die Handelsverbindungen der Hermunduren schon im 1. Jahrhundert n. Chr. bis zur Provinzhauptstadt *Augusta Vindelicum* (Augsburg). Diese Verbindungen sind sicherlich auch später nicht abgerissen. Sie müssen von Augsburg die *Via Claudia* nordwärts gegangen sein, die bei Donauwörth die Donau überschritt und sich nach Norden durch das Ries fortsetzte. Sie dürften den raetischen Limes dort überschritten haben, wo er zwischen Ruffenhofen und Gunzenhausen nach Norden vorstößt. Allerdings lief der bedeutendere Fernhandel des Römerreichs, der die Ostseeküste und die skandinavischen Länder erreichte, kaum über den obergermanisch-raetischen Limes. Er ging vom Niederrhein aus, von den römischen Städten *Colonia Claudia Ara Agrippinensis* (Köln) und der *Colonia Traiana* (bei Xanten) sowie von der wichtigen Handelsstadt *Carnuntum* (östlich Wien) an der mittleren Donau (Abb. 30).

Über den Limes liefen auch mancherlei diplomatische Verbindungen. So werden gelegentlich Gesandtschaften die Grenze überschritten haben, weil die Römer nach Möglichkeit auf diesem Weg Gefahren für die Provinzen beseitigten und in die Auseinandersetzungen zwischen germanischen Stämmen eingriffen. Der Eindruck der fast zwei Jahrhunderte bestehenden, straff organisierten Militärgrenze auf die Germanen muß bedeutend gewesen sein. Damals, als die hölzerne Palisade noch stand, ist bei ihnen die Bezeichnung »Pfahl« für den Limes aufgekommen, die sich auf weiten Strecken der alten Grenze bis heute erhalten hat. Das Wort haben die Germanen vom lateinischen »*palus*« entlehnt.

Organisationskunst und Waffentechnik der antiken Welt wurden den Germanen an der Grenze dauernd demonstriert. Viele Anregungen waffentechnisch-militärischer Art gingen vom Limes aus,

Abb. 30. Zierscheibe von Thorsberg (Schleswig-Holstein). Vergoldetes Silberblech, auf einer Bronzeplatte befestigt. Römische Arbeit aus der Zeit um 200 n. Chr. mit germanischen Zusätzen. Foto Landesmuseum Schloß Gottorp (Schleswig). Durchmesser 13 cm.

kulturelle Einflüsse überschritten ihn. Das blieb nicht ohne Folgen auf die Waffentechnik und Gesellschaftsform der Germanen. Es befähigte sie, in der Völkerwanderungszeit dem römischen Imperium erfolgreich entgegenzutreten.

Es gab auch Germanen innerhalb der römischen Provinzen, beispielsweise jene, die von den Römern selbst auf das linke Rheinufer umgesiedelt worden waren (etwa die Ubier bei Köln). Andere waren durch die Eroberung des Limesgebiets unter römische Herrschaft gekommen (z. B. die *Suebi Nicretes* bei Heidelberg). Dort lebten zugleich noch Reste der ursprünglichen, keltischen

Bevölkerung. Diese erhielt nach der römischen Eroberung frischen Zuzug aus der Provinz. So entstand im Grenzgebiet ein Bevölkerungsgemisch, das rasch romanisiert wurde. Der germanische Bevölkerungsanteil ging darin meistens rasch unter. Eine geschichtliche Nachwirkung hatte der germanische Bevölkerungsanteil in den Provinzen Obergermanien und Raetien kaum.

Das Land hinter dem Limes

Das Land hinter dem Limes gehörte zu den beiden Reichsprovinzen Obergermanien (*Germania superior*) und Raetien (*Raetia*). Die Provinz Obergermanien ist unter Kaiser Domitian zwischen 85 und 90 n. Chr. gegründet worden. Sitz des Provinzstatthalters war Mainz (*Mogontiacum*). Dort war neben dem Legionslager eine bedeutende städtische Siedlung entstanden, die zwar die Funktion der Provinzhauptstadt erfüllte, aber erst einige Zeit nach dem Fall des Limes das römische Stadtrecht erhielt. – Die Provinz Raetien war schon unter Kaiser Claudius in der Mitte des 1. Jahrhunderts n. Chr. entstanden. Ihre Hauptstadt war Augsburg (*Augusta Vindelicum*).

Die Statthalter vereinigten die militärische und zivile Macht in ihrer Hand. Sie waren direkt dem Kaiser verantwortlich. In Obergermanien standen im 2. und 3. Jahrhundert zwei Legionen und zahlreiche Hilfstruppen. Wegen der beachtlichen Truppenmacht gehörte der obergermanische Statthalter dem höchsten Rang der römischen Verwaltung an. Nur Angehörige des Senatsadels, die in Rom bereits das Amt des Konsuls innegehabt hatten, kamen für diese Stelle in Betracht. Der Titel lautete *legatus Augusti pro praetore*. Ein obergermanischer Statthalter ist später sogar Kaiser geworden (Kaiser Traian).

In Raetien lagen anfangs nur Hilfstruppen. Daher war der Statthalter lediglich ein Angehöriger des Ritteradels mit dem Titel *procurator*. Erst als unter Kaiser Marcus Aurelius (161–180) die *legio III Italica* in Raetien stationiert worden war, ist auch hier ein *legatus Augusti pro praetore* eingesetzt worden.

Das Provinzland zerfiel in verschiedene, genau abgegrenzte Gebiete. Es gab zunächst die regulär mit Stadtrecht versehenen Städte (als *colonia* oder *municipium*), die stets in einem eigenen Territorium lagen. Außerdem entstanden Stammesgemeinden mit Selbstverwaltung (*civitates*), ferner kaiserliche Domänen (*saltus*) und schließlich Gebiete unter direkter Militärverwaltung, z. B. das zu jeder Legion gehörende *territorium legionis* in der Umgebung des Legionslagers.

Echte Städte waren in der Nähe des obergermanisch-raetischen Limes selten. In Obergermanien ist nur Rottweil zu nennen (*municipium Arae Flaviae*), dessen Stadtrecht aber nicht völlig gesichert erscheint. Auf jeden Fall war diese Stadt recht klein. Im Inneren der Provinz gab es weitere, z. T. bedeutende Städte, z. B. Augst bei Basel (*colonia Augusta Raurica*). – In Raetien lag nur die Provinzhauptstadt Augsburg verhältnismäßig nahe an der Grenze; sie war *municipium*.

Im obergermanischen Grenzgebiet sind zahlreiche *civitates* nachgewiesen worden (Abb. 31). Es waren Gebietskörperschaften ähnlich heutigen Landkreisen. Die *civitates* waren ein vorzügliches Mittel zur Romanisierung und friedlichen Verwaltung der einheimischen Bevölkerung. Die Bevölkerung erhielt die Möglichkeit, sich nach dem Muster römischer Städte selbst zu verwalten. So gewöhnte sie sich an die zunächst fremde römische Rechtsprechung und Verwaltung. Alle im Gebiet einer *civitas* dauernd ansässigen Freien waren Bürger der Stammesgemeinde. Anfangs gab es unter ihnen nur wenige römische Vollbürger (*cives Romani*); die übrige freie Provinzbevölkerung hatte einen niederen, »peregrinen« Rechtsstand. Aus den Bürgern der *civitas* wurde eine Ratsversammlung (*ordo decurionum*) gewählt, die über die öffentlichen Angelegenheiten der Gemeinde beriet und entschied. Als Geschäftsführer der *civitas* waren ähnlich wie bei römischen Städten zwei gewählte, jährlich wechselnde Bürgermeister (*duoviri*) tätig. Ihnen konnten weitere Magistrate (*aediles, quaestores*) zur Seite stehen. Jede *civitas* hatte einen Hauptort, in dem die Verwaltung untergebracht war. Obgleich diese Hauptorte bald ein städtisches Aussehen gewannen, erhielten sie bis zum Fall des Limes noch kein volles Stadtrecht; sie galten nur als *vici*.

In Raetien dürfte es ebenfalls *civitates* in der Nähe des Limes gegeben haben. Allerdings konnte bisher noch keine nachgewiesen werden. Vielleicht war hier das Gebiet der kaiserlichen Domänen ausgedehnter. Die Domänen wurden von einer besonderen kaiserlichen Verwaltung in Parzellen geteilt und an Pächter (*coloni*) vergeben. Auf diese Weise wurden Einnahmen erzielt. So ist es verständlich, daß bei der Eroberung einer neuen Provinz ein Teil des Landes kaiserliche Domäne wurde. Eine solche große

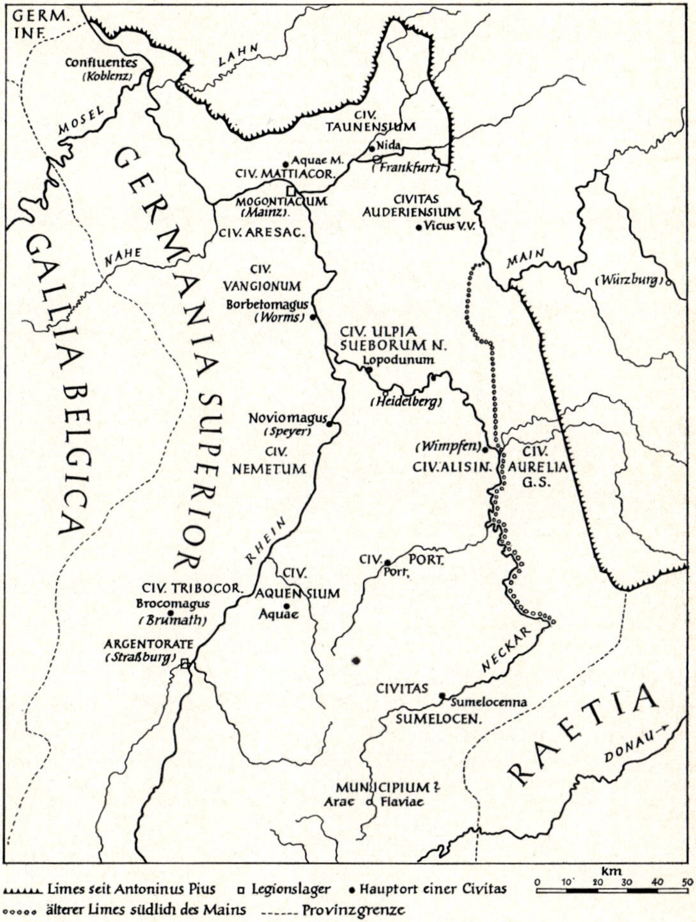

Abb. 31. Civitates im rechtsrheinischen Grenzgebiet des Römerreichs.
Folgende Civitates sind bekannt (Hauptort in Klammern): Civitas
Mattiacorum (Aquae Mattiacorum, heute Wiesbaden); Civitas Taunen-
sium (Nida, heute Frankfurt a. M.-Heddernheim); Civitas Auderien-
sium (Vicus V. V., heute Dieburg); Civitas Ulpia Sueborum Nicretum
(Lopodunum, heute Ladenburg); Civitas Alisinensium (antiker Name
des Hauptorts unbekannt, heute Wimpfen im Tal); Civitas Aurelia
G. S. (Hauptort vielleicht Vicus Aurelianus, heute Öhringen); Civitas
Port ... (Port ..., heute Pforzheim); Civitas Aquensium (Aquae, heute
Baden-Baden); Civitas Sumelocennensium (Sumelocenna, heute Rotten-
burg). Arae Flaviae (Rottweil) war wahrscheinlich Municipium.

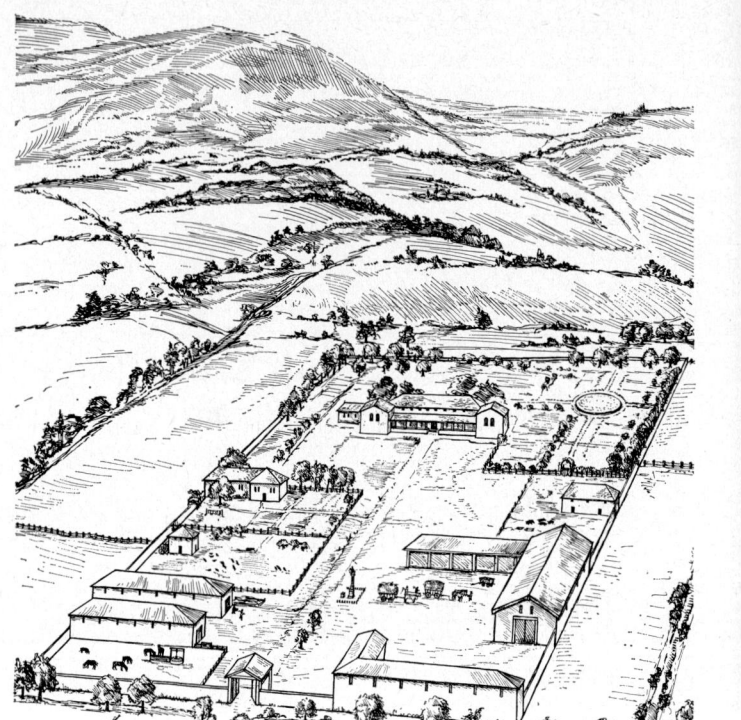

Abb. 32.   Ansicht einer römischen Villa rustica mittlerer Größe.

Domäne konnte in Obergermanien in der Umgebung von Rotten-
burg (*Sumelocenna*) nachgewiesen werden. Sie wurde später aus
der unmittelbaren kaiserlichen Verwaltung entlassen und in eine
civitas verwandelt (*civitas Sumelocennensium*).
Der wichtigste Wirtschaftszweig, die Landwirtschaft, wurde fast
ausschließlich von zahlreichen kleineren und größeren Gutshöfen
aus betrieben. Diese *villae rusticae* lagen als Einzelhöfe in der
Landschaft. Abb. 32 zeigt eine solche typische Villa: In einer
rechteckigen Einfriedigung liegt das Herrenhaus, daneben viele
Wirtschaftsgebäude (Ställe, Scheunen, Schuppen und Unter-

künfte für Sklaven oder sonstige Landarbeiter). Die fruchtbaren Gegenden der Provinz waren von einem regelmäßigen Netz von Villen und ihren genau vermessenen Äckern bedeckt. Die Besitzer der größeren Landgüter gehörten der gehobenen Bevölkerungsschicht der Provinz an, aus der die Ratsherren der Städte und *civitates* kamen.

Bauernsiedlungen in Dorfform gab es kaum. Daher waren Dörfer (*vici*) viel seltener als heute. Sie hatten auch eine andere Funktion als unsere alten Bauerndörfer. In ihnen wohnten Handwerker und Händler; es gab auch Dienstleistungsbetriebe (Gasthäuser und Bäder). Sie versorgten die ländliche Bevölkerung. Oft hatten die *vici* Marktrecht. Regelmäßig sind *vici* neben den Kastellen am Limes entstanden.

Zur militärischen Sicherung der Provinzen legten die römischen Truppen viele Straßen an. Ein solches Straßennetz hatte vorher in Mitteleuropa noch nie existiert. Es erwies sich bald, daß die sorgfältig gebauten Straßen der wirtschaftlichen Entwicklung zugute kamen. Der anhaltende Frieden brachte der Provinzbevölkerung auch in der Grenzzone einen mäßigen Wohlstand. Das verlockte die angrenzenden Germanenstämme zu Raubzügen. So mußte der Limes dauernd aufrechterhalten und ausgebaut werden, um die Provinz vor Störungen zu schützen. Wie gut er seine Aufgabe erfüllte und wie groß das Vertrauen der Bevölkerung in den militärischen Schutz war, erkennt man an den gelegentlich dicht am Limes gefundenen *villae rusticae*.

Die Art der römischen Besiedlung stellte einen weitgehenden Bruch mit der einheimischen vorgeschichtlichen Siedlungsweise dar. Durch höhergezüchtete Haustierarten, neues Saatgut, bisher unbekannte Obstbaumarten und neue Wirtschaftsformen mit verbesserten Geräten änderte sich die Art des Ackerbaus. Das änderte auch das Aussehen der Landschaft. Diese interessanten Fragen sind allerdings noch wenig erforscht.

Das Land jenseits von Rhein und Donau blieb nur bis um 260 n. Chr. unter römischer Herrschaft. Die Landnahme der Alamannen brachte fast überall das Ende der römischen Besiedlung und ihrer entwickelten Wirtschafts- und Verwaltungsform mit sich. Damals entstanden neue germanische Bauerndörfer, die sich zum Teil über mehr als siebzehn Jahrhunderte bis heute erhalten haben.

Geschichte des obergermanisch-raetischen Limes im 2. und 3. Jahrhundert n. Chr.

Am Anfang seiner Regierung sah sich Kaiser Traian gezwungen, einen Krieg gegen die Daker zu planen. Dieser mächtige Volksstamm saß in Siebenbürgen im heutigen Rumänien. Er hatte seit einiger Zeit die römische Donaugrenze empfindlich gefährdet. Um das römische Heer an der Donau zu verstärken, zog der Kaiser die *Legio XI Claudia* aus Obergermanien ab. Die Legion hatte in Vindonissa (Windisch bei Brugg in der Schweiz) gelegen. Sie kehrte nicht mehr in die Provinz zurück, so daß seit etwa 100 n. Chr. nur noch zwei Legionen in Obergermanien standen, und zwar die *Legio XXII Primigenia pia fidelis* in Mainz und die *Legio VIII Augusta* in Straßburg. Raetien blieb weiterhin ohne Legion; in dieser Provinz standen nur Hilfstruppen. In den Provinzen Obergermanien und Raetien durften während der geplanten Dakerkriege keine neuen Gefahren im Rücken des kämpfenden Heeres entstehen. Daher wurde der Limes seit dem Beginn der Regierung Traians beschleunigt ausgebaut (Abb. 33).

Es war ein günstiger Umstand für die Pläne des Kaisers, daß sich die Bevölkerung im Gebiet zwischen Rhein, Donau und Limes rasch romanisierte. So entstanden schon unter seiner Regierung die ersten zivilen Selbstverwaltungen (Civitates) im Grenzgebiet. Die Bevölkerung konnte aus der unmittelbaren Militärverwaltung entlassen werden. Die Truppen, die bis jetzt mitten im Wohngebiet der Bevölkerung gelegen hatten, wurden für andere Aufgaben frei. Sie kamen an den Limes und schützten nunmehr die Grenzbevölkerung vor germanischen Raubzügen.

Unter Traian erhielt das Neuwieder Becken eine stärkere Besatzung. Der östliche Wetteraulimes wurde mit Kohorten besetzt. Weitere Truppen kamen an die Mainlinie. Spätestens um 100 n. Chr. entstand die Odenwaldlinie mit ihren kleinen Numeruskastellen. Auch an den Neckar, der seit der Regierung Domitians bereits besetzt war, dürften weitere Kohorten gezogen sein.

Die obergermanische Grenze wurde während der Regierung Traians lückenlos geschlossen. Überall war sie entweder durch einen mit Holztürmen bewachten Postenweg oder durch einen Flußlimes eindeutig markiert. Dadurch entwickelten sich rasch stabile Verhältnisse in der Provinz. Die erreichte Sicherheit vor

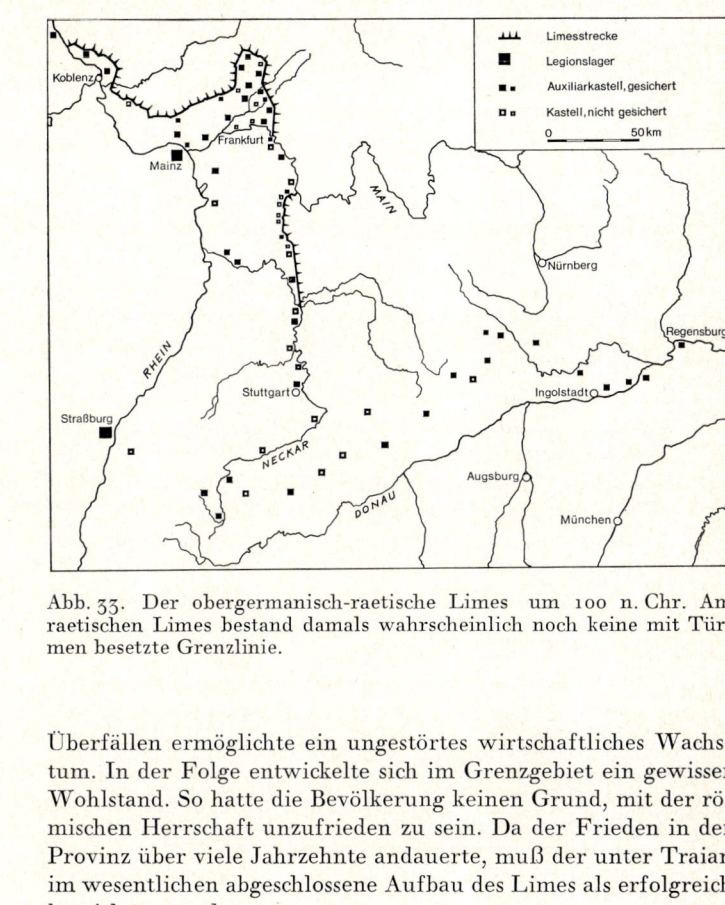

Abb. 33. Der obergermanisch-raetische Limes um 100 n. Chr. Am raetischen Limes bestand damals wahrscheinlich noch keine mit Türmen besetzte Grenzlinie.

Überfällen ermöglichte ein ungestörtes wirtschaftliches Wachstum. In der Folge entwickelte sich im Grenzgebiet ein gewisser Wohlstand. So hatte die Bevölkerung keinen Grund, mit der römischen Herrschaft unzufrieden zu sein. Da der Frieden in der Provinz über viele Jahrzehnte andauerte, muß der unter Traian im wesentlichen abgeschlossene Aufbau des Limes als erfolgreich bezeichnet werden.

In Raetien ist der Grenzschutz unter Traian ebenfalls weiter ausgebaut worden, und zwar besonders am Mittelabschnitt der Grenze. Hier verließen die Truppen das Nördlinger Ries (Kastelle Nördlingen[?] und Munningen) und bauten weiter im Norden neue Lager (Ruffenhofen und Theilenhofen?). Vermutlich ist zu dieser Zeit zum erstenmal an der raetischen Grenze ein Limes mit Postenweg und hölzernen Wachttürmen in dem Grenzabschnitt zwischen Ruffenhofen und Weißenburg angelegt worden. Allerdings reichen die bisherigen archäologischen Forschungsergeb-

nisse noch nicht aus, die zeitliche Entwicklung an der Limesstrecke sicher zu beschreiben. Am östlichen Abschnitt entstand ein
weiteres Alenkastell in Pförring. Wegen der geringeren Gefährdung der raetischen Grenze in der ersten Hälfte des 2. Jahrhunderts verlief der Aufbau des Limes langsamer als in Obergermanien.

In Obergermanien fanden unter der Regierung Kaiser Hadrians
einige geringfügige Truppenverlegungen am Limes statt. Damals
dürften auch die kleinen Hilfstruppen, die Numeri, ihre endgül-
tige Organisation erhalten haben. Sie befanden sich aber zum
Teil schon seit einiger Zeit an der Grenze. Außerdem wurde
jetzt die Überwachung der Grenzlinie durch eine technische Maß-
nahme erleichtert. Bis zur Zeit Hadrians war der Limes durch
keinerlei Annäherungshindernisse geschützt, er bestand nur aus
einem von Türmen überwachten Postenweg. Nun wurde vor dem
Postenweg überall eine Palisade errichtet.

Auch in Raetien dürfte die Palisade unter Hadrian an der bestehenden Limesstrecke angelegt worden sein. Außerdem ist die
Linie wohl spätestens zu dieser Zeit über den Jura zur Donau
durchgezogen worden. Ebenso dürfte sie nach Westen verlängert
worden sein, vielleicht bis in die Gegend des Kastells Buch. Allerdings ist die raetische Grenzlinie unter Hadrian noch nicht unmittelbar mit der obergermanischen verbunden worden. Der
obergermanische Limes lief damals neckaraufwärts bis Köngen.
Der Westabschnitt der raetischen Grenze blieb vorerst in dem
älteren Zustand der militärisch besetzten Grenzzone. Er wurde
durch die Kastelle Eislingen-Salach, Urspring und Heidenheim
geschützt. Ein Limes mit Postenweg, Türmen und Palisade bestand hier noch nicht. Offenbar galt der Abschnitt als wenig gefährdet.

Erhebliche Änderungen traten in der Mitte des 2. Jahrhunderts
unter Antoninus Pius am Limes ein. Schon am Anfang seiner
Regierung sind sowohl in Obergermanien als auch in Raetien
manche der bisherigen Holzkastelle in Stein ausgebaut worden.
Ein wenig später fiel anscheinend recht plötzlich der Entschluß,
den Südteil des obergermanischen Limes nach Osten vorzuverlegen. Die Odenwald- und die Neckarlinie wurden aufgegeben,
obgleich dort kurz vorher noch umfangreiche Bauvorhaben ausgeführt worden waren. Weiter im Osten entstand ein neuer
Limes, der von Miltenberg am Main bis Lorch an der Rems zog.
Zugleich wurde die raetische Grenzlinie nach Westen verlängert,

und die Truppen aus den Kastellen Eislingen-Salach (?), Urspring und Heidenheim in die neuen Lager Schirenhof, Unterböbingen und Aalen verlegt. Die obergermanische und die raetische Grenzlinie trafen nun bei Lorch zusammen, sodaß erst jetzt die Grenze vollständig geschlossen war.

Vermutlich waren die Änderungen am Limes römische Reaktionen auf Völkerbewegungen und Machtverschiebungen im germanischen Raum. Sie entluden sich zwei Jahrzehnte später in den furchtbaren Markomannenkriegen. Anscheinend war es aber schon in der Mitte des 2. Jahrhunderts gelegentlich zu Spannungen an der Grenze gekommen. Die Römer hielten es daher für geboten, das Land östlich vom Neckar, das schon seit einiger Zeit unter ihrem Einfluß stand, durch einen neuen Limes zu schützen und die Grenzlinie völlig zu schließen.

Nur wenig später erfolgten ernsthafte Angriffe auf den Limes. In den Jahren 162 und um 170 mußten an der obergermanischen Grenze die Chatten abgewehrt werden. Die Germanen hatten sich zu den Angriffen entschlossen, weil große Teile des römischen Heeres gleichzeitig an anderen Grenzen des Reichs in Kämpfe verwickelt waren. Es gelang zwar, die Chatten abzuweisen, doch kam es im Grenzland zu örtlichen Zerstörungen.

Um 167 begannen die Markomannenkriege, die das Römerreich in eine schwere Krise stürzten. Sie wurde durch das Auftreten der Pest noch verschärft. Während des ersten Markomannenkriegs (167–175) ist vor allem der östliche und mittlere Teil von Raetien in Mitleidenschaft gezogen worden. Viel stärker wurden allerdings die weiter im Osten gelegenen Provinzen Noricum und Pannonien betroffen. Die Markomannen stießen sogar bis nach Oberitalien vor. Am raetischen Limes reichten die Zerstörungen bis in die Gegend des Kastells Dambach. In dieser Notlage ließ Kaiser Marcus Aurelius in Italien neue Legionen ausheben. Eine von ihnen, die *Legio III Italica Concors*, kam noch während des Kriegs nach Raetien. Im zweiten Markomannenkrieg (178 bis 180) erbaute sie ein dauerhaftes Lager in Regensburg (Bauinschrift aus den Jahren 179/180). Die Legion blieb nunmehr in der Provinz, deren militärischen Schutz sie erheblich verstärkte. Insgesamt befanden sich nun drei Legionen am obergermanisch-raetischen Limes (Abb. 34).

Erst nach 180 sind in Raetien die Kriegsschäden am Limes ausgebessert worden. Wenig später kam es um 185 in Obergermanien zu Unruhen unter der Regierung des Commodus, über deren

Abb. 34. Ziegelstempel der Legionen Obergermaniens und Raetiens.
Oben: Legio XXII Primigenia Pia Fidelis; Mitte: Legio VIII Augusta;
unten: Legio III Italica Concors. Halbe natürliche Größe.

Hintergründe wenig bekannt ist. Sie wirkten sich auch auf den
Limes aus. Danach scheint eine ruhigere Zeit eingetreten zu sein.
Damals sind am obergermanischen Limes unter Commodus zahlreiche Militärbauten repariert und verstärkt worden. Anscheinend war es während der Zeit der Markomannenkriege kaum
möglich gewesen, die notwendigen Reparaturen auszuführen,
so daß ein gewisser Nachholbedarf entstanden war. Das große
Kastell Niederbieber im Norden des Limes wurde neu erbaut.
Den Zustand des Limes am Anfang des 3. Jahrhunderts zeigt
Abb. 35.
Möglicherweise führten die Erfahrungen der Chatteneinfälle
in Obergermanien zur Anlage von Wall und Graben am Limes
unter Commodus. Der Bau der raetischen Mauer könnte in die
gleiche Zeit fallen und eine Reaktion auf den stärkeren germanischen Druck sein, der seit der Zeit der Markomannenkriege
spürbar wurde. Doch ist die Zeitbestimmung dieser beiden Annäherungshindernisse noch nicht endgültig gesichert; vielleicht
sind sie auch erst am Anfang des 3. Jahrhunderts erbaut worden,
als die Alamannen in Erscheinung traten.
Dieser germanische Stammesbund war erst kürzlich an der mittleren Elbe entstanden. Er begann nun, die Provinzen Oberger-

manien und Raetien zu bedrohen. Daher führte Kaiser Caracalla im Jahre 213 das römische Heer über die raetische Grenze und von Mainz aus gegen die Alamannen. Vermutlich war es ein Präventivkrieg. Damals könnte in Raetien das Kastell Faimingen entstanden sein. Der mit großer Truppenmacht geführte Feldzug Caracallas stellte für zwei Jahrzehnte die Ruhe an der Grenze sicher.

Als aber das römische Heer unter Severus Alexander im Osten gegen die Parther kämpfte, erschütterte 233 n. Chr. ein schwerer Alamanneneinfall die fast schutzlosen Provinzen. Die Alamannen legten zahlreiche Limeskastelle in Trümmer und plünderten und verwüsteten weithin das Provinzgebiet. Die von der Rhein- und Donaugrenze zum Partherkrieg abgezogenen Truppen erzwangen den Abbruch der Kämpfe im Osten und den Rückmarsch nach Mainz, um den Germanen entgegenzutreten. In Mainz wurde 235 n. Chr. der Kaiser Severus Alexander von den unzufriedenen Truppen ermordet. Der neue Kaiser Maximinus Thrax führte 235

Abb. 35. Der obergermanisch-raetische Limes am Anfang des 3. Jahrhunderts n. Chr.

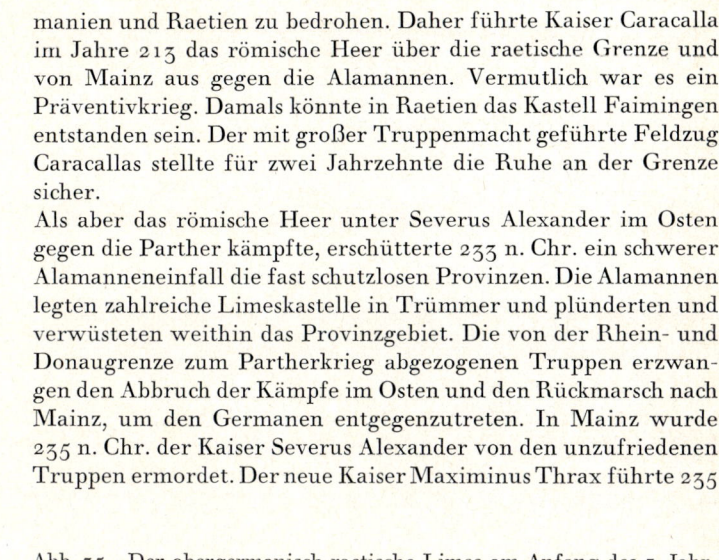

den geplanten Feldzug gegen die Alamannen, der noch einmal für kurze Zeit das Grenzgebiet stabilisierte. Aber nicht alle zerstörten Kastelle wurden wieder aufgebaut und besetzt. Damals begann die Krisenzeit der Soldatenkaiser. Das römische Heer verzettelte sich in Bürgerkriegen und hatte an mehreren Grenzen die Angriffe der Nachbarn abzuwehren. Die militärische Kraft des Reichs wurde aufs äußerste beansprucht. Daher konnte der Limes oftmals nur schwach besetzt werden. Das aber forderte neue Angriffe der Alamannen heraus. In manchen Gegenden sprangen Aufgebote der Grenzbevölkerung zum Selbstschutz ein. Mit der vernichtenden Niederlage der Römer im Osten im Jahre 260 und der Gefangennahme des Kaisers Valerian durch die Parther war der Höhepunkt der Krise erreicht. Spätestens in diesem Jahr fiel auch der obergermanisch-raetische Limes endgültig in die Hand der Alamannen. Von nun ab wurden Rhein und Donau wieder zur Grenze des Römerreichs, bis dessen westliche Hälfte im 5. Jahrhundert n. Chr. während der Völkerwanderungszeit unterging.

Archäologische Forschung am Limes

Nach dem Ende der römischen Besetzung um 260 n. Chr. blieben die Limesbauten in Ruinen liegen. Manche Baureste, die in Wäldern oder in menschenleeren Gegenden lagen, wurden für Jahrhunderte vergessen und verwitterten und zerfielen langsam. Die Germanen haben die römischen Kastelle bei ihrer Landnahme nach 260 in den meisten Fällen gemieden, selbst dann, wenn sie in einem reichen Ackerbaugebiet lagen, das an sich zur Besitznahme einlud. Die alten Wehranlagen hatten für sie keine Bedeutung, und daher zogen sie Siedlungsplätze vor, die ihren besonderen Wohnbedürfnissen besser entsprachen. So läßt sich nur selten eine frühe germanische Besiedlung in einem Limeskastell nachweisen. Die alten Mauern, die in den Äckern steckten, wurden von den Bauern oft als lästig empfunden und gemieden oder herausgerissen. Seit dem hohen Mittelalter und vor allem in der Neuzeit dienten die Ruinen auch als bequeme Steinbrüche zum Errichten neuer Steinbauten. Wall und Graben des Limes und die Reste der raetischen Mauer wurden an vielen Stellen überackert. Sie haben sich daher in den Wäldern besser erhalten.

Als im 16. Jahrhundert das wissenschaftliche Interesse für die Spuren der Antike in unserem Land erwachte, waren die meisten Wehrbauten am Limes schon verschwunden, überwachsen oder nur schwer als römische Bauten zu erkennen. So war es in vielen Gegenden keineswegs einfach, den Lauf des Limes festzustellen. Die Schwierigkeiten wurden dadurch vermehrt, daß die römischen Schriftsteller und Geschichtsschreiber den Limes kaum erwähnten. So beruhen unsere Kenntnisse fast ausschließlich auf archäologischen Ausgrabungen und auf sorgfältigen Vermessungen und Aufnahmen im Gelände.

Die Anfänge der wissenschaftlichen Tätigkeit am Limes gehen, wie schon gesagt, in das 16. Jahrhundert zurück. Die Wurzeln einer intensiveren Erforschung liegen aber erst im 18. Jahrhundert. Es gab schon zusammenfassende Beschreibungen einiger größerer Limesabschnitte, als im Jahre 1748 die Preußische Akademie der Wissenschaften die Preisaufgabe stellte, zu untersu-

chen, wie weit die Römer über den Rhein und die Donau nach
Deutschland eingedrungen und ob noch Spuren davon vorhanden
seien. Zwar waren die unmittelbaren Antworten auf die Preisaufgabe unbefriedigend, doch die Anregung wirkte weiter und
veranlaßte neue Untersuchungen, unter anderem Christian Ernst
Hanßelmanns »Beweis, wie weit der Römer Macht ... auch in
die nunmehrige Ost-Fränkische Lande eingedrungen« (aus dem
Jahre 1768). Es ist hier leider nicht möglich, die im 19. Jahrhundert anschließende, vielfältige Tätigkeit zahlreicher Wissenschaftler und Altertumsfreunde zu verfolgen. – Im ersten Jahrzehnt des Jahrhunderts bemühte sich unter anderen Graf Franz
zu Erbach um die Erforschung des Odenwaldlimes. Zunehmend
schalteten sich auch die allenthalben neu entstehenden Altertumsvereine ein, die sich lebhaft für die Erforschung der Teufelsmauer und des Pfahlgrabens interessierten. Die Nachgrabungen
blieben dennoch vereinzelt und unsystematisch, sie wurden mit
ungenügenden Kenntnissen und meist auch mit unzureichenden
Mitteln ausgeführt. Eine methodische Ausgrabungstechnik hatte
die Wissenschaft damals ja noch nicht entwickelt. Immer deutlicher wurde auch, daß der Limes als Ganzes in einem einheit-
lichen Forschungsprogramm untersucht werden sollte. Diese Er-
kenntnis schlug sich schon auf der ersten Versammlung des Ge-
samtvereins der Deutschen Geschichts- und Altertumsvereine in
Mainz 1852 in einem entsprechenden Beschluß nieder und in der
Wahl einer »Kommission zur Erforschung des limes imperii Romani«. Aber die Mittel reichten damals noch nicht, das gesteckte
Ziel zu erreichen. Erst 1892 wurden die nötigen Geldmittel vom
Reichstag bewilligt und der damals gegründeten Reichslimeskommission zur Verfügung gestellt. Der berühmte Historiker
Theodor Mommsen hatte seit 1872 immer wieder auf die Notwendigkeit einer umfassenden Untersuchung des Limes hingewiesen; nun übernahm er den Vorsitz der Kommission. Die Arbeit begann mit einem beispiellosen Schwung. Ein ganzes Team
von Facharchäologen und Historikern, aber auch zahlreiche Altertumsfreunde aus den verschiedensten Berufen widmeten sich
der Aufgabe, von der man anfangs glaubte, sie werde sich in fünf
Jahren erledigen lassen, nämlich die Lage des Limes mit allen
Wachttürmen und Kastellen im Gelände genau festzustellen, ge-
gebenenfalls durch Ausgrabungen; außerdem durch Ausgrabungen soweit wie möglich die Geschichte des Limes zu klären. Man
teilte den Limes nach damaligen Landes- und Verwaltungsgren-

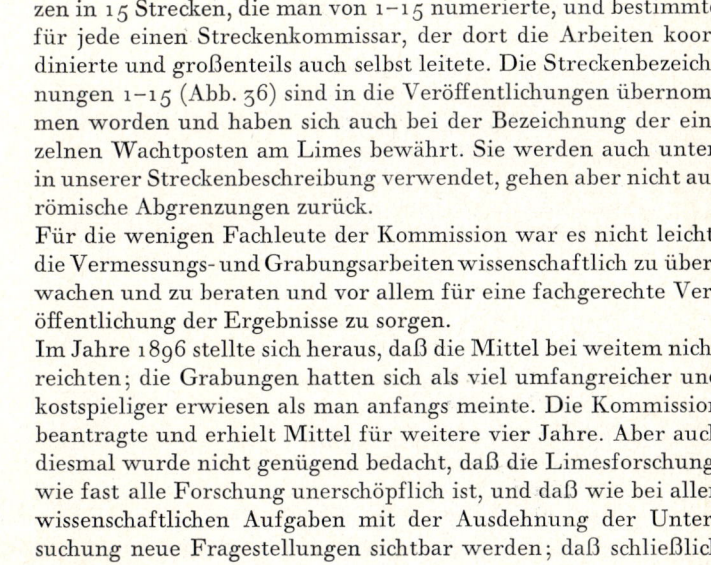

Abb. 36. Nummern der Limesstrecken nach ORL. Die numerierten Strecken sind ein neuzeitliches Hilfsmittel zur Beschreibung des Limes; sie gehen nicht auf eine römische Einteilung der Grenze zurück.

zen in 15 Strecken, die man von 1–15 numerierte, und bestimmte für jede einen Streckenkommissar, der dort die Arbeiten koordinierte und großenteils auch selbst leitete. Die Streckenbezeichnungen 1–15 (Abb. 36) sind in die Veröffentlichungen übernommen worden und haben sich auch bei der Bezeichnung der einzelnen Wachtposten am Limes bewährt. Sie werden auch unten in unserer Streckenbeschreibung verwendet, gehen aber nicht auf römische Abgrenzungen zurück.

Für die wenigen Fachleute der Kommission war es nicht leicht, die Vermessungs- und Grabungsarbeiten wissenschaftlich zu überwachen und zu beraten und vor allem für eine fachgerechte Veröffentlichung der Ergebnisse zu sorgen.

Im Jahre 1896 stellte sich heraus, daß die Mittel bei weitem nicht reichten; die Grabungen hatten sich als viel umfangreicher und kostspieliger erwiesen als man anfangs meinte. Die Kommission beantragte und erhielt Mittel für weitere vier Jahre. Aber auch diesmal wurde nicht genügend bedacht, daß die Limesforschung, wie fast alle Forschung unerschöpflich ist, und daß wie bei allen wissenschaftlichen Aufgaben mit der Ausdehnung der Untersuchung neue Fragestellungen sichtbar werden; daß schließlich jeder Fortschritt in der Forschungsmethode alte Untersuchungen als unzulänglich erscheinen läßt. Im Jahre 1901 waren erst 34 Limeskastelle ausgegraben und veröffentlicht, weniger als die Hälfte, als die Kommission wieder um die Bewilligung weiterer Geldmittel nachsuchen mußte. Jetzt zog man aus den bisherigen Erfahrungen die Konsequenz und beschloß, die Grabungsarbeiten im Jahre 1903 zu beenden und dann nur noch die Ergebnisse zu veröffentlichen, um zu einem Abschluß zu gelangen. 1898 trat Ernst Fabricius, Professor der Alten Geschichte in Freiburg, dem geschäftsführenden Ausschuß der Kommission bei. Seit 1902 führte er die Geschäfte alleine und hat mit seinen Schülern in langjähriger Arbeit die Grabungsergebnisse wissenschaftlich ausgewertet und veröffentlicht, in Zusammenarbeit mit anderen Fachkollegen und zahlreichen ehrenamtlichen Helfern. Die Veröffentlichung erfolgte seit 1894 in dem groß angelegten Limeswerk (ORL, siehe Schriftenverzeichnis). Wenn man geglaubt hatte, diese Arbeit in wenigen Jahren zu vollenden, so erwies sich das als eine Täuschung. Der erste Weltkrieg unterbrach 1914 alle Arbeiten. Erst 1937 ist der letzte Band jener vierzehnbändigen Veröffentlichung der Reichslimeskommission erschienen, die bis heute die Grundlage jeder wissenschaftlichen Beschäftigung mit dem Limes ist. Damit hatte Fabricius sein Ziel erreicht, »genaue Rechenschaft über die geleistete Arbeit zu geben und den tatsächlichen Befund so vollständig und wahrheitsgetreu als möglich darzustellen, um das, was in unserer Generation von dem Gesamtdenkmal noch erhalten oder feststellbar war, der Zukunft zuverlässig zu überliefern.«

Zwischen den beiden Weltkriegen ruhte die Arbeit im Gelände weitgehend. Als man nach 1945 wieder mit der Feldarbeit begann, konnten die außerordentlich verfeinerten Ausgrabungs- und Deutungsmethoden eingesetzt werden, die die Wissenschaft inzwischen entwickelt hatte. Auch bei der Auswertung der Funde waren erhebliche Fortschritte erzielt worden. Mit diesen Mitteln lassen sich Fragen beantworten, welche die Reichslimeskommission überhaupt noch nicht behandeln konnte. Erst mit den heutigen Methoden war es beispielsweise möglich, vollständige oder doch nahezu vollständige Grundrisse einiger obergermanisch-raetischer Kastelle zu gewinnen, die ganz neue Einsichten in die Organisation des römischen Heeres erlaubten, aber auch zu chronologischen und historischen Fragen erheblich genauere Erkenntnisse lieferten als die alten Grabungen. Die Fortschritte in

der Ausgrabungstechnik ermöglichen es vor allem, die Grundrisse von Holzbauten in allen Einzelheiten zu erkennen. Die Mit-
arbeiter der Reichslimeskommission kannten die dazu nötigen
Techniken noch kaum oder nur in den Ansätzen und haben daher
nur selten solche Gebäude in den Kastellen feststellen können.
Sie beschränkten sich meistens auf die Untersuchung der Steinbauten. Der größte Teil der Kastell-Innenbauten bestand aber
aus Holz. Aus diesem Grund ist am Limes wissenschaftlich noch
vieles zu tun; zahlreiche Kastelle sind nur ungenügend, andere
überhaupt noch nicht durch Grabungen untersucht worden. Wir
wissen bis jetzt beispielsweise immer noch nicht hinreichend genau, wann und bei welcher Gelegenheit Wall und Graben des
obergermanischen Limes entstanden sind, und wann die raetische
Mauer errichtet worden ist.

Manche historischen Fragen harren auch noch der Klärung; nur
in vagen Umrissen vermögen wir zum Beispiel das Verhältnis
zwischen Germanen und Römern am Limes zu beschreiben. Neue
germanische Funde am Limes und in seinem Vorfeld und ver-
besserte Auswertungsverfahren werden auch auf diesem Gebiet
in der Zukunft zu Fortschritten führen. – Die heutige Forschung
wird von den jeweils zuständigen Landesämtern für Bodendenkmalpflege bzw. den Landesarchäologen getragen, an die übrigens
auch Funde gemeldet werden sollten (Anschriften im Anhang),
ferner von der Römisch-Germanischen Kommission des Deutschen Archäologischen Instituts in Frankfurt a. M., vom Saalburgmuseum bei Bad Homburg v. d. H. und von einigen weiteren Museen und Universitätsinstituten. Die meisten größeren For-
schungsvorhaben der letzten zwei Jahrzehnte sind von der Deutschen Forschungsgemeinschaft unterstützt worden.

Kann sich heute der Nicht-Fachmann archäologisch am Limes
betätigen? Noch zur Zeit der Reichslimeskommission waren zahlreiche Amateurforscher am Werk und haben wichtige Beiträge
zur Kenntnis der römischen Grenzwehr geliefert. Damals aber
befand sich die wissenschaftliche Methode der Archäologie noch
in den Kinderschuhen; sie konnte verhältnismäßig leicht erlernt
werden. Inzwischen hat sich die wissenschaftliche Arbeitsweise,
wie oben schon erwähnt wurde, so sehr verfeinert, daß eine Grabung ohne fundierte Fachkenntnisse einer sinnlosen Zerstörung
gleichkommt. Sind die Bodenschichten, die für die wissenschaftliche Deutung so wichtig sind, einmal durchwühlt und damit gestört, so ist später jede Zuweisung eines Fundes zu einer bestimm-

Abb. 36 a.   Ausgrabung des Kastellbades Walldürn (vgl. Abb. 60).

ten Schicht, jede Feststellung von Bodenverfärbungen, die etwa auf Holzbauten hindeuten können, unmöglich. Daher werden die archäologischen Bodendenkmäler auch durch Landesgesetze geschützt; Grabungen sind genehmigungspflichtig, ungenehmigte Grabungen strafbar. Im übrigen sind wertvolle Funde am Limes außerordentlich selten, denn die römischen Soldaten waren keine reichen Leute. – Doch kann der Nicht-Fachmann auch heute noch wichtige Dienste leisten, indem er beispielsweise Funde, die bei Bodenbewegungen oder Bauvorhaben zutage kommen können, den zuständigen Landesdienststellen meldet, wo sie der Wissenschaft zugute kommen. Wer sich in die wissenschaftlichen Fragestellungen eingearbeitet hat, kann auch heute noch mitunter ohne Grabungen interessante Entdeckungen im Gelände machen. Jeder Freund des Altertums sollte aber zum Schutz und zur Erhaltung der römischen Baureste beitragen. Das ist heute dringender als jemals. Die wenigen Beamten und Angestellten der Denkmalpflege werden oft genug vom Tempo und Umfang der Planungen und Bauvorhaben überrollt und sind sehr auf die Unterstützung verständnisvoller Bürger angewiesen.

Beschreibung der Limesstrecken

Einleitung

Wer sich auf den Weg macht, um den römischen Limes kennen-
zulernen, sollte nicht mit falschen Erwartungen beginnen. Er
wird keine hochragenden Ruinen finden, er wird auch nicht auf
erstrangige Kunstwerke stoßen. Im Gegenteil: es wird mitunter
Mühe kosten, den Limes und seine Baureste überhaupt zu finden.
Dafür läßt man sich auf das Abenteuer eigenen Nachspürens und
eigener Entdeckungen ein. Manche Spuren wird man im Gelände erst nach einiger Zeit sehen, wenn das Auge besser geschult
ist. Andere Limesstrecken sind aber noch so gut erhalten, als habe
sie der römische Soldat erst vor wenigen Jahrzehnten verlassen.
Sie liegen meistens in einsamen, landschaftlich schönen Gegenden.
Wir empfehlen für den Anfang, gut erhaltene Strecken des Limes
zu besuchen, die unten zusammengestellt sind (siehe auch Abb.
37). Ein unerläßliches Hilfsmittel für alle Wanderungen am
Limes ist eine gute Karte, deren Maßstab 1 : 25 000 bis 1 : 50 000
betragen sollte. Wegen der beträchtlichen Ausdehnung der Grenzlinie konnte der vorliegende Führer nicht mit Karten dieses Maßstabs versehen werden. Wir empfehlen daher die Anschaffung
der jeweils benötigten amtlichen Topografischen Karten 1 : 25 000
oder 1 : 50 000, die man über alle Buchhandlungen, aber auch direkt bei den Landesvermessungsämtern beziehen kann. In diesen
Karten ist der Limes mit Kastellen und Wachtposten eingetragen, jedoch gelegentlich unvollständig, mitunter auch mit kleinen
Irrtümern. Es fehlen ferner die Bezeichnungen der Wachtposten
und Kastelle nach ORL (»Limeswerk«, siehe Schriftenverzeichnis). Zusammen mit der folgenden Streckenbeschreibung stellen
die amtlichen Karten aber ein ausgezeichnetes Hilfsmittel dar,
um die Limesanlagen im Gelände zu finden. Wer in Zweifels-
fällen eine genauere Eintragung der Limesreste sucht, muß die
wissenschaftlich zuverlässigen Karten im ORL zu Rate ziehen.
Diese Veröffentlichung ist allerdings nur in wenigen großen
Bibliotheken vorhanden.

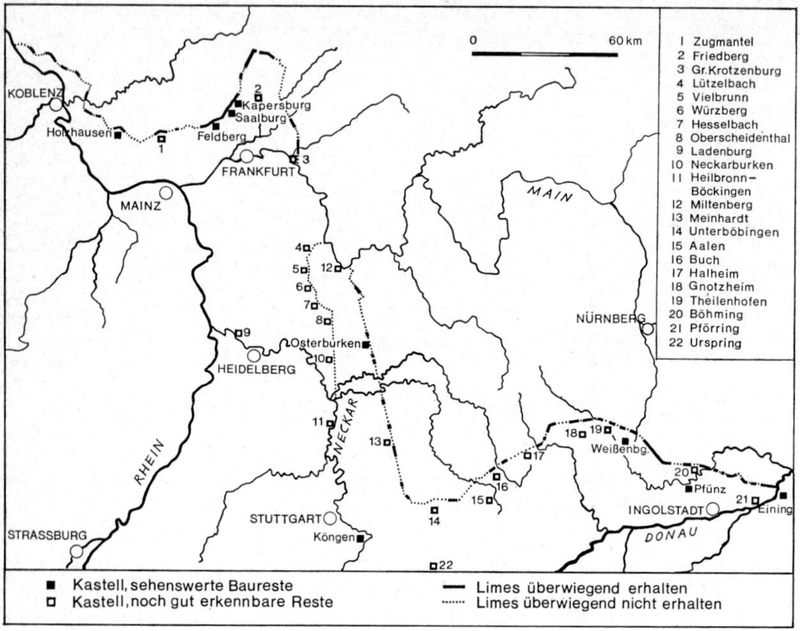

Abb. 37. Erhaltungszustand des obergermanisch-raetischen Limes.

An manchen Limesstrecken sind von den Wanderklubs und Wandervereinen Limeswanderwege angelegt worden. Auch diese können dem »Anfänger« empfohlen werden, ebenso die entsprechenden Wanderkarten, die von den Vereinen herausgegeben werden. Auf die Wanderwege wird unten in der Streckenbeschreibung hingewiesen. – Zur Übersicht für den Autofahrer haben sich die Karten 1 : 200 000 bewährt, die von Mairs Geographischem Verlag, Stuttgart herausgegeben werden (Deutsche Generalkarte), ferner die Karten des gleichen Maßstabs im Reise- und Verkehrsverlag Stuttgart (RV-Karten). In ihnen ist der Limes eingetragen, wenn auch gelegentlich etwas fehlerhaft.

In der Streckenbeschreibung werden alle Limeskastelle erwähnt, auch alle diejenigen, von denen nichts mehr zu sehen ist. Die meisten tragen Nummern nach ORL (Limeskarte auf dem Vorsatzpapier). Einige Kastelle, die im ORL nicht behandelt wurden, oder die erst später entdeckt worden sind, führen keine Nummern. Die Kleinkastelle sind ebenfalls vollständig aufgenommen worden, auch diejenigen Bauten, die im ORL »Feldwachen« genannt werden.

Als Wachtposten (Abkürzung Wp.) werden diejenigen Stellen am Limes bezeichnet, an denen man einen oder mehrere zeitlich aufeinanderfolgende Wachtturmreste gefunden hat. Für die Benennung der Wp. verwenden wir die Nummern nach ORL in der von Schleiermacher eingeführten Schreibweise: Wp. 3/61 bezeichnet z. B. den einundsechzigsten Wp. der Limesstrecke 3. Die Einteilung des Limes in 15 Strecken ist auf Abb. 36 dargestellt. Die Wp. werden außerdem oftmals nach Berg- oder Flurnamen bezeichnet, wie es auch im ORL geschieht; Wp. 3/61 hat z. B. den Namen »Kieshübel«.

Bei der Streckenbeschreibung werden nur diejenigen Wp. erwähnt, von denen heute noch etwas zu sehen ist. Wie schon eingangs gesagt, ist das oftmals nur wenig, und es bedarf nicht selten einiger Übung, um den niedrigen Schutthügel eines Steinturms oder den flachen Ringgraben eines Holzturms überhaupt zu erkennen. Auf die Erwähnung ganz schwacher Spuren wurde allerdings verzichtet. – Bei zahlreichen Wp. sind die Grabungslöcher der Reichslimeskommission noch vorhanden; man hat damals die Ausgrabungen leider nicht immer zugeworfen. Dadurch werden viele Turmruinen verunstaltet. Die Fundamente der Steintürme, die offen liegengeblieben sind, wurden mitunter von Steinräubern abgeräumt, oder sie sind völlig zerfallen. Nur in wenigen Fällen konnten sie konserviert und dauernd sichtbar gehalten werden. Glücklicherweise mehren sich die Anstrengungen, zerfallene Turmgrundrisse wieder herzurichten. – Einige Wp. sind von unverantwortlichen »Schatzsuchern« auch kürzlich noch zerwühlt worden. Es wurde oben schon darauf hingewiesen, daß solche Wühlereien unsinnig und strafbar sind.

Außer den sichtbaren Wp. gibt es solche, die durch Grabungen entdeckt wurden, an der Oberfläche aber nicht mehr in Erscheinung treten. Weitere Wp. sind im ORL aus guten Gründen vermutet worden. Aus den Lücken in der Nummernfolge der hier behandelten Wp. kann der Leser leicht entnehmen, wie viele Wp. zwischen den sichtbaren Turmstellen noch anzunehmen sind. Wer sich ein Gefühl für die Lage und die Abstände der Wp. am Limes »erwandert« hat, wird auch bald selber darauf kommen, wo noch ein Wp. gewesen sein müßte.

Gut erhaltene Limesstrecken sind nicht übermäßig häufig. Wir geben daher einige Hinweise zu lohnenden Zielen, die indessen keineswegs erschöpfend sind (siehe auch Abb. 37). Genauere Angaben findet man in der Streckenbeschreibung, wo die besser erhaltenen Limesbauten in der Einleitung zu jeder beschriebenen Teilstrecke aufgezählt werden. – Sehenswert sind einige Limesstücke auf den Höhen über dem Neuwieder Becken unweit Koblenz im Norden des Limes. – Die Ruinen des Kastells Holzhausen (nordwestlich Bad Schwalbach) liegen in schöner Waldlandschaft; man kann sie nur zu Fuß erreichen. – Eine der schönsten Limesstrecken mit wohlerhaltenem Pfahlgraben, vielen noch erkennbaren Wachtposten und drei erhaltenen Kastellen liegt im Taunus (Kastelle am Feldberg, Saalburg, Kapersburg). Die Saalburg ist ein wiederaufgebautes Limeskastell und enthält ein Museum mit Ausgrabungsfunden. Jeder, der sich für den Limes interessiert, sollte die Saalburg gesehen haben. – Von besonderem Reiz ist der ältere Limes im Odenwald. Dieser Limes wurde von den Römern aufgegeben, noch bevor Wall und Graben entstanden waren, die sonst den obergermanischen Limes kennzeichnen. Daher ist die eigentliche Grenzlinie hier nirgends zu erkennen. Doch sind die meisten Limeskastelle noch sichtbar. Besonders in der Streckenmitte sind auch die Wachttürme gut erhalten, mit zahlreichen sichtbaren Beispielen der älteren Holztürme. Man benötigt allerdings unbedingt eine topografische Karte, um die Ruinen in den Wäldern zu finden. – Am Neckarlimes, südöstlich von Stuttgart, findet man die Reste des Kastells Köngen mit einer wiederaufgebauten Ecke der Kastellumwehrung. – Am vorderen (östlichen) obergermanischen Limes sind die Ruinen des Kastells Osterburken zu erwähnen.

Im Westen des raetischen Limes liegen einige Grundmauern des Kastells Aalen neben dem sehenswerten Limesmuseum Aalen. Den Besuch dieses liebevoll eingerichteten Museums sollte man keineswegs versäumen. Nur wenige Kilometer nordöstlich davon befinden sich rekonstruierte Teile des Kastells Buch. Nicht weit davon liegt ein guterhaltenes Stück der raetischen Mauer (»Teufelsmauer«) mit rekonstruierten Limesbauten. Die sichtbaren Limesreste beim Kastell Buch werden durch einen Wanderweg verbunden und stellen ein interessantes Ausflugsziel dar. – In Weißenburg ist der Kastellgrundriß mit den wichtigsten Innenbauten sichtbar gemacht worden. – Die beste Erhaltung der raetischen Mauer findet man auf dem Jura südöstlich Weißen-

burg und nördlich von Pfünz. Recht sehenswert sind hier am Ost-
ende der raetischen Mauer die Kohortenkastelle Pfünz und
Eining. – Östlich von Eining bildete die Donau die Grenze des
Römerreichs. Hier sind es die immer noch großartigen Reste des
Legionslagers Regensburg, die einen Besuch lohnen.
Besonders interessante Bauten sind die Thermen des Kastelle.
Vollständig freigelegte Ruinen von Bädern liegen bei der Saal-
burg, der Kapersburg, in Friedberg, Rückingen, Würzberg, Wall-
dürn, Neckarburken, Schirenhof, Theilenhofen und Eining. Die
Ruine des Bades von Stockstadt ist kürzlich nach Aschaffenburg-
Nilkheim versetzt worden.

Der obergermanische Limes

Vom Rhein zur Lahn (Strecke 1)

Der obergermanische Limes beginnt etwa 25 km nordwestlich
von Koblenz an der rechten Rheinseite zwischen Rheinbrohl und
Bad Hönningen. Auf der anderen Seite mündet der Vinxtbach
dem Limesende gegenüber in den Strom. Dieser Bach bildete am
linken Rheinufer die Grenze zwischen den römischen Provinzen
Ober- und Untergermanien. Als im Jahr 1809 unweit der heutigen Bundesstraße 9 eine Steinbrücke über den Vinxtbach gebaut
wurde, fand man römische Altäre, von denen einer den *Fines*
(»Grenzgottheiten«) geweiht war. Zweifellos ist der Name des
Baches von *finis* (Grenze) herzuleiten.
Vom Beginn des Limes ist heute nichts mehr zu sehen. Er lag
zwischen dem Rhein und der Bahnlinie ungefähr im Zuge der
Gemarkungsgrenze zwischen Rheinbrohl und Bad Hönningen.
Durch Grabungen sind die Spuren der Palisade und des Limesgrabens festgestellt worden. Etwa 200 m südlich vom Limesan-
fang lag zu seinem besonderen Schutz das KLEINKASTELL RHEIN-
BROHL (Steinkastell von 0,07 ha); es ist inzwischen durch Kiesab-
bau zerstört worden.
Die Stelle des Limesanfangs wird ungefähr durch einen rekonstruierten Wachtturm bezeichnet. Er steht nicht genau an der
ehemaligen Linie des Pfahlgrabens, sondern zwischen dieser und
dem Kleinkastell Rheinbrohl. An seiner Stelle befand sich also im
Altertum kein Wachtturm. Insofern ist seine Inschrift: *Traianus
Imp(erator) ... fundavit* irreführend. Auch sind sonst nirgends
am Limes Steintürme unter Kaiser Traian gebaut worden. Es

ist unwahrscheinlich, daß die Steintürme einen Aufbau aus Fachwerk hatten. Ferner lag der Eingang zur besseren Verteidigung der Türme höher. Die Wachttürme waren außen verputzt und trugen ein Dach, das fast immer mit Schindeln oder Stroh (bzw. Schilf) gedeckt war. Wir führen diese Einzelheiten hier an, weil noch weitere Wachttürme am Limes fehlerhaft rekonstruiert worden sind.

Der Limesanfang befindet sich etwa 10 km nördlich vom Neuwieder Becken. Dieses stellt mit seinem fruchtbaren Boden eine uralte Siedlungskammer dar. Sie war für die Römer nicht nur aus diesem Grund, sondern auch wegen militärischer Erwägungen von Bedeutung. Der nördlichste Teil der Limesstrecke 1 diente vor allem zum Schutz des Neuwieder Beckens gegen Überfälle aus dem Norden. – Vom Rhein ausgehend steigt der Limes in das Mittelgebirge auf. Er überquert einen Ausläufer des Westerwaldes und zieht dann zum Neuwieder Becken hinab, dessen Rand er in der Gegend von Niederbieber berührt. Auf der Höhe ist der Pfahlgraben im Wald streckenweise gut erhalten und auch durch Wanderwege zugänglich; die schönste Strecke liegt bei Wp. 1/18 bis 1/20.

Der Limesabschnitt ist wohl noch am Ende des 1. Jahrhunderts n. Chr. entstanden. Er ist bis 260 n. Chr. von den Römern gehalten worden. In dieser langen Zeit hat die Limesstrecke alle Bauphasen 1–4 nacheinander durchlaufen (siehe S. 39). Man findet daher an den Wp. häufig die Reste von Stein- und von Holztürmen nebeneinander.

Nordöstlich vom Kleinkastell Rheinbrohl überschreitet der Limes den Bahlsbach, wendet sich nach Osten und steigt den Rücken zwischen Bahlsbach und Nassenbach hinauf. Sichtbar ist er hier indessen nicht mehr. Die ersten Spuren findet man bei Wp. 1/5 am Berdelder, der kaum erkennbar am Waldrand etwa 700 m nordöstlich von Arienheller liegt. Von hier bis zum Wp. 1/7 sind hin und wieder kurze Stücke des Limeswalles und -grabens im Wald erhalten, sie liegen allerdings nicht an einem durchgehenden Weg. Bei Wp. 1/7 auf dem Steinbrink kann man die ersten Spuren einer durch Grabung freigelegten Steinturmruine sehen, sie befinden sich in einer Obstbaumkultur.

Bald nach Wp. 1/7 trifft man auf den Rheinhöhenweg, der ungefähr in Richtung des hier nicht sichtbaren Pfahles läuft.

Zwei Steinturmhügel am Waldrand nördlich vom Weg kennzeichnen den Wp. 1/8 auf Hottels Buchen. Von hier ab ist der

Limes im Wald wieder streckenweise schwach erkennbar. Wp.
1/9 am Beulenberg wird durch einen flachen Steinturmhügel mit
Grabungsspuren markiert, der südlich vom Weg liegt. Der Pfahl
ist danach wieder stellenweise sichtbar. Er zieht jetzt in Richtung
auf das Jagdhaus Wilhelmsruh. Etwa 100 m nordwestlich davon
befindet sich Wp. 1/10 am Marsfeld, ein wohlerhaltener großer
Steinturmhügel mit Grabungsspuren, der etwa 20 m hinter der
Sohle des Limesgrabens im Wald liegt.
Nach Wp. 1/10 ist der Limes im Wald z. T. gut erhalten, aber
nicht überall leicht zugänglich. Er biegt nach Süden um und steigt
zum Fresshelder auf. Kurz vor dem Wp. 1/11 auf dem Fresshelder, der den höchsten Punkt im Gelände einnimmt, verschwindet
der Pfahl wieder. Wp. 1/11 liegt etwa 60 m westlich vom Zuge
des Limes. Der Steinturmhügel ist im Wald gut sichtbar. Bis in
die Gegend von Wp. 1/13 ist der Pfahl nicht erhalten, er folgt
etwa dem Weg zum Weierhof. Wp. 1/12 beim Weierhof liegt in
einem kleinen Waldstück 40 m westlich vom Weg, unter dem der
Limes hier läuft. Das Fundament des Steinturms ist erkennbar.
Bei Wp. 1/13 sind die Hügel des Stein- und des Holzturms sichtbar. Sie befinden sich westlich (Steinturm) und östlich (Holzturm) eines Waldweges, der zum Forsthof führt. Der Limes lag
50 m weiter nordöstlich, jenseits der Straße, ist aber hier nicht
sichtbar. Er biegt in östliche Richtung um und läuft dann dicht
neben, z. T. auch unter dem Waldweg; gelegentlich sind geringe
Spuren des Limesgrabens zu sehen. 140 m östlich von Wp. 1/13
kreuzt der Forsthofweg den Limes, ein sicher sehr alter Weg, der
am Fuß der Burg Hammerstein den Rhein erreicht. Grabungen
an der Kreuzungsstelle zeigten, daß der Limesgraben hier unterbrochen war; einige Spuren westlich des Durchgangs, von denen
an der Oberfläche nichts zu sehen ist, können zu einem Holzturm
gehört haben (Wp. 1/13 a).
90 m weiter östlich findet man südlich des Weges die sichtbaren
Reste des Steinturms Wp. 1/14 am Forsthofweg im Wald. Sie
liegen etwa 20 m neben dem gleichnamigen KLEINKASTELL (Holzkastell, etwa 0,07 ha), dessen Wall und Graben als flache Spuren
kenntlich sind, gelegentlich durch Grabungen gestört. Am besten
gelangt man auf dem südlich vom Limes laufenden Waldweg
zu dem Kleinkastell, das vielleicht zeitweise als zusätzliche Sicherung des Limesdurchgangs bei Wp. 1/13 a diente.
Bis Wp. 1/16 am Heideweg ist vom Limes nichts erhalten. Der

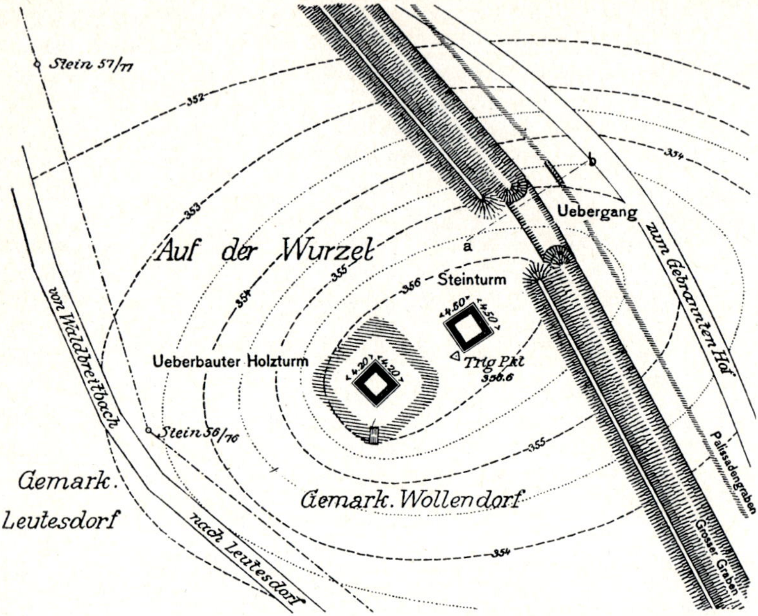

Abb. 38. Wachtposten 1/18 »auf der Wurzel« (nach ORL). Zwei Steintürme und ein Holzturm an einem Durchgang durch den Pfahlgraben.
Der westliche Steinturm dürfte der ältere sein; er steht über den Resten
des Holzturms, von dem der Ringgraben herrührt. M. 1:1000.

Steinturmhügel des Wp. 1/16 von etwa 12 m Durchmesser ist im
Wald gut zu sehen. Der Limes nimmt von hier ab wieder südliche
Richtung an, wird aber erst etwa 80 m vor dem nächsten Wp. für
ein kurzes Stück sichtbar. Vor Wp. 1/17 am Rothestalweg ist der
Pfahl nicht mehr erkennbar. Der Steinturmhügel liegt etwa 20 m
hinter dem Zuge des Limes auf einer kleinen Anhöhe; er zeigt
Grabungsspuren. Etwa 200 m südöstlich von Wp. 1/17 wird der
Limes wieder sichtbar, gleich hinter dem Straßenbogen, an der
Südseite der Straße. Es folgt eine recht gut, z. T. ausgezeichnet
erhaltene Limesstrecke mit den Wp. 1/18–1/20.
Der nächste Wp. 1/18 auf der Wurzel liegt z. Zt. in einer ein-
gezäunten Lärchenschonung und ist daher kaum zugänglich. Der
Wp. ist deswegen interessant, weil die noch sichtbare Unter-

brechung des Limeswalls von einem römischen Limesdurchgang herrührt. Unmittelbar neben dem Durchgang befinden sich die flachen Schutthügel zweier Steintürme mit Grabungsspuren, je einer östlich und einer westlich vom trigonometrischen Punkt 356,6; Abb. 38.

Limeswall und -graben sind weiterhin gut erkennbar bis etwa 200 m vor Wp. 1/21. Von Wp. 1/19 am Fuße der Wurzel erkennt man den ganz schwachen Schutthügel des Steinturms im Wald am ehesten noch durch die Grabungsspuren. Wp. 1/20 Tompurhäuschen wird als hoher Steinturmhügel deutlich, etwa 20 m westlich vom Limesgraben. Der Limes ist vorerst noch gut erhalten. Etwa 300 m nach Wp. 1/20 verschwinden allerdings die sichtbaren Spuren, noch bevor er den Wald verläßt. Hier befand sich im 19. Jahrhundert noch Ackerland. Von dieser Stelle an ist der Pfahlgraben über mehrere Kilometer vollständig verschwunden. Die Limeslinie trat aus dem Wald, lief am Gebranntehof vorbei in ein Gehölz, in dem sich noch Spuren der Wp. 1/22 und 1/23 befinden.

Wp. 1/22 auf dem Schurbusch ist als hoher Steinturmhügel gut erkennbar. Er liegt nördlich von dem Weg zum Gebranntehof am Wald. 26 m östlich vom Steinturm bemerkt man die Holzturmstelle. Sie ist später vom Limeswall überdeckt worden. Teile des Ringgrabens sind sichtbar. Von Wp. 1/23 in Eckerts Fichten ist der Steinturmhügel erhalten, er liegt z. Zt. in dichtem Dornengestrüpp. Man findet ihn unmittelbar nördlich vom gleichen Weg wie Wp. 1/22. Bei der Grabung wurde festgestellt, daß der Turm in einer Lücke des Limeswalls stand; auch der Graben war unterbrochen. Der Palisadengraben war aber vor dem Durchgang durchgezogen.

Der Pfahl zog nun durch Ackerland zur Wied hinab, wobei er die Osthälfte von Rodenbach durchquerte. Bei Grabungen hat man einige Punkte der Strecke sowie die Wachtposten 1/25, 1/26 und 1/29 festgestellt, zu sehen ist nichts mehr. Die Wied muß vom Pfahl zwischen Seggendorf und Augustenthal überschritten worden sein. Ungefähr 500 m östlich von dieser Stelle lag das

1a   KASTELL NIEDERBIEBER ORL Nr. 1a. Steinkastell von 5,2 ha Fläche, erst spät unter Kaiser Commodus wohl bald nach 185 n. Chr. erbaut. Durch Steininschriften sind als Besatzung der *Numerus Exploratorum Germanicorum Divitiensium* und ein *Numerus Brittonum* bezeugt. Die zuerst genannte Einheit muß ungewöhnlich stark gewesen sein, denn als Chef (*praefectus*) ist ein römischer Ritter T. Flavius Salvianus überliefert, der das Amt als *militia quarta* bekleidete, was üblicherweise dem Kommando über ein tausend Mann starkes Reiterregiment (*ala milliaria*) entspricht. Sonst waren die numeri exploratorum – besonders in der älteren Zeit – erheblich kleinere Einheiten, die unter dem Befehl eines Legionscenturio standen. So aber erklärt sich die außergewöhnliche Größe des Kastells, unter dessen Besatzung die Reiterei eine erhebliche Rolle spielte, wie die Funde lehren. Bei der Ausgrabung fand man die Spuren eines dramatischen Kampfes, der sich während des Frankeneinfalls von 260 n. Chr. abspielte und zur Vernichtung des Kastells und der Besatzung führte. Dabei ging auch das Feldzeichen der *Cohors VII Raetorum equitata* verloren, die aus ihrem Lager in Niederberg zur Hilfe geeilt war. – Von dem Kastell Niederbieber ist nichts mehr zu sehen. Es liegt nordöstlich vom heutigen Ortskern und ist größtenteils von Einfamilienhäusern überbaut. Die heutige »Kastellstraße« läuft über einem Teil der Via principalis. – Vor der Errichtung des Kastells wurde der Limesabschnitt gesichert durch das etwa 3 km weiter südlich gelegene

1   KASTELL HEDDESDORF ORL Nr. 1. Steinkastell von 2,8 ha Fläche. Seit dem Ende des 1. Jahrhunderts n. Chr. lag hier die *Cohors XXVI Voluntariorum civium Romanorum* in Garnison. Sie wurde wohl in der Mitte oder zweiten Hälfte des 2. Jahrhunderts durch die *Cohors II Hispanorum equitata* ersetzt. Ob und wie lange das Kastell den Bau des benachbarten Lagers Niederbieber überdauert hat, ist ungewiß. – Das Kastell Heddesdorf ist nicht mehr sichtbar. Die Straßenbezeichnung »Römerstraße« in dem heutigen Vorort von Neuwied erinnert an den römischen Wehrbau, dessen Via principalis unter dieser Straße liegt.

Etwa in der Mitte zwischen Heddesdorf und dem nächsten Kastell Bendorf lag bei Heimbach ein KLEINKASTELL aus Holz, von dem aber nichts zu sehen ist.

2   KASTELL BENDORF ORL Nr. 2. Bei den Ausgrabungen wurden Spuren mehrerer Holzkastelle festgestellt, die alle in der zweiten Hälfte des 1. Jahrhunderts n. Chr. entstanden sein dürften. Außerdem fand man ein steinernes Militärbad, das die für eine Kohorte übliche Größe hatte. Es ist von der *Cohors I Thracum* in den letzten Regierungsjahren Domitians erbaut worden (Ziegelstempel). Die militärische Besetzung des Platzes hörte schon unter Kaiser Traian auf. Von den römischen Bauten ist nichts mehr zu sehen, sie lagen zwischen dem heutigen Ortskern und dem Rhein.

Schon beim ersten Erscheinen der Römer am Rhein bot sich das
Neuwieder Becken zur Anlage eines rechtsrheinischen Brücken-
kopfes an. Die beiden berühmten Brücken Caesars dürften in dieser Gegend den Strom überquert haben (55 und 53 v. Chr.). Aus
ähnlichen militärischen Gründen wurde es während des Chattenkrieges 83–85 n. Chr. oder unmittelbar darauf für längere Zeit
von römischen Truppen besetzt. Bereits vorher existierten aber
wenigstens zeitweise römische Militärlager (Bendorf).

Der Limes zieht vom Wied-Übergang bei Niederbieber (Augustenthal) in einem großen Bogen um das Neuwieder Becken. Er
ersteigt die bewaldeten Randhöhen, auf denen er über längere
Strecken gut erhalten und leicht zugänglich ist (Wp. 1/30–1/47).

Zunächst aber ist der Pfahl im Acker- und Obstgartengelände
nördlich und nordöstlich von Niederbieber bis auf ganz geringe
Spuren verschwunden. In etwa 150 m Entfernung zog er an der
Nordwestecke des Kastells vorbei und wendete sich dann parallel
zur Wied nach Norden. Bei dem durch Grabung festgestellten,
jedoch nicht mehr sichtbaren Wp. 1/33 an der Kreuzkirche, der
250 m südwestlich von den Resten der Kreuzkirche auf dem Küm-
melberg lag, bog der Limes nach Osten, durchquerte den Nordteil
von Oberbieber und erstieg den Wingertsberg.

Der ehemals erkennbare Wp. 1/37 auf dem Wingertsberg ist
einem neueren Bauvorhaben zum Opfer gefallen. Am Osthang
des Wingertsberges treten im Wald geringe Spuren des Limesgraben auf. Sie verschwinden noch vor dem Übergang des Limes
über den Aubach.

Etwa 100 m nordöstlich von der Gastwirtschaft auf dem Wingertsberg wurde ein steinerner Wachtturm rekonstruiert. Er
weist die gleichen Fehler auf wie der am Anfang der Strecke 1
rekonstruierte und ist darüber hinaus auch noch viel zu niedrig.

Bei Wp. 1/38 Sandschleife ist ein zerfallener Steinturmgrundriß
in einem hohen Schutthügel sichtbar. Der Wp. liegt etwa 100 m
westlich von der Landstraße Anhausen–Neuwied im Wald. Vom
Pfahl sieht man hier nichts. Er kreuzte die Landstraße. Wall und
Graben werden erst etwa 180 m östlich der Straße zunächst
schwach sichtbar. Bald wird der Pfahl deutlicher und zieht –
streckenweise in ausgezeichneter Erhaltung – über viele Kilometer bis über Wp. 1/47 hinaus durch den Wald.

Wp. 1/39 auf der Götz liegt etwa 20 m südlich vom Pfahl, der
hier besonders gut erhalten ist. Das Mauerwerk des Steinturms
ist freigelegt, es wird von einem kleinen Spitzgraben mit quadra-

tischem Grundriß umgeben. Solche Spitzgräben, die zur Entwässerung dienten, sind häufig an den Wachttürmen gefunden worden.

Im weiteren Verlauf kreuzt der Limes noch zweimal die Landstraße. Nach der zweiten Kreuzung folgt ein wohlerhaltenes Stück, das den Namen »Heidegraben« führt. Etwa 140 m von der Straße entfernt findet man den Schutthügel des Wp. 1/40 auf der Alteck unter einem zuwachsenden Waldweg. Bei den Grabungen entdeckte man einen der seltenen sechseckigen Steintürme, von dem aber jetzt nichts zu sehen ist.

Von hier ab schlägt der Pfahl einen Bogen um die Höhe, auf der das KLEINKASTELL ANHAUSEN liegt. Es nimmt den höchsten und zugleich nördlichsten Punkt ein, den der Limes auf seinem Weg um das Neuwieder Becken erreicht. Das Kastell ist durch schwache Bodenwellen erkennbar. Der Verteidigungsgraben wurde bei der Ausgrabung stellenweise freigelegt. An der Südseite ist er als flache Mulde sichtbar. Die Tore der beiden aufeinanderfolgenden kleinen Kastelle waren nach Norden gerichtet. In der Südwestecke des größeren, älteren Wehrbaus (0,17 ha) entstand später ein kleineres Kastell (0,07 ha). Zwischen Pfahl und Kleinkastell liegt unmittelbar am Weg der Hügel des Wp. 1/41. Hier stand vermutlich ursprünglich ein hölzerner Wachtturm als Vorgänger des Kleinkastells, später ein Schuppen oder eine Hütte.

Vom Kleinkastell Anhausen ab folgt eine recht gut erhaltene Limesstrecke mit den noch sichtbaren Wp. 1/42–1/44:

Bei Wp. 1/42 Faules Ufer liegt ein Steinturmhügel 25 m hinter dem Limes. Zwischen den Wp. 1/42–1/43 stößt man auf einen Waldlehrpfad. Wp. 1/43 am Kieselweg stellt eine eindrucksvolle Hügelgruppe dar mit einem größeren westlichen und einem kleineren östlichen Steinturmhügel; der letztere nimmt die Stelle eines älteren Holzturms ein. Von Wp. 1/44 am alten Saatkamp findet man den Steinturmhügel im Wald an der Schneise, wo der Grenzstein 18/19 steht, 10 m vom Limes.

Wp. 1/45 am Burghoffeld ist nicht mehr kenntlich, auch bei Wp. 1/46 im Gräberfeld sind keine sichtbaren Reste erhalten. Der Pfahl ist indessen gut zu erkennen. Er zieht durch ein ausgedehntes hallstattzeitliches Grabhügelfeld, das vielleicht zu dem vorgeschichtlichen Ringwall Alteburg gehört, der etwa 500 m südwestlich vom Burghof liegt (teilweise zerstört). Beim Bau des Limes haben die Römer zahlreiche Gräber durchschnitten, wie sich bei der Ausgrabung der Reichslimeskommission herausstellte.

Abb. 39. Grundmauern der drei Steintürme von Wp. 1/48 auf dem Hormorgen nach der Ausgrabung durch die Reichslimeskommission (nach ORL).

Bei Wp. 1/47 am Huheld liegen Holz- und Steinturmreste etwa 80 m voneinander. Man stößt zuerst auf den Steinturmhügel, der 10 m hinter dem Limes liegt. Die Holzturmspuren findet man ein wenig nordwestlich einer Wegekreuzung im Wald. Der im Grundriß quadratische Umfassungsgraben des Holzturms wurde später zum Teil vom Limeswall überdeckt und dann bei den Untersuchungen der Reichslimeskommission freigelegt.

Südlich von Wp. 1/47 nähert sich der Limes dem tiefen Einschnitt des Saynbachs. 390 m von der erwähnten Wegekreuzung entfernt verschwindet er. Die Untersuchung ergab, daß Wall und Graben nie ausgeführt worden sind, offenbar wegen des steilen Berghangs, der einen gewissen Schutz bot. Die Palisade lief indessen weiter und bildete von hier ab über eine Entfernung von 1,5 km die einzige Grenzsperre (bis Wp. 1/50). Der Rheinhöhenweg läuft etwa in ihrer Richtung.

Die drei Steinturmgrundrisse von Wp. 1/48 auf dem Hormorgen sind sichtbar, darunter die Fundamente zweier sechseckiger Türme (Abb. 39). Unter dem nördlichen Turm fand man die Reste des Holzturms. Wp. 1/49 ist noch unbekannt, er muß im Bereich der Hormorgen-Wiesen gelegen haben.

Kurz bevor der Limes zum Saynbach absteigt, setzen die Spuren von Wall und Graben als Terrassenkante am Nordosthang des Berges wieder ein, etwa 50 m nordwestlich von Wp. 1/50 Süße Buchen. Die Spuren des Steinturms sind kaum wahrnehmbar, sie liegen am Rand eines in das Tal vorspringenden Bergrückens. In der Höhe des Wp. verschwindet der Limes wieder. Ein kurzes Stück ist am Hang noch vor dem Saynbach erhalten, es beginnt etwa 60 m unterhalb von Wp. 1/50, ist aber schwer zugänglich.

Etwa 70 m südwestlich Kilometerstein 13 kreuzte der Limes die Landstraße Sayn-Isenburg und sodann den Saynbach, er ist aber im Tal nicht sichtbar. Seine Spuren tauchen am jenseitigen Hang im Wald wieder auf.

Der Pfahl überwindet nunmehr auf kurzer Strecke einen beträchtlichen Höhenunterschied, denn er überschreitet den Bergrücken, welcher den Saynbach vom Brexbach trennt. Die beiden Wp. 1/51 und 1/52, die man hier annimmt bzw. nachgewiesen hat, sind nicht sichtbar. Wall und Graben des Limes setzen nach einer kurzen Strecke, auf der sie sichtbar sind, völlig aus. Ähnlich wie zwischen Wp. 1/47 und 1/50 bildete von hier ab bis Wp. 1/54 die Palisade den einzigen Grenzschutz; sie wurde durch Grabungen nachgewiesen. Der Limes überwand nun die recht steilen Flanken des Brexbach-Tals, wo nichts mehr von ihm zu sehen ist, und stieg zum Pulverberg hinauf.

15 m vor Wp. 1/54 auf dem Pulverberg setzt der Pfahlgraben wieder ein, als Terrassenkante schwach erkennbar. Das Fundament des Steinturms wurde freigelegt, ist aber jetzt zerfallen; es liegt 37 m hinter dem Limes. Darunter fanden sich die Reste des Holzturms. 10 m östlich von der Ruine wurde 1912 die Rekonstruktion eines steinernen Wachtturms errichtet. Sie ist z. Zt. verwahrlost. Einzelheiten der Rekonstruktion sind falsch oder zweifelhaft. Der Eingang ist höher anzunehmen, die Fachwerkkonstruktion im Obergeschoß unwahrscheinlich.

Östlich von Wp. 1/54 ist der Pfahl nur auf 150 m Länge als Terrassenkante schwach erkennbar. Wp. 1/55 am Schildchen liegt als

Abb. 40. Wall und Graben des Limes bei Wp. 1/59 Drei Eichen (nach ORL).

hoher Steinturmhügel mit Grabungsspuren im Wald, 30 m hinter dem Limes. Bis kurz vor Wp. 1/58 ist dieser nur ganz schwach oder überhaupt nicht wahrzunehmen.

Zu Wp. 1/58 am Steinbrückener Weg gehören die Schutthügel zweier Steintürme, die etwa 50 m voneinander liegen. Zwischen dem östlichen Hügel und dem Limes, der hier Grabungsspuren zeigt, liegt der Ringgrabenrest eines Holzturms. Der zweite Hügel befindet sich nahe am Waldweg; die Hügel sind 35 bzw. 45 m vom Limes entfernt.

Bei Wp. 1/59 Drei Eichen findet man den besten Erhaltungszustand des Pfahls an der ganzen Strecke 1 (Abb. 40). Ob der Limesdurchlaß aus römischer Zeit stammt, ist zweifelhaft. Östlich davon sind die Reste eines Holzturms unter dem Limeswall ausgegraben worden (Grabungsspuren). Fast 40 m hinter dem Limes befinden sich zwei Schutthügel von Steintürmen dicht nebeneinander, westlich davon ein flacher Hügel, der die Reste eines weiteren Holzturms enthielt. – Der Pfahl wird von der Landstraße Bendorf – Höhr – Grenzhausen bei km 6,5 unterbrochen; er ist hier im Wald gut sichtbar.

Wp. 1/60 Römerbusch befindet sich auf dem höchsten Punkt des Geländes nahe der Autobahn im Wald. Ein Holzturmfundament, das später vom Limeswall überdeckt wurde, ist nur noch durch Grabungsspuren erkennbar. Von dem 15 m entfernten Steinturm ist das verfallene Grundmauerwerk zu sehen. 40 m westlich liegen die Reste eines römischen Steingebäudes (Grabungsspuren), das vom Wall teilweise verschüttet wurde, bei dessen Aufschüttung also schon aufgegeben war. – In der Nähe befinden sich einige vorgeschichtliche Grabhügel.

Die Autobahn kann man hier nicht überschreiten. Die nächste Möglichkeit dazu bietet die Unterführung der Landstraße bei Höhr-Grenzhausen.

Östlich von der Autobahn ist vom Limes zunächst nichts oder nur geringe Spuren erkennbar. Erst in etwa 300 m Entfernung, nach der großen Hohle, trifft man ihn im Wald gut erhalten an. Hier hat man einen Wp. 1/62 vermutet. Bis zum Waldrand kann man den Pfahl gut verfolgen. Von hier ab läuft er durch offenes Gelände, wo er nahezu vollständig verschwunden ist.

Das KLEINKASTELL FEHRBACH (Steinkastell 0,07 ha) befand sich zwischen Bach und Landstraße in den Niederungswiesen, etwa 50 m hinter dem Zuge des Limes. Es ist nicht mehr sichtbar. Hier lag zeitweise eine abkommandierte Abteilung der *Cohors VII Raetorum equitata* aus Niederberg. Die Limeslinie kreuzte die Landstraße von Vallendar ungefähr dort, wo als Wahrzeichen von Höhr-Grenzhausen ein großes Keramikgefäß aufgestellt wurde. Erst etwa 900 m weiter östlich wird der Pfahl am Waldrand wieder einigermaßen kenntlich.

Wp. 1/65 im Vallendarer Wald liegt als Schutthügel etwa 15 m hinter dem Wall, der hier einen alten Durchgang besitzt. Der Schutthügel bedeckt die Reste eines Holz- und eines Steinturms. Wall und Graben sind bis zum Waldrand gut sichtbar. Jenseits des Baches ist in einem Waldstück noch eine kurze Limesstrecke kenntlich. Dort lag Wp. 1/66 bei der Bembermühle, heute eine ganz flache Erhöhung am Waldrand, die nicht ganz leicht zu finden ist. Der Limes ist noch etwa 100 m über Wp. 1/66 zu verfolgen, wo er den Wald verläßt. In dem offenen Gelände, das nun folgt, sind von Wall und Graben auf 1,5 km Entfernung keine Spuren vorhanden. Nur Wp. 1/67 ist 500 m südöstlich vom Ende der sichtbaren Strecke als ganz flacher Hügel in einer Wiese wahrnehmbar (Steinturm).

Jenseits der Bahnlinie Höhr-Grenzhausen – Hillscheid setzt der

Limes im Wald wieder ein, an der Ostseite einer Grube neben
der Bahnlinie. Er wird noch einmal unterbrochen, beginnt 500 m
östlich der Bahn wieder und zieht dann fast ununterbrochen in
unterschiedlicher Erhaltung, aber stets sichtbar, bis Wp. 1/73
durch den Wald, zunächst in östlicher Richtung. Diese Strecke
ist für Wanderer sehr zu empfehlen.

Auf der Höhe befand sich das KLEINKASTELL HILLSCHEID (Steinkastell 0,16 ha mit einem später [?] eingebauten kleineren Steinkastell 0,03 ha). Das kleinere Kastell ist gerade noch durch Grabungsspuren sichtbar. Wenige Meter nördlich vom Kleinkastell
lag, heute kaum sichtbar, Wp. 1/71, eine Steinturmruine über älteren Holzturmresten.

Der Pfahl wendet sich nunmehr nach Süden und läuft im Wald
abwärts zum Wp. 1/72 (gut sichtbarer Steinturmhügel) und Wp.
1/73. Dieser liegt 40 m südöstlich der Landstraße Montabaur–
Hillscheid, etwa bei km 4,6. Sichtbar ist ein hoher Steinturmhügel mit Grabungsspuren unmittelbar am Limeswall, der am
Turm eine Unterbrechung hatte.

Bei Wp. 1/73 setzt ein steiler Hang ein, an dem der Limes verschwunden ist. In der Talsohle hat man neben der Straße nach
Neuhäusel einen Wp. 1/74 angenommen, von dem aus das sonst
nicht einzusehende Tal überwacht werden konnte. Beim Er-
steigen der Höhe wird der Limes an der anderen Seite des Kal-
terbach-Tals am Abhang wieder sichtbar, etwa 100 m von der
Straße entfernt. Noch bevor die Höhe erreicht ist, verliert er sich
wieder. Nunmehr durchquerte der Pfahl – heute nicht mehr
sichtbar – eine ältere vorgeschichtliche Siedlung auf dem Steinrausch (Hallstattzeit). Wie die Ausgrabungen zeigten, sind Wall
und Graben in der Nähe des steilen Nordhanges des Steinrausch
nicht ausgeführt worden, es bestand nur die Palisade. Kurz vor
der Bundesstraße 49 (Montabaur–Koblenz) wird wieder ein
Stückchen sichtbar. Der Limes kreuzte die Straße etwa bei km
29,5, wo man Wp. 1/76 angenommen hat; er ist hier nicht erhalten. Südlich der Straße schwenkte er etwa in ihre Richtung ein
und kreuzte sie bei km 29,0 nochmals. Hier ist er, nördlich der
Straße, für einige hundert Meter zu sehen.

Eine dritte Kreuzung bei km 28,6 bringt ihn wieder auf die Südseite der Straße, wo der Bogen des nach Süden abschwenkenden
Limes deutlich wahrnehmbar ist. Etwa 60 m südlich der Straße
liegt im Wald neben einer Schneise der ungewöhnlich große
Schutthügel des Steinturms Wp. 1/78 auf dem Haferröder. Unter

dem Steinturm stellte man die Reste des Holzturms fest. Der Limes läßt sich südlich Wp. 1/78 noch 360 m weit bis zum Waldrand verfolgen, er wird stellenweise durch Hohlwege gestört.

In dem nunmehr großenteils offenen Gelände ist vom Limes bis Arzbach kaum etwas zu sehen. Wp. 1/80 lag 700 m östlich Kadenbach (flacher Hügel im Acker). Von Wp. 1/81 auf dem Mühlenberg zeigen sich nur geringe Spuren (Jungwald).

3 KASTELL ARZBACH ORL Nr. 3. Steinkastell von 0,7 ha Fläche für einen unbekannten Numerus. Das Kastell lag am südlichen Ortsrand unmittelbar nördlich der Augst-Kirche, die vermutlich über dem Kastellbad steht. Die Vorderfront des Kastells war auf den Limes gerichtet, der 42 m davor verlief. Funde sind seit dem Ende der Regierungszeit Kaiser Traians nachweisbar. Das Kastell ist nicht mehr zu sehen, die Fläche ist z. T. mit Wohnhäusern überbaut.

Von größerer Bedeutung für die Sicherung des Grenzabschnitts war das weit vom Limes entfernte Kastell Niederberg, östlich von Koblenz an der rechten Rheinseite gelegen:

2a KASTELL NIEDERBERG ORL Nr. 2a. Steinkastell von 2,8 ha Fläche für die *Cohors VII Raetorum equitata*. Die Funde gehen in die Zeit Domitians zurück, doch dürfte die Raeterkohorte erst etwa um 100 n. Chr. die Garnison bezogen haben. Die Truppe blieb lange in Niederberg. Während des Frankeneinfalls 260 n. Chr. leistete sie Hilfe beim Kampf um das Kastell Niederbieber und wurde dabei aufgerieben. – Das Kastell lag auf einer Terrasse gegenüber der Moselmündung am südlichen Ortsrand von Niederberg. Es ist großenteils mit Wohnhäusern überbaut und nicht mehr sichtbar.

Südöstlich von Arzbach ist der Limes in den Äckern fast vollständig verschwunden. Man bemerkt aber schon von weitem einen auffälligen Bergkegel, den Großen Kopf, auf dem Wp. 1/84 lag. An seiner Stelle befindet sich heute ein Aussichtsturm, der in Anlehnung an die Bauweise der Limestürme 1953/54 errichtet wurde. Von hier aus hat man einen vorzüglichen Blick über die Limesstrecke im Nordwesten. Der Pfahl hat den ungewöhnlichen Abstand von 180 m von Wp. 1/84; er ist hier nicht zu sehen.

Seine Reste tauchen erst 900 m östlich vom Großen Kopf im Wald wieder auf, wo sie, deutlicher erkennbar, die Erhebung »Weißer Stein« in großem Bogen umziehen. Allerdings darf man den Limes nicht mit den Spuren einer späteren Wildhege verwechseln, dem Hirschgraben, der unweit vom Großen Kopf am Weg nach Welschneudorf entlangzieht. Dieser Graben wird auf beiden Seiten von Erdaufwürfen begleitet.

Östlich vom Weißen Stein wird der Limes von der Kante eines Steinbruchs unterbrochen. An dem Waldweg, der von der Straße Kemmenau–Welschneudorf abzweigend zum Steinbruch führt, beginnt die sichtbare Strecke wieder und zieht in spitzem Winkel auf die Straße zu, die sie bei km 6,8 überquert. Südlich der Straße ist nichts erhalten.

Wp. 1/88 am Einsiedlerkopf ist als hoher Steinturmhügel im Wald erhalten, unmittelbar nördlich der Straße bei km 6,2. 15 m vor ihm findet man geringe Spuren des Limes.

Bei Punkt 381 entfernt der Pfahl sich wieder von der Straße und steigt schräg den Hang hinauf. In dem schlecht zugänglichen Wald ist er zu einer Terrassenkante verschliffen. An den Ostabhängen des First, des Häuschens und der Hohen Bahn läuft er nunmehr in südwestlicher Richtung auf Bad Ems zu. Zwischen Einsiedlerkopf und First vielfach durch jüngste Eingriffe gestört, wird er etwa von der Schönen Aussicht am Häuschen ab recht gut sichtbar; von hier ist er ein empfehlenswertes Ziel für Wanderungen. Den letzten erhaltenen Rest eines Wachtturms der Strecke 1 findet man bei Wp. 1/92. Er liegt etwas nordöstlich von der Stelle, wo der Weg von Kemmenau nach Bad Ems den Limes schneidet (Schutthügel eines Steinturms mit Grabungsspuren). Von hier ab steigt der Pfahl immer noch sichtbar bis zum Beginn des steilen Abstiegs nach Bad Ems hinab. Von hier aus hat man einen Blick auf den ersten (rekonstruierten) Wachtturm der Strecke 2 jenseits der Lahn auf dem Wintersberg. – Eine enge Erosionsschlucht setzt den Limesgraben fort. Sie führt in den Ort hinab und mündet in eine Straße, »die von alters her Pfahlgraben heißt«. Zur Sicherung des Flußübergangs lag etwa 1,3 km westlich vom Limes an der rechten Seite der Lahn

4 KASTELL EMS ORL Nr. 4. Steinkastell von 1,3 (?) ha Fläche für einen unbekannten Numerus. Die militärische Besetzung erfolgte wohl am Anfang des 2. Jh.; das Kastell war möglicherweise anfangs kleiner. Es ist heute nicht mehr sichtbar. Seine Spuren liegen genau im alten Ortskern (Dorf-Ems); die Martinskirche befindet sich mitten in dem ehemaligen Wehrbau.

*Von der Lahn zur Aar bei Adolfseck nördlich Bad Schwalbach
(Strecke 2)*

Der Limes muß in Bad Ems ungefähr dort an den Fluß gestoßen
sein, wo sich heute im Zug der Bahnhofstraße die Lahnbrücke
befindet. Erhalten ist hier nichts mehr.

An der linken Lahnseite (südlich vom Fluß) lag zwischen Bahnlinie und Ufer, westlich der Bahnhofstraße das KLEINKASTELL
AUF DER SCHANZ (Steinkastell 0,45 ha?), das heute überbaut ist.
Im Gegensatz zum größeren Numeruskastell in Dorf-Ems befand
es sich dicht am Limes; es sicherte die andere Seite des Flusses.

Von Bahnhof Bad Ems geht der Limeswanderweg des Taunusklubs aus (Kennzeichen: stilisierter Wachtturm). Allen, die den
Limes erwandern möchten, sei dieser Weg empfohlen. Aus guten
Gründen zieht er nicht immer unmittelbar am Limes entlang.
Um Mißverständnisse zu vermeiden, sei betont, daß im folgenden
nicht der Limeswanderweg beschrieben wird, sondern der Limes
selbst. Die schönsten Teile der Strecke 2 findet man zwischen
Wp. 2/4–2/8, von Wp. 2/12–2/14 und besonders von Wp. 2/31 a
bis 2/35, wo auch das gut erhaltene Kastell Holzhausen liegt.

Der Pfahl, der unten im Lahntal nicht erhalten ist, wird für ein
kurzes Stück beim Anstieg auf den Wintersberg im Wald sichtbar. Wall und Graben sind stark verschliffen. Das Stück, das
140 m nordöstlich von Wp. 2/1 einsetzt, ist am Steilhang schlecht
zugänglich.

Wp. 2/1 auf dem Wintersberg ist bald nach der Ausgrabung des
Steinturmfundaments rekonstruiert worden. Der wiedererrichtete Turm steht heute im Garten eines Cafes. Von hier zog der
Pfahl am Osthang des Wintersbergs nach Südwesten, er lief ungefähr am Waldrand, ist aber nicht zu sehen. Erst etwa 100 m
nordöstlich von Wp. 2/2 wird er im Wald wieder deutlich.

Bei Wp. 2/2 Kreuzweg (im Wald) trifft der Limeswanderweg
wieder auf den Limes. Das Fundament des Steinturms ist zerfallen. Bis zum Waldrand kann man den Limes gut verfolgen. Danach werden im Ackerland die Spuren spärlich. Der Pfahl zog
auf den Hof Neuborn zu, an dessen Stelle man den Wp. 2/2a
vermutet hat.

In dem Wald südlich Hof Neuborn sind die Spuren des Limes nur
schwer von alten Hohlwegen und Erosionsrinnen zu unterscheiden. Ebenso sind die Reste des Steinturms Wp. 2/3 am Kirschen-
kopf kaum noch zu erkennen.

Etwa 200 m nördlich der Straße Frücht-Kirschheimersborn wird
der Pfahl in der Nähe eines großen vorgeschichtlichen Grabhü-
gels wieder gut sichtbar. Er überschreitet die Straße nahe beim
Neuen Forsthaus.

Südlich der Straße liegen im Forsthausgarten die Schutthügel
zweier Steintürme des Wp. 2/4 in der Sudhecke.

Der Pfahlgraben ist nunmehr im Wald gut, zum Teil sehr gut erhalten. Unmittelbar vor der Kuppe des Wolfsbusch (die Stein-
köpfchen genannt wird), wurde ein Stück des Pfahls durch einen
Steinbruch weggeschnitten. In unmittelbarer Nähe lag der
Schutthügel des Wp. 2/5 auf dem Wolfsbusch, es sind nur noch
geringe Spuren vorhanden. Bis zum Sportplatz von Becheln (östlich vom Ort im Wald) läßt sich der Limes gut verfolgen. Am
Sportplatz ist der Wall einplaniert worden; der Wanderweg liegt
ungefähr über dem Graben. Der Weg läuft sodann auf dem verflachten Wall bis Wp. 2/6.

Wp. 2/6 findet man unmittelbar südlich der Straße Becheln-Sulz-
bach. Von den beiden Steinturmhügeln wurde der westliche großenteils beim Straßenbau abgetragen. Der andere ist noch vorhanden.

Bei Wp. 2/6 läuft der Pfahlgraben zunächst weniger deutlich
durch den Wald, wird aber bald besser sichtbar. Er bleibt dann
bis über Wp. 2/8 hinaus gut zu erkennen. Wp. 2/7 im Bechelner
Wald liegt als hoher Schutthügel (Steinturm) etwa 20 m hinter
dem Rücken des Walles. Etwa 500 m weiter findet man das
KLEINKASTELL BECHELN (Steinkastell 0,05 ha). Von ihm sind nur
noch Grabungsspuren im Wald sichtbar, zwischen dem Limeswanderweg und der Straße Becheln-Schweighausen, etwa bei
km 1,1.

Wp. 2/8 auf dem Grauen Stein liegt an einer alten, in römische
Zeit zurückgehenden Unterbrechung des Walles und Grabens.
Man erkennt die Spuren der Ausgrabungen, bei denen ein Holz-
und ein Steinturm festgestellt wurden. Der Steinturm scheint in
einer hofartigen Mauer gestanden zu haben, was indessen sonst
am Limes nicht vorkommt. Der Pfahl bleibt sichtbar bis zur
Kreuzung mit der Straße Becheln-Schweighausen (nahe km 1,8).
Er muß nun ungefähr der Landstraße gefolgt sein, die bald aus
dem Wald in das Ackerland hinaustritt.

Die Mulde, in der das Dorf Schweighausen liegt, umgeht der
Pfahl im Norden. Spuren sind in den Äckern nicht mehr vorhanden. Sie werden erst in etwa 2 km Entfernung im Wald zwi-

schen Schweighausen und Dornholzhausen sichtbar, etwa 75 m
vor Wp. 2/12, der unmittelbar am Limeswanderweg liegt. Er
wird als Schutthügel eines Steinturms deutlich. Vor dem Turm
befindet sich eine breite, ursprüngliche Unterbrechung von Wall
und Graben.

Die Limesstrecke von Wp. 2/12–2/14 ist durchweg erhalten. Sie
läuft größtenteils im Wald, wo der Pfahl am deutlichsten sichtbar wird. In seiner Nähe findet man an mehreren Stellen vorgeschichtliche Grabhügel. Zweimal werden kurze Ackerstücke gekreuzt; selbst dort bleibt der Pfahl als Terrassenkante sichtbar.
Er überschneidet die Straße Dornholzhausen – Dessighofen am
Südrand des Friedhofs von Dornholzhausen.

Wp. 2/13 an der Hardt südwestlich Dornholzhausen befindet
sich auf einer kleinen Kuppe im Wald. Vor dem Steinturmhügel
(Grabungsspuren) ist der Wall unterbrochen.

Bei Wp. 2/14 liegt der recht gut sichtbare Steinturmhügel genau
in einer Lücke des Limeswalls. Auch der Graben war unterbrochen, die Palisade ließ sich indessen vor dem Turm nachweisen.
Von hier aus ist der Limes noch ein Stück im Wald zu verfolgen
bis zur Kreuzung mit der Landstraße Dornholzhausen–Geisig
(km 0,8). Die Linie läuft nunmehr ins Ackerland hinein, wo sie
nicht sichtbar ist. Beim Abstieg in das Mühlbachtal überwindet
sie einen merklichen Höhenunterschied. Unmittelbar nördlich
der Dick-Mühle überquerte der Limes die Talsohle; steil stieg er
an der Ostflanke des Tals wieder hoch. Zu sehen ist nichts.

Am oberen Talrand angelangt, zog die Linie über Ackerland
durch den Ort Berg in Richtung Hunzel; sie ist völlig verschwunden. Nur ein kleines Stück von etwa 130 m Länge wird östlich
von Berg, am Ostrand der Gemarkung sichtbar. Das mit Gebüsch
bewachsene Limesstück liegt in Äckern unmittelbar nördlich der
Waldparzelle 20. Der Limeswanderweg führt 200 m nördlich
daran vorbei. Etwa 1,3 km hinter dem Limes lag

5a   KASTELL MARIENFELS ORL Nr. 5 a. Spuren zweier Holzkastelle
wurden festgestellt, von denen das ältere etwa 1,0 ha Fläche besaß. Von dem jüngeren sind nur zwei Grabenstücke bekannt, die
nicht zusammenhängen. Daher sind Zweifel daran möglich, ob sie
zum gleichen Wehrbau gehörten. Die Kastelle lagen unter der
Osthälfte von Marienfels; zu sehen ist nichts. Nördlich von den
Kastellresten wurde das zugehörige steinerne Kastellbad ausgegraben. Man erkennt noch den flachen Schutthügel in einer Obstbaumkultur. Das Bad ist in der Mitte der Regierungszeit Kaiser

Traians entstanden. Es ist erheblich kleiner als die zur gleichen Zeit für Kohorten erbauten Bäder. So wird man als Kastellbesatzung einen Numerus annehmen, zumal auch das Nachfolge-Kastell Hunzel für eine solche Truppe bestimmt war. Das kleine Kastell kann noch am Ende des 1. Jh. n. Chr. errichtet worden sein. Die militärische Besetzung des Platzes hörte auf, schon bevor es am Limes üblich war, die Holz- durch Steinkastelle zu ersetzen, möglicherweise in der Mitte des 2. Jh., wofür einige Funde sprechen. Als Nachfolger wurde nahe am Limes

5   KASTELL HUNZEL ORL Nr. 5 (Steinkastell 0,7 ha) erbaut. Ein unbekannter Numerus bildete die Besatzung. Das Kastell lag 750 m westlich vom Ortskern von Hunzel, 1,3 km nordöstlich vom Kastell Marienfels am Südrand eines Wiesengeländes, das vom Hunzelbach durchflossen wird. Zu sehen ist nichts mehr. Der Limes zog – hier nicht kenntlich – etwa am Nordrand der Wiesen am Kastell vorbei. Er durchquerte dann die Ortsmitte von Hunzel. Erst 600 m östlich vom Ort wird er im Wald wieder sichtbar, 25 m östlich vom Waldrand (Limeswanderweg).

Wp. 2/21 am Landgraben liegt an einem Limesknick im Wald. Der Holzturmhügel (Grabungsspuren; vgl. Abb. 41) befindet sich unmittelbar am Knick zum Teil unter dem Limeswall. Wie die Abbildung zeigt, hatte der Holzturm zwei Bauphasen. Zuerst stand der kleine Turm mit den vier Pfosten in der Mitte der vier größeren, späteren Turmpfosten. Der Steinturmrest liegt einige Meter westlich davon an einem alten Limesdurchgang. Der Limes kann von hier bis zum Waldrand verfolgt werden. In den Äckern, die nun beginnen, ist er völlig verschwunden. In einem großen Bogen lief er nördlich um den Ort Pohl. Die Bundesstraße 260 (Bäderstraße) querte er etwa bei km 36,7. Ein wenig weiter, am nordöstlichen Ortsrand, befand sich das KLEINKASTELL »AN DER ECKE BEI POHL«, doch ist davon nichts zu erkennen, auch waren die Grabungsergebnisse nicht ganz eindeutig. Hier bog der Limes nach Südosten um. Über mehrere Kilometer läuft er nun ungefähr der Bäderstraße parallel, die zweifellos auf einen alten Höhenweg zurückgeht. Allerdings zieht die heutige Bundesstraße nicht genau auf der Linie des alten Höhenwegs. Der Limes ist nur auf kurzen Stücken zu erkennen, wenn er durch Waldstücke läuft.

Ein kleiner Limesabschnitt wird im Pohlerwäldchen zwischen Pohl und Obertiefenbach sichtbar (Limeswanderweg). Inmitten des Waldes lag auf einer Anhöhe Wp. 2/25 im Pohler Wäldchen.

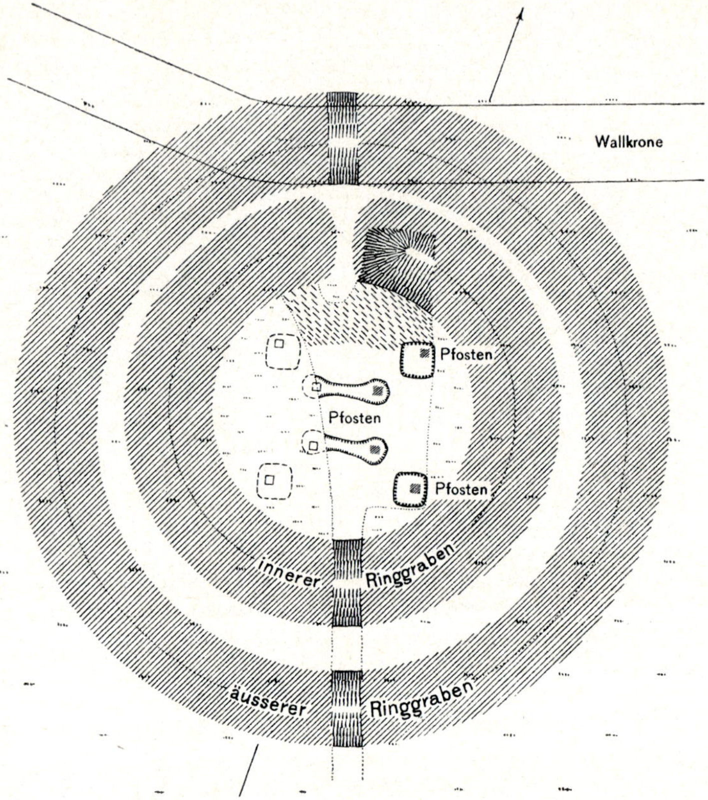

Abb. 41. Holzturmstelle von Wp. 2/21 am Landgraben. Hier standen nacheinander zwei Holztürme: zuerst ein kleiner Turm, dessen Pfosten man innen erkennt, später der größere Turm mit den großen Einzelpfosten (nach ORL). M. 1 : 250.

Hier führt ein Waldweg durch einen römerzeitlichen Limesdurchgang; der Weg zieht unmittelbar hinter dem Durchgang über den verflachten Schutthügel des Steinturms. Die Spuren des Holzturms befinden sich wenige Meter östlich vom Limesdurchgang (Grabungsspuren). Unmittelbar vor dem Limes erblickt man einen großen vorgeschichtlichen Grabhügel, über dessen Fuß die Palisade hinweglief, unbequem genug für die Erbauer des

Limes. Indessen, »um alles das und auch um die bösen Geister, die an solchen Stellen hausen, haben sich die Römer augenscheinlich nicht gekümmert« (Fabricius). Kurz vor dem Austritt des Limes aus dem Wald läuft er über einen weiteren, deutlich wahrnehmbaren Grabhügel hinweg.

Im offenen Feld sind die Spuren des Pfahls verschwunden. Sie treten erst im Kohlwald südlich Obertiefenbach wieder auf. Hier liegt der sehr gut erhaltene Wp. 2/27 im Kohlwald, eine Wachtturmgruppe ähnlich Wp. 2/25. Der Steinturmhügel überragt sogar den Limeswall. Vor dem Steinturm öffnet sich eine ursprüngliche Limesunterbrechung. Südlich davon sind die Reste des Holzturms zu sehen, vom Wall teilweise überschnitten.

Am Waldrand hören die Spuren des Pfahls auf. Er lief nunmehr östlich der Bundesstraße durch die Felder, durchquerte Holzhausen an der Haide und wird erst südöstlich von diesem Ort im Wald wieder sichtbar.

Etwa 800 m südlich Wp. 2/27, knapp westlich der Bundesstraße 260 liegt bei km 33,3 das KLEINKASTELL PFARRHOFEN im Wald. Die Umwehrung des kleinen Steinkastells (0,15 ha) ist gut erkennbar. Das Bauwerk hatte einen quadratischen Grundriß mit scharfen rechtwinkligen Ecken, es zeigte also nicht die üblichen Eckabrundungen. Es lag 250 m hinter dem Limes, der auf der anderen Seite der Bundesstraße durch die Felder lief und dort, wie schon gesagt, nicht sichtbar ist. An dieser Stelle hatte der Limes einen Knick, an dem man Wp. 2/28 ausgegraben hat.

Etwa 1 km südlich Holzhausen a. d. H. findet man an der Bundesstraße 260 bei km 30,6 einen Parkplatz am Waldrand. Nicht weit vom Parkplatz entfernt setzt der Limes im Wald wieder sichtbar ein, und zwar nördlich von der Straße. Von hier, wo man Wp. 2/31 a angenommen hat, bis über Wp. 2/35 hinaus läßt sich der Limes gut verfolgen und stellt zusammen mit dem Kastell Holzhausen ein besonders interessantes Stück der Strecke 2 dar. Wichtige Teile dieses Limesabschnitts werden durch den Limeswanderweg erschlossen. Man kann auch von den Parkplätzen an der Bundesstraße 260 ausgehen, von denen es außer dem erwähnten noch zwei weitere gibt (etwa 2 km sowie 3,5 km südöstlich Holzhausen).

Der erste sichtbare Turmrest Wp. 2/33 liegt über 1,1 km vom Waldrand entfernt dicht am Limeswall (Steinturmhügel). Der Wall war an dieser Stelle nicht unterbrochen. Nahe bei dem nächsten Wp. trifft der Limeswanderweg wieder auf den Pfahl.

Wp. 2/34 findet man 280 m westlich vom Kastell Holzhausen. Der Pfahlgraben überschreitet hier einen nach Westen abfallenden Höhenrücken, 32 m hinter dem Limes wird der große, längliche Hügel eines Steinturms sichtbar. Daneben fand man Reste eines weiteren Bauwerks, das vielleicht schon zum Kastelldorf gehörte.

6 KASTELL HOLZHAUSEN ORL Nr. 6, Steinkastell von 1,4 ha Fläche. Als Besatzung kennt man die *Cohors II Antoniniana Treverorum*, die am Anfang des 3. Jahrhunderts unter Kaiser Caracalla aus einem Numerus Treverorum hervorgegangen sein dürfte. Sie führte ein wenig später unter Severus Alexander den Namen *Cohors II Severiana Treverorum*. – Es ist nicht völlig sicher, seit wann der Platz militärisch besetzt war. Das Kastell ist zusammen mit dem Badegebäude, das zwischen Limes und Kastell lag (nicht sichtbar), unter Commodus für den erwähnten Numerus Treverorum erbaut worden. Damit hängt wohl die ungewöhnlich geringe Fläche des Kastells zusammen, das überhaupt das kleinste Kohortenkastell am obergermanischen Limes ist. – Möglicherweise liegen in der Nähe die noch unbekannten Reste eines kleineren, älteren Holzkastells.

Das Kastell Holzhausen, in einem schönen Buchenhochwald gelegen, gehört zu den besterhaltenen Kastellen am obergermanischen Limes (Abb. 42). Die gesamte Umwehrung ist mit den Toren zu erkennen. Hinter der steinernen Wehrmauer ist noch der Erddamm vorhanden, der einst den Wehrgang trug. Im Kastellinneren findet man die Grundmauern des Fahnenheiligtums (mit Apsis), daneben die Reste zweier weiterer Räume, die der Verwaltung der Truppe dienten. Die Räume waren ein Teil der Principia, des Stabsgebäudes, das im übrigen aus Holz bestand.

In einem großen Bogen schließt der Limes den Grauen Kopf, die höchste Erhebung der Gegend (543 m), mit ein. Das Kastell liegt am Nordhang des Berges unweit der Stelle, wo ein noch heute vorhandener alter Weg, die Hessenstraße, den Limes kreuzt. Die Kreuzungsstelle befindet sich etwa 100 m westlich vom Kastell. Von Wp. 2/34 bis zur Hessenstraße ist der Pfahlgraben kenntlich, wenn auch durch die Ausgrabungen und durch Rekonstruktionsversuche stellenweise verändert.

Östlich der Hessenstraße ist der Limes an der Oberfläche nicht sichtbar, er wurde aber durch Grabungen festgestellt. In ungefähr 70 m Entfernung lief er an der Nordwestseite des Kastells

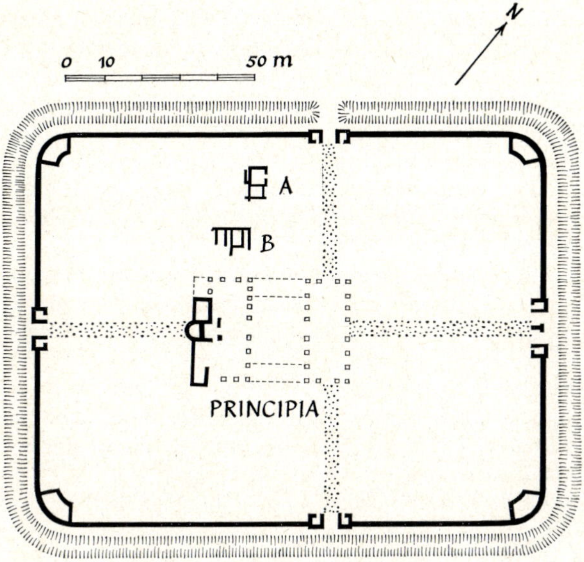

Abb. 42. Grundriß des Kastells Holzhausen. Die nicht mehr sichtbaren Baureste A und B wohl Reste von Mannschaftsbaracken. M. 1 : 2000.

vorbei. Sichtbar wird er erst kurz vor der hessischen Landesgrenze. Man folgt ihm zum Wp. 2/35, einem gut sichtbaren Steinturmhügel unmittelbar südlich vom Laufensfelder Weg. Der Weg führt dann etwa 150 m auf dem Limeswall entlang. Danach biegt der Limes südöstlich in den Wald ab, wo er nach 200 m endet. Zuerst verschwindet der Wall, 30 m weiter auch der Graben. Limeswall und -graben setzten von hier bis Wp. 2/47 auf 6,4 km Länge gänzlich aus, und zwar bereits im Altertum. Die Grenze wurde nur durch die Palisade geschützt, die oberflächlich keine Spuren hinterlassen hat. Sie wurde durch zahlreiche Grabungsschnitte nachgewiesen, deren Spuren man im Wald gelegentlich wahrnimmt. Die Kette der Wachtposten zog unverändert weiter. Der Limesabschnitt ist also auch in der späteren Zeit bei Bestehen der Steintürme militärisch überwacht worden. Das Fehlen des Pfahlgrabens hat zu manchen Vermutungen und wissenschaftlichen Diskussionen Anlaß gegeben.

Da der Pfahl nicht vorhanden ist, bereitet es einige Schwierigkeiten, die zum Teil gut sichtbaren Wp. 2/36–2/40 im Wald auf-

zufinden, zumal sie vom Limeswanderweg auch nicht berührt
werden. Wir beschreiben sie kurz: Wp. 2/36 Steinturmhügel, gut
sichtbar; Wp. 2/37 Steinturmgrundriß sichtbar (mit Grabungsspuren), halb in einer Schneise liegend; Wp. 2/38 am Nastätter
Weg: niedriger Steinturmhügel mit Grabungsspuren, vom Weg
angeschnitten; Wp. 2/39 (in Schlag 36 des Laufensfelder Waldes):
umfangreicher Steinturmhügel mit Grabungsspuren; Wp. 2/40
am Gronauer Weg: gut sichtbarer Steinturmhügel (liegt 70 m
nordwestlich vom Gronauer Weg im Wald).

Unweit von Wp. 2/40 trat der Limes aus dem Wald in das offene
Feld und kreuzte die Straße von Laufensfelden nach Zorn etwa
300 m südwestlich vom Schönauer Küppel. Dort entdeckte man
unmittelbar an der Straße den nicht mehr sichtbaren Wp. 2/41.

Wp. 2/42 in der Fuchshohl lag 700 m weiter südöstlich in einem
Waldstück. Auf dem Schutthügel des Steinturms sieht man
Bruchsteine des Mauerwerks liegen. Der Limeswanderweg führt
dicht daran vorbei.

Die Palisade stieg nun ab, kreuzte den Dörsbach und führte am
Westhang des Dörsterberges hinauf. Nahe der Berghöhe findet
man im Wald die Spuren des KLEINKASTELLS AUF DEM DÖRSTER-
BERG (Wp. 2/43). Es hatte mehrere Bauphasen (Holz- und Steinkastell von etwa 0,05 ha, später Steinbau von 0,03 ha). Die Palisade zog in 20 m Abstand vor dem Kleinkastell vorbei. Nach etwa
250 m verließ sie den Wald und lief in die Feldmark von Huppert. Hier erstieg sie den plateauartigen Rücken, auf dem die alte
Straße Kemel–Limburg nach Norden zog. Sie umging in weitem
Bogen den Ort Huppert und wendete sich dann nach Süden in
Richtung Kemel.

Die nächsten sichtbaren Spuren liegen im Wald südlich von Huppert, 500 m nordöstlich vom Forstamt Erlenhof. Hier findet man
den sehr gut sichtbaren, wenn auch zerfallenen Grundriß des
Steinturms Wp. 2/47. Dicht am Steinturm begannen wieder Wall
und Graben des Limes, die – wie oben schon gesagt – über eine
Strecke von 6,4 km schon im Altertum nicht vorhanden waren.
Der Beginn von Wall und Graben ist bei Wp. 2/47 nicht sichtbar, doch wurde der Grabenanfang durch Ausgrabungen festgestellt. Auch weiterhin ist bis zum Ende von Strecke 2 an der Aar
vom Pfahlgraben nichts zu sehen, er wurde aber mehrfach durch
Grabungen nachgewiesen.

An Wp. 2/48 auf der Kemeler Heide vorbei, von dem kaum etwas
zu sehen ist, zog der Pfahl nach Kemel. Hier haben die Römer

im Lauf der Zeit mehrere Kastelle erbaut, die sich ablösten. Die ältesten sind die beiden KLEINKASTELLE AUF DEM POHL BEI KEMEL, sie lagen in den Wiesen auf der Hochfläche unmittelbar nördlich vom Ort. Das ältere Kastell war ein Holzkastell von 0,07 ha, das jüngere eines von 0,13 ha. Sichtbar sind sie nicht mehr, doch gebührt ihnen wissenschaftliches Interesse, weil sie zu den seltenen Kleinkastellen gehören, deren Innenbauten durch Grabungen bekannt sind (Abb. 16,1). Das kleinere, ältere Kastell dürfte am Ende des 1. Jahrhunderts, spätestens um 100 entstanden sein. Das jüngere war sicher noch bis in die Mitte des 2. Jahrhunderts in Benutzung, wahrscheinlich aber etwas länger bis in die Zeit Marc Aurels. Es wurde abgelöst durch das

7   KASTELL KEMEL ORL Nr. 7 (Steinkastell 0,7 ha). Der Ortskern von Kemel liegt über dem Kastell; die Kirche steht mitten darin. Das Kastell wurde zweifellos wegen der besseren Wasserversorgung vom Pohl in das Gebiet des heutigen Ortes gelegt, denn in der Nähe entspringt der Aulbach. Das kleine Kastell war für einen nicht bekannten Numerus bestimmt. Es ist nicht mehr sichtbar.

Bei Kemel wendete sich der Pfahl nach Osten. Bis zum Ende der Strecke an der Aar nördlich Adolfseck findet man lediglich die Reste dreier Wachttürme, vom Pfahl ist nichts zu sehen. Der Limeswanderweg berührt die Turmstellen nicht.

Von Wp. 2/52 Galgenhof (Walddistrikt 15) erkennt man im Wald einen deutlichen Steinturmhügel. Wp. 2/53 auf dem Silberberg erscheint ebenfalls als Steinturmhügel. Er zeigt deutliche Grabungsspuren. Auf dem Hügel befindet sich der Trigonometrische Punkt 449,4. Wp. 2/55 am Seifenberg liegt im Wald über der Aar; der Steinturmhügel wurde durch den Wegebau stark angeschnitten.

Der Pfahl stieg nunmehr langsam, dann steiler zur Aar hinab, er ist aber nicht kenntlich. Die Eisenbahnlinie im Tal kreuzte er ein wenig oberhalb von km 25,7. Zweihundert Meter außerhalb des Limes findet man an der westlichen Talseite in Augenhöhe die Inschrift *Januarius Justinus* in den Felsen eingemeißelt (Zugang schwierig). Hier hat sich ein römischer Soldat verewigt. – Zum Überschreiten der Aar benutzt man die Brücke am Nordrand von Adolfseck.

Von der Aar bis Glashütten im Taunus; westliche Taunusstrecke
(Strecke 3, Westteil)

Nördlich vom Hauptkamm des Taunus erstreckt sich ein hochge-
legenes Hügelland, das durch eine Folge von kleinen Flüssen und
Bächen gegliedert wird. Der Limes durchzieht das Hügelland,
wobei er viele kleine Wasserläufe kreuzt, und nähert sich langsam dem Taunuskamm.

Die römische Grenze hat hier seit der Regierung Kaiser Domitians bis um 260 n. Chr. bestanden. Zusammen mit der vorher
beschriebenen Strecke 2, der Hochtaunusstrecke und der westlichen Wetteraulinie stellt sie das älteste Stück des obergermanischen Limes dar, das schon gegen Ende des Chattenkriegs 85
n. Chr. entstanden sein kann. Dabei haben die Limesbauten alle
Bauphasen 1–4 (Abb. 22) durchlaufen. Das ließ sich gerade bei
diesem Abschnitt gut nachweisen, weil die Römer die Limeslinie
an einigen Stellen im Lauf der Zeit geringfügig verlegt haben.
Der ältere Limes mit Holztürmen richtet sich mehr nach der Geländeform, während die nachträglich verlegten Strecken möglichst geradlinig gezogen worden sind. Sie enthielten auch Steintürme in dichterer Folge. Dem entspricht eine geringere Belegung der Strecke mit Grenztruppen am Anfang; bis in die Mitte
des 2. Jahrhunderts war lediglich das Kastell Zugmantel mit einer
kleinen Einheit von Numerusstärke belegt. Am Anfang des 3.
Jahrhunderts war auf dem inzwischen vergrößerten Zugmantel
eine Kohorte, im Kastell Heftrich ein Numerus stationiert.

Der gesamte Abschnitt wird durch den Limeswanderweg des
Taunusklubs erschlossen, der allerdings aus praktischen Gründen
nicht immer der Limeslinie folgt. Von besonderem Interesse ist
das Limesstück am Zugmantel, ferner die Linie am Triangel östlich Dasbach (Wp. 3/29–3/31), schließlich das Stück zwischen dem
Dattenbach und Glashütten.

Der Limes überschritt das Aartal nördlich Adolfseck nahe Bad
Schwalbach, bei km 18,8 der Bundesstraße Wiesbaden–Limburg.
Reste eines Dammweges in den Wiesen und Funde hölzerner
Pfähle in der Aar erlauben die Annahme, daß in römischer Zeit
ein Aarübergang am Limes bestand. Er wurde durch das KLEIN-
KASTELL ADOLFSECK gesichert, das zwischen Aar und Bundes-
straße lag (Steinkastell 0,04 ha mit späten Funden, kaum sicht-
bar).

Der Limes zog von dem Kleinkastell durch das offene Gelände

den Hang hinauf, er ist nicht zu sehen. Gleich vom Aartal ab trennen sich ältere und jüngere Limeslinie. Wir folgen der in geradlinigen Abschnitten gezogenen jüngeren Linie, die der älteren nördlich vorgelagert war. Da nur die jüngere Linie den letzten Bauzustand 4 mit Wall und Graben erreichte, sind allein von ihr noch einige Stücke im Wald zu sehen.

Der erste sichtbare Abschnitt liegt 1,4 km von der Aar entfernt im Wald; er ist nur 400 m lang und nicht ganz leicht zu finden. Man erkennt im Zuge des Limes auch nur eine niedrige Böschung. Schon vor der Höhe verliert sie sich.

Wp. 3/4 am sechsarmigen Stock befand sich unmittelbar südlich der Wegekreuzung im Wald auf der Höhe. In dem niedrigen Schutthügel kann man den Steinturmgrundriß schwach erkennen.

Etwa 500 m südlich liegen an der älteren Linie die Spuren des Holzturms Wp. 3/4* am Noll, am Waldrand neben dem Sportplatz von Born. Die Turmstelle ist durch Grabungen gestört.

An der jüngeren Linie stieg der Pfahl hinter Wp. 3/4 – jetzt nicht mehr sichtbar – durch den Wald zu einer Wiesenaue hinab und von dort auf den bewaldeten Sangerts. Vom nächsten Steinturm blieb ein hoher Schutthügel bei Wp. 3/5 auf dem Sangerts.

300 m südöstlich davon findet man im Wald Wp. 3/5* der älteren Linie. Dort sind zwei Holzturmstellen zu sehen. Der ältere Holzturmhügel mit kreisrundem Ringgraben wird vom Waldweg überschnitten. Eine Beobachtung deutet darauf hin, daß in dem Hügel zwei aufeinanderfolgende Holzturmphasen stecken. Etwa 25 m östlich vom Weg liegen die gut sichtbaren Spuren des jüngeren Holzturms mit quadratischem Graben. Die ältere Linie hat also immerhin solange bestanden, bis sich mindestens zwei, wenn nicht drei Holztürme ablösten. Von hier ab bis Wp. 3/14 sind keine weiteren Spuren von Holztürmen beobachtet worden, der weitere Verlauf der älteren Linie ist daher unsicher. Wall und Graben sind an der älteren Linie, wie schon gesagt, im Altertum nicht gebaut worden.

An der jüngeren Linie beginnen 50 m östlich Wp. 3/5 wieder Spuren des Pfahls, wenngleich sie flach sind. Die Linie kreuzt ein schmales Waldtal und steigt dann auf zum Wp. 3/6 Ebernhahn. Der Steinturmhügel liegt auf der Höhe unmittelbar westlich neben der Schneise, die dem Bergrücken folgt. Der Pfahl läßt sich nur ein kleines Stück über Wp. 3/6 nach Osten verfolgen, er verliert sich dann im Wald. Im offenen Ackergelände südlich Met-

zenroth, das der Limes nun durchzieht, sind alle Spuren verschwunden. Die Linie lief schnurgerade durch die Äcker und
kreuzte zwei Bachläufe. Noch vor der Höhe, auf der die alte
Eisenstraße verläuft, schnitt sie schräg in den Wald ein, wo
sie aber auch unsichtbar bleibt. Von Wp. 3/8 an der Eisenstraße
gibt es nur unsichere Spuren; hier können ältere und jüngere
Limeslinie wieder zusammengekommen sein. Der Pfahl stieg –
weiterhin nicht sichtbar – durch den Wald hinab zu den Äckern
des Hofs Georgenthal. 350 m südöstlich vom Hof lag im Acker
Wp. 3/9.

Kenntlich wird die Linie erst wieder im Wald kurz vor Wp. 3/10
am Ritterweg. Hier befanden sich die Reste zweier Steintürme;
ein großer Schutthügel ist sichtbar. Der Wachtposten liegt auf
einem flachen Bergrücken, dem ein alter Höhenweg, der Ritterweg, folgt. Man findet den Hügel 50 m westlich vom Ritterweg.
Der Limeswall zieht 25 m vor Wp. 3/10 vorbei, er ist recht flach.
Nach Osten hin bleibt er noch etwa 200 m weit im Wald sichtbar, dann verschwindet er unter dem Waldweg, der seine Richtung aufnimmt.

Bei Wp. 3/11 Fladenheiligenstock erblickt man einen hohen,
länglichen Schutthügel südlich vom Waldweg. Er birgt die Reste
zweier Steintürme. Bis zur Straße Orlen–Hambach bildet die
Limeslinie stellenweise die Waldgrenze gegen Äcker, sie wird
bald nach Wp. 3/11 als Böschung kenntlich. Unmittelbar östlich
der Straße stand Wp. 3/12, der nicht mehr sichtbar ist. Von hier
folgt dem nicht wahrnehmbaren Pfahlgraben ein Feldweg, der
zugleich die Gemarkungsgrenze zwischen Orlen und Hambach
bildet. Durch einen Wiesengrund erreicht die Linie – weiterhin
nicht sichtbar – den Wald. Hier wird sie durch einen Weg markiert. Deutliche Spuren des Pfahls (Böschung) setzen kurz vor
Wp. 3/14 ein.

Dicht an den Limeswall gelehnt ist der breite, flache Schutthügel
von Wp. 3/14 an der Zugmantelschneise, gut 200 m westlich der
Bundesstraße 417. Er enthielt die Reste zweier Steintürme und
eines Holzturms. Ältere und jüngere Limeslinie laufen hier also
nicht voneinander getrennt. Der Pfahlgraben bleibt gut sichtbar
(Limeswall als hohe Böschung kenntlich). Über dem ehemaligen
Graben läuft der Waldweg. Ganz kurz vor der Hühnerstraße,
der heutigen B 417, verschwinden die Spuren des Pfahls. Auf der
gegenüberliegenden (östlichen) Straßenseite erhebt sich der wiederaufgebaute Wp. 3/15, ein Limesturm aus Stein. Die Reste des

antiken Steinturms wurden bei Straßenbauarbeiten 1966 aufgedeckt und zerstört. Der wiedererrichtete Turm steht einige Meter
östlich von seinem römischen Vorgänger; vor ihm ist ein Stück
Limes mit Palisade rekonstruiert.

Man erreicht den Turm auch vom Parkplatz »Römerturm« an
der Bundesstraße 417 (2,5 km nördlich Neuhof). Der Parkplatz
liegt unmittelbar neben dem Kastell Zugmantel. Ein empfehlens-
werter archäologischer Wanderweg (Markierung »Eule«) geht
von dem Parkplatz aus. Er berührt die wichtigsten sichtbaren
Reste römischer Bauten am Zugmantel. Das Kastell liegt etwa
300 m hinter dem Limes unmittelbar östlich der Bundesstraße.

8 KASTELL ZUGMANTEL ORL Nr. 8. Anfangs Numerus-, später Kohortenkastell mit folgenden Bauphasen: 1. Holzkastell (0,7 ha),
bald nach 90 errichtet; 2. Holzkastell unter Hadrian erweitert
(auf ca. 1,1 ha); 3. Steinkastell I, etwa in der Mitte des 2. Jahrhunderts errichtet (1,7 ha); 4. Steinkastell II, wohl 223 gebaut
(2,1 ha). Das Kastell bestand bis um 260 n. Chr. Als Besatzung ist
seit der Zeit Caracallas die *Cohors I Treverorum equitata* bezeugt; sie ging aus der älteren, kleineren Besatzungstruppe hervor, einem *Numerus Treverorum*. Mit 2,1 ha ist das Steinkastell
II das kleinste Lager einer *cohors equitata* in Obergermanien.

Die Umwehrung des Steinkastells II ist rundum als Erdwall, stellenweise als Böschung gut zu erkennen, doch ist sie im Jungwald
nicht leicht zu verfolgen. Das Kastell und seine Umgebung sind
durch die langjährigen Grabungen des Saalburgmuseums besonders gut bekannt. Vor allem kennt man den Plan des Lagerdorfs
(vicus) nahezu vollständig. Der Kern des Dorfs zog sich an einer
Straße entlang, die vom Haupttor (Osttor) des Kastells zur Aar-
quelle führte. An der Quelle befand sich das Badegebäude. Vom
Vicus und dem Bad ist nichts mehr zu sehen.

Zwischen Kastell und Limes liegt unweit der Bundesstraße eine
wohlerhaltene »Rundschanze« mit zwei Eingängen. Es handelt
sich um ein kleines Amphitheater wie man es oft neben Legionslagern, gelegentlich auch bei Auxiliarlagern gefunden hat (z. B.
auch bei Kastell Nr. 69 Dambach). – Etwa 100 m südöstlich von
dem kleinen Amphitheater liegen die Reste des Dolichenus-Hei-
ligtums im Wald, zerfallenes Mauerwerk, von den Erdhügeln des
Grabungsaushubs eingerahmt. – Eine zweite »Rundschanze« von
möglicherweise ähnlicher Zweckbestimmung wie die erste liegt
400 m östlich vom Kastell am Galgenköppel. Man erreicht sie
über den archäologischen Wanderweg.

Östlich vom Zugmantel ist der Pfahlgraben als Böschung gut zu erkennen. Meist läuft der heutige Weg über dem Limesgraben. Der nächste sichtbare Turmrest liegt bei Wp. 3/18 Alte Schanz am Waldrand. Der Steinturmhügel tritt als flache Erhöhung unter einem Waldweg hervor. Von den Holzturmstellen, die ausgegraben worden sind, blieben kaum Spuren. Wp. 3/18 lag an einer beherrschenden Stelle, die während aller Bauphasen des Limes beibehalten wurde (drei Holzturmphasen, ein Steinturm). Die Sicht nach Osten ist bemerkenswert. An dieser Stelle trennen sich wieder ältere und jüngere Linie. Während die jüngere Linie schnurgerade über 6,3 km Entfernung zum Wp. 3/29 am Triangel zieht, verläuft die ältere Linie südlich davon in mancherlei Kurven dem Gelände angepaßt.

Von der älteren Linie ist nicht mehr viel zu sehen. Sie weist eine Eigentümlichkeit auf, die bis heute nicht befriedigend erklärt werden konnte. Man fand nämlich an den Wachtposten nur Holztürme, trotzdem aber waren hinter der Palisade Wall und Graben angelegt. An den anderen Limesstrecken sind Wall und Graben – soweit feststellbar – erst entstanden, als die Steintürme bereits vorhanden waren. Möglicherweise hängt die abweichende Bauweise – genauso wie die spätere Verlegung der Strecke – damit zusammen, daß der Limes hier die Idsteiner Senke kreuzt, die zu allen Zeiten ein bedeutender Verkehrsträger war (heute: Autobahn, Bundesstraßen, Bahn). Aus diesem Grund mag der Limes stärker gefährdet gewesen sein und erhielt daher schon frühzeitig eine Verstärkung durch Wall und Graben. – Wegen der heutigen Verkehrslinien, die den Limes mehrfach schneiden, ist die Strecke nicht so gut gangbar.

Die ältere Linie zog – heute nicht mehr wahrnehmbar – von Wp. 3/18 über die Äcker durch Eschenhahn, dann durch ein Waldstück östlich vom Dorf. Jenseits von einem kleinen Wiesental wird der Pfahlgraben am Hang im Wald sichtbar. Er kreuzt auf der Höhe die Siebenkippelstraße, einen alten Höhenweg. Östlich davon findet man auf einer Felsklippe die zerfallenen Reste von Wp. 3/21*. Der Turm hatte einen Unterbau aus einer bemerkenswerten Holz-Stein-Bauweise. – Bis zur Autobahn ist der Pfahlgraben weiterhin sichtbar; der heutige Weg läuft über dem Graben. Die Autobahn kreuzt man am besten durch die Unterführung 250 m nördlich dem Limesende an der Autobahn. Jenseits (östlich) der Autobahn sind bis kurz vor der Eisenbahnlinie Spuren des Pfahls sichtbar; Wp. 3/23* ist aber kaum zu erkennen.

– Weitere Reste der älteren Linie treten erst in 3 km Entfernung
östlich von Dasbach im Wald auf. Schwache Spuren erkennt man
etwa 75 m östlich der Straße Dasbach-Lenzhahn. In Richtung auf
Wp. 3/29, wo die beiden Linien in spitzem Winkel wieder auf-
einandertreffen, wird die Erhaltung des Pfahls allmählich besser
(Limeswanderweg).

Die jüngere Linie tritt bei Wp. 3/18 aus dem Wald ins Ackerland. Der Pfahl ist sichtbar, anfangs als flache Böschung, dann
erscheinen Wall und Graben, von einer Hecke überwachsen. Wp.
3/19 auf der Birk liegt in einem kleinen eingezäunten Grund-
stück. Der Schutthügel des Steinturms liegt hinter einem kleinen
natürlichen Felsen.

Östlich von Wp. 3/19 bezeichnet ein Feldweg den ehemaligen
Limes. Die Linie lief dann – äußerlich nicht mehr sichtbar –
durch ein Waldstück zur Bundesstraße 275 hinab, die sie etwa bei
km 9,3 querte. Weiterhin nicht sichtbar, zog sie über die Wiesenaue und stieg auf der anderen Talseite im Wald den Hang hinauf. Etwa 100 m vom Waldrand entfernt befindet sich der Schutthügel von Wp. 3/20 im Scharbachwald. Der Grundriß des Steinturms ist schwach erkennbar. Die Linie stieg (nicht wahrnehmbar) hoch zum Wp. 3/21 an der Siebenkippelstraße. Der Steinturmhügel befindet sich unmittelbar östlich vom Siebenkippel-
weg, er ist durchwühlt. Der Limes stieg von hier hinab durch den
Wald in Richtung Autobahn, doch sind bis dort keine Spuren zu
sehen. Die Autobahn kreuzt man durch die Unterführung 300 m
südlich der jüngeren Limeslinie.

Ein kurzes sichtbares Stück des Pfahls liegt zwischen Autobahn
und Eisenbahn, der Limeswall ist breit und sehr verflacht. Ein
ähnliches Stück findet man unmittelbar östlich der Bahn. Es hört
schon vor dem Waldrand auf. In dem folgenden Ackerstück, in
dem Wp. 3/24 lag, ist vom Pfahl nichts zu erkennen. Er tritt erst
in dem Wäldchen Gerlohe wieder in Erscheinung. Wall und Graben sind gut zu erkennen. Etwa in der Mitte des Limesstücks liegt
der durchwühlte Hügel von Wp. 3/24 Gerlohe halb im Limeswall (Steinturm). Am Waldrand hören die sichtbaren Spuren des
Limes auf. Er lief über das Ackerland, kreuzte die Landstraße
Idstein-Oberseelbach etwa bei km 2,8 und zog dann mitten durch
Dasbach. Östlich von diesem Ort läuft eine Straße in Richtung
des Limes.

Der Pfahlgraben wird erst im Wald wieder sichtbar, etwa 200 m
östlich des Waldrandes hinter einem kleinen Taleinschnitt. Das

Stück ist zunächst nicht gut gangbar. Der Erhaltungszustand von Wall und Graben wechselt anfangs, wird aber noch vor Wp. 3/29 besser. Bald erblickt man Wall und Graben der älteren Linie, der sich die jüngere im spitzen Winkel nähert. Die zeitliche Abfolge wird an der Vereinigungsstelle deutlich: die ursprüngliche Linie lief anfangs gerade durch, erst später wurde die jüngere Linie unter einem spitzen Winkel angesetzt.

Etwa 50 m östlich der Vereinigungsstelle der beiden Linien trifft man auf die Reste von Wp. 3/29 Triangel. Als Überbleibsel des Holzturms sind Grabungsspuren geblieben, unmittelbar östlich daneben erkennt man die zerfallenen Reste des Steinturmfundaments. Der nächste festgestellte Holzturm liegt weit entfernt jenseits des Kastells Heftrich, und so ist es sehr wahrscheinlich, daß die ältere Linie bald wieder einen eigenen Verlauf nahm, der aber völlig unbekannt ist.

Nahe Wp. 3/29 liegt das KLEINKASTELL EICHELGARTEN etwa 150 Meter hinter dem Limes am Waldrand (noch im Wald). Die Umwehrung mit recht flachem und schmalem Wall und Graben ist sichtbar (0,25 ha). Im Wall steckt kein Steinmauerfundament. Es ist denkbar, daß die kleine Wehranlage nur ganz kurzzeitig bestanden hat.

Wall und Graben des Limes sind östlich von Wp. 3/29 in einem geraden Zug im Wald auf 900 m Länge erhalten und gut zu begehen. Auf halber Strecke liegt Wp. 3/30 Gerheck. Der flache Steinturmhügel ist sichtbar. Nach knapp 300 m erblickt man einen weiteren flachen Hügel hinter dem Limes. Darin stecken die Fundamente eines rechteckigen Steinbaus (7,2 mal 6,0 m), der größer war als die Türme, aber schwächere Mauern hatte. 60 m weiter östlich findet man den Schutthügel von Wp. 3/31 Unzeitigstück (Steinturm). Von hier ab ist der Pfahl noch etwa 100 m weit erhalten. Er verschwindet noch innerhalb des Waldes. Nach etwa 150 m verließ die Linie den Wald. Sie zog nunmehr geradlinig durch das offene Gelände, wo sie nicht mehr erhalten ist, am Kastell Alteburg bei Heftrich vorbei und zielte nach einem leichten Knick auf den Totenberg. Der Limeswanderweg führt zum

9 KASTELL ALTEBURG-HEFTRICH ORL Nr. 9. Die Besatzung des Steinkastells von 0,7 ha Fläche war der *Numerus Cattharensium*. Es ist wohl in der Mitte des 2. Jahrhunderts erbaut worden und bestand bis in die Mitte des 3. Jahrhunderts. Der Wehrbau liegt im Acker östlich neben einer weithin sichtbaren, mit großen Bäumen bestandenen Fläche, dem Marktplatz Alteburg von Heftrich.

Der Platz befindet sich im freien Gelände 1,5 km südlich vom Ortskern. Außer geringfügigen Bodenwellen ist vom Kastell nichts zu sehen.

Der Limes wird erst an der Ostflanke des Totenbergs im Wald sichtbar, doch ist der Anfang nicht leicht aufzufinden. Auf der Höhe befindet sich der flache Hügel des Steinturms Wp. 3/55 auf dem Totenberg. Er liegt halb auf dem Waldweg, der dem Bergrücken folgt, etwa 250 m südlich vom höchsten Punkt des Berges. Den Pfahlgraben kann man von hier noch etwa 75 m nach Osten verfolgen, dann verliert er sich. Die Linie zog steil den Berg hinab und überquerte die Wiesenaue des Dattenbachs. Jenseits des Bachs stieg sie genau an der Waldgrenze auf. Am Waldrand sind stellenweise schwache Spuren des Pfahls wahrzunehmen. Oben auf der Höhe, wo die Linie wieder ganz in den Wald eintritt, liegt am Waldrand Wp. 3/37 am Schloßborner Feld, ein flacher Steinturmhügel.

Wall und Graben sind jetzt im Wald gut zu erkennen. Die Linie überquert den Weg Schloßborn-Kröftel. 200 m östlich davon findet man den gut erhaltenen Steinturmhügel von Wp. 3/38 am Maisel. Bei Grabungen stellte man etwa 600 m südlich den inzwischen verschwundenen Holzturmrest Wp. 3/38* auf dem Maisel fest. Der Holzturm lag an einer älteren Limeslinie, deren Verlauf im übrigen unbekannt ist. Sie erreichte noch den Ausbauzustand mit Holztürmen und Palisade.

Wall und Graben der jüngeren Linie können noch ein Stück über Wp. 3/38 hinaus verfolgt werden. Bald tritt die Linie in offenes Gelände über, wo nur noch Spuren wahrnehmbar sind. Sie nähert sich dem baumbestandenen KLEINKASTELL MAISEL (Steinkastell 0,07 ha), das neben dem Weg Glashütten – Kröftel liegt. Spuren der Umwehrung sind rundum sichtbar. Das einzige Tor war auf den Limes gerichtet, der (hier nicht erhalten) wenige Meter vor dem Kastell vorbeilief. Der kleine Wehrbau, der die Stelle eines Wp. 3/39 einnimmt, dürfte in der Mitte des 2. Jahrhunderts entstanden sein.

Vom Kleinkastell bis zum nördlichen Ortsrand von Glashütten läuft die Linie gerade hindurch, sie liegt meist am Waldrand. Zunächst ist sie nicht sichtbar, doch werden Wall und Graben bald schwach erkennbar und bleiben bis in die Nähe der Bundesstraße 8 am Nordausgang von Glashütten mit Unterbrechungen erhalten (Limeswanderweg). Unmittelbar an der Bundesstraße liegt ein Parkplatz.

Von Glashütten im Taunus bis zum Köpperner Tal; Hochtaunus
(Strecke 3, Ostteil)

Unweit Glashütten überquert der Limes das tief eingeschnittene
Emstal. Er klettert zum Feldbergmassiv hinauf, umgeht aber den
Feldberg im Norden, wobei er bis 770 m ansteigt (Wp. 3/49* Teufelsquartier sogar 825 m), zur größten Höhe, die er in Deutschland erreicht. Der Pfahlgraben folgt dann der Kammlinie des
Taunus, die er aber nicht überall genau einhält. Er schließt
einige vorgeschichtliche Ringwälle ein, die indessen schon längst
zerfallen waren, als die Römer kamen.

Die Anfänge der römischen Grenze liegen hier wie bei der vorher
beschriebenen Strecke in der Regierungszeit Kaiser Domitians.
Sie wurde bis um 260 von den Römern gehalten. Die Limesbauten haben daher alle vier Bauzustände durchlaufen (Abb. 22). An
einigen Stellen, an denen der Limes nachträglich verlegt worden
ist, ließ sich die Abfolge gut beobachten. Die römische Grenze
war im Hochtaunus anfangs nur schwach besetzt, auch hatten die
älteren hölzernen Wachttürme größere Abstände voneinander
als die späteren Steintürme. Tatsächlich grenzte der Limes nirgends an germanisches Siedlungsgebiet, denn vor ihm dehnten
sich die weiten Wälder des Mittelgebirges aus. Seit 90 n. Chr.
gab es nur eine kleine Einheit von Numerusstärke auf der Saalburg. Erst um 135 n. Chr. wurde dort eine Kohorte stationiert,
und in der Mitte des 2. Jahrhunderts dürfte schließlich das Numeruskastell am Feldberg entstanden sein.

Der Limes ist im Hochtaunus fast durchgehend gut erhalten und
leicht zu begehen. Er zeichnet sich an vielen Stellen durch land-
schaftliche Schönheit aus. Der Limeswanderweg des Taunusklubs schließt sich meist eng an die Linie an und stellt so einen
bequemen Zugang zum Pfahlgraben dar.

Am Nordausgang von Glashütten kreuzt die Bundesstraße 8 den
Limes bei km 18,7. Dort befindet sich ein Parkplatz an der Ostseite der Straße, unmittelbar vor dem Limes.

Von hier geht der Limeswanderweg aus. Der Waldweg, dem er
folgt, liegt über dem Limesgraben; vom Pfahl ist vorerst nichts
zu sehen. Nahe der Bundesstraße hat man den Wp. 3/41 vermutet. Der Pfahlgraben zog nahezu geradlinig durch den Wald, was
hier eine Eigentümlichkeit der jüngeren Limesstrecken ist. Tatsächlich gab es eine ältere Linie, die ein wenig nach Süden verschoben verlief und mehr dem Gelände angepaßt war. Spuren der

älteren Linie liegen in 500 m Entfernung von der Bundesstraße
(nach Osten) etwa 200 m hinter (südlich) der jüngeren Linie. Am
Fuß des Glaskopfs erkennt man die zwei durch Grabungen etwas
verunstalteten Holzturmhügel des Wp. 3/42* am Glaskopf. Der
westliche (jüngere) Turm besitzt einen viereckigen, der östliche
(ältere) einen kreisrunden Ringgraben. Vor den Hügeln wurde
die Palisade durch Grabung festgestellt. Die ältere Linie hat also
immerhin solange bestanden, bis die Palisade errichtet wurde,
und der ältere durch den jüngeren Turm ersetzt werden mußte.

Wir gehen zur jüngeren Linie zurück, die auch im weiteren Verlauf durch einen Waldweg gekennzeichnet wird. An dessen Südseite treten Spuren des Limeswalls als Böschung oder als flache
Erhöhung auf. Das Gelände beginnt sich zum Emsbach zu sen-
ken. Der Wanderweg verläßt nunmehr den Limes, der gerade
weiterzieht. Links (nördlich) vom Weg, knapp 200 m westlich
vom Emsbach liegt deutlich erkennbar die Ruine des Steinturms
Wp. 3/43 Emsbachschlucht.

Spuren des Pfahls führen zum Emsbach hinunter, an dessen west-
licher Seite die Ruine eines größeren Bauwerks sichtbar wird
(Außenmaße etwa 10,0 mal 8,2 m). Der zum Abhang hin mit
Strebepfeilern verstärkte Bau hatte recht dicke Mauern und
dürfte daher mehrstöckig gewesen sein. Vielleicht ersetzte er in
der Spätzeit die beiden nahegelegenen Türme 3/43 und 3/44.

Man überschreitet den Emsbach und steht nun vor dem Aufstieg
zum Feldberg. Bis zum Roten Kreuz überwindet die Linie auf
920 m Länge einen Höhenunterschied von 185 m. – Jenseits des
Emsbachs ist der Pfahl zunächst nicht erhalten, doch wird er durch
eine Schneise bezeichnet, auf der Grenzsteine stehen. Wp. 3/44
liegt 125 m vom Emsbach entfernt. Der flache Schutthügel, etwa
17 m südlich der Schneise gelegen, ist nicht ganz leicht zu finden.
– Der Limes wird bald als flacher Wall kenntlich. 300 m östlich
von Wp. 3/44 liegt der recht flache Hügel des nächsten Wp. 3/44a
zwischen dem Limeswanderweg, der sich hier dem Limes wieder
nähert, und dem Limes selbst.

Der Pfahlgraben wird beim weiteren Aufstieg immer deutlicher.
Er zielt genau auf die Paßhöhe der Straße Königstein–Reifenberg, die als Rotes Kreuz bekannt ist.

Wp. 3/45 befand sich unmittelbar am Roten Kreuz, östlich der
Straße nach Reifenberg, in der Kurve des Feldbergzubringers.
Beim Bau dieser Straße wurde der Turmrest größtenteils zer-
stört. – Das Rote Kreuz stellt einen guten Ausgangspunkt für

Limeswanderungen dar. Man findet Parkplätze unmittelbar an
der Straße südlich vom Roten Kreuz.

Gut 150 m südöstlich von der Straßenkreuzung am Roten Kreuz
befinden sich die gut sichtbaren Reste zweier Holztürme der älteren Linie im Wald (sie liegen südlich vom Feldbergzubringer).
Die Türme werden als Wp. 3/45* beim Roten Kreuz gezählt. Die
ältere und die jüngere Linie haben hier also noch immer einen
getrennten Verlauf. Die Ringgräben der Holztürme wurden bei
der Grabung freigelegt und offengelassen, sie sind daher sehr gut
zu erkennen. Genauso wie bei Wp. 3/42* hatte der eine Turm
einen kreisrunden, der andere einen viereckigen Ringgraben. Vor
den Türmen wurde die Palisade festgestellt und noch ein Stück
weiterverfolgt. Sie lief auf das Feldbergkastell zu, vor dem sie
sich mit der jüngeren Linie wieder vereinigte.

Vom Roten Kreuz aus ist die jüngere Linie mit Wall und Graben
gut durch den Wald zu verfolgen. Unmittelbar vor dem Feldbergkastell, das 600 m vom Roten Kreuz entfernt ist, verdoppelt sich
der Limeswall auf eine kurze Strecke (Abb. 43).

10 FELDBERGKASTELL ORL Nr. 10. Die Besatzung des kleinen Steinkastells (0,7 ha) war die *Exploratio Halicanensium* (Abb. 44). Das
Kastell dürfte in der Mitte des 2. Jahrhunderts erbaut worden
sein, es bestand bis in die Mitte des 3. Jahrhunderts. – Die unte-

Abb. 43. Lageplan des Kastells am Kleinen Feldberg im Taunus.

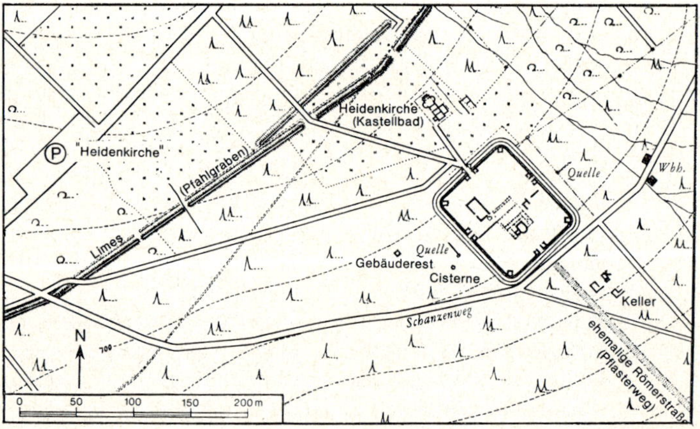

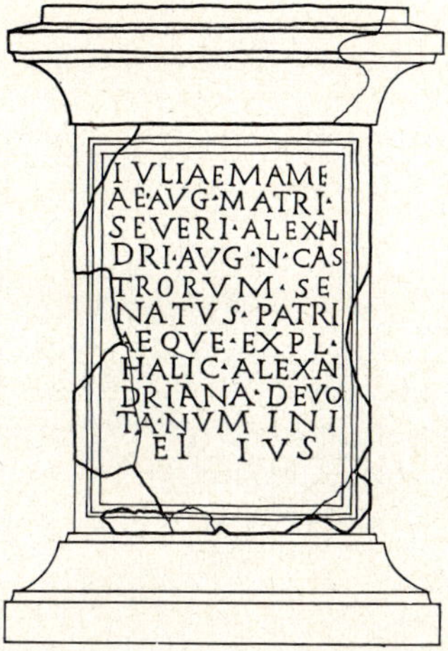

Abb. 44. Kastell am Kleinen Feldberg. Inschriftstein der Kaiserin-Mutter Julia Mamaea. Die Inschrift lautet (Abkürzungen aufgelöst): *Juliae Mameae Augustae, matri Severi Alexandri Augusti nostri, castrorum, senatus patriaeque. Exploratio Halicanensium Alexandriana devota numini eiius.*

Übersetzung:
Der Kaiserin Julia Mamaea geweiht, der Mutter unseres Kaisers Severus Alexander, Mutter der Truppenlager, des Senats und des Vaterlandes, von der ihrer Majestät ergebenen Exploratio Halicanensium Alexandriana.

ren Steinschichten der Umwehrungsmauer sind rundum sichtbar. Man erkennt auch die vier Tore des Kastells, das auf den Limes orientiert war (Abb. 45). In der Kastellmitte liegt ein Fundament mit Apsis, über dem sich das Fahnenheiligtum erhob; es war ein Teil des größeren, sonst in Holz ausgeführten Principia-Gebäudes. Zwischen Kastell und Limes befindet sich der Schutthügel des Kastellbades, der »Heidenkirche«. Bei den Grabungen wurden auch Reste eines ganz kleinen Kastelldorfs gefunden, von denen aber nichts mehr zu sehen ist. – Das Feldbergkastell erreicht man entweder vom Roten Kreuz aus oder vom Parkplatz »Heidenkirche« (Abb. 43), dessen Zufahrt am Roten Kreuz abzweigt.

Der gut erhaltene Pfahlgraben überwindet östlich vom Kastell die Quellarme der Weil. Die sumpfige Stelle kann man südlich auf dem Limeswanderweg umgehen.

Etwa 200 m nordöstlich vom Feldbergkastell verdoppelt sich der Pfahl ein zweites Mal. Die südliche Linie beschreibt einen flachen Bogen, sie wurde zuerst angelegt. Zu einem späteren Zeitpunkt wurde das gebogene Limesstück auf 600 m Länge durch ein gerades ersetzt. Bei den Ausgrabungen stellte man sowohl bei dem älteren als auch bei dem jüngeren Pfahl vor dem Graben die Spuren der Palisade fest. So ergab sich an dieser Stelle der Beweis dafür, daß zur Zeit der Begradigung der Strecke »die Palisade

Abb. 45. Kastell am Kleinen Feldberg, nordöstliches Seitentor vom Kastellinneren gesehen.

noch einen notwendigen Bestandteil des Limesabschlusses bildete« (Fabricius). Anders ausgedrückt: in diesen späten Bauzuständen des Limes bestanden Wall, Graben und Palisade gleichzeitig (Bauzustand 4, Abb. 22). Die recht interessante Limesverdoppelung ist im Hochwald gut zu erkennen, die beiden Linien des Pfahls sind mit Wall und Graben erhalten.

Es ist merkwürdig, daß die Wachtturmruinen an der wohlerhaltenen Strecke verschwunden sind. Sicherlich befand sich an dem scharfen Limesknick hinter der Limesverdoppelung ein Turm, man hat hier einen Wp. 3/48 vermutet. Erst in 1,5 km Entfernung vom Feldbergkastell liegt der nächste sichtbare Wp. 3/49. Das gut erkennbare Steinturmfundament befindet sich etwa 70 m hinter dem Limes im Wald und ist daher nicht leicht zu finden.

Bei Wp. 3/49 verlaufen wiederum eine ältere und eine jüngere Limeslinie voneinander getrennt, doch diesmal ist nur die jüngere Linie mit Wall und Graben versehen. 250 m südlich vom Pfahlgraben fand man nämlich hoch am Abhang des Feldbergs im Wald die Reste eines Holzturms Wp. 3/49* Teufelsquartier. Der Turm hatte einen kreisrunden Ringgraben, der nach der

Ausgrabung offengelassen wurde und daher deutlich zu erkennen ist; er liegt unmittelbar neben einem Waldweg. Dieser Wachtturm ist mit einer Höhenlage von 825 m der höchstgelegene des obergermanisch-raetischen Limes. Einen zweiten Turm mit viereckigem Ringgraben wie bei Wp. 3/45* hat man hier nicht gefunden.

Wir kehren zum Pfahlgraben bei Wp. 3/49 zurück. Wall und Graben sind hier bis Wp. 3/50 sehr gut erhalten (Abb. 46). Wer genau beobachten kann, wird gelegentlich sogar den Verlauf der Palisade unmittelbar vor dem Graben erkennen können; sie wird durch ein ganz flaches Gräbchen gekennzeichnet. Es ist durch das Vermodern der Palisadenstämme und Nachrutschen von Erde entstanden.

Wp. 3/50 am Steinkopf befindet sich ähnlich wie Wp. 3/49 etwa 70 m hinter dem Pfahl. Man findet die Turmstelle leicht, weil darunter am Pfahl das Ehrenmal des Taunusklubs liegt. Der Turmgrundriß wurde nach der Ausgrabung konserviert und ist gut erhalten. – Nach 250 m stößt man auf die Straße Sandplacken–Feldberg (Parkplatz). Der Pfahlgraben begleitet die Straße nördlich in geringerem Abstand.

Abb. 46. Pfahlgraben im Taunus zwischen Wp. 3/49 und 3/50.

Unmittelbar südlich der Straße liegen die beiden Schutthügel von Wp. 3/51 Stockborn. Beide Hügel (Steintürme) sind von der Straße angeschnitten worden. – Der steinerne Einbau in den Limeswall nördlich der Straße rührt von einer neuzeitlichen Hütte her.

Neben der Straße ist der Pfahl schwächer erhalten und durchbrochen. Bald löst er sich von der Straße und zieht sehr gut sichtbar (Wall und Graben) durch den Wald zum Wp. 3/52 auf dem Mittelberg (Abb. 20). Spätestens hier hat die ältere Linie, die bei Wp. 3/49 noch getrennt lief, die jüngere wieder erreicht. Man fand nämlich die Reste eines Holzturms und eines Steinturms nebeneinander. Der Steinturmhügel, etwa 15 m hinter dem Limes, ist noch recht hoch. Der kreisrunde Ringgraben des Holzturms, der einige Meter nordöstlich vom Steinturm liegt, wurde vom Wall überdeckt. Die Holzturmstelle ist mehr durch die Grabungsspuren kenntlich.

Der Pfahlgraben bleibt weiterhin sichtbar, er wird nochmals von der Straße Sandplacken-Feldberg gekreuzt. Nach weiteren 200 m gelangt man zur Paßhöhe »Sandplacken« der Straße Oberursel-Schmitten. Hier befindet sich ein günstiger Parkplatz für Limeswanderer. Am Sandplacken hat man einen Wp. 3/53 vermutet, von dem aber nichts zu sehen ist.

Östlich vom Sandplacken ist der Limeswall zunächst flach, der Graben verschüttet. Bald wird er höher, der Graben wird deutlich. 350 m östlich der Straße steht man vor dem KLEINKASTELL ALTES JAGDHAUS (0,06 ha). Die zerfallene steinerne Umwehrung ist rundum gut sichtbar. Das einzige Tor ist dem Limes zugewendet. Der Name des Kastells rührt von einem Jagdhaus des 16. Jahrhunderts her, dessen Grundmauern bei der Ausgrabung im Inneren gefunden wurden.

Man folgt dem gut sichtbaren Pfahlgraben, bis er am Fuß des Klingenkopfs stärker anzusteigen beginnt. Hier wird das Gestein so hart, daß die Römer den Limesgraben nicht ausheben mochten. Statt des Limeswalls und -grabens haben sie daher aus dem anstehenden Gestein eine Trockenmauer aufgebaut, deren zerfallene Reste, mehr oder weniger gut erhalten, auf den Klingenkopf hinaufziehen. Der kleine Graben zur Aufnahme der Palisade wurde indessen in den Felsen hineingeschlagen, man fand ihn bei den Ausgrabungen. Hier stand also zuerst – wie überall – die Palisade (ab Bauzustand 2), und nur im letzten Bauzustand 4 hat man statt Wall und Graben die Trockenmauer errichtet.

Auf der Höhe liegt Wp. 3/55 Klingenkopf (manche Karten bezeichnen die Erhebung auch als Ringenkopf). Hier standen je ein
Holz- und ein Steinturm. Ihre Reste sind in jüngster Zeit stark
beschädigt worden und infolgedessen schwer zu erkennen.

Die Trockenmauer ist auf der Höhe ebenfalls undeutlich. Nach
Osten wird sie als flacher Steinwall wieder kenntlich. Am Fuß
des Klingenkopfs setzen Wall und Graben den Zug des Limes
fort. Man folgt der gut erhaltenen Strecke zum KLEINKASTELL
HEIDENSTOCK (0,04 ha). Die zerfallene Steinmauer der Umwehrung ist gut zu erkennen. Das einzige Tor zeigt nach Norden.
Der Pfahlgraben ist unmittelbar vor dem Kastell nicht erhalten,
doch hat man seine Spuren im vorigen Jahrhundert noch wahrnehmen können.

Der Pfahl zieht deutlich sichtbar (Wall und Graben) am Einsied-
ler vorbei, einer schon jenseits des Limes liegenden flachen Erhebung. Es ist bemerkenswert, daß sie nicht in die Linie einbezogen wurde. Man hat hier am Pfahlgraben einen Wp. 3/58 vermutet, doch ist von ihm nichts zu sehen. Am Fuß des Roßkopfs,
den man nun erreicht, werden Wall und Graben wieder durch
die Trockenmauer ersetzt, deren Schuttwall den Berg hinauf-
zieht. Auch hier ging der Mauer die Palisade voran.

Wp. 3/59 Roßkopf liegt auf der Höhe unmittelbar an der Mauer.
Man fand zwei Holzturmstellen (kaum wahrnehmbar, nur einige
Grabungsspuren) und zwei Steinturmruinen, die als Steinhaufen
sichtbar sind. Die Trockenmauer zog über die eine (westliche)
Holzturmstelle hinweg. Die Mauer ist zunächst schlecht erhalten,
wird aber bald deutlicher. Sie verläßt den Roßkopf, ihre Reste
sind noch 80 m weit zu verfolgen. Dann setzen Wall und Graben
wieder ein, zunächst nur flach. Nach weiteren 250 m verschwinden Wall und Graben. Erneut tritt die Trockenmauer auf, noch
vor Wp. 3/60. Die zerfallenen Mauerreste bilden eine Terrasse
am Berghang. Merkwürdigerweise zieht der Limes nicht vom
Roßkopf in gerader Richtung zum Kieshübel über den Bergkamm
des Taunus, sondern er ist ein Stück nach Südwesten an den Hang
verschoben. Dadurch wird die Strecke bis zum Kieshübel vom
Taunuskamm merklich überhöht, einer der Beweise dafür, daß
der Limes nie als Wehranlage gedient hat.

Bei Wp. 3/60 Einsiedel erkennt man den zerfallenen Steinturmgrundriß wenige Meter hinter dem Zug der Mauer. Ein Holzturm fand sich nicht. 7 m westlich vom Turm liegt eine Grube,
sie diente in der wasserlosen Gegend vermutlich als Zisterne.

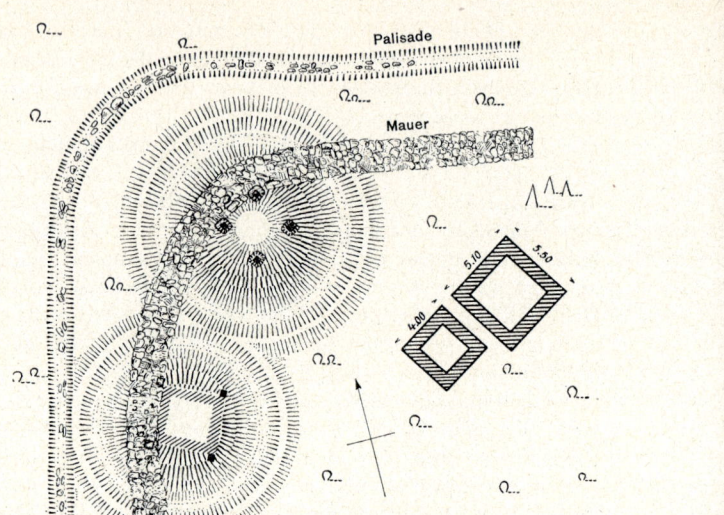

Abb. 47. Wp. 3/61 Kieshübel. Vier aufeinanderfolgende Turmstellen wurden gefunden (zwei Holztürme und zwei Steintürme). Nach ORL. M. 1:500.

Nach Wp. 3/60 ist die Trockenmauer vorzüglich erhalten, sie steht stellenweise noch 0,5 m hoch. Vor ihr lief die Palisade, deren Spur gelegentlich wahrnehmbar ist (flaches Gräbchen). Am Fuß des Kieshübels biegt die Mauer ab und steigt den Berg hinauf.

Wp. 3/61 Kieshübel (Abb. 47) gehört zu den besterhaltenen Wachtposten im Taunus. Zwei Holzturmstellen mit kreisrunden Ringgräben und zwei Steinturmreste wurden gefunden. Die Steinturmfundamente sind konserviert worden. Die Holzturmstellen werden von der Trockenmauer überschnitten. Die Palisade läuft in kurzem Abstand an ihnen vorbei und knickt vor dem nördlichen Turm ziemlich scharf nach Osten ab. Der Palisadengraben wurde bei den Ausgrabungen freigelegt und ist sichtbar.

Die Trockenmauer, die über dem nördlichen Holzturm ebenfalls nach Osten abbiegt, läuft den Berg hinunter. Sie ist stellenweise

schlecht erhalten, wird aber bald deutlicher. Erst nach etwa
700 m treten für eine kurze Strecke Wall und Graben an ihre
Stelle, zwischen Hollerkopf und Weißestein. Der Pfahl ist recht
gut erhalten. Kurz vor den Quarzitrippen des Weißestein wan-
delt sich die Gestalt des Limes noch einmal. Die Mauer setzt wieder ein; sie zog in einem Abstand von etwa 15 m südlich an den
Felsrippen vorbei, die außerhalb des Limes bleiben. Die Spur
der Mauer ist allerdings kaum zu erkennen, ihr Zug wird nur
durch einen Streifen herumliegender Steine gekennzeichnet. Es
ist bemerkenswert, daß die Felsrippe nicht in den Limes einbezogen wurde. Die Linienführung entspricht nicht den taktischen
Forderungen, die in römischer Zeit an Wehranlagen gestellt
wurden, denn der Feind konnte leicht Unterschlupf und Deckung
in den nahen Felsen finden. So zeigt sich auch hier, daß der Limes
keine Wehranlage war, sondern nur ein überwachtes Annäherungshindernis darstellte. – Der Abstand, den Palisade und Mauer
von der Quarzitrippe halten, gibt ein Maß für die Breite des
freien Streifens vor dem Limes, der zur Überwachung des Annä-
herungshindernisses für notwendig gehalten wurde.

Wp. 3/63 Weißestein befindet sich etwa 150 m östlich vom Ende
der Felsrippe. Der Schutthügel des Steinturms liegt 25 m hinter
dem Zug der Mauer. Bei der Grabung zeigte sich westlich daneben der Rest eines zweiten Steinturms. Unmittelbar am heutigen
Weg, der z. T. auch darüber läuft, liegen die undeutlichen Reste
zweier Holzturmstellen (Grabungsspuren). In der Nähe ist der
Palisadengraben freigelegt und offen liegengelassen worden.

70 m östlich von Wp. 3/63 setzen Wall und Graben in vorzüg-
licher Erhaltung ein. Der heutige Weg wechselt hier auf die andere Seite des Limes. Der Pfahlgraben zieht nunmehr zum Saalburgpaß hinab. Auf dem Weg zur Saalburg ist mindestens noch
ein weiterer Wachtturm anzunehmen, doch gelang es bisher
nicht, ihn zu finden. Man kann jetzt dem Pfahl folgen, der an der
Saalburg vorüberzieht; der Limeswanderweg verläßt die Linie
und führt direkt zur Saalburg.

Kurz vor der Saalburg wird der Pfahlgraben von der Straße Saal-
burg-Anspach gekreuzt. Auf der anderen Seite der Straße ist er
weiterhin sehr gut zu erkennen. Etwa zweihundert Meter hinter
der Linie liegt auf einer Paßhöhe des Taunus das

11   KASTELL SAALBURG ORL Nr. 11 (Abb. 48 u. 49). Zwei Kleinkastelle mit Holzbauspuren (»Schanzen« A und B östlich der Saalburg; 0,1 und 0,08 ha) dürften die ältesten römischen Baureste

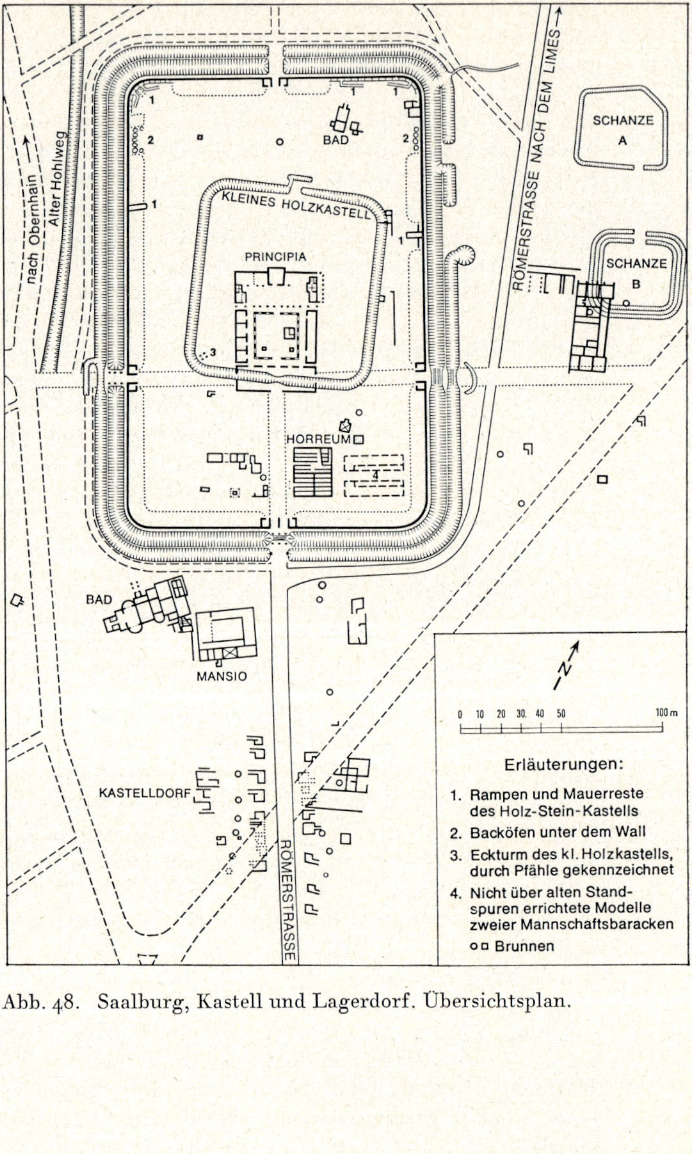

Abb. 48. Saalburg, Kastell und Lagerdorf. Übersichtsplan.

Within the figure:

SCHANZE A

SCHANZE B

RÖMERSTRASSE NACH DEM LIMES →

nach Oberhain

Alter Hohlweg

BAD

KLEINES HOLZKASTELL

PRINCIPIA

HORREUM

BAD

MANSIO

KASTELLDORF

RÖMERSTRASSE

N

0 10 20 30 40 50 100 m

Erläuterungen:

1. Rampen und Mauerreste des Holz-Stein-Kastells
2. Backöfen unter dem Wall
3. Eckturm des kl. Holzkastells, durch Pfähle gekennzeichnet
4. Nicht über alten Standspuren errichtete Modelle zweier Mannschaftsbaracken

○□ Brunnen

Abb. 49. Saalburg, Luftbild (freigegeben durch den Regierungspräsidenten in Darmstadt Nr. 111/68).

sein, sie können noch aus der Zeit des Chattenkrieges Kaiser Domitians 83–85 n. Chr. stammen.

Um 90 n. Chr. wurde das kleine Holzkastell errichtet (0,7 ha), dessen Spuren bei den Ausgrabungen inmitten des späteren Kohortenkastells zutage kamen. Die Besatzung des kleinen Kastells ist nicht bekannt; sie hatte die Stärke der später inschriftlich bezeugten kleinen Numeri. Vielleicht war es eine Brittonenabteilung, worauf einige Funde hindeuten.

Um 135 n. Chr. erbaute die *Cohors II Raetorum civium Romanorum (equitata)* ein 3,2 ha großes Lager, das zunächst eine Umwehrung aus Holz und Stein erhielt. Das kleine Holzkastell wurde einplaniert. In der zweiten Hälfte des 2. Jahrhunderts wurde die Holz-Steinmauer durch eine Mörtelmauer mit angeschütteter Erdrampe ersetzt. Diese Mauer ist rekonstruiert worden. Das Kastell bestand bis um 260 n. Chr.

Die Bedeutung der Saalburg beruht auf den jahrzehntelangen

intensiven Ausgrabungen L. und H. Jacobis. Die Untersuchungen, die zu Beginn des ersten Weltkriegs im wesentlichen abgeschlossen waren, ermöglichten den teilweisen Wiederaufbau des Kohortenkastells und lieferten die reichen Fundbestände, die heute im Saalburgmuseum ausgestellt sind. Die Saalburg ist nicht nur das einzige wiederaufgebaute Limeskastell. Sie ist auch das einzige Kastell, dessen Lagerdorf zu sehen ist, weil man die Hausgrundrisse nach der Ausgrabung konservierte. Wer sich für den Limes interessiert, sollte daher unbedingt die Saalburg besichtigen.

Wie oben schon gesagt, wurde die gesamte Umwehrung des Kohortenkastells mit den vier Toren rekonstruiert. Das Haupttor ist dem Limes abgewandt, es ist nach Süden gerichtet. Im Kastellinneren sind nicht alle Bauten wiedererrichtet worden, sondern nur diejenigen, die in der letzten Bauphase aus Stein waren (Principia, Horreum, Teile des Praetorium). In römischer Zeit waren die freien Flächen im Kastell, die heute Grünanlagen tragen, mit Holzbauten dicht besetzt (Mannschaftsbaracken, Werkstätten, Magazine und Ställe). Einen Eindruck von diesen Gebäuden geben die zwei kleinen rekonstruierten Mannschaftsbaracken hinter dem Horreum.

Westlich von der Vorhalle der Principia erkennt man in der Wiese den Verteidigungsgraben des kleinen Holzkastells, den die Ausgräber offengelassen haben. Man kann den Graben bis zum einzigen Tor des kleinen Kastells verfolgen, das nördlich von den Principia liegt. Es ist – anders als beim Kohortenkastell – nach Norden gerichtet. Nicht weit vor dem Tor liegt das zugehörige kleine, steinerne Badegebäude; es wurde später von der Wehrmauer des Kohortenkastells eingeschlossen.

Vor dem Haupttor des Kohortenkastells beginnt eine schnurgerade römische Straße, die nach *Nida* führte, dem Hauptort der *Civitas Taunensium* (heute Frankfurt a. M.-Heddernheim). Nahe am Kastell erblickt man die Ruine der Mansio (Unterkunftshaus für dienstliche Zwecke des Militärs) und des großen Kastellbades. In einiger Entfernung liegen an beiden Straßenseiten die Häuser des Kastelldorfs. Es waren langgestreckte Bauten, dicht aneinandergereiht, die nahe der Straße jeweils einen Keller hatten. Ein Stückchen weiter findet man das rekonstruierte Mithreum neben einer schon in römischer Zeit genutzten Quelle. – Auch seitlich vom Kastell befanden sich Häuser des Kastelldorfs. Gut sichtbar ist die wiederhergerichtete Schanze B östlich vom

Kohortenkastell. Sie wird von einem späteren Bau aus der Mitte des 2. Jahrhunderts überschnitten. Der Zweck dieses Steingebäudes, dessen Grundriß an den einer Villa rustica erinnert, ist unbekannt.

Man erreicht die Saalburg über die Bundesstraße 456 Bad Homburg–Usingen (Parkplätze am Kastell) oder mit öffentlichen Verkehrsmitteln ab Bahnhof Bad Homburg (Post- und Bahnbus). Weiteres Informationsmaterial und Führungshefte erhält man beim Saalburgmuseum.

Östlich vom Kastell führt eine römische Straße zum Limesdurchgang. Neben dem Durchgang fand sich bei den Ausgrabungen ein hölzernes Wachthaus (nicht mehr sichtbar). Der Pfahlgraben ist hier gut erhalten, stellenweise wurde er rekonstruiert. Bei km 20,0 schneidet die Bundesstraße 456 den Limes.

Wer von der Saalburg aus dem Limes nach Osten folgen will, benutzt zweckmäßigerweise die Fußgängerbrücke, die neben der Saalburg die verkehrsreiche Bundesstraße überquert. Jenseits der Straße wendet man sich nach links (nach Norden) und folgt dem Weg am Rand der Straße. Nach 350 m geht ein Waldweg rechts ab zur Lochmühle (Limeswanderweg). Diesem folgt man. Nach wenigen Schritten wird der guterhaltene Pfahlgraben sichtbar.

Etwa 400 m von der Bundesstraße entfernt schließt sich der Pfahlgraben an den Fuß eines steilen Abhangs an. Hier liegt Wp. 3/68 am Fröhlichemannskopf. Der Wp. befindet sich allerdings nicht unmittelbar am Pfahl, er liegt 75 m dahinter oberhalb des Abhangs und ist daher nicht ganz leicht zu finden. Zwei Holztürme mit runden Ringgräben und ein Steinturm wurden festgestellt. Das Fundament des ungewöhnlich großen Steinturms wurde nach der Grabung konserviert, es ist gut sichtbar. Unmittelbar östlich daneben sind die vier großen Pfostengruben des einen Holzturms zu sehen, die nach der Ausgrabung offengelassen worden sind; sie werden von Grabungsschnitten umgeben, mit denen der Ringgraben festgestellt wurde. Von dem anderen Holzturm (westlich vom Steinturm) ist wenig zu sehen.

Der recht gut erhaltene Pfahlgraben beginnt nun, zum Köpperner Tal abzusteigen. Etwa auf halber Höhe des Hangs liegt 20 m hinter der Krone des Limeswalls das zerfallene Fundament des Steinturms Wp. 3/69 am Bennerpfad, umgeben von den Erdhaufen des Grabungsaushubs.

Die geringen Reste des KLEINKASTELLS LOCHMÜHLE befinden sich unweit von der Sohle des Köpperner Tals im Wald, etwa

40 m hinter dem Limes. Auf der anderen Seite des Pfahls liegt das gleichnamige Gasthaus. Von der zerfallenen steinernen Wehrmauer (0,04 ha) sieht man nur noch einen flachen Wall. Das einzige Tor war auf den Limes gerichtet. Das Köpperner Tal, das in tiefem Einschnitt den Taunus durchquert, muß in römischer Zeit schwer gangbar gewesen sein, sonst wäre es wohl durch ein größeres Kastell abgeriegelt worden. Die bevorzugten Querverbindungen über den Taunus müssen damals wie heute über den Saalburgpaß gelaufen sein, auf dem deshalb eine Kohorte stationiert wurde.

In der Talsohle neben dem Erlenbach haben sich keine Spuren des Pfahlgrabens erhalten.

Vom Köpperner Tal bis zum Hainhaus bei Grüningen; Osttaunus und westliche Wetterau (Strecke 4, Westteil)

Vom Köpperner Tal steigt die Limeslinie noch einmal in den Taunus auf. Sie folgt bis zum Usatal dem Gebirgszug, zieht aber nicht auf dem Kamm, sondern am Nordwesthang des Gebirges entlang. Jenseits des Usatals läuft der Pfahl durch ein offenes Hügelland. Die höheren Berge wie Hausberg und Heidelbeerberg bei Butzbach bleiben außerhalb des Limes, der nunmehr etwa der natürlichen geographischen Grenze der Wetterau folgt. Zweck des Limes war es, die fruchtbaren Landstriche der Wetterau gegen die Germanen abzugrenzen und zu schützen.

Die Grenzlinie wurde wohl schon während der Chattenkriege Domitians 83–85 n. Chr. festgelegt. Die Wetteraustrecke hatte eine größere Bedeutung als die angrenzenden Limesstrecken. Einmal reichte das fruchtbare Land, in dem sich zahlreiche Villae rusticae befanden, dicht an den Limes heran. Andererseits liefen alte, wichtige Verkehrsverbindungen vom Mittelrhein über die Grenze hinweg in das Innere des freien Germanien. Es dürfte kaum einen anderen Abschnitt des obergermanischen Limes gegeben haben, der einen entsprechenden Grenzverkehr hatte. Zugleich war auch die Gefahr germanischer Überfälle größer. Infolgedessen mußte die Grenze viel früher und viel stärker mit Auxiliartruppen besetzt werden als die angrenzende Taunuslinie. So erhielt das Kastell Butzbach, das an einem wichtigen Grenzübergang lag, schon um 90 n. Chr. eine Kohorte als Besatzung. – Die Limesstrecke hat alle vier Bauzustände durchlaufen, sie bestand bis um 260 n. Chr. An einigen Stellen ist sie geringfügig verlegt worden. Dort fand man mitunter ein »Zaungräbchen«, das einen Zaun mit ähnlicher Funktion wie die Palisade aufgenommen hat. Dieses »Zaungräbchen« gehörte der Holzturmphase an; vermutlich handelt es sich nur um eine lokale Abart der sonst üblichen Palisade während ihrer ersten Bauphase.

Zu den römischen Militärbauten der Wetterau gehörte auch das Straßennetz. Die römischen Straßen waren hier meistens geradlinig geführt. Einige dienen noch heute als Landstraßen. Andere ziehen als Feld- oder Waldwege durch die Landschaft; es ist reizvoll, ihnen zu folgen. Leider können die römischen Straßen in diesem Buch nicht näher beschrieben werden.

Der Pfahlgraben ist im Osttaunus und in der westlichen Wetterau bis auf einige Lücken erhalten und gangbar. Der Limeswanderweg des Taunusklubs stellt eine ausgezeichnete Hilfe zum Begehen der Strecke dar. Aus praktischen Gründen weicht er gelegentlich von der hier beschriebenen Linie ab.

Der Pfahlgraben wird an der Nordseite des Köpperner Tals in Höhe der Eisenbahnhaltestelle »Saalburg« gleich am Waldrand deutlich sichtbar. Der ungewöhnliche Graben an der Innenseite (Ostseite) des Limeswalls dürfte daher rühren, daß der Grenzwall im Mittelalter zur Landwehr ausgebaut wurde. Dabei dürfte auch der Wall etwas erhöht worden sein. In dem ursprünglichen, römischen Graben an der anderen Seite des Walls stehen alte Grenzsteine.

Der gut sichtbare Schutthügel des Steinturms Wp. 4/1 liegt 30 m hinter der Wallkrone im Wald, gut 200 m nördlich von der Bahnlinie. Etwa 500 m weiter biegt der wohlerhaltene Pfahlgraben nach Osten ab. Hinter der Biegung befindet sich der Steinturmhügel Wp. 4/2 am Grauen Berg. Man kann hier auch die Reste eines Holzturms vermuten, sie sind aber bisher nicht gefunden worden.

Wieder knapp 500 m weiter erblickt man den Steinturmhügel Wp. 4/3 im Rodheimer Wald wenige Meter hinter dem Pfahl im Buchenhochwald. In verhältnismäßig geringer Entfernung – es sind nur 350 m – liegt östlich davon hinter dem Limes der hohe Schutthügel eines Bauwerks von 7,70 mal 6,10 m Außenmaßen, bei dem es sich offenbar nicht um einen der üblichen Steintürme handelt. Es wurde als Wp. 4/4 gerechnet (Abb. 50).

Der vorzüglich erhaltene Pfahlgraben nähert sich nach 600 m an der Nordseite des Grauen Berges bei Wp. 4/5 einer Gruppe von vier Limesbauten. 35 m hinter dem Pfahl erkennt man den durch

Abb. 50. Der Limes bei Wp. 4/4. Im Vordergrund links Schutthügel
des Steingebäudes, im Hintergrund Limeswall.

Grabungen verwühlten Schutthügel des Steinturms. Etwa 50 m
südwestlich davon liegen die Reste zweier Holztürme mit Ringgräben. Die flachen Turmhügel mit den Ringgräben sind noch
wahrnehmbar. Bei dem westlichen Turm stellte man zwei Ringgräben fest, der östliche hatte nur einen. Dicht an der Nordseite
der östlichen Holzturmstelle wird ein weiterer flacher Schutthügel sichtbar. Er enthielt ein Mauerquadrat aus Trockenmauerwerk mit Aussparungen für Eckpfosten. Der Bau hatte die Größe
eines Wachtturms, war aber vielleicht nur ein Nebengebäude.
In einiger Entfernung von Wp. 4/5 biegt der Pfahlgraben wieder
nach Norden. Bald darauf wird er von einem breiten Fahrweg
geschnitten. Jenseits des Weges befindet sich ein eingezäuntes
Sperrgebiet, das nicht zugänglich ist. Der Limeswanderweg verläßt den Limes und führt außen um das Sperrgebiet direkt zur
Kapersburg.
Innerhalb des Sperrgebiets ist der Pfahl gut erhalten. Nicht weit
von dem erwähnten Fahrweg liegt der Steinturmhügel 4/6. An
der anderen Seite des Sperrgebiets befindet sich der ebenfalls noch
gut erhaltene, aber nicht zugängliche Steinturmhügel Wp. 4/7
am Käspfad.

Ab Wp. 4/8 ist der Limes wieder zugänglich. Man erreicht die Stelle von der Kapersburg aus. Der Zaun des Sperrgebiets läuft südwestlich der Kapersburg direkt am Pfahl, dem man folgt. – Bei Wp. 4/8 Rittergräber findet man eine Wachtturmgruppe, die aus zwei Holzturmstellen und einem Nebengebäude (»Hütte«) aus Trockenmauerwerk besteht. Die Turmgruppe ist ähnlich der von Wp. 4/5, nur steht der zugehörige Steinturm, der die Holztürme ablöste, 160 m weiter südwestlich am Käspfad (Wp. 4/7). Bei den Rittergräbern gab es also keinen Steinturm. – Beide Holzturmreste des Wp. 4/8 sind mit den Ringgräben gut sichtbar; der nordöstliche hatte zwei Ringgräben (nur einer erkennbar), der andere einen. Zwischen beiden Holztürmen findet man einen flachen Steinhaufen, den Rest der »Hütte«. – Unmittelbar nordwestlich schließt sich an den Wp. 4/8 ein unregelmäßiges, vierseitiges Kleinkastell an (Fläche 750 m²; Holzumwehrung). Es wird z. T. vom Limeswall überschnitten; seine Reste sind kaum noch zu erkennen. Der weiterhin guterhaltene Pfahlgraben zieht zum nächsten hohen Steinturmhügel Wp. 4/9 am Wellenberg. Man folgt dann dem Pfahl zur Kapersburg.

12 KASTELL KAPERSBURG ORL Nr. 12 Numeruskastell mit folgenden Bauphasen: 1. Holzkastell, 0,8 ha, wohl unter Traian entstanden; 2. erstes Steinkastell, 1,3 ha, unter Hadrian oder eher unter Antoninus Pius errichtet; 3. zweites Steinkastell, 1,6 ha, in der zweiten Hälfte des 2. Jahrhunderts erbaut. Das Kastell hat bis in die Mitte des 3. Jahrhunderts bestanden. Als Besatzung ist der *Numerus Nidensium* bezeugt, dem eine Abteilung *veredarii* (Reiter) angehörte. – Die Kapersburg gehört zu den am besten erhaltenen Limeskastellen. Sichtbar sind die Umwehrung und Teile der Innenbauten des zweiten Steinkastells. Die Orientierung des Kastells nach Norden wurde beim Bau des Holzkastells festgelegt. Wie man an der Lage der Principia erkennt, ist sie auch bei den späteren Steinkastellen beibehalten worden, obgleich der Grundriß der Umwehrung eine Orientierung nach Westen (auf den Limes hin) anzuzeigen scheint. Von den Principia sieht man die Grundmauern des Fahnenheiligtums und zweier anschließender Räume, im übrigen bestand der Bau aus Holz. Einige weitere Gebäude, eines davon als Horreum inschriftlich bezeugt, befinden sich im nordöstlichen Viertel des Kastells. – Zwischen dem Limes und dem Kastell liegen die Mauern des Kastellbades, das möglicherweise unter Antoninus Pius zusammen mit dem ersten Steinkastell entstanden ist.

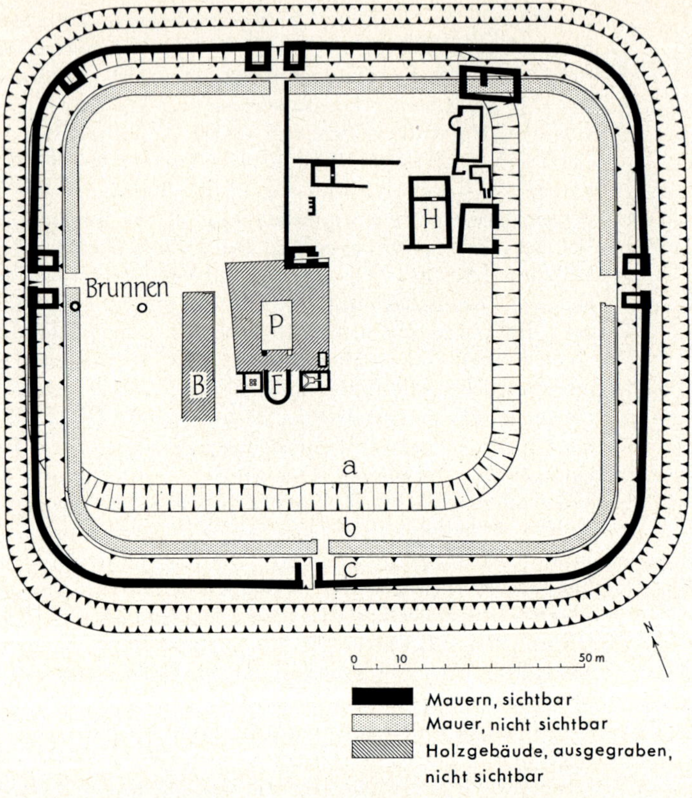

Abb. 51. Grundriß des Kastells Kapersburg. a Holzkastell, b erstes
Steinkastell, c zweites Steinkastell (a und b heute nicht sichtbar); P
Principia, H Horreum, B Mannschaftsbaracke. M. 1 : 1500.

Man folgt dem Pfahlgraben, der gut erhalten durch den Wald
zieht, nach Norden. In 700 m Entfernung stößt man auf das
KLEINKASTELL OCKSTÄDTER WALD (Holzkastell, etwa 0,2 ha), das
60 m hinter dem Limes liegt. Die Umwehrung ist rundum als
niedriger Erddamm sichtbar. Das einzige Tor wies nach Osten, es
war dem Limes abgewandt. Der Verteidigungsgraben ist als
flache Mulde kenntlich. Möglicherweise war das Kleinkastell der
Vorgänger des 1. Kastells der Kapersburg. Jedenfalls war das

Kleinkastell die erste römische Anlage an dieser Stelle und gehört
in eine frühe Phase des Limes. Es kann nur kurz bestanden haben, denn schon bald wurde es von Wp. 4/11 abgelöst: in der
Nordwestecke des Kleinkastells erblickt man einen Schutthügel,
der die Umwehrung überschneidet. Er enthält die Reste eines
Holz- und eines Steinturms. Ein weiterer, sechseckiger Steinturmgrundriß fand sich inmitten des Kastells. Von ihm ist eine
flache Erhöhung verblieben.

Nördlich vom Kleinkastell läuft der Limes weiterhin sehr gut
erkennbar durch den Wald bis zur Kaisergrube. Dazwischen
haben sich zwei Wp. erhalten:

Wp. 4/12 Unkenkippel befindet sich gut 500 m vom Kleinkastell
Ockstädter Wald entfernt; es ist ein ganz flacher, verwühlter
Steinturm-Schutthügel. Der nächste Wp. 4/13 ist verschwunden,
er wurde lediglich vermutet.

Wp. 4/14 im Friedberger Burgwald Winterstein liegt an einer
einspringenden Limesbiegung. Die Wachtturmgruppe besteht
aus zwei Holzturmstellen mit sichtbaren Ringgräben (südlich der
Limesbiegung) und einem hohen, verwühlten Steinturmhügel
(direkt an der Biegung). Am Steinturm fand man eine Inschrift
des *Numerus Nidensium*. Zur Zeit der Holztürme hatte der Limes einen anderen Verlauf als der spätere Pfahlgraben. Das ergab sich aus der Aufdeckung des Flechtwerkzauns vor der Wachtturmgruppe.

In geringer Entfernung (250 m) befand sich das KLEINKASTELL
KAISERGRUBE. Es liegt neben einem kleinen, aufgegebenen Bergwerk gleichen Namens, dessen Halden stellenweise den Limes
überdecken. Auch das Kastell ist durch das Bergwerk etwas beschädigt worden. – Auf ein älteres Holzkastell unbekannter Größe folgte ein nahezu quadratisches Steinkastell (730 m²). Die Umwehrung ist an der Südseite besonders gut als hoher Wall mit
vorgelagertem Graben zu erkennen.

Der Pfahlgraben steigt nun zum nächsten Wp. 4/16 auf dem
Gaulskopf. Das bei der Grabung festgestellte, besonders kräftig
ausgeführte und mit Strebepfeilern versehene Fundament muß
einen hohen Steinturm getragen haben. Tatsächlich hat man vom
Gaulskopf eine hervorragende Aussicht, und auch zur Fernver-
mittlung von Feuer- und Rauchzeichen eignete sich die Höhe. Im
Jahre 1926 ist neben der Ruine des römischen Turms eine Rekonstruktion aufgeführt worden, die an die Steintürme des Odenwaldlimes erinnert (Abb. 53).

Ein Holzturm befand sich nicht auf dem Gaulskopf, denn die ältere Limeslinie verlief weiter östlich: etwa 250 m hinter dem Pfahl findet man auf dem Ameisenkopf in einem Truppenübungsgelände die beiden Holzturmstellen von Wp. 4/17*. Beide sind sichtbar, bei dem nordwestlichen Hügel ist auch der Ringgraben kenntlich.

Der Pfahl zieht vom Gaulskopf hinab in eine steile Schlucht, das Schwarzloch. Etwa dort, wo er die Schlucht erreicht, dürfte an ihrer Ostseite Wp. 4/17 gestanden haben, doch ist heute nichts mehr zu sehen. Der Pfahlgraben folgt deutlich erkennbar der Sohle der Schlucht. Wegen der starken Überhöhung durch die Ränder der Schlucht gehört diese Linienführung des Limes zu denjenigen, aus denen sich eindeutig ergibt, daß der Grenzwall keine Wehranlage war. – Vom Beginn des Schwarzlochs ab bis zum Ende der sichtbaren Strecke des Pfahlgrabens im Vogeltal ist der Limes nicht mehr gut gangbar. Man findet aber einen günstigen Waldweg in der Nähe des Limes, der in das Vogeltal führt.

Nach einer kurzen Strecke steigt der Pfahl einen Bergvorsprung hoch, auf dem Wp. 4/18 im Vogeltal liegt. Der Steinturmhügel ist an einer Seite durch den vorbeiführenden Forstweg beschädigt worden. Bei der Ausgrabung des Turms fand man das bronzene Mundstück eines Blasinstruments, das wohl Signalzwecken gedient hat.

Von hier aus steigt der Pfahlgraben ins Vogeltal hinab. Er ist – mit einer Unterbrechung – noch 300 m weit zu verfolgen und verschwindet dann in der Talsohle. Vermutlich folgte er im weiteren Verlauf dem Ostrand des Vogeltals.

Die ältere Linie lief von Wp. 4/17* ab weiterhin auf der Höhe. Es sind zwar keine weiteren Holztürme bekannt, doch fand sich oberhalb des Vogeltals das ältere KLEINKASTELL AM EICHKOPF (Holzkastell, etwa 0,25 ha). Der kleine Wehrbau liegt etwa 50 m östlich von einem Bunker des letzten Krieges im Wald. Die Umwehrung ist als niedriger Wall kenntlich; stellenweise sind Spuren des Grabens sichtbar. Das Kastell wird von einem alten Steinbruch durchschnitten.

Die jüngere Linie (Pfahlgraben) wird von der Bundesstraße 275 Usingen – Bad Nauheim etwa bei km 6,4 gekreuzt. Sie ist nicht sichtbar. Hier befindet sich (südlich der Straße) ein Parkplatz des Naturparks am Eingang des Vogeltals.

Der Pfahl überschritt – weiterhin nicht sichtbar – die Usa. Spuren sind auch nördlich des Flüßchens nicht vorhanden. Unmittelbar nördlich vom Usatal liegt oben auf der Hochfläche in den Äckern wenige hundert Meter östlich von Langenhain das nächste Limeskastell

13 KASTELL LANGENHAIN ORL Nr. 13. Steinkastell von 3,2 ha Fläche für die *Cohors I Biturigum,* die durch eine Inschrift aus der Zeit des Commodus als Besatzung bezeugt ist. Die Baugeschichte des Kastells ist wenig erforscht. Auffällig ist, daß es nahezu gleiche Breiten- und Längenabmessungen aufweist wie das Kohortenkastell Stockstadt, das um 100 n. Chr. erbaut wurde. Von dem Kastell ist nichts zu sehen.

Der Limes lief vor dem Kastell durch den Ort Langenhain, er ist nicht mehr erhalten. Weiter nördlich zog er über eine wellige Hochfläche. Hier hat der Ackerbau auf einer Strecke von über 5 km fast alle Spuren des Pfahlgrabens beseitigt. Nördlich von Hoch-Weisel treten Wall und Graben am Waldrand wieder auf. 250 m nördlich vom Waldrand liegen die beiden KLEINKASTELLE HUNNENKIRCHHOF gleich hinter dem Pfahlgraben auf einem flachen Bergrücken. Der Limes hatte vor den Kastellen ursprünglich keine Unterbrechung. – Das ältere kleine Holzkastell (etwa 0,06 ha) ist älter als der Limeswall, denn es wird im Westen von diesem überschnitten. Seine Nordumwehrung liegt unter einer Schneise. Die beiden anderen Seiten sind sichtbar (flacher Wall mit vorgelagertem Graben, einige Grabungsspuren). Der Eingang war nach Osten gerichtet. – Das jüngere Steinkastell (0,12 ha) dürfte in der Mitte des 2. Jahrhunderts das Holzkastell abgelöst haben. Es liegt ein wenig weiter vom Pfahl entfernt; seine Umwehrung ist sehr gut zu erkennen.

Vor dem Limes erhebt sich der Hausberg, dessen Gipfel von einem mehrfachen vorgeschichtlichen Ringwall umschlossen wird. Die Ringwälle gehören in die ältere Latènezeit. Als die Römer in die Wetterau eindrangen, waren sie längst verlassen und hatten keine Bedeutung mehr. Weitere Ringwälle befinden sich auf dem Brühler Berg. Diese sind vermutlich mittelalterlich.

Der Pfahlgraben steigt nun durch den Wald zum Hausener Tal ab. Er kann bis zum Waldrand verfolgt werden, verliert sich aber bald im offenen Gelände. In den Äckern östlich von Hausen sind seine Spuren verschwunden. Die Straße Butzbach-Hausen kreuzt ihn etwa bei km 2,1.

Am Waldrand nördlich des Hausener Tals wird der Pfahlgraben an einem steilen Hang wieder deutlich sichtbar. Um diese Stelle zu erreichen, geht man zweckmäßigerweise durch den Ort Hausen (Limeswanderweg). Sobald man, dem Limes folgend, die Höhe erreicht hat, trifft man auf den Wp. 4/31 am Sommerbergweg. Hier stand ein Holzturm (nordöstliche Turmstelle), dessen Hügel zwar nur flach ist, doch ist der Ringgraben gut zu erkennen. Der südwestlich gelegene zweite Schutthügel ist der Rest des Steinturms. Bei den Grabungen stellte man Spuren des Zaungräbchens vor dem Pfahlgraben fest. Sie liefen zu dem 500 m von hier entfernten Wp. 4/31* am Kugelfangweg, einer sehr deutlichen Holzturmstelle mit Ringgraben. Sie liegt einige Meter vor dem Pfahlgraben, was eine recht seltene Ausnahme darstellt.

Der nächste Steinturm befand sich bei Wp. 4/32 im Suterwald, wo man einen flachen Schutthügel erkennt. Ein Holzturm ist hier nicht gefunden worden.

In der Nähe von Wp. 4/32 müssen die ältere und jüngere Limeslinie sich gekreuzt haben. Der nächste Holzturm liegt nämlich fast 250 m hinter dem Pfahlgraben: bei Wp. 4/33* auf dem Schrenzer befindet sich eine Holzturmstelle mit zwei Ringgräben, die in einer kleinen, polygonalen Verschanzung stand (380 m² Fläche). Die Gräben sind bei der Untersuchung freigelegt worden, so daß der Wp. heute sehr gut im Wald zu erkennen ist. Vor ihm lief das Zaungräbchen, an dem man einen Limesdurchgang feststellte. Es läuft (nicht sichtbar) in einem Bogen auf den Pfahlgraben zu, den es bei Wp. 4/33 erreicht.

Wp. 4/33 auf dem Schrenzer ist leicht zu finden, weil hier die falsche und kümmerliche Rekonstruktion eines hölzernen Limesturms steht. Sie befindet sich über der Fundstelle eines römischen Holzturms. Unmittelbar daneben erblickt man die Spuren des Steinturms. – Der älteste Turm an diesem Limesabschnitt ist der Holzturm von Wp. 4/33* mit zwei Ringgräben. Ihm folgte der Holzturm von Wp. 4/33 (ein Ringgraben). Zuletzt ist der Steinturm entstanden. Die Limeslinie ist gleichzeitig mit dem Bau der Steintürme verlegt und begradigt worden. Nach Norden wurde eine gerade Grenzlinie abgesteckt, die sich von Wp. 4/33 bis Wp. 4/49 über eine Strecke von mehr als 10 km hinzieht und vielleicht nur bei Wp. 4/37 einen leichten Knick hatte. Wp. 4/33 steht an einer weithin sichtbaren Stelle und war daher vorzüglich dazu geeignet, als Richtpunkt zum Abstecken einer geraden Strecke zu dienen. Die Begradigung sollte das Überwachen der Grenze erleichtern. – Die hier nun folgende westliche Wetteraulinie muß wegen der Nähe des fruchtbaren Landes mit den zahlreichen

Villae rusticae zu den am stärksten gefährdeten Strecken des gesamten Limes gehört haben.

Der Pfahlgraben läßt sich am Waldrand noch etwa 500 m über Wp. 4/33 hinaus verfolgen. Nach Norden wird der Limes flacher und verschwindet, noch bevor er den Wald verläßt. Er lief nun durch den locker bebauten Ortsrand von Butzbach und über die Äcker der Butzbacher Senke hinweg. Erst jenseits auf der Höhe am Rande des Griedeler Markwaldes tritt er wieder in Erscheinung. – Dort wo im Altertum genauso wie heute wichtige Verkehrsverbindungen im Zuge der Butzbacher Senke den Limes kreuzten, befindet sich das nächste Limeskastell.

14 KASTELL BUTZBACH ORL Nr. 14. Das Kastell hatte folgende Bauphasen: 1. Kohortenkastell mit einer Umwehrung aus Rasensoden, Holz und Erde, bald nach 90 erbaut; die Größe des Lagers ist unbekannt. Möglicherweise ging ihm ein älterer Wehrbau voran, der aus der Zeit der Chattenkriege 83–85 stammen könnte. 2. Älteres Steinkastell, Fläche 2,8 ha, wohl um 135 erbaut. 3. Jüngeres Steinkastell, in der Mitte des 2. Jahrhunderts oder bald darauf durch Vergrößerung des älteren Steinkastells entstanden (Fläche 3,3 ha). Es war bis in die Mitte des 3. Jahrhunderts besetzt. – Als erste Besatzung ist die *Cohors II Raetorum c. R.* nachgewiesen. Sie wurde um 135 auf die Saalburg versetzt. An ihre Stelle trat die *Cohors II Augusta Cyrenaica equitata*, die aus Heidelberg-Neuenheim kam. Vielleicht trat später bei der Erweiterung des Steinkastells nochmals ein Wechsel der Besatzung ein; es gibt eine Inschrift der *Ala Moesica felix torquata*. – Neben dem Kastell, besonders nach Westen hin, entstand ein recht bedeutender Vicus, in dem 1953–1956 umfangreiche Ausgrabungen stattfanden. – Das Kastell liegt am nordwestlichen Ortsrand von Butzbach, 700 m hinter dem Limes; es wird von der Bundesstraße 3 durchschnitten. Im Volksmund trug es den Namen »Hunneburg«. Außer einigen flachen Erderhöhungen und Böschungen ist nichts zu sehen. Ebenso ist vom Vicus nichts zu erkennen.

Westlich neben dem Kastell lief eine römische Straße auf einen wichtigen Limesdurchgang zu. Dort lag – dicht am Pfahlgraben – das KLEINKASTELL DEGERFELD. Weder vom Kleinkastell noch vom Limes sind in dem heute überbauten Gebiet Reste vorhanden. Das Kastell befand sich neben dem südlichsten von drei weithin sichtbaren Hochhäusern. – Zunächst wurde hier um 100 n. Chr. ein kleines Holzkastell erbaut (0,1 ha). Es gehört zu den wenigen obergermanischen Kleinkastellen, deren Innenbauten durch Grabungen vollständig bekannt sind (Abb. 16,2). In der Zeit zwischen 160 und 175 entstand nach dem Brand des Holzkastells ein Steinkastell (0,3 ha) an gleicher Stelle. Es blieb bis in den Anfang des 3. Jahrhunderts besetzt.

Jenseits der Butzbacher Senke wird der Limeswall am Westrand des Griedeler Markwaldes bald deutlich erkennbar. Er ist allerdings durch die alte Solmser Landwehr verändert worden, besonders am Beginn der sichtbaren Strecke, wo sich die Landwehr nach Südwesten hin vom Zuge des Limes löst. In Richtung auf das Degerfeld lief der Limes nämlich oberirdisch nicht mehr sichtbar durch die Äcker, während der Graben der Landwehr in geringer Entfernung östlich von der Linie des Pfahls den Hang hochzieht. Pfahlgraben und Landwehr können an dieser Stelle leicht verwechselt werden. Auf der Höhe an der Waldecke, kurz bevor der Limes sichtbar wird, vermutet man den Wp. 3/37, der aber nicht erhalten ist. Nahe dieser Stelle, von der aus die Butzbacher Senke sehr gut zu überblicken ist, befand sich hinter der Landwehr im Mittelalter der »Stumpfe Turm«. Er ist genauso verschwunden wie Wp. 3/37.

Auch an dieser Strecke hatte der Limes ursprünglich nicht den späteren, geradlinigen Verlauf. Das ergibt sich aus der Lage des Holzturms Wp. 4/37*, der 300 m hinter dem Pfahlgraben im Griedeler Markwald liegt. Der Turmhügel ist sichtbar.

Wir kehren zum Pfahlgraben am Waldrand zurück. Dieser folgt in schnurgerader Linie ungefähr der Wasserscheide zwischen Lahn und Wetter. Über dem Limesgraben läuft der heutige Feldweg. Der Wall ist auf weite Strecken vorzüglich erhalten, was zum Teil darauf beruht, daß er in die spätere Landwehr einbezogen worden ist. Die gesamte Strecke ist bis Wp. 4/49 und darüber hinaus gut gangbar.

Etwa 700 m vom Einsetzen des Pfahls am Griedeler Markwald erblickt man den hohen Schutthügel des Steinturms Wp. 4/38. Wiederum 700 m weiter befindet sich der nächste Wp. 4/39 im Gambacher Wald, der indessen nicht leicht zu finden ist. Der Wp. darf nicht mit einem hohen Hügel verwechselt werden, der dem Limeswall direkt aufsitzt und den Rest eines neuzeitlichen Kalkofens darstellt. Unmittelbar vor dem Limes befindet sich die zugehörige, inzwischen aufgelassene Kalkgrube. Wp. 4/39 liegt etwa 80 m weiter nördlich, ein breiter, aber flacher Steinturmhügel, der wenig auffällt.

Etwa 100 m hinter dem Limes zeigen sich im Wald wieder Spuren der älteren Linie, eine Holzturmstelle (im Volksmund »Reitschule« genannt) und ein kleiner, mit Graben umgebener ehemaliger Holzbau. Beide Fundstellen sind durch Grabungslöcher beschädigt (Wp. 4/39*).

Man überschreitet die Eisenbahnlinie, die den Limes hier kreuzt. 200 m nördlich von ihr liegt am Pfahlgraben der gut erhaltene Steinturmhügel Wp. 4/40.

Etwa 400 m östlich davon befindet sich der entsprechende Wp. 4/40* der älteren Linie. Es besteht aus zwei Holzturmstellen, von denen die südliche durch einen asphaltierten Forstweg am Rand überschnitten wird. Bei den durch Grabungen gestörten Turmhügeln kann man die Ringgräben noch erkennen. Südlich vom Forstweg lag ein kleiner Holzbau, der durch einen viereckigen Graben umschlossen wurde; die Anlage war kaum größer als die Holzturmstellen. Man kann sie als ein winziges KLEINKASTELL auffassen. Der Graben ist sichtbar.

Wieder am Pfahlgraben findet man 250 m nördlich Wp. 4/40 das KLEINKASTELL DICKER WALD. Das Rechteck der Umwehrung ist schwach wahrnehmbar, es wird von einem Weg überschnitten, der im Wald dem Limes parallel läuft. Der kleine, nahezu quadratische Steinbau (380 m²) hatte scharfe, nicht abgerundete Ecken. Er ist insofern anders gebaut als die meisten Kleinkastelle; möglicherweise gehört er einer späten Ausbauphase des Limes an. Ein zweiter, entsprechender Bau befindet sich 3,7 km weiter nördlich zwischen Wp. 4/46 und 4/47 (Kleinkastell Holzheimer Unterwald).

Da der nächste sichtbare Steinturmhügel verhältnismäßig weit von hier entfernt ist, hat man zwischen diesem und dem Kleinkastell Dicker Wald noch einen Wp. 4/41 vermutet. – Der flache Schutthügel von Wp. 4/42 wird hinter dem Pfahlgraben mitten auf dem Grenzweg sichtbar. Der Pfahl ist hier durch die Anlage der Landwehr stark verändert worden.

Den Schutthügel von Wp. 4/43 findet man etwa dort, wo der Pfahlgraben ganz in den Wald eintritt. Wp. 4/44 liegt etwa 150 m südlich der Autobahn Gambacher Kreuz – Gießen. Der Grenzweg neben dem Pfahl läuft über den Schutthügel des Steinturms. – Glücklicherweise befindet sich im Zuge des Limes eine Überführung über die Autobahn, sodaß der Fußgänger diese Verkehrslinie ungefährdet überschreiten kann.

550 m nördlich der Autobahn stößt man auf eine Hügelgruppe

am Pfahl. Dieser ist auch hier durch den Bau der Landwehr stellenweise verändert worden; mitunter findet man mehrfache Grabensysteme, die nachrömisch sind. Die Hügelgruppe wird als Wp. 4/45 gezählt; sie ist unzureichend untersucht. In einem der Hügel entdeckten die Ausgräber das Fundament eines mittelalterlichen Wartturms, er liegt am weitesten hinter dem Pfahlgraben. Ein anderer Hügel enthielt römische Funde (der südlichste), weitere Hügel können vorgeschichtliche Grabhügel sein. Vermutlich fällt hier die ältere Limeslinie mit der jüngeren zusammen. Wp. 4/45 muß wegen seiner beherrschenden Höhenlage, die in dem heutigen Waldgebiet allerdings nur wenig zur Geltung kommt, neben Wp. 4/33, 4/37 und 4/49 zu den wichtigen Richtpunkten der langen, geraden Limesstrecke der westlichen Wetterau gehört haben.

800 m nordöstlich von Wp. 4/45 kreuzt die Landstraße Langgöns-Grüningen den Pfahl; dicht am Limes befindet sich eine Kreuzung, an der die Landstraße nach Holzheim abzweigt. Etwa 200 m nordöstlich von der Kreuzung befindet sich der nächste erhaltene Bau am Limes. Das KLEINKASTELL HOLZHEIMER UNTERWALD war ähnlich wie das schon erwähnte Kleinkastell Dicker Wald ein nahezu quadratischer Steinbau (360 m² Fläche). Die Ruine liegt im Wald zwischen dem Pfahlgraben und der Landstraße nach Grüningen. Man erblickt eine flache Erhöhung; ebenso sind schwache Spuren der Außenmauer zu sehen. Der flache Graben, der das Bauwerk umzog, ist verschüttet. – Südlich vom Kleinkastell hat man einen Wp. 4/46 vermutet, von dem aber nichts zu sehen ist.

Der Pfahlgraben zieht in guter Erhaltung zum Waldrand. Er läuft sodann in offenes Ackerland, wo er weiterhin teils als Wall, teils als Feldrain gut zu verfolgen ist. Bis Wp. 4/49, der 1,7 km vom Waldrand entfernt ist, sind allerdings keine nennenswerten Reste von Limestürmen sichtbar. Nachgewiesen bzw. vermutet wurden hier die Wp. 4/47, 4/48 und 4/48 a. Der runde Turmstumpf, der östlich vom Limes auf dem Wartberg sichtbar wird, gehörte wohl zu den Warttürmen der Landwehr.

Wp. 4/49 auf dem Sandberg ist schon von weitem zu erkennen, weil hier der etwas verunglückte Versuch unternommen wurde, einen steinernen Limesturm zu rekonstruieren. Die geringen Reste des römischen Steinturms liegen neben der NO-Ecke des rekonstruierten Turms. Dieser hat ein unrömisches Ziegeldach; da ihm ein Stockwerk fehlt, ist er auch zu niedrig. Wer den Turm

besteigt, hat eine gute Sicht auf die anschließende Limesstrecke.
– Bei Wp. 4/49 wird ferner ein hölzerner Wachtturm aufgrund
von Funden vermutet.

Nördlich Wp. 4/49 wird der Pfahlgraben allmählich flacher und
geht in einen Feldrain über; er knickt nach Nordosten ab und
wird bald nur durch einen Feldweg bezeichnet. Stellenweise wird
der Limes stark durch das vorgelagerte Gelände überhöht.

Etwa bei km 6,2 kreuzt die Landstraße Steinberg-Grüningen den
Zug des Pfahlgrabens. Auch östlich der Straße folgt nur ein Feldweg dem verschwundenen Pfahlgraben. 300 m östlich der Landstraße lag das KLEINKASTELL HAINHAUS BEI GRÜNINGEN (Steinkastell 0,3 ha). In den Äckern sind alle sichtbaren Reste verschwunden. Vermutlich hatte das Kastell einen hölzernen Vorgänger, worauf einige Funde hindeuten. Es nimmt die Stelle
eines Wp. 4/50 ein und liegt an dem nördlichsten Punkt, den der
Wetteraulimes erreicht. In seiner Nähe lag das abgegangene
Dorf Pohlheim, an das noch der Pohlheimer Wald nördlich des
Limes erinnert. Der Name des Dorfes hängt genauso wie Pohl-
Göns nördlich Butzbach von der alten germanischen Bezeichnung
der römischen Grenze ab (Pohl-Pfahl).

Als rückwärtiger Stützpunkt zur Verteidigung des Wetteraulimes diente das

26 KASTELL FRIEDBERG ORL Nr. 26. Friedberg ist heute der Mittel-
punkt der Wetterau. Auch in römischer Zeit spielte der Ort eine
Rolle. Schon bei den ersten römischen Feldzügen unter Augustus
befanden sich hier Truppenlager. Sie wurden zu Beginn der Regierung des Kaisers Tiberius aufgegeben, als 16 n. Chr. Germanicus abberufen wurde. Unter Kaiser Vespasian dürfte der Friedberger Burgberg erneut besetzt worden sein. Falls das zutrifft,
hätte damals der am weitesten vorgeschobene römische Stützpunkt in Friedberg gelegen. Bis etwa um 90 n. Chr. bildeten die
1. und die 4. Aquitanerkohorte die Besatzung des Kastells. Später
geriet das Kastell hinter den Limes, blieb aber bis zum Ende der
römischen Zeit um 260 n. Chr. militärisch besetzt. Durch den
Bau der mittelalterlichen Burg sind die Spuren des römischen
Kastells weitgehend beseitigt worden. So ist von der Umwehrung
wenig bekannt und nichts zu sehen. Bei Grabungen fand man
ein kleines römisches Bad innerhalb des Kastells, das im Keller
des Gymnasiums in der Burg konserviert wurde. Es dürfte ein
Teil des Kommandantenhauses (Praetorium) gewesen sein. – Als
Besatzung ist seit etwa 90 n. Chr. *die Cohors I Flavia Damasce-*

norum milliaria equitata sagittariorum bezeugt, also eine bedeutende, spezialisierte Einheit. – Sehenswerte römische Funde befinden sich in Friedberg im Wetteraumuseum.

Vom Hainhaus bei Grüningen bis Marköbel; nördliche und östliche Wetterau (Strecke 4, Nord- und Ostteil)

Im Norden der Wetterau folgt der Limes wiederum etwa der geographischen Grenze der fruchtbaren Ebene. Die nördliche Wetteraulinie schließt das römische Gebiet gegen die Hessische Senke ab, in der weiter im Norden Wohnsitze der Chatten lagen. So gehörte dieser Abschnitt zu den stärker gefährdeten Strecken der obergermanischen Grenze. Infolgedessen ist er schon früh mit Truppen belegt worden; das Kohortenkastell Arnsburg ist bereits unter Domitian entstanden, ebenso das große Lager in Echzell. Bis in die Höhe von Arnsburg folgt die Grenzlinie in sanften Biegungen dem Gelände. Sie dürfte gleichzeitig mit der westlichen Wetteraulinie entstanden sein, vielleicht noch während der Chattenkriege Domitians 83–85 n. Chr. Sie ist aber nicht nachträglich begradigt worden. Das schluchtartig eingetiefte Wettertal wird in der Nähe von Arnsburg überschritten.
Östlich davon haben die Römer kleine Höhen mit Wachtposten, oftmals auch mit Kleinkastellen besetzt und den Limes dazwischen schnurgerade durchgezogen. Nach dem Überschreiten der sumpfigen Horloffniederung erreicht der Pfahlgraben den Fuß des Vogelsbergs und läuft nunmehr nach Süden, meist in längeren geraden Strecken, die offensichtlich von Anfang an geradlinig geplant worden sind. Während die westliche und zumindest große Teile der nördlichen Wetteraulinie, wie schon gesagt, noch auf den Chattenkrieg Domitians zurückgehen können, dürfte die östliche Linie etwas später festgelegt worden sein. Allerdings muß sie um 100 n. Chr. schon bestanden haben, wie u. a. die Funde aus Altenstadt zeigen. Auch diese Linie hat alle vier Bauphasen durchlaufen, doch fand man jenseits Wp. 4/53 bisher noch keinen Wp. mit zwei Holzturmstellen, wie man sie von der westlichen Wetteraulinie häufiger kennt. Auch das spricht für eine etwas spätere Entstehung der östlichen Linie. Der Zweck des Limes war hier wie bei der vorher beschriebenen Strecke, die Wetterau vor germanischen Überfällen zu schützen. Allerdings kann die Bedrohung von Osten her nur unbedeutend gewesen sein, denn das umfangreiche, siedlungs- und verkehrsfeindliche Vo-

gelsbergmassiv stellte bereits einen natürlichen Schutz dar. Aus
diesem Grund sind auch die Abstände der Wachttürme größer.
Die Limeskastelle der östlichen Wetteraulinie waren durch ausgezeichnete, völlig gerade Straßen mit der westlichen Wetterau
verbunden, so daß die Truppen im Notfall sehr rasch an gefährdete Stellen gelangen konnten. Die Römerstraßen der Wetterau
sind heute noch z. T. gut erhalten und können über weite Strek-
ken verfolgt werden.
Der hier besprochene Limesabschnitt ist bei weitem nicht so gut
erhalten wie die Taunuslinie oder die westliche Wetteraustrecke.
Empfehlenswert sind die Abschnitte bei Arnsburg (Wp 4/52 bis
4/57) und ein Limesstück im Wald zwischen Altenstadt und Marköbel (Wp. 4/102–4/105).
Die Landstraße Grüningen – Steinberg kreuzt etwa bei km 6,2
den Zug des Pfahlgrabens, der hier völlig verschwunden ist. Nur
ein Feldweg bezeichnet die Lage des Limes. 300 m östlich der
Straße lag das ebenfalls verschwundene Kleinkastell Hainhaus,
das am Ende des vorigen Abschnitts schon beschrieben wurde. Bis
auf geringfügige Spuren sind die Reste des Pfahls auch östlich
vom Hainhaus in den Äckern verschwunden. Erst 1,5 km östlich
der Landstraße wird der Pfahl im Wald wieder deutlicher.
150 m östlich vom Waldrand liegt Wp. 4/52 Markwald West. Die
gut sichtbare Wachtturmgruppe besteht aus zwei Holzturmstellen (im Westen und in der Mitte) und einem Steinturmhügel (im
Osten). Die Turmstellen sind durch Grabungen ziemlich zerrissen worden. Während der westliche Holzturm nur einen Ringgraben besaß, wurden bei dem anderen zwei Ringgräben festgestellt. Der Pfahlgraben läuft nun in guter Erhaltung zur Autobahn Frankfurt – Kassel.
Am besten überquert man die Autobahn durch die Unterführung,
die sich etwa 200 m südlich des Limes befindet. Autofahrer, die
auf der Autobahn nach Norden fahren (in Richtung Kassel) können den Parkplatz »Pfahlgraben« benutzen (am Ostrand der
Autobahn). Der Parkplatz liegt etwa 200 m nördlich vom Limes.
Ungefähr 200 m östlich von der Autobahn befindet sich im Wald
am wohlerhaltenen Pfahlgraben Wp. 4/53 Markwald Ost. Die
Ausgrabung deckte eine Gruppe von fünf Limesbauten auf (Reste
von einem Steinturm und von vier Holztürmen). Die Stelle ist
durch den unregelmäßig aufgehäuften Grabungsaushub gut
kenntlich.
Der Pfahlgraben wird von der Landstraße Dorf-Güll – Garben-

teich gekreuzt und zieht danach am Waldrand entlang, wo er
weniger gut erhalten ist. Bald tritt er wieder ganz in den Wald
ein. Hier ist er anfangs nicht leicht zu begehen. Etwa 450 m südöstlich von der Stelle, an der der Limes ganz in den Wald hinein-
läuft, befindet sich der unscheinbare Schutthügel eines Steinturms Wp. 4/55, der aber nicht leicht zu finden ist.

Der Pfahlgraben zieht in hervorragender Erhaltung weiter durch
den Wald. In der Nähe einer leichten, einspringenden Biegung
des Limes befindet sich der nächste Wp. 4/56 am Kolnhäuser
Kopf. Vom Steinturm sind noch Reste des Fundaments sichtbar.
Der Holzturmhügel liegt 30 m nördlich davon, er ist verwühlt.

300 m südöstlich von Wp. 4/56 verläßt der Waldweg den Limes.
Dieser zieht noch etwa 400 m weiter durch den Wald und verschwindet in der Nähe des vermuteten Wp. 4/57. Vielleicht hat
ein alter Ackerbau des Klosters Arnsburg die Limesbauten zerstört. Da vor den benachbarten Limeskastellen Butzbach, Echzell
und Ober-Florstadt jeweils ein Kleinkastell am Limes lag, dürfte
dies auch bei dem Kastell Arnsburg der Fall gewesen sein. Möglicherweise befand sich das Kleinkastell bei dem vermuteten Wp.
4/57.

16 KASTELL ARNSBURG ORL Nr. 16. Steinkastell von 2,9 ha Fläche.
Das Steinkastell hatte hölzerne Vorgänger, die aber nicht genau
bekannt sind. Der Platz dürfte schon unter Domitian von einer
Kohorte besetzt worden sein, vielleicht von der *Cohors II Aquitanorum*. Noch am Anfang des 2. Jahrhunderts wurde sie nach Raetien verlegt und durch die *Cohors I Aquitanorum* ersetzt. Aber
auch diese kann nicht dauernd die Besatzung von Arnsburg gebildet haben, denn schon nach der Mitte des 2. Jahrhunderts ist
sie in Stockstadt a. M. bezeugt. Welche Truppe später in Arnsburg lag, ist unbekannt, doch ist das Kastell bis in das 3. Jahrhundert besetzt geblieben. Es liegt 1 km südwestlich vom Kloster
Arnsburg auf der Hochfläche über dem Wettertal. Eine uralte
Linde steht in dem Kastell, in der Nordostecke liegt ein kleiner
Friedhof. Nur geringe Spuren der Umwehrung sind auszumachen
(besonders im Norden). – Bei den Grabungen fand man die Reste
der frühesten Anlage des Klosters Arnsburg inmitten des Kastells
unter der alten Linde (1151 durch Benediktiner gegründet). 1174
wurde das Kloster an seine heutige Stelle verlegt und durch den
Zisterzienserorden übernommen. – Vom Südtor des Kastells ging
eine wichtige Römerstraße nach Friedberg aus, die heute noch
über weite Strecken erhalten ist. Nahe dem Kastell entwickelte

sich an der Straße ein Vicus. – Der nächste Punkt des Limes ist
1,5 km von hier entfernt; der Limesübergang über die Wetter
1,7 km in nördlicher Richtung.

Von dem vermuteten Wp. 4/57 zog der Pfahlgraben wohl in gerader Linie in das Wettertal hinab und den steilen Osthang
hinauf. Geringe Spuren des Pfahls findet man erst am oberen
Teil des Osthangs im Wald. Dort steht auch der gut erhaltene
Schutthügel des Steinturms Wp. 4/59 in der Hardt. Östlich vom
Waldrand ist der Pfahlgraben in dem offenen Ackergebiet über
mehrere Kilometer bis auf ganz geringe Spuren verschwunden.

Er lief über den Weinberg bei Birklar (geringe Spuren des Pfahls;
Wp. 4/61 nicht sichtbar) zum Kratzert südlich des Ortes (geringe
Spuren von Wp. 4/62 und vom Pfahl). Er zog sodann nördlich an
Bettenhausen vorüber zum KLEINKASTELL LANGSDORF (1 km süd-
lich Langsdorf, nicht sichtbar, Steinkastell 0,1 ha).

An der geraden Limesstrecke von dort zum Kleinkastell Feldheimer Wald befand sich nach neueren Untersuchungen nur ein Wp.
in der Mitte der Strecke (Wp. 4/67–68, Holz- und Steinturm,
nicht sichtbar). Die Wachtturmabstände sind hier erheblich größer als an der westlichen Wetteraulinie. Die Umwehrung des
KLEINKASTELLS, das am Nordrand des FELDHEIMER WALDES
liegt, ist rundum als schwache Erhöhung sichtbar (Steinkastell,
knapp 0,1 ha). Vor dem Kastellchen ist ein Stück des Pfahls mit
einer einspringenden Ecke sichtbar. Bis zur Horloff, die etwa
500 m südlich von Hungen überschritten wird, ist der Pfahl verschwunden. In der Mitte der langen Strecke zwischen dem Kleinkastell im Feldheimer Wald und der Horloff lag nur ein Wp.
4/70–71 (Holz- und Steinturm, nicht sichtbar). Der Pfahlgraben
lief dann ein Stück auf der Höhe östlich der Horloff und zog darauf durch das Sumpfgebiet, in dem heute die wichtigen arte-
sischen Quellen zur Wasserversorgung genutzt werden. Südlich davon wurde er auf dem Wingertsberg nordwestlich von
Steinheim wieder nachgewiesen, doch sind auch hier seine Spuren ebenso verschwunden wie die des KLEINKASTELLS AUF DEM
WINGERTSBERG (Steinbau, Größe unbekannt, Wp. 4/75). – Auf
der anderen (westlichen) Seite der Horloff liegt das

17 KASTELL INHEIDEN ORL Nr. 17. Steinkastell von 0,7 ha für einen
unbekannten Numerus. Das Kastell befindet sich knapp 1 km
nordöstlich von Inheiden in den Äckern unweit der Horloff; es ist
nicht sichtbar.

Südlich Inheiden zieht der Pfahlgraben unmittelbar östlich von

der Horloff, wobei als Richtpunkte der geradlinigen Streckenab-
schnitte meist kleine Basaltkuppen dienten, auf denen sich Kleinkastelle befanden. Die Strecke ist nicht gut erhalten. Außer auf
dem Wingertsberg sind KLEINKASTELLE auf dem MASSOHL südwestlich Steinheim (Steinbau unbekannter Größe, Wp. 4/77), auf
der »BURG« südwestlich UNTER-WIDDERSHEIM (Kleinkastell vermutet, Wp. 4/79; schöne Aussicht) und in der Flur Haselhecke etwa 1 km südlich Bisses nachgewiesen worden. Keines von ihnen
ist sichtbar. Das KLEINKASTELL HASELHECKE, neben dem sogar
ein kleines Badegebäude festgestellt wurde, befand sich nicht auf
einer Höhe; es war auch etwas größer als die vorher genannten
Kleinkastelle (Steinkastell 0,4 ha; Wp. 4/85). Als Vorgänger hatte
es einen Holzturm, es war also anfangs kein Kleinkastell an dieser
Stelle vorgesehen. Das Kleinkastell war dem Limeskastell Echzell
vorgelagert und verhielt sich zu diesem ähnlich wie das Kleinkastell Degerfeld zum Kohortenkastell Butzbach-Hunneburg. –
Das Kastell Echzell ist 1,3 km von hier entfernt, es befindet sich
auf der anderen Seite der Horloff.

18 KASTELL ECHZELL ORL Nr. 18. Noch in den letzten Regierungsjahren Kaiser Domitians entstand ein Holzkastell von 5,2 ha
Fläche. Dieses erhielt vermutlich unter Hadrian eine steinerne
Umwehrung. Bei den vor wenigen Jahren vorgenommenen Grabungen wurden einige Innenbauten aufgedeckt. Doch konnte
noch immer nicht sicher festgestellt werden, welche Truppen in
dem Kastell lagen, das eines der größten am Limes ist. Vermutlich bildeten zwei Einheiten die Besatzung, wohl eine Ala quingenaria und eine Cohors quingenaria peditata. Unter den obergermanischen Alen kommen in Betracht: die *Ala I Flavia Gemina*, *Ala Indiana Gallorum* und die *Ala Moesica felix torquata;*
von den Kohorten vielleicht die *Cohors XXX voluntariorum civium Romanorum*. Es ist denkbar, daß die Truppen einmal oder
auch mehrmals wechselten. Das Kastell hat bis in die Mitte des
3. Jahrhunderts bestanden. Es lag in den Äckern und Obstgärten
unmittelbar am nordwestlichen Ortsrand von Echzell; zu sehen
ist nichts mehr. Das große, zugehörige Militärbad befand sich
unter der evangelischen Pfarrkirche; einige Mauern des Bades
sind in einem Kellerraum unter der Kirche zu sehen. – Südlich
vom Kastell dehnte sich ein Vicus aus. Zwei schnurgerade Straßen verbanden das Lager mit Friedberg einerseits und mit der
nördlichen Wetterau andererseits; sie werden heute noch strek-
kenweise als Landstraßen genutzt. In römischer Zeit erlaubten

sie einen raschen Einsatz der Echzeller Truppen an jedem Punkt der Wetterau. Die Limesstrecke vor dem Kastell selbst war durch die weiten Waldgebiete des Vogelbergs geschützt und war daher wenig gefährdet.

Östlich der Horloff ist ein Stück des Pfahlgrabens bei Echzell am Waldrand erhalten, und zwar nördlich vom Forsthaus (Internat und Schule). Der Pfahlgraben durchschneidet den Rand eines vorgeschichtlichen Grabhügelfeldes. In den Äckern südlich des Forsthauses ist jegliche Spur des Pfahls verschwunden.

Auf dem LOCHBERG südlich Bingenheim befand sich wiederum ein KLEINKASTELL (Steinbau von etwa 400 m², Wp. 4/89; nicht sichtbar). In seiner Nähe sind unmittelbar westlich von der Landstraße schwache Spuren des Pfahls im Feld erkennbar, der hier eine einspringende Ecke bildet. Der Pfahlgraben zog sodann in gerader Richtung zum Kleinkastell Staden. Er ist bis auf ganz geringe Spuren verschwunden. Bei Staden überschritt er die Nidda, die vom Vogelsberg herabkommt.

Das KLEINKASTELL STADEN lag etwa 500 m südöstlich vom Ort, etwa 100 m nordwestlich eines Aussiedlerhofs im Acker (Steinkastell 0,4 ha, Wp. 4/94; nicht sichtbar). Ähnlich wie das Kleinkastell Haselhecke ist es größer als die benachbarten Kleinkastelle. Es war dem Limeskastell Ober-Florstadt vorgelagert, das 2,5 km hinter dem Limes liegt.

19 KASTELL OBER-FLORSTADT ORL Nr. 19. Steinkastell von 2,8 ha Fläche für die *Cohors XXXII voluntariorum civium Romanorum*. Das Kastell dürfte um 100 n. Chr. entstanden sein, es war bis in die Mitte des 3. Jahrhunderts in Benutzung. Es befand sich unmittelbar südlich vom Ort auf einer flachen Anhöhe, die heute von Äckern bedeckt ist; zu sehen ist nichts.

Auch südlich vom Kleinkastell Staden ist der Pfahlgraben im offenen Gelände verschwunden. Unmittelbar östlich von Stammheim lag auf der Höhe das KLEINKASTELL STAMMHEIM (Steinbau von 360 m², Wp. 4/95); es ist nicht sichtbar.

Deutliche Spuren des Pfahlgrabens treten südöstlich von Stammheim im Wald am Winterberg auf. Wall und Graben sind gut erhalten. Etwa 150 m südlich vom Waldrand wird der Limes durch einen alten Steinbruch abgeschnitten. Am westlichen Rand des Steinbruchs befindet sich Wp. 4/96 im Stammheimer Wald. Der Steinturmhügel ist durch den Steinbruch fast ganz beseitigt worden; 30 m südlich davon liegt der flache Holzturmhügel, durch Grabungsspuren kenntlich. Wp. 4/96 nimmt die höchste

Stelle an der gesamten östlichen Wetteraulinie ein. Er dürfte als Richtpunkt zum Abstecken der langen, geraden Strecke nach Marköbel und der kürzeren zum Kleinkastell Staden gedient haben. Südöstlich Wp. 4/96 taucht der Pfahlgraben am Rand des Steinbruchs wieder auf und kann noch über ungefähr 500 m verfolgt werden. Die Linie stieg dann durch offenes Gelände nach Altenstadt ins Niddertal hinab.

20 KASTELL ALTENSTADT ORL Nr. 20. Neue Ausgrabungen durch H. Schönberger haben die Bauphasen des Kastells geklärt. Das Kastell, das wohl schon unter Domitian als Kleinkastell entstanden ist (Holzkastell 0,3 ha) konnte nach mehreren Erweiterungen wohl seit der Regierung Hadrians einen Numerus aufnehmen (3. Periode, Holzkastell von etwa 0,9 ha). Leider ist die Besatzung des Kastells in allen, auch den späteren Bauperioden unbekannt. Der Ausbau der Umwehrung in Stein erfolgte in der Mitte des 2. Jahrhunderts nach vorangegangenen Vergrößerungen des hölzernen Numeruskastells (Steinkastell 1,5 ha; 6. Periode). Seine Fläche war nunmehr etwas größer als die des Kastells Holzhausen, das mit 1,4 ha Fläche eine Cohors peditata beherbergte. Das Kastell Altenstadt bestand bis in die Mitte des 3. Jahrhunderts. Es lag am südwestlichen Ortsrand von Altenstadt; zu sehen ist nichts mehr. — Einige Kilometer außerhalb des Limes befinden sich bedeutende vorgeschichtliche Ringwälle auf dem Glauberg. Sie dürften in der frühen und mittleren römischen Kaiserzeit ohne Bedeutung gewesen sein. Die Tatsache, daß am Limes in ihrer Nähe eines der kleinsten Limeskastelle des Wetteraulimes angelegt wurde (anfangs nur ein Kleinkastell) weist darauf hin.

Der Limes überquerte südöstlich von Altenstadt etwa im Zuge der Landstraße nach Rommelhausen die Nidder. Er wird aber erst 1,2 km südlich des Flüßchens im Wald sichtbar. Der Limeswall ist hier zu einem breiten, flachen Wall verschleift worden, vermutlich durch mittelalterlichen Ackerbau. Nach einer kurzen Unterbrechung an einer zu Rommelhausen gehörenden Wiese steigt er zum Buchkopf hoch, wobei er immer deutlicher wird. Wp. 4/102 auf dem Buchkopf zeigt sich als großer Schutthügel hinter dem Limes. Er enthält die Reste eines Steinbaus mit abgerundeten Ecken (ein winziges Kleinkastell von 125 m² Fläche). Bis zur Landstraße Ostheim-Rommelhausen ist der Pfahlgraben im Wald vortrefflich erhalten. Südlich davon ist der Wall niedriger; über dem Graben läuft ein Forstweg. 400 m südlich der

Landstraße erblickt man die Reste von Wp. 4/103 im Eckarts-
häuser Unterwald. Hier wurden eine Holz- und eine Steinturmstelle untersucht, die beide sichtbar sind; der Steinturmrest lag
im nordwestlichen Hügel. Bei der Grabung zeigte sich die Spur
des Zaungräbchens an der Innenseite des Limeswalls. Wegen der
großen Entfernung zu Wp. 4/102 hat man etwa in der Streckenmitte einen weiteren Wp. 102 a vermutet.

180 m südlich der Drususeiche, die auf dem Limeswall steht, befindet sich Wp. 4/105. Er ist im Gestrüpp neben dem Weg nicht
ganz leicht zu finden. Der Wp. besteht aus zwei Holzturmstellen
und einem Steinturmhügel. Der eine, unmittelbar am Steinturmhügel gelegene Holzbau hatte mehrere Bauphasen; anscheinend
handelte es sich nicht um einen gewöhnlichen Holzturm. Die
Stelle ist durch Grabungsspuren deutlich. Der eigentliche Holzturm befand sich südlich davon.

Die sichtbare Strecke des Pfahlgrabens geht 200 m südlich Wp.
4/105 am Waldrand zu Ende. 600 m weiter südlich steht im Feld
ein Denkstein mit der Aufschrift »Pfahlgraben 1912«. Bis zu dieser Stelle war der Pfahlgraben 1912 noch sichtbar, er wurde damals zugeschüttet. Die Strecke setzte sich geradlinig über den
Mühlberg hinweg an den östlichen Ortsrand von Marköbel fort.
Der Wp. 4/107 auf dem Mühlberg bot eine sehr gute Sicht nach
Süden und Norden. Er hat zweifellos als Richtpunkt für die
lange, gerade Limesstrecke gedient, die von hier nach Norden
zieht. Der Wp. wurde durch Grabungen nachgewiesen, er ist
nicht sichtbar.

Von Marköbel bis Groß-Krotzenburg am Main (Strecke 5)

Bis auf ganz geringe Abweichungen ist die Limesstrecke von
Marköbel nach Groß-Krotzenburg geradlinig gezogen worden.
Ihr Zweck war es, die Wetteraulinie mit dem Main zu verbin-
den. Der Grund für die von Anfang an geradlinige Absteckung
wird darin zu suchen sein, daß es im Gelände keinerlei nach Süden ziehende Oberflächenformen gibt, an die sich die Linie hätte
anlehnen können. Die Strecke besteht aus zwei landschaftlich
recht unterschiedlichen Abschnitten. Bis zur Kinzig bei Rückingen läuft der Limes durch offenes Hügelland, das schon seit vor-
geschichtlicher Zeit besiedelt war. Hier sind alle Spuren des
Pfahlgrabens verschwunden. Zwischen Kinzig und Main breitet
sich ein ebenes, teilweise sumpfiges Waldgebiet aus, das zweifel-

los schon in römischer Zeit vorhanden war. An diesem Abschnitt
sind die Limesbauten recht gut erhalten. Gut zugänglich sind sie
vor allem im Süden des Abschnitts von Wp. 4/12–4/15; diese
Strecke ist Wanderern besonders zu empfehlen.

Die Linie Marköbel – Groß-Krotzenburg ist wohl etwas später
angelegt worden als die westliche Wetteraulinie, doch muß sie
spätestens um 100 n. Chr. schon bestanden haben. Um 100 n. Chr
dürfte nämlich das Kohortenkastell Marköbel erbaut worden
sein. Zur gleichen Zeit kam eine Kohorte nach Hanau-Salisberg,
das allerdings verhältnismäßig weit vom Limes entfernt liegt.
Schon vorher hatte es in Hanau-Salisberg ein kleines Kastell gegeben, das kurz nach 90 angelegt worden ist. Gegen Ende der Regierungszeit Traians oder ein wenig später wurde das Kohortenkastell auf dem Salisberg aufgegeben und durch das dicht am Limes gelegene Kohortenkastell Rückingen ersetzt. – Bei Groß-
Krotzenburg erreicht die Linie den Main. Diese Stelle wurde um
100 n. Chr. durch das kleine Kastell Hainstadt am westlichen
Mainufer geschützt. Am Ort des etwas später erbauten Kohortenkastells Groß-Krotzenburg, das vermutlich in der mittleren Regierungszeit Traians begann, mag anfangs ein Kleinkastell gestanden haben. – Die Streckenbauten haben alle vier Bauphasen
durchlaufen. Der Grenzabschnitt war bis in die Mitte des 3. Jahrhunderts von römischen Truppen besetzt.

21 KASTELL MARKÖBEL ORL Nr. 18. Steinkastell von 3,3 ha Fläche
für eine unbekannte Cohors equitata. Das Kastell wurde unter
dem westlichen Teil von Marköbel festgestellt. Seine Vorderfront
wird ungefähr durch die Westseite der Mittelgasse angegeben. An
der gleichen Stelle wie das Steinkastell ist wohl schon um 100 das
erste Kohortenlager erbaut worden, wohl zunächst aus Holz. Das
zugehörige Bad fand sich südlich neben der evangelischen Pfarrkirche, Teile des Bades liegen auch unter der Kirche. Die Front
des Kastells ist dem Limes zugewandt, dessen nächster Punkt
200 m vor der Nordostecke des Wehrbaus festgestellt wurde. –
Die in 8,5 km Entfernung östlich von Marköbel gelegenen domi-
tianischen Kastelle von Heldenbergen mögen in gewisser Hinsicht
als Vorgänger des Marköbeler Lagers aufzufassen sein, doch bestand der Limes bei Marköbel unter Domitian vielleicht noch
gar nicht.

Von der geraden Limesstrecke nach Rückingen ist, wie oben
schon bemerkt wurde, nichts mehr erhalten. Zwischen Marköbel
und Rückingen befand sich außer 7 Wachtturmstellen, die zum

Teil durch Ausgrabungen nachgewiesen werden konnten, das KLEINKASTELL LANGENDIEBACH (Steinkastell 0,4 ha nicht sichtbar). Es nimmt die Stelle eines weiteren Wp. 4/7 ein. Vermutlich hatte es einen Vorgänger aus Holz. Es liegt größtenteils unter einem Friedhof am Ostrand von Langendiebach.

22 KASTELL RÜCKINGEN ORL Nr. 22. Steinkastell von 2,5 ha Fläche für die *Cohors III Dalmatarum pia fidelis*. Die Kohorte wurde wahrscheinlich in den letzten Regierungsjahren Traians oder zu Beginn der Regierung Hadrians nach Rückingen versetzt. Sie hatte vorher wohl in Oberscheidental am Odenwaldlimes gelegen. Von dem Kastell, das am westlichen Ortsrand von Rückingen liegt und z. T. überbaut ist, kann man nichts sehen. Die Fundamente des südlich vom Lager dicht an der Kinzig befindlichen Militärbades liegen aber seit der Ausgrabung offen (neben einem großen Kinderspielplatz). Der Limes zieht in etwa 300 m Abstand östlich am Kastell vorbei und überschreitet dort die Kinzig.

Bevor die *Cohors III Dalmatarum* nach Rückingen kam, dürfte das Kastell Hanau-Salisberg zum Schutz des Limesabschnitts gedient haben, obgleich es 6 km vom Limes entfernt war. An der Stelle des Kohortenkastells Rückingen kann aber schon damals ein Kleinkastell gestanden haben.

K KASTELL HANAU-SALISBERG. Holzkastell unbekannter Größe für eine ebenfalls nicht bekannte Kohorte. Bei Ausgrabungen wurden Teile der Umwehrung sowie das zugehörige Badegebäude gefunden, von dem im heutigen Friedhof von Kesselstadt noch einige Mauern zu sehen sind. Ein kleineres Bad, das unter dem späteren Thermenbau der Kohorte entdeckt wurde, dürfte für ein kleines Vorgängerkastell erbaut worden sein. Folgende Bauphasen sind anzunehmen: 1. Kleines Holzkastell, bald nach 90 erbaut; 2. Holzkastell für eine Kohorte, um 100 erbaut. Das Kohortenkastell Salisberg dürfte aufgegeben worden sein, als das Kohortenkastell Rückingen entstand. In der Nähe befindet sich das große Lager von Hanau-Kesselstadt, das vermutlich nur kurze Zeit während der Regierung Domitians bestanden hat (nicht sichtbar).

Südlich von der Kinzig bei Rückingen ist der Pfahlgraben in den Wäldern über längere Strecken erhalten. Der Anfang dieses Abschnitts liegt allerdings in einem sumpfigen Wald und ist nicht gut gangbar. Um von Rückingen aus an diese Stelle zu gelangen, nimmt man die Landstraße nach Niederrodenbach. Etwa 1 km südlich vom Ortsausgang Rückingen (Kinzigbrücke) kommt man an den Waldrand. Dort wendet man sich nach rechts (nach Westen) und folgt dem Weg am Waldrand. Er tritt bald ganz in den Wald ein und trifft 1,4 km westlich der Landstraße auf den Pfahlgraben in der Nähe von Wp. 4/10. Der Pfahlgraben setzt nördlich von dieser Stelle ein, und zwar unmittelbar an dem Wasserlauf »Lache« im Wald. Auf einer Düne, die dort hinter dem Pfahl liegt, wird Wp. 4/9 vermutet. Der Pfahlgraben wird mehrmals durch verschieden große Wasser- und Sumpflöcher durchbrochen, er wird dazwischen aber immer wieder deutlich. Wp. 5/10, etwa 1 km südlich der Lache, ist nicht sichtbar. Auch der Pfahlgraben ist an dieser Stelle nicht gut erhalten. Südlich davon, kurz vor der Eisenbahnstrecke, wird er wieder gut sichtbar (Wall und Graben vorhanden).

Zwischen Bahnlinie und Bundesstraße 43 ist der Limeswall breit verschleift, aber noch zu erkennen. Die Kreuzung mit der Bundesstraße liegt bei km 2,6.

Südlich von der Bundesstraße ist der Limes zunächst schlecht erhalten. Erst etwa 350 m südlich der Straße wird er deutlich erkennbar. Ein wenig weiter südlich wurde der Steinturm Wp. 5/11 am Fennerspfad festgestellt, doch findet man nur schwache Grabungsspuren auf einem flachen, natürlichen Hügel. Zwischen Wp. 5/11 und 5/12 breitet sich der Doppelbiersumpf aus, der in römischer Zeit wohl noch unzugänglicher war als heute. Es ist bemerkenswert, auf welche Weise der Limes den Sumpf überquerte. Die Römer legten einen Knüppelweg an, der in gerader Richtung den Begleitweg des Limes fortsetzt. Vor dem Weg wurde – wohl in einer späteren Ausbauphase – ein hölzerner Zaun gezogen, der der Palisade entspricht. Sowohl am nördlichen als auch am südlichen Rand des Sumpfes knickt der Limeswall jeweils nach innen (nach Westen) ein, um Anschluß an die Pfostenreihe des Zauns zu gewinnen. Heute kann man den Sumpf kaum in Richtung des alten Knüppelweges überqueren. Man umgeht ihn und gelangt zu seiner Südseite, wo der Pfahlgraben bei Wp. 5/12 sehr gut erhalten ist. Von hier aus läuft heute ein Weg etwa 300 m weit in nördlicher Richtung über dem römischen Knüppelweg in den Sumpf hinein. Spuren des Knüppelweges sind als flacher Damm auch nördlich davon im Sumpf erhalten.

Wp. 5/12 am Doppelbiersumpf befindet sich etwa dort, wo südlich des Sumpfes der Pfahlgraben wieder einsetzt. Der flache Schutthügel des Steinturms liegt westlich, der Pfahlgraben östlich vom heutigen Weg. Der Pfahlgraben ist hervorragend erhalten. Nach kurzer Strecke wechselt der Weg auf die Krone des Limeswalls über, der nunmehr flacher und breiter wird.

Etwa 850 m südlich Wp. 5/12 befindet sich Wp. 5/13 Torfhaus. Je ein Holz- und ein Steinturmhügel sind erhalten (30 m hinter dem Pfahl); der nördliche Hügel enthält das Steinturmfundament.

Etwa 350 m südlich Wp. 5/13 bemerkt man einen etwas größeren Hügel, auf dem die Reste des KLEINKASTELLS NEUWIRTSHAUS liegen (Holzkastell von etwa 0,1 ha). Seine Entfernung vom Limeswall beträgt etwa 80 m. Das Bauwerk ist der Kette der Wachtposten offenbar nachträglich hinzugefügt worden. In der Zeit Marc Aurels war es besetzt, aber kaum länger. Wann es entstanden ist, entzieht sich unserer Kenntnis. Die alten Grabungsberichte enthalten etwas fantastisch klingende Angaben über Umwehrung und Innenbauten und sollten mit Skepsis betrachtet werden.

Der Limes nähert sich nun der Bundesstraße 8 Hanau – Aschaffenburg. Der heutige Weg zieht weiterhin auf der Krone des Limeswalls. Er ist nur ein kurzes Stück unterbrochen, wo eine Wiese östlich Neuwirtshaus die Linie überquert.

Wp. 5/14 befindet sich dort, wo die Bundesstraße 8 den Limes kreuzt (bei km 28,0). Die Reste des Wp. (ein Holz- und ein Steinturm) sind dem Straßenbau zum Opfer gefallen.

Der Pfahlgraben zieht sich auch südlich der Bundesstraße als flacher Wall durch den Wald; der heutige Weg befindet sich auf dem Wall. Die sichtbare Linie endet am Groß-Auheimer Torfbruch, einem alten Mainarm, der heute mit Wiesen bedeckt ist. Am Limesende ist eine Wasserleitung angelegt worden, deren Erdaufwürfe nicht mit dem Pfahlgraben verwechselt werden dürfen. – Etwa 60 m nördlich vom Waldrand befindet sich der breite, sehr flache und daher kaum wahrnehmbare Schutthügel von Wp. 5/15.

Der Groß-Auheimer Torfbruch ist vom Limes ähnlich überquert worden wie der Doppelbiersumpf. Südlich vom Bruch war der Pfahlgraben früher als Damm erkennbar; heute bedeckt ihn eine Straße. Am Südrand des Niederwalds, unmittelbar nördlich der Bahnlinie geben einige Grabungslöcher westlich der Straße die Lage von Wp. 5/16 an.

23 KASTELL GROSS-KROTZENBURG ORL Nr. 23. Steinkastell von 2,2 ha Fläche für die *Cohors IIII Vindelicorum*. Die Kohorte ist ver-

mutlich in der mittleren Regierungszeit Traians nach Groß-Krotzenburg gekommen. Sie hat vornehmlich am Ende des 2. Jahrhunderts eine große Ziegelei betrieben, die zahlreiche andere Kastelle mit Baumaterial beliefert hat. – Das Kastell schließt den alten Ortskern von Groß-Krotzenburg ein. Die Kirchgasse läuft noch heute in Richtung der Via principalis. Teile der Wehrmauer sind sichtbar. Sie verdanken ihre Erhaltung einer Weiterbenutzung im Mittelalter. Man findet die Südwestecke des Lagers mit dem mittelalterlich veränderten Eckturm hinter der neuen Schule. Teile der Südmauer befinden sich unmittelbar westlich vom Eingang der Kirche. Nur wenige Kastellmauern des obergermanischen Limes haben sich so gut bis in die heutige Zeit erhalten. – Etwa 600 m mainabwärts wurden die Reste einer römischen Pfeilerbrücke im Main festgestellt. Nahe dem nördlichen Brückenkopf befand sich eine Beneficiarierstation. Der Limes zog ganz dicht vor der Ostseite des Kastells vorbei, nur 20 m vor der Mauerfront.

*Von Hainstadt bis Wörth am Main; ältere Mainlinie
(Strecke 6, Nordteil)*

Die ältere Mainlinie ist von den Römern noch in den letzten Regierungsjahren Domitians besetzt worden. Wir unterscheiden sie von der jüngeren Mainlinie, die südlich Wörth beginnt und bis Miltenberg läuft; die jüngere Linie ist erst in der Mitte des 2. Jahrhunderts entstanden. – Die Strecke von Hainstadt nach Wörth ist anscheinend bald nach 90 zunächst mit kleinen Kastellen versehen worden. Wir kennen sie von Hainstadt und Stockstadt, es mag aber noch weitere, bisher unbekannte Militärlager dieser Zeit geben. Die Kohorten sind wohl erst seit dem Beginn der Regierungszeit Traians etwa um 100, teilweise auch etwas später an den Fluß gekommen. Die sonst am Limes üblichen Annäherungshindernisse (Palisade, Wall und Graben) waren am Main nicht nötig und fehlen daher. Wachttürme wurden nur zwischen Obernburg und Wörth festgestellt. Sie haben aber möglicherweise den ganzen Flußlimes gesäumt. Bemerkenswert sind die Beneficiarierstationen von Obernburg, Stockstadt und wohl auch Seligenstadt; die Station von Groß-Krotzenburg wurde schon im letzten Abschnitt erwähnt (Abb. 52 a). Die Linie war bis um 260 n. Chr. von römischen Truppen besetzt. Von den römischen Militärbauten ist so gut wie nichts mehr zu sehen.

I·O·M·IVNON
RECINAE·EC·E
NIO·LOCI
C·IVL·SERVAN
DVS·BF·COS
LEC·VIII·AVC
POSVIT·IDIB
IVL·ALBINO
EAEMILIANOCOS

Abb. 52 a. Altar für Jupiter, Juno und den Genius des Ortes, am 15. Juli 206 von dem Führer eines militärischen Straßenpostens (Benefiziarier) in Obernburg geweiht. Die Inschrift lautet (Abkürzungen aufgelöst): *Jovi Optimo Maximo, Junoni Reginae et Genio Loci Gaius Julius Servandus beneficiarius consularis legionis VIII Augustae posuit idibus Julias Albino et Aemiliano consulibus.*

Das Untermaintal war an der älteren Mainlinie ein altes Siedlungsgebiet, das vorgeschichtliche Funde schon seit dem Neoli-
thikum erbrachte. In römischér Zeit entstand westlich vom Fluß
die Civitas Auderiensium (Hauptort: Dieburg; Funde im Museum Dieburg). Es ist daher verständlich, daß die Gegend gleich
nach dem Fall des Limes von den Alamannen in Besitz genommen wurde. So sind auch aus den Kastellen Hainstadt, Stockstadt
und Miltenberg (ebenso von Groß-Krotzenburg) Funde der frühen Völkerwanderungszeit bekannt. Funde aus dieser Zeit sind
sonst in unseren Limeskastellen keineswegs selbstverständlich,
denn zahlreiche römische Militärbauten lagen außerhalb des bevorzugten Siedlungsgebiets. Auch haben die Germanen die Ruinen der römischen Bauten meist gemieden. – Die alamannischen
Ansiedlungen in den ehemaligen Kastellorten setzten sich aber
nicht kontinuierlich fort. Die heutigen Orte gehen größtenteils
auf fränkische Neugründungen zurück.

K KASTELL HAINSTADT. Holzkastell von 0,9 ha Fläche für eine unbekannte Truppe von Numerus-Stärke. Das Lager ist zwischen
90 und 100 entstanden und dürfte schon am Anfang des 2. Jahrhunderts wieder aufgegeben worden sein. Vielleicht war das
kleine Kastell ein Vorgänger des Kohortenkastells Groß-Krotzenburg, das ein wenig mainaufwärts an der anderen Flußseite
liegt. – In dem aufgegebenen Kastell siedelte sich eine kleine Villa
rustica an. Von dem Kastell, das am südöstlichen Ortsrand von
Hainstadt nahe am Main liegt, ist nichts erhalten.

32 KASTELL SELIGENSTADT ORL Nr. 32. Steinkastell von ungefähr
3 ha Fläche für die *Cohors I civium Romanorum*. Das Kastell,
von dem nichts zu sehen ist, lag im Stadtkern von Seligenstadt.
Einige frühe Funde sprechen für eine militärische Besetzung
schon in der Zeit um 100 oder kurz davor, doch konnte noch nicht
ermittelt werden, wann das erste Kohortenkastell – wohl ein Holzbau – errichtet wurde. Möglicherweise ging diesem wie in Stockstadt ein kleinerer Wehrbau voran. Das Langhaus der bekannten
karolingischen Einhardsbasilika ist z. T. mit Steinen des römischen Kastells erbaut worden, was sich u. a. aus einer dabei ver-
wendeten Steininschrift der *Cohors I c. R.* ergibt. Die Inschrift
ist in Kanzelnähe sichtbar. Weitere römische Inschriftsteine werden im Kreuzgang neben der Basilika aufbewahrt.

33 KASTELL STOCKSTADT ORL Nr. 33. Die römischen Militärbauten
von Stockstadt sind die am intensivsten untersuchten am Mainlimes. Sie befanden sich im Bereich des Industriegeländes am süd-

östlichen Ortsausgang von Stockstadt, etwa 200 m südöstlich der Eisenbahnlinie (ehemal. Kohortenkastell). Folgende Wehrbauten wurden festgestellt: 1. Kleinkastell aus Holz (0,3 ha), etwa 200 m nordwestlich von dem späteren Kohortenkastell, wohl bald nach 90 entstanden; 2. Holzkastell unbekannter Größe, vor 100 ebenfalls nördlich vom Kohortenkastell erbaut; 3. Holzkastell für eine Kohorte von 3,2 ha Fläche, um 100 errichtet; 4. Umbau des vorher genannten Kohortenkastells in Stein. – In dem 3,2 ha großen Lager waren nacheinander folgende Cohortes equitatae stationiert: *Cohors III Aquitanorum equitata civium Romanorum* (später in Neckarburken); *Cohors II Hispanorum equitata* (in Stockstadt etwa bis zur Mitte des 2. Jahrhunderts, dann nach Heddesdorf); *Cohors I Aquitanorum veterana equitata* (vorher in Arnsburg). Im zugehörigen Vicus befanden sich ein Dolichenus-Heiligtum, mehrere Mithrastempel und andere Heiligtümer. Eine Beneficiarierstation lag nördlich vom Kastell dicht am Main. Die recht interessanten Funde werden teilweise im Museum Aschaffenburg, teilweise im Saalburgmuseum aufbewahrt. Von den römischen Bauten ist in Stockstadt nichts zu sehen. Das Stockstädter Kastellbad ist kürzlich nach Aschaffenburg-Nilkheim versetzt worden, wo man es im Park am Mainufer sehen kann.

34 KASTELL NIEDERNBERG ORL B Nr. 34. Steinkastell von 2,2 ha Fläche für die *Cohors I Ligurum et Hispanorum civium Romanorum*. Dieses Kohortenkastell ist wohl etwas später als das Kohortenkastell Stockstadt entstanden. Ob ihm wie dort ältere Wehrbauten vorangingen, ist unbekannt. Das Kastell, von dem nichts sichtbar ist, befand sich unter dem südlichen Teil des Ortskerns.

35 KASTELL OBERNBURG ORL Nr. 35. Steinkastell von 2,9 ha Fläche für die *Cohors IIII Aquitanorum equitata civium Romanorum* (Abb. 52 b). Es ist nicht bekannt, seit wann die Truppe in Obernburg lag. Unter Domitian gehörte sie noch zur Besatzung des Kastells Friedberg in der Wetterau, vermutlich bis um 90 n. Chr. – Das Kastell wurde unter dem heutigen Ortskern festgestellt. Es war – wie alle Kohortenkastelle der Mainlinie – auf den Fluß ausgerichtet. Südlich vom Kastell wurde eine Beneficiarierstation gefunden (Abb. 52 a). Weihesteine der Beneficiarier und Funde aus dem Kastell (darunter die abgebildete Bauinschrift) sind im Museum Römerhaus in Obernburg zu sehen.

Der einzige sichtbare Wachtturmrest des Mainlimes befindet sich

IMP·CAES·M·AVRELIO
ANTONINO·AVG·P·M
COS·III·ET·IMP·CAES
L·AVRELIO·VERO·AVG
TRIB·POTEST·II·COS·II
COH·IIII·AQ·EQ·CR

Abb. 52 b. Bauinschrift aus dem Kastell Obernburg von 162 n. Chr. (ergänzt, nach G. Hock). Der Text lautet mit aufgelösten Abkürzungen: *Imperatori Caesari Marco Aurelio Antonino Augusto pontifici maximo consuli III et Imperatori Caesari Lucio Aurelio Vero Augusto tribunicia potestate II consuli II cohors IIII Aquitanorum equitata civium Romanorum.* Die Inschrift wurde während der gemeinsamen Regierung von Marcus Aurelius und Lucius Verus gesetzt.

etwa 2,5 km südlich Obernburg an der Bundesstraße 469 bei km 22,7 im Wald. Etwa 25 m westlich der Straße und 5 m über ihr liegt der zerfallene Steinturmgrundriß in einer kleinen Mulde am steilen Abhang. 600 m weiter südlich findet man einen weiteren Hügel, der möglicherweise ebenfalls des Rest eines Steinturms enthält. Beide Stellen sind nicht gut zugänglich.

36 KASTELL WÖRTH ORL Nr. 36. Steinkastell von 0,8 ha Fläche für einen unbekannten Numerus. Die Erbauungszeit des Kastells konnte bisher nicht bestimmt werden. Die wenigen bekannten Funde stammen aus der Mitte des 2. bis zum Anfang des 3. Jahrhunderts. Es wird allgemein angenommen, daß bei Wörth der Odenwaldlimes begann, doch konnte der Anschluß der Linie an das Kastell Wörth noch nicht sicher nachgewiesen werden. – Das Kastell liegt in den Äckern unmittelbar südlich der Bundesstraße 469 bei km 25,0, etwa 500 m nordwestlich von Wörth; außer ganz geringfügigen Böschungen im Acker ist nichts zu sehen.

Von Wörth am Main bis Schlossau; nördliche Odenwaldlinie (Strecke 10, Nordteil)

Kaum ein anderer Limesabschnitt hat noch so gut erhaltene Reste der Limeskastelle und Wachttürme aufzuweisen wie die nördliche Odenwaldlinie. Sie gehört daher zu den interessantesten und darüber hinaus zu den landschaftlich schönsten Limesstrecken, geht sie doch fast ausschließlich durch einsame Mittelgebirgswälder. Die nördliche Odenwaldlinie wurde dem Gelände angepaßt. Sie folgt einem langgestreckten Höhenzug, der an der Mümlingmündung südlich von Obernburg einsetzt und bei Schlossau in ein leicht bewegtes Plateau ausläuft. Der aus Buntsandstein aufgebaute Höhenzug bildet eine lange, schmale Hochfläche mit geringen Höhenunterschieden; er läuft bisweilen zu einem schmalen Grat zusammen (Jägerwiese).

Die Odenwaldlinie ist um 100 n. Chr. mit ihren Kastellen angelegt worden. Eine Eigentümlichkeit des Grenzabschnitts ist die Folge von kleinen, nur etwa 0,6 ha großen Numeruskastellen, in denen wohl schon von Anfang an verschiedene *numeri Brittonum* lagen. Die *Brittones* waren einheimische Bewohner Britanniens. Sie sind in dieser römischen Provinz vermutlich am Ende des 1. Jahrhunderts n. Chr. ausgehoben und an den obergermanischen Limes verlegt worden. – Mit Ausnahme von Seckmauern sind die Kastelle der Strecke überraschend gleichartig gebaut. Sie haben wohl auch gleiche Bauphasen durchlaufen, die aber nur beim Kastell Hesselbach genauer untersucht worden sind.

Die verhältnismäßig schwache Besetzung der Grenze drückt sich auch durch die größeren Wachtturmabstände aus. In dem weiten, fast unbesiedelten Waldgebirge war die Gefahr germanischer Überfälle offensichtlich geringer. – Die Streckenbauten haben nur die Bauphasen 1–3 durchlaufen: 1. um 100 n. Chr. wurden die Holztürme errichtet (mit Postenweg); 2. unter Kaiser Hadrian entstand vor den Holztürmen die Palisade; 3. unter Antoninus Pius, und zwar in den Jahren 145–146, wurden die Holztürme durch Steintürme ersetzt, was sich aus einigen Bauinschriften an den Türmen dieser Strecke ergibt. Nur wenige Jahre später, zwischen 148 und 161, vermutlich in der Mitte der fünfziger Jahre des 2. Jahrhunderts, haben die römischen Truppen die Odenwaldlinie verlassen und weiter im Osten einen neuen Limes gezogen. Der Odenwaldlimes wurde also verlegt, noch bevor die Bauphase 4 (mit Wall und Graben) eintrat. Wall und Graben, die den Li-

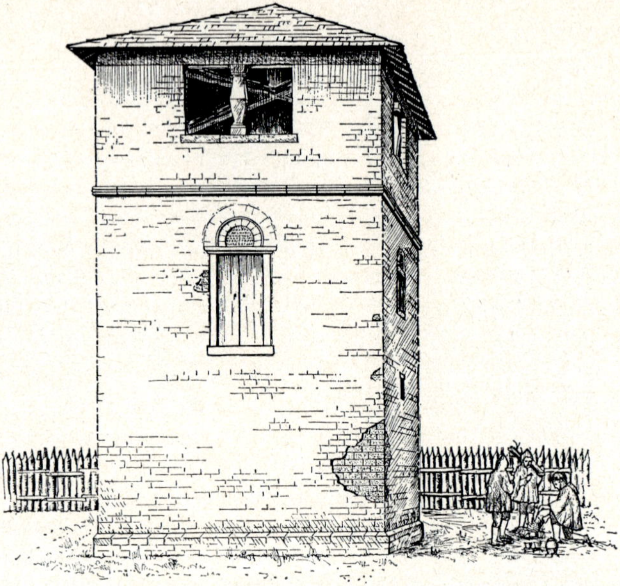

Abb. 53. Steinerner Wachtturm vom Odenwaldlimes (Rekonstruktion).

mes sonst bezeichnen, fehlen daher im Odenwald. Aus diesem
Grund kann man die Grenzlinie im Odenwald nicht unmittelbar
verfolgen. Die Spuren der Palisade, die in Bauphase 2 und 3 die
Grenze markierte, sind zwar an vielen Stellen bei Ausgrabungen
nachgewiesen worden. An der Oberfläche ist aber davon nichts
zu sehen. Ebenso sind sämtliche Spuren des Postenwegs verschwunden. So wird der Verlauf des Limes nur durch eine Kette
von Wachtturmruinen und Kastellen bezeichnet, die dafür aber
zum Teil recht gut erhalten sind (Abb. 17). Es ist reizvoll, diese
Bauten in den Wäldern ausfindig zu machen. Fast alle Kastelle
und Wachttürme sind auf den amtlichen Topografischen Karten
1 : 25 000 eingetragen; die Benutzung der Karten ist am Odenwaldlimes besonders zu empfehlen.
Wegen der recht guten Erhaltung der Streckenbauten war es
möglich, verhältnismäßig zuverlässige Rekonstruktionen der
Wachttürme zu entwerfen. Die Holztürme besaßen einen eigen-
tümlichen Unterbau aus Holz und Steinen ohne Mörtelbindung,
der in einigen Beispielen auch von anderen Limesstrecken be-

kannt ist (Strecke 5). Die Bauweise (Abb. 18 und 19) hat ihre
Wurzeln in der hellenistischen Wehrarchitektur. Alle Holztürme
wurden von einem Ringgraben umgeben, der der Entwässerung
diente. In vielen Fällen ist er heute noch sichtbar und bezeichnet
die Holzturmstellen. – Im Gegensatz zu manchen anderen Limesstrecken befindet sich mit wenigen Ausnahmen nur jeweils eine
Holzturmstelle an den Wachtposten. Das hängt wohl mit dem
etwas späteren Beginn der Strecke zusammen (um 100 n. Chr.).
Die Lebensdauer der meisten Holztürme, die um 100 n. Chr. errichtet worden waren, reichte gerade noch bis in die Zeit, in der
die Steintürme entstanden.

Durch Funde von steinernen Architekturteilen ist bei den Steintürmen im Obergeschoß eine Aussichtsgalerie mit Doppelfenstern
nachgewiesen (Abb. 53). Einige der Pfeiler und Zwergsäulen, die
die Fenster unterteilten, sind im Eulbacher Park zu sehen. Damit
unterscheiden sich die Steintürme der Odenwaldlinie – und wohl
auch die ihnen vorangehenden Holztürme – von den Wachttürmen mit umlaufender Außengalerie, die auf den zeitgenössischen
Reliefs der Traianssäule in Rom dargestellt sind (Rekonstruktion
Abb. 23).

Man nimmt an, daß der Odenwaldlimes bei Kastell Wörth am
Main begann. Es ist aber noch nicht genau bekannt, wo die Linie
vom Main zur Hochfläche hinaufstieg.

46 b KASTELL SECKMAUERN ORL Nr. 46 b. Holzkastell von 0,6 ha
Fläche für eine unbekannte Einheit von Numerus-Stärke. Das
Kastell wurde etwa um 100 n. Chr. erbaut, hat aber nicht lange
bestanden. Vielleicht war es der Vorgänger des Kastells Wörth.
Es lag bereits oben auf der Buntsandstein-Hochfläche, etwa 1,2
Kilometer nordwestlich von der Ortsmitte von Seckmauern im
Wald. Zu sehen ist nichts mehr. Nach der Verlegung des Limes
in der Mitte des 2. Jahrhunderts entstand eine kleine Villa rustica
100 m westlich vom Kastell (zwei Terrassen mit Mauerschutt im
Wald sichtbar, »Feuchte Mauer«) mit einem kleinen Nebengebäude im Inneren des aufgegebenen Kastells (nicht sichtbar) und
einem zugehörigen Bad (zerfallene Mauerreste neben einer Ero-
sionsrinne im Wald östlich vom Kastell).

Der erste gesicherte Wachtturm der Odenwaldstrecke lag 2,3 km
südwestlich von Kastell Seckmauern (1 km östlich Wiebelsbach)
im Acker; er wurde als Wp. 10/7 gezählt. Er ist nicht sichtbar.
Die Palisade lief von hier zum

46 KASTELL LÜTZELBACH ORL Nr. 46 (Lützelbacher Schlößchen).

Steinkastell von 0,6 ha Fläche für einen unbekannten Numerus. Das Kastell befindet sich etwa 1 km südöstlich Lützel-Wiebelsbach im Wald, südlich von einem dort gelegenen Sportplatz. Die Umwehrung des Kastells ist in einem Waldstück als z. T. recht hoher Wall gut zu erkennen. Stellenweise kommt der Mauerkern der Wehrmauer zutage, die äußere Quaderschale ist ausgeraubt. Das Waldstück ist wegen des Gestrüpps nicht gut zu begehen. Das zugehörige Bad wird etwa 40 m nördlich vom Kastell in einer Wiese als flache Erhöhung sichtbar.

Der Limes folgte dem Kamm des Höhenzuges nach Süden. Ebenso folgt dem Kamm eine alte Straße, heute z. T. nur ein Waldweg, die Hohe Straße. Sie ist nicht mit dem römischen Postenweg identisch, läuft aber oft in seiner Nähe. – Der nächste Wp. ist 700 m vom Kastell entfernt, er ist im Wald nicht leicht zu finden. Dieser Wp. 10/8 im Lützelbacher Bannholz gehört zu den wenigen Turmstellen mit zwei Holztürmen. Der nördliche Holzturm ist nach einigen Grabungsbeobachtungen anscheinend durch ein Schadenfeuer vorzeitig zerstört worden. Er wurde danach durch den südlichen Holzturm ersetzt. Der Steinturmhügel ist weniger gut erhalten. Bei beiden Holzturmstellen ist der Ringgraben sichtbar (Grabungsspuren).

Jenseits der flachen Erhebung 373,5 liegt der nächste Wp. 10/9 im Breitenbucher Bannholz. Holz- und Steinturmhügel sind gut erhalten. Beim Holzturmhügel erkennt man den Ringgraben (südlicher Hügel). Da die Wp. 10/8 und 10/9 einst in Sichtverbindung stehen mußten, obgleich eine Erhebung zwischen ihnen liegt, konnte man hier einmal die Mindesthöhe berechnen, welche die Aussichtsgalerie in den Türmen wenigstens gehabt haben muß. Sie betrug 7,6 m.

In dem nun folgenden Sattel zwischen Haingrund und Breitenbuch lag das KLEINKASTELL WINDLÜCKE (Steinkastell, 175 m² Fläche). Es befand sich im Wald unmittelbar westlich von dem Sportplatz; heute ist nichts mehr davon zu sehen. Vermutlich sperrte das Kastell einen Saumpfad, der den Bergsattel in Ost-Westrichtung überquerte.

Von der Windlücke an folgt eine ausgebaute Straße über viele Kilometer dem Höhenzug, auf dem der Limes entlangzog. Die heutige Straße deckt sich aber nicht mit dem alten römischen Postenweg, der stets in ihrer Nähe verlief und mitunter auch gekreuzt wird. Unmittelbar westlich von dieser Straße, etwa 500 m südwestlich der Kreuzung an der Windlücke findet man Wp.

10/10 in der Klinge. Er bestand aus drei Turmstellen, einem Steinturm (im Norden) und zwei Holzturmstellen. Bei dem südlichen, vermutlich jüngeren der beiden Holztürme ist der Ringgraben deutlich. Bei dem nächsten Wp. 10/11 auf der Sellenplatte, der etwas weiter westlich von der Straße liegt, sind die Holzturmstelle und der Steinturmhügel vorhanden. Man erkennt den Grundriß des Steinturmfundaments.

Bei Wp. 10/12 in den Dickhecken ist der Steinturmhügel durch Grabungen und Ausraubungen zerrissen worden, er ist aber noch erkennbar. Nördlich vom Steinturm erblickt man den gut erhaltenen Holzturmrest (Ringgraben). Der nächste Wp. 10/13 in den Erlen liegt östlich von der Straße, etwa 360 m nordöstlich vom Kastell Hainhaus. Hier befindet sich nur eine erkennbare Turmstelle (flacher Hügel), von der man nicht weiß, ob sie von einem Holz- oder einem Steinturm herrührt.

47 KASTELL HAINHAUS nordwestlich von Vielbrunn, ORL Nr. 47. Steinkastell von 0,6 ha Fläche für einen unbekannten Numerus. An der Ostseite des Kastells befindet sich ein Gasthaus. Im übrigen ist die Umwehrung (als Erdwall) noch gut zu verfolgen. Die Steinsessel neben dem Gasthaus haben mit dem römischen Kastell nichts zu tun; sie stammen aus dem 18. Jahrhundert. Der Hügel an der Südwestecke des Kastells ist ebenfalls neuzeitlich, er rührt von einem aufgegebenen Eiskeller her. – Etwa 200 m nordwestlich vom Kastell wurde das zugehörige Bad ausgegraben, von dem aber kaum noch Spuren zu sehen sind.

Die heutige Straße (Hohe Straße), die vom Hainhaus in Richtung Eulbach nach Süden läuft, folgt ungefähr der Limeslinie. Bis auf einen Wp., der östlich der Straße liegt (10/18), befinden sich die Turmreste westlich von ihr.

Etwa 700 m südlich vom Hainhaus stößt man auf den Holzturm von Wp. 10/14 an der Döllchenschneise direkt an der Straße im Wald (deutlicher Ringgraben). Der Steinturm ist völlig verschwunden. Das gilt auch für den nächsten Wp. 10/15 im oberen Haspel unmittelbar an der Straße. In den Rest des Holzturmhügels (mit Ringgraben) wurde ein neuzeitliches Steinfundament eingesetzt, das eine Ruhebank trägt. Wp. 10/15 befindet sich in offenem Gelände, durch das die Grenzlinie (die weiterhin nicht sichtbar ist) hier in der Nähe des Dorfes Vielbrunn zog. In dem Ackergelände ist der nächste Wp. 10/16 völlig ausgebrochen worden. Er muß südlich der Kreuzung mit der Straße Bad König – Vielbrunn gelegen haben.

Die nächste Spur des Limes befindet sich wieder im Wald. Es ist Wp. 10/17 in den Heumatten, wo vor allem die Holzturmstelle erkennbar ist. Etwa 40 m südlich von ihr werden geringe Spuren sichtbar, die vom Steinturm herrühren können. – Wp. 10/18 im Strichherrenwald zeigt einen wohlerhaltenen Holzturmhügel. Der Steinturmrest wurde schon vor langer Zeit beim Straßenbau zerstört.

Die beiden nächsten Wp. 10/19 an der Lichten Platte und 10/20 am Kutschenweg befinden sich innerhalb des Eulbacher Wildparks und sind nicht ohne weiteres zugänglich. Bei beiden sind sichtbare Spuren des Holz- und des Steinturms vorhanden. Am Steinturm Wp. 10/19 wurden Bruchstücke der Bauinschrift gefunden. Sie besagt, daß der Turm im Jahre 146 n. Chr. von den *Brittones Triputienses* (Kastell Schlossau) erbaut worden ist.

Sehr empfehlenswert ist der Besuch des Eulbacher Parks. An seinem Südrand lag das nahezu völlig verschwundene

48 KASTELL EULBACH ORL Nr. 48. Steinkastell von 0,6 ha Fläche für einen unbekannten Numerus. Mitten über das Kastell geht die Bundesstraße 47 hinweg, unmittelbar östlich vom Parkplatz des Naturparks. Spuren des Kastells sind nur noch schwach erkennbar (besonders südlich von der Straße). Graf Franz zu Erbach hat das Kastell schon im Jahre 1806 ausgraben lassen. Dabei wurde das ehemalige Osttor mit einem Stück der zugehörigen Umwehrung im Eulbacher Park etwas fantasievoll wieder aufgebaut, wo es heute noch steht. Das gleiche geschah mit einem Tor des Kastells Würzberg. Die Rekonstruktionen geben weder im Grundriß noch im Aufgehenden den römischen Zustand richtig wieder. Sie sind aber ein liebenswertes Zeugnis einer frühromantischen Bemühung um das Verständnis des Limes. – Man findet im Eulbacher Park noch weitere Reste des Odenwaldlimes. Neben dem Obelisk, der aus Steinen des Kastells Würzberg aufgebaut wurde, stehen einige Pfeiler und Zwergsäulen unterschiedlicher Form. Sie dienten einstmals alle dem Zweck, die Aussichtsfenster im Obergeschoß verschiedener steinerner Limestürme zu unterteilen. Sie wurden bei Grabungen des Grafen Franz zu Erbach an mehreren Steinturmhügeln gefunden und in den Eulbacher Park gebracht. Ein wenig weiter erblickt man den Sockel des Steinturms Wp. 10/22, der ebenfalls hierher versetzt wurde. In sein Mauerwerk sind zwei Steininschriften eingelassen, und zwar in der Mitte die zerbrochene Bauinschrift des Steinturms Wp. 10/22, der 145 n. Chr. von den *Brittones Tripu-*

tienses errichtet wurde. Rechts daneben erblickt man die Inschrift der *Cohors I* von Wp. 10/34 (CHO I; steht auf dem Kopf).
Im Park sind noch weitere römische Inschriftsteine aufgestellt,
darunter die Fortuna-Weihung des *T. Manius Magnus* aus Si-
nope in der heutigen Türkei, Centurio der 22. Legion und Chef
der *Brittones Triputienses* von Schlossau. – Unter einem Nebengebäude der Gaststätte am Parkplatz wurden Reste des Kastellbades von Eulbach entdeckt.

Wp. 10/21 in der Heumatte, 800 m südlich vom Kastell, liegt noch
im Eulbacher Wildpark und ist daher nicht ohne weiteres zugänglich. Geringe Reste des Holz- und des Steinturms sind vorhanden. – In einem Waldstück findet man nahe dem Waldrand
östlich von der Landstraße Eulbach – Würzberg den Wp. 10/22
am Vogelherdschlag. Das Steinturmfundament wurde in den
Eulbacher Park versetzt. Daher ist der Steinturmhügel niedrig;
besser ist die Holzturmstelle erhalten (Ringgraben). Der Steinturm wurde 145 n. Chr. von den *Brittones Triputienses* (Kastell
Schlossau) errichtet (Bauinschrift im Eulbacher Park). Als Graf
Franz zu Erbach am Anfang des 19. Jahrhunderts den Steinturm
ausgraben ließ, war über den Handquadern der Mauer noch der
dicke weiße Außenputz erhalten, auf den rot eingefärbte Quader-
linien gezogen waren.

Die Grenzlinie (nicht sichtbar) verläßt bei Wp. 10/22 den heutigen Wald und zieht durch das offene Wiesen- und Ackergelände
der Gemarkung Würzberg. Hier sind die nächsten beiden Wp.
verschwunden. Wp. 10/23 dürfte unweit vom Sendemast an der
Höhe 535 gestanden haben, Wp. 10/24 östlich vom Friedhof des
Dorfs. – Wp. 10/25 auf dem roten Buckel liegt dicht am Waldrand östlich von der Hohen Straße (300 m südöstlich der Förste-
rei Jägertor). Man erkennt geringe Spuren des Holz- (direkt am
Waldrand) und des Steinturms (30 m westlich vom Holzturm,
wird von einem Waldweg überquert). 1 km weiter südöstlich
stößt man auf das freigelegte Kastellbad Würzberg unmittelbar
an der Hohen Straße. Von Würzberg aus führen bezeichnete
Wanderwege zum »Römerbad« und Kastell, deren Besuch unbedingt lohnend ist. Man kann auch vom Ort Würzberg aus den
Weg zur Wildfütterung nehmen und beim Erreichen der Hohen
Straße parken.

49 KASTELL WÜRZBERG ORL Nr. 49 (Abb. 54). Das Kastell von
0,6 ha Fläche beherbergte einen unbekannten Numerus. Die Umwehrung besaß drei Bauphasen wie die des Kastells Hesselbach

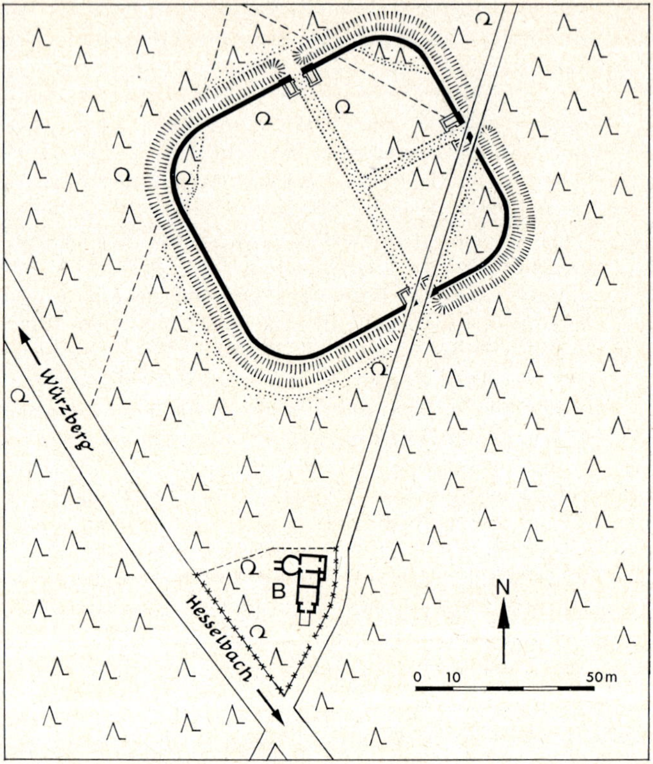

Abb. 54. Lageplan des Kastells Würzberg. Neben dem Kastell bei B befindet sich die sichtbare Badruine.

(Beschreibung siehe dort). Sie ist vorzüglich erhalten. Man folgt dem schmalen Waldweg, der am Bad von der Hohen Straße abzweigt und steht etwa 70 m nordöstlich vom Bad an der Stelle des ehemaligen Südosttors. Von hier aus kann man den hohen Erdwall der Umwehrung, in dem noch das Fundament der letzten Steinmauer (nicht sichtbar) steckt, rundum erkennen, denn die Kastellfläche ist größtenteils unbewaldet. Vor dem Wall erblickt man Spuren des Verteidigungsgrabens. Teile des Mauerwerks der letzten Umwehrung wurden am Anfang des 19. Jahrhunderts in den Eulbacher Park gebracht. Dort befindet sich auch die steinerne

Inschriftplatte für die Bauinschrift, die leer vorgefunden wurde,
weil die Inschrift vermutlich einst aufgemalt war. Die Platte be-
kam eine neuzeitliche Inschrift und wurde am Obelisken des
Eulbacher Parks angebracht. – Das Kastellbad gehört zu den wenigen wohlerhaltenen und sichtbaren Bädern unseres Limes. Es
besaß trotz seiner geringen Abmessungen alle Räume, die für die
komplizierte Art des römischen Badens notwendig waren (Abb.
13 und 14). Selbst ein kleiner, unbedeutender Numerus an einer
so abgelegenen Grenzstrecke des Römerreichs brauchte auf diese
Annehmlichkeiten nicht zu verzichten.

Vom Kastell Würzberg aus folgt man der Hohen Straße, die
durch den Leiningischen Wildpark an der Wildfutterstelle vorbei nach Hesselbach führt. Der Wanderer braucht nicht zu er-
schrecken, wenn ihm eine Wildschweinhorde begegnet. Die Tiere
sind Menschen gewöhnt und möchten nur etwas zu fressen haben,
was man ihnen aber außerhalb der Futterstelle lieber nicht geben
sollte. – Die Hohe Straße (heute ein befestigter Waldweg) ist im
Mittelalter entstanden. Sie ist nicht mit dem römischen Postenweg identisch. Daher sind auch die Pflasterreste und Randstein-
lagen, die man dort gelegentlich erblickt, keineswegs römischen
Ursprungs. Von Würzberg aus gesehen liegen die Wp. bis ein-
schließlich Wp. 10/29 östlich von der Hohen Straße. Zwischen
Wp. 10/29 und 10/30 kreuzt die (nicht sichtbare) Linie der römischen Palisade die heutige Straße und verläuft dann westlich von
ihr. Wp. 10/30 und 10/31 liegen demnach westlich von der Hohen
Straße. – In der Nähe der Wp. erblickt man streckenweise einen
niedrigen Wall, der auf beiden Seiten von Gräben begleitet wird.
Es sind Reste einer mittelalterlichen Landwehr, die mit dem Limes nichts zu tun hat.

Wp. 10/26 im Sack liegt etwa 200 m südöstlich vom Tor des Wildparks, 50 m östlich der Straße. Der Steinturmhügel (im Süden)
ist verwühlt, aber gut erkennbar, ebenso die Holzturmstelle
(Ringgraben). Nahe östlich von den Turmresten geht die mittelalterliche Landwehr vorbei. Die Palisade, die jenseits der Landwehr festgestellt wurde (nicht sichtbar), hatte eine Biegung, die
sich auf den Holzturm bezog. Demnach wurde die Palisade also
erst erbaut, als der Holzturm bereits stand.

Bei Wp. 10/27 im Gescheid sind Holz- und Steinturmstelle (diese
im Süden) ebenfalls gut erkennbar; Reste des Steinturmfundaments sind vorhanden. Der Holzturm gehört zu jenen, bei denen
die Bauweise des Sockels aus Steinen und einem Holzrost (Abb.

55) besonders gut beobachtet werden konnte. Der Wp. ist vom vorigen 900 m entfernt, der Abstand zur Hohen Straße beträgt 200 m. – Weitere 900 m nach Süden findet man dicht an der Straße die Holz- und Steinturmruine des Wp. 10/28 im oberen Seeschlag (der Steinturm liegt im Norden).

Wp. 10/29 im unteren Seeschlag, etwa 70 m östlich der Hohen Straße dicht an der bayrisch-hessischen Grenze gelegen (noch auf bayrischem Gebiet), zeigt von beiden Türmen noch die zerfallenen Reste der freigelegten Fundamente. Der Steinturm, an dem Bruchstücke einer Bauinschrift von 145 gefunden worden sind, liegt im Norden. – Wp. 10/30 in den Vogelbaumhecken findet man etwa 1 km weiter südlich an der Westseite der Hohen Straße. Dort zweigt ein Waldweg ab, an dessen Nordseite nach etwa 150 m die Ruine des Holzturms steht. Dahinter befindet sich der wohlerhaltene und konservierte Steinturmsockel. – Von Wp. 10/31 im Saufeld ist nichts mehr zu sehen. Er konnte lediglich durch einige aufgefundene römische Bausteine nachgewiesen werden.

Die Hohe Straße verläßt bald nach Wp. 10/30 den Wildpark und zieht – anfangs am Waldrand entlang – in den offenen Teil der Hesselbacher Gemarkung. Kurz vor dem Dorf (am Nordoststrand des Dorfs) trifft man auf das in Wiesen gelegene

50 KASTELL HESSELBACH ORL Nr. 50 (Abb. 11 und 12). Das Kastell von 0,6 ha Fläche war für einen unbekannten *Numerus Brittonum* bestimmt. Um 100 n. Chr. wurde es zunächst mit einer hölzernen Umwehrung erbaut. Unter Hadrian erhielt es eine Wehrmauer, die aus zwei Trockenmauerschalen mit einer Erdzwischenfüllung bestand. Diese wurde in den vierziger Jahren des 2. Jahrhunderts durch eine Mörtelmauer ersetzt. Das Kastell wurde wie die übrigen Militärbauten des Odenwaldlimes zwischen 148 und 161 n. Chr. vom Militär aufgegeben. Es gehört zu den wenigen Truppenlagern am Limes, dessen Innenbauten durch Grabungen genau bekannt sind. Diese bestanden aus Holz (Fachwerk) und hatten zwei Bauphasen. Die erste ist mit der hölzernen Wehrmauer gleichzeitig, die zweite bestand während der Dauer der beiden späteren Umwehrungen. Obgleich es sich um ein kleines, sehr abgelegenes Kastell handelte, und die Besatzung nicht zu den bedeutenden Truppenkörpern des Römerreichs gehörte, sind die Bauten doch nach den strikten Normen des römischen Militärs entstanden. – Am Haupttor (Nordosttor) steht eine Erläuterungstafel. Die Umwehrung, die die Gestalt eines unterschied-

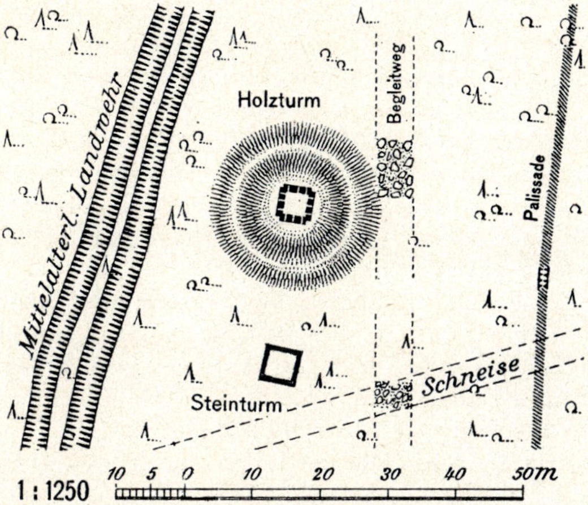

Abb. 55. Wp. 10/27 im Gescheid (nach ORL).

lich hohen Erddamms hat, ist rundum in der Wiese bzw. am
Straßenrand zu sehen. Die Westecke liegt unter der Scheune des
Försterhofs.

Südlich von Hesselbach verengt sich die Hochfläche, auf der der
Limes bisher entlangzog, zu einem schmalen Grat. Es ist wohl der
landschaftlich schönste Teil der Odenwaldstrecke. – Die Linie
der Palisade überquerte die Hochfläche 200 m nordöstlich vom
Kastell und stieg dann zur Höhe hinauf in den Wald. Dort liegt
zunächst – 800 m südöstlich vom Kastell – Wp. 10/32 Höhenbuckel. Beim Steinturm ist das zerfallene Fundament schwach erkennbar. Nördlich davon bemerkt man die Holzturmstelle (Ringgraben, etwas verwühlt). Es ist bemerkenswert, daß die Römer
den Turm nicht oben auf den Bergkamm gestellt haben, woran
sie niemand hätte hindern können. Die Aussicht vom Bergkamm
und die Übersicht über das weitere Vorgelände waren offenbar
von untergeordneter Bedeutung. Wichtig war die Sicht zum
nächsten Wp. 10/33, ja man konnte vom Höhenbuckel aus noch
weitere Teile der Limesstrecke einsehen. – Der nächste Wp. 10/33
Kahler Buckel befindet sich nunmehr oben auf dem Bergrücken,
dem die Grenzlinie hier folgt. Tief unten im Tal erblickt man das
ehemalige Jagdschloß Waldleiningen. Der Wp. besteht aus zwei
deutlichen Holzturmhügeln (die beiden südlichen Hügel) mit nur

schwachen Ringgräben, ferner einer Steinturmruine, deren Grundmauern ausgegraben und später gut konserviert worden sind. Der Steinturm wurde 146 n. Chr. von den *Brittones Triputienses* (Kastell Schlossau) erbaut. Die Bauinschrift* (Abb. 56) befand sich als Füllung des Entlastungsbogens über dem Türsturz des Turmeingangs (siehe Abb. 53). Vor der Wachtturmgruppe zieht an der Kante des Abhangs die mittelalterliche Landwehr entlang.

Von Wp. 10/33 senkt sich der Bergkamm zu einem Sattel hinab, auf dem sich das KLEINKASTELL ZWING befand (Steinkastell von etwa 350 m² Fläche). Der kleine Paß, an dem sich heute ein Parkplatz des Naturparks befindet, trägt auch den Namen Jägerwiese. Die ganz unbedeutenden Reste des Kleinkastells liegen unmittelbar nördlich davon (nur schwache Bodenerhöhung). Einige Reliefs aus dem kleinen Wehrbau sind in das Museum Amorbach gelangt.

Die Palisade stieg nun (nicht sichtbar) nach Südosten wieder den Berg hinauf. Nach etwa 150 m Entfernung zeigte sich bei der Untersuchung eine merkwürdige Erscheinung. Der Palisadengraben setzte aus, stattdessen beobachtete man die Reste einer Mauer. Spuren des Fundaments und einige schwere, halbrunde Mauerdeckel aus Sandstein sind noch an Ort und Stelle zu finden. Wahrscheinlich war es wegen des felsigen Untergrundes nicht möglich, den Palisadengraben einzutiefen. Die Mauer war 112 m lang. Dann setzte die Palisade wieder ein, noch vor dem nächsten Wp. 10/34 im Hohen Wald. Der Sockel des Steinturms ist wohlerhalten und konserviert. Bei der Ausgrabung fand man eine Inschrift *CHO I*, die hinter dem »I« abgebrochen ist (jetzt im Eulbacher Park). Sie ist wohl von einem Baukommando der *Cohors I Sequanorum et Rauracorum* aus Oberscheidental gesetzt worden. – Die Holzturmstelle (20 m nördlich vom Steinturm) wurde durch einen kleinen Steinbruch teilweise zerstört.

Der Steinturm von Wp. 10/35 im Klosterwald ist ebenfalls kon-

---

* *Imperatori Caesari, Divi Hadriani filio, Tito Aelio Antonino Augusto Pio, pontifici maximo, tribunicia potestate VIII, consuli, patri patriae, Brittones Triputienses Claro II et Severo consulibus* = »Dem Kaiser Titus Aelius Hadrianus Antoninus Pius, Sohn des vergöttlichten Hadrian, dem höchsten Priester, im 8. Jahr seiner tribunizischen Amtsgewalt, dem Konsul und Vater des Vaterlandes (haben) die Brittones Triputienses (diesen Turm geweiht), als Clarus zum zweitenmal und Severus Konsuln waren« (146 n. Chr.).

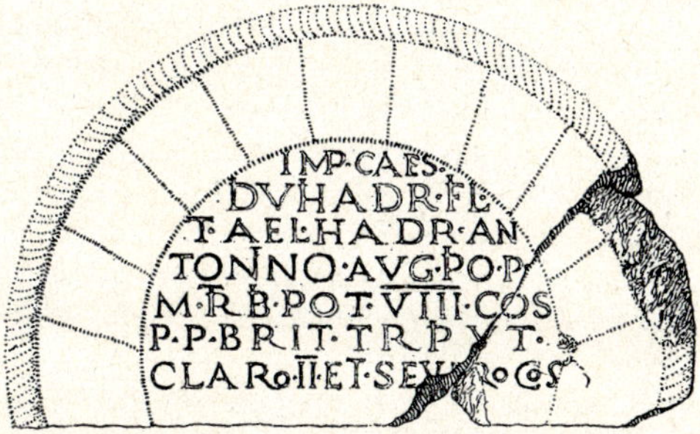

Abb. 56. Bauinschrift des Steinturms Wp. 10/33 Kahler Buckel (nach ORL). Breite 92 cm.

serviert und gut erhalten. Er ist allerdings im Wald ohne Karte kaum zu finden. Wie die gefundene Bauinschrift lehrt, ist der Turm 146 n. Chr. von den *Brittones Triputienses* errichtet worden. Südöstlich vom Steinturmsockel liegen die gut erkennbaren Reste zweier Holztürme.

Während Wp. 10/35 westlich von der Landstraße nach Hesselbach liegt, findet man Wp. 10/36 am Fischerspfad auf der Ostseite, etwa 50 m von der Straße entfernt, 250 m nordwestlich von der Kreuzung mit der Siegfriedstraße (Eberbach – Amorbach). Der Steinturmsockel ist gut sichtbar (konserviert), ebenso die südöstlich davon befindliche Holzturmstelle.

Das Gelände senkt sich nun zu einem kleinen Paß, auf dem die schon erwähnte Straßenkreuzung liegt (Parkplatz des Naturparks). Südöstlich von der Kreuzung befinden sich an der Südseite der Straße nach Schlossau die unscheinbaren Reste des KLEINKASTELLS SEITZENBUCHE (Steinkastell von etwa 400 m² Fläche). Es sind nur noch einige unregelmäßige Grabungslöcher zu sehen, an denen Bausteine der Umwehrung liegen. Das Kastell Seitzenbuche deckte vermutlich ebenso wie die vorher erwähnten Kleinkastelle der Grenzlinie einen alten Saumpfad, der den Paß überquerte.

750 m von der Kreuzung entfernt befindet sich nahe der Straße nach Schlossau (nördlich von ihr, Hinweisschild) der nächste Wp. 10/37 in der Schneidershecke (Parkplatz). Dieser Wp. ist besonders gut erhalten und auch besonders interessant. Es sind zwei konservierte Steinturmsockel zu sehen. Zwei Steintürme findet

man sonst an keinem Wp. der Odenwaldlinie. Westlich von den
beiden Steintürmen ist ein deutlicher Holzturmhügel mit Ringgraben zu erkennen. Der östliche Steinturm hatte ein eigentüm-
liches und am gesamten Limes einmaliges Schicksal. Er ist der
ältere der beiden Steintürme und löste den Holzturm ab, vermutlich 145 oder 146 n. Chr. Kurze Zeit danach wurde er aus einem
unbekannten Grund in ein Heiligtum verwandelt. Daher konnte
er für den Wachtdienst nicht mehr verwendet werden. So wurde
westlich von ihm ein zweiter Steinturm erbaut. Auf einem Inschriftstein, der Jupiter geweiht ist, wird dieser zweite Turm als
»burgus« bezeichnet; er wurde von einem Arbeitskommando der
Cohors 1 Sequanorum et Rauracorum aus Oberscheidental errichtet.
Bei der Ausgrabung des älteren (östlichen) Turms fand man eine
Figurengruppe. Sie war einst als Kultbild in dem kleinen Heiligtum aufgestellt, in das der Turm verwandelt worden war. Die
Figuren sind aus Sandstein, etwas unter lebensgroß und stellen
Mars, Victoria und Salus dar. Heute sind sie im Badischen Lan-
desmuseum, Karlsruhe, zu sehen. Auch fand man Reste von be-
maltem Innenverputz, die sonst bei Wachttürmen nicht vorkommen. Das Heiligtum war also farbig ausgemalt. Noch heute liegen
vor dem Fundament große Keilsteine. Sie schlossen eine gewölbte
Nische ab, in der die Figurengruppe aufgestellt war. Eine Frei-
treppe führte von Norden her in den Innenraum des kleinen
Tempels. Ihr Fundament ist an der Nordseite des quadratischen
Turmgrundrisses noch zu sehen, auch sind einige der steinernen
Treppenstufen dort aufgestapelt. Das Gebäude trug außen einen
hellen Verputz. Es hatte ein rotes Ziegeldach, während die steinernen Wachttürme der Strecke sonst Schindel- oder Strohdächer
trugen.
Von dem nächsten Wp. 10/38 am Rotkreuz, der nahe am Waldrand liegt, ist nichts zu sehen. – Die Grenzlinie (nicht sichtbar)
verläßt hier den Wald und tritt in den offenen Teil der Gemarkung Schlossau ein.

51   KASTELL SCHLOSSAU ORL Nr. 51. Steinkastell von 0,6 ha Fläche
für den *Numerus Brittonum Triputiensium*. Das Kastell befindet
sich etwa 200 m nördlich vom Ort in einer Wiese mit Obstbäu-
men. Außer einigen schwachen Erhöhungen an der Stelle der
Umwehrung ist nichts zu sehen. Der heutige Ort ist nach der
Kastellruine (»Schloß« oder »Schlößchen«) benannt worden, von
der noch im vorigen Jahrhundert erheblich mehr zu sehen war.

Von Schlossau bis Bad Friedrichshall am Neckar; südliche
Odenwaldlinie (Strecke 10, Südteil)

Bei Schlossau ändert sich der Charakter der Landschaft. Der Li-
mes verläßt hier das Gebiet des Buntsandsteins, der weiter im
Norden das Geländerelief bestimmt, und tritt in die Süddeutsche
Stufenlandschaft ein. Das südlich Schlossau folgende Plateau aus
Muschelkalk weist nicht jene langgestreckten, von Norden nach
Süden ziehenden Täler und entsprechenden Höhenrücken auf, die
für den nördlichen Odenwald bezeichnend sind. An einen dieser
Höhenrücken schloß sich die nördliche Odenwaldlinie in vielfachen Biegungen an. Die bei Schlossau beginnende Hochebene
wird dagegen von mehreren, etwa in Ost-Westrichtung fließen-
den Bächen und Flüßchen durchzogen, die der Limes auf seinem
Weg zum Neckar überqueren mußte. Es gab kein Geländemerk-
mal, an das sich die Grenzlinie auf diesem Weg hätte anlehnen
können. Daher wurde des Limes von Schlossau bis zum Neckar
bei Friedrichshall auf 35 km Länge schnurgerade abgesteckt. Das
war eine bemerkenswerte meßtechnische Leistung, die übrigens
von den römischen Truppen einige Jahrzehnte später am vorderen Limes noch erheblich überboten wurde. Auf seinem geraden
Lauf durchquerte der Limes ohne jede Rücksicht auf Berge oder
steile Täler die Landschaft, was besonders zwischen Wp. 10/52
und 10/55 südlich Trienz deutlich wird. Hier hätte die Linie
durch eine geringe Ausbiegung nach Westen den zweifachen Ab-
und Aufstieg durch das tiefe Trienztal ohne weiteres umgehen
können. Das ist nicht geschehen. Offenbar hielten die verantwortlichen römischen Offiziere eine gerade Linie für besser über-
schaubar und daher leichter zu überwachen; auf jeden Fall war
sie kürzer.

Die Geschichte der südlichen Odenwaldlinie verlief genauso wie
die der nördlichen; sie wurde oben bereits geschildert. Auch bei
der südlichen Linie ist von dem eigentlichen Grenzverlauf nichts
zu sehen, weil die Grenze noch vor der Anlage von Wall und
Graben von den Römern verlegt worden ist. Bei Ausgrabungen
ist aber an vielen Stellen die Spur der unter Hadrian entstandenen Palisade beobachtet worden. Die Verteilung der Kastelle ist
anders als an der nördlichen Linie. Bei Schlossau hörte die Reihe
der kleinen Numeruskastelle auf. Die südliche Strecke wurde von
zwei Kohortenkastellen gesichert (Oberscheidental und Neckarburken), die größere Abstände voneinander hatten. Das bedeu-

tete keineswegs eine geringere Besetzung der Strecke mit Truppen. Im Gegenteil, die Einheiten an der südlichen Strecke waren
durch ihre Konzentration auf wenige Garnisonorte schlagkräf-
tiger. Der Einsatz von teilweise berittenen Truppen (Cohortes
equitatae) dürfte damit zusammenhängen, daß die Hochebene
schon im Altertum ähnlich wie heute nicht so stark bewaldet war
wie das Buntsandsteingebiet an der nördlichen Odenwaldstrecke.
Daher war die Grenze auch leichter von Osten her zugänglich.
Einer Gefährdung der Grenze aus dieser Richtung hatten die beiden Kohorten womöglich schon im Vorfeld des Limes entgegenzutreten.

Da die Strecke oftmals durch Ackerland läuft, sind ihre Bauten
nicht gut erhalten. Dennoch gibt es einige sehenswerte Denkmäler, von denen besonders das Südtor des Kastells Oberscheidental
und das Kleinkastell Robern zu erwähnen sind.

Von den Wp. 10/32–10/42 zwischen Schlossau und Oberscheidental ist so gut wie nichts zu sehen.

52 KASTELL OBERSCHEIDENTAL ORL Nr. 52. Steinkastell von 2,1 ha
Fläche. Besatzung: anfangs *Cohors III Dalmatarum*. Diese Truppe, die im Winter 88/89 n. Chr. noch in Untergermanien lag,
wurde wenig später nach Rottweil und dann nach Wiesbaden in
Obergermanien versetzt. Von dort gelangte sie – wohl noch am
Anfang der Regierung Traians – nach Oberscheidental. Aber
schon in den Jahren zwischen 115 und 125 wurde sie in das
Kastell Rückingen verlegt. In das Kastell Oberscheidental zog
die *Cohors I Rauracorum et Sequanorum equitata* ein. Dem Chef
dieser Truppe war zweifellos ein erheblicher Abschnitt des Odenwaldlimes mit mehreren Numeruskastellen unterstellt, der in
nördlicher Richtung möglicherweise bis zum Kastell Lützelbach
reichte und nach Süden noch das Kleinkastell Robern einschloß. –
Ob dem Steinkastell ein gleichgroßes Holzkastell oder ein kleinerer Wehrbau voranging, der vielleicht noch in die Spätzeit
Domitians zurückreichte, ist bisher nicht nachgewiesen. – Das
Kastell liegt am südöstlichen Ortsrand unmittelbar westlich vom
Friedhof. Teile der Umwehrung, insbesondere die Süd- und die
Westseite, sind in den Wiesen und Äckern als Geländewellen
deutlicher sichtbar. Freigelegt und gut erhalten sind die Grund-
mauern des Südtors (porta principalis dextra). Man beachte das
Schräggesims an der Außenseite der Umwehrung und die Schwel-
len für die Eingänge der Tortürme. Das Kastell war nach Osten
ausgerichtet. Etwa 25 m vor der Ostseite der Wehrmauer stellte

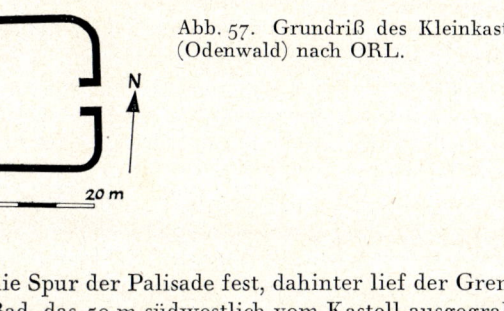

Abb. 57. Grundriß des Kleinkastells Robern (Odenwald) nach ORL.

man die Spur der Palisade fest, dahinter lief der Grenzweg. Von dem Bad, das 50 m südwestlich vom Kastell ausgegraben wurde, ist nichts mehr zu sehen.

Um den nächsten sichtbaren Wp. 10/44 Hönenbuckel zu finden, fährt man etwa 2 km auf der Straße Oberscheidental – Wagenschwend nach Süden. Der Wp. liegt 800 m westlich von der Straße im Wald; er ist nicht ganz leicht zu finden. Man erkennt einen deutlichen Steinturmhügel, auf dem Bausteine des Turms liegen. Die Anhöhe, auf der der Turm stand, ist zwar flach. Dennoch muß von hier aus eine vorzügliche Fernsicht möglich gewesen sein, die im Süden noch über Neckarburken hinaus bis Wp. 10/63 reichte. Wp. 10/44 muß einer der wichtigsten Richtpunkte zum Abstecken der geraden Limesstrecke gewesen sein. Etwa 30 m nördlich vom Steinturmhügel erblickt man die schwachen Spuren eines weiteren Hügels, der vermutlich die Reste des Holzturms birgt.

Die nächsten drei Wp. sind nicht erhalten. Man nimmt nunmehr die Landstraße von Wagenschwend nach Robern. Etwa 1,3 km südöstlich von Wagenschwend liegt die Ruine des KLEINKASTELLS ROBERN (»Hönenhaus«, Steinkastell von etwa 420 m² Fläche; wird als Wp. 10/48 gezählt). Sie befindet sich an der Westseite eines kleinen Tals im Wald, etwa 100 m östlich (und unterhalb) der Landstraße. Die Umwehrung ist vollständig sichtbar (konserviertes Mauerwerk; Abb. 57). Zur Grenzlinie (nach Osten) weist ein größeres Tor mit einwärts biegenden Torwangen. An der gegenüberliegenden Westseite stellten die Ausgräber eine kleine Schlupfpforte fest. Bemerkenswert sind die Deckelsteine, die einstmals die Mauerzinnen abdeckten. Sie liegen heute auf der Mauerkrone. Der kleine Wehrbau hatte die gleichen Abmessungen wie die Kleinkastelle der nördlichen Odenwaldlinie; er gehörte wie diese sicherlich zum Kommandobereich des Praefectus der Oberscheidentaler Kohorte.

Die Grenzlinie, von der nichts zu sehen ist, nähert sich nun dem
steilen Trienztal. Der römische Grenzweg verließ südlich von
Robern den Limes und umging das Tal, während die Palisade
(begleitet vom Postenweg) das Tal zweimal durchschnitt.

Am ersten Abstieg ins Tal wurde das KLEINKASTELL TRIENZ (Wp.
10/52) festgestellt, etwa 200 m südöstlich vom Bahnhof. Heute ist
von der Befestigung nichts mehr zu sehen. Mit 0,2 ha Fläche war
das steinerne Kastell erheblich größer als die übrigen, weiter im
Norden befindlichen Kleinkastelle der Odenwaldlinie. Auch hatte
es Tore an zwei gegenüberliegenden Seiten, was bei den anderen
Kleinkastellen der Strecke nicht vorkommt. Wie die gefundene
Bauinschrift mitteilt, wurde es von dem *Numerus Brittonum
Elantiensium* errichtet, der in dem Kastell Neckarburken-Ost
stationiert war. Dieser Numerus unterstand dem Kommandanten
der Kohorte von Neckarburken.

Der nächste sichtbare Wp. 10/54 Mühlwegschlag befindet sich
dort, wo der Limes zum zweitenmal in das Trienztal hinabsteigt.
Man findet ihn 1,2 km südwestlich von der Ortsmitte von Trienz
am westlichen Abhang des Tals auf halber Höhe im Wald. Hier
sind ein Steinturmhügel (der am weitesten östliche Hügel) und
zwei Holzturmstellen zu erkennen (mit Ringgräben). Die beiden
Holztürme sind die einzigen, die an der südlichen Odenwaldstrecke nachgewiesen werden konnten, eine Folge der schlechten
Erhaltungsbedingungen an dieser Strecke. Sie zeigten die gleiche
Bauweise wie die Türme der nördlichen Strecke. So ergibt sich
durch die Beobachtungen an Wp. 10/54, daß beide Strecken von
Anfang an die gleiche Baugeschichte hatten. – Ungefähr in Richtung des Limes, der das Tal in spitzem Winkel kreuzte, zieht sich
ein alter Weg, der Bäckerpfad, der ein Rest des römischen Postenwegs sein kann. Der nächste Wp. 10/55 im Fahrenbacher Buch-
wald befand sich an der oberen Kante des jenseitigen Talhangs,
er ist nicht mehr vorhanden. Der Limes zog nun über das Hochplateau bei Sattelbach. Sichtbare Reste findet man aber erst südlich von Sattelbach im Neckarburkener Bürgerwald.

Von Wp. 10/59 im Neckarburkener Bürgerwald (Waldabt. 8) ist
ein zerwühlter Steinturmhügel mit sichtbaren Resten des Fundaments erhalten, doch ist der Wp. schwer zu finden. Vom Fundament des nächsten Steinturms Wp. 10/60 (Waldabt. 11) ist
etwas mehr zu sehen, doch liegt auch er ohne Weg und Steg im
Bürgerwald. Nördlich und östlich von ihm läuft in geringer Entfernung eine dammartige Erhöhung. Nach der Feststellung der

Reichslimeskommission (K. Schumacher) handelt es sich um den römischen Grenzweg, der südlich von Robern den Limes verlassen hatte und sich der Grenzlinie hier wieder anschließt. Der Damm läßt sich im Wald eine Strecke weit von Wp. 10/60 nach Norden verfolgen. Allerdings findet man eine Reihe ungefähr parallel ziehender Dämme und Terrassen, die vielfältig ineinanderlaufen und offenbar Reste eines mittelalterlichen Ackersystems sind. So erscheint es heute fraglich, ob die alte Annahme über den Verlauf der römischen Straße an dieser Stelle zutrifft.

Das Gelände fällt nach Süden in das Elztal ab. Die Grenzlinie tritt aus dem Wald. Ein wenig unterhalb des Waldrandes muß ein Wp. 10/61 gelegen haben, der aber nicht nachgewiesen ist.

Auf der gegenüberliegenden Südseite des Tals befinden sich die

53 KASTELLE NECKARBURKEN ORL Nr. 53 (West- und Ostkastell). Das größere WESTKASTELL (Steinkastell von 2,2 ha Fläche) beherbergte die *Cohors III Aquitanorum equitata civium Romanorum*. Allerdings lag diese Kohorte unter Traian noch in Stockstadt. Die anfängliche Besatzung des Westkastells ist daher unbekannt. Bei Grabungen fand man als Vorgänger des Steinkastells die Spuren eines Holzkastells, das vermutlich schon für eine Kohorte bestimmt war. Es ist aber noch nicht sicher festgestellt worden, wann das Holzkastell erbaut worden ist. – Das Westkastell liegt am Südostrand von Neckarburken unmittelbar südlich der Bundesstraße 27. Es ist heute vornehmlich mit Einfamilienhäusern überbaut. Nahe an der Bundesstraße sind interessante Teile des Kastellbades freigelegt und konserviert worden. Das OSTKASTELL (Steinkastell von 0,6 ha Fläche) war für den *Numerus Brittonum Elantiensium* (d. h. die Elzbrittonen) bestimmt, wie sich aus der gefundenen Bauinschrift ergibt. Vermutlich hatte das Kastell die gleichen Bauphasen wie das Kastell Hesselbach. Die ältesten Funde gehen wie dort in die Zeit um 100 n. Chr. zurück. Nach dem Abzug der Truppe in der Mitte des 2. Jahrhunderts wurde die Befestigung von einem römischen Bauern erworben, der sie in eine Villa rustica umbaute. – Die Fundamente des Westtors (porta principalis sinistra) des kleinen Kastells sind etwa 200 m östlich vom Ortsausgang von Neckarburken unmittelbar an der Bundesstraße 27 zu sehen. Die Befestigung war nach Norden, auf die Elz orientiert; die Straße läuft über den Vorderteil des Kastells. – Zwischen den beiden Kastellen befand sich ein Thermenbau, über den die Bundesstraße ebenfalls hinwegführt (nicht mehr sichtbar).

Etwa 30 m vor der Ostseite des Ostkastells zog die Palisade nach
Süden den Hang hinauf.

Südlich von Neckarburken lief der Limes weiterhin geradlinig
bis an den Neckar bei Bad Friedrichshall. Ausgegraben wurden
die Steintürme Wp. 10/62, 62 a, 63, 64, 70, 75 und 76. Der letzte,
lediglich vermutete Wp. der Strecke trägt die Nummer 10/79.
Sichtbar sind nur geringe Reste bei Wp. 10/62 a und 10/70. Da
sie überdies schwer zu finden sind, lohnt es sich kaum, sie aufzusuchen. – Der zuerst genannte Wp. 10/62 a Eulberg liegt etwa
1,2 km südlich Neckarburken oberhalb vom Elztal in einer Wiese.
Da nur eine geringe Bodenwelle und das Mauerwerk einer Turm-
ecke vorhanden sind, wird man ihn kaum finden. Die Sicht von
dieser Stelle aus ist allerdings vorzüglich, sie umfaßt das Elztal,
geht aber noch weit nach Norden darüber hinaus. – Wp. 10/70
auf dem Hummelberg befindet sich ungefähr 1,2 km nordwestlich von Tiefenbach im Wald. Es ist nur ein flacher Steinturmhügel vorhanden.

Von Wimpfen bis Köngen; Neckarlinie (Strecke 11)

Die Neckarkastelle liegen auf der Strecke von Wimpfen bis Köngen alle auf der westlichen Seite des Flusses, wie man es von
einer gegen Osten gerichteten Flußgrenze auch nicht anders er-
wartet. Doch setzte hier eine andere Art des Grenzschutzes ein,
die sich von der des nördlich anschließenden Odenwaldlimes
unterschied. Verständlich ist es, daß an dem Fluß Grenzhindernisse, wie z. B. die Palisade, fehlten. Es sind aber auch keine
Wachttürme und Kleinkastelle entdeckt worden, was bei der
Länge der Strecke kaum auf Zufall beruht. Man wird daher annehmen müssen, daß im Altertum gar keine oder nur sehr wenige
Wachttürme am Neckar standen.

Der Verkehr der Kastelle untereinander und der Nachschubver-
kehr spielten sich hauptsächlich auf dem Fluß ab. Der Neckar
wird im jahreszeitlichen Wechsel bei hinreichendem Wasser-
stand auch zum Rhein hin schiffbar gewesen sein, was sich aus
dem nachweisbaren Transport mancher Massengüter ergibt, die
damals bevorzugt auf dem Wasserweg befördert worden sind
(z. B. Bausteine, Ziegel). Außerdem waren die Kastelle durch
eine Straße verbunden. Bemerkenswert ist, daß die Straße nicht
immer am linken Flußufer geführt worden ist. Zwischen Bök-
kingen und Lauffen a. N. konnte bisher kein Rest einer römischen

Straße westlich vom Fluß gefunden werden. Dafür stellte man an der gegenüberliegenden Seite des Flusses bei Horkheim ein römisches Straßenstück fest. Der Neckar war demnach keine so strikt überwachte und mit Türmen versehene Grenze, wie man es von den nördlich angrenzenden Limesstrecken kennt. Das ist um so überraschender, als gerade am hier betrachteten mittleren Neckar auf beiden Seiten günstiges Siedlungsland lag, und der Fluß an vielen Stellen durch Furten überquert werden konnte. Eine ähnliche Grenzorganisation findet man weiter südlich bei der Alblinie in der Provinz Raetien, die ebenfalls ohne durchlaufende, von Türmen überwachte Grenzsperren auskam. Die Erklärung für den andersartigen Grenzschutz dürfte darin liegen, daß die Bewohner des unmittelbar östlich an den Neckar grenzenden Gebiets dem Römerreich nicht feindlich gegenüberstanden. Hier am mittleren (sowie am südlichen) Neckar sind nämlich die bei Tacitus, Germania 29 erwähnten *decumati agres* zu suchen. Noch vor der Okkupation durch römische Truppen hatten sich allerhand arme, aber unternehmungslustige Leute aus Gallien in dem Land niedergelassen, das durch die verwickelten Völkerbewegungen des 1. Jahrhunderts v. Chr. und der augusteischen Zeit weitgehend von Menschen entblößt worden war. Der Zustrom von Menschen aus dem römischen Gallien erfolgte zweifellos mit römischer Billigung und Förderung und stellte eine Vorstufe der Annektion dar. Leider ist der archäologische Nachweis der ersten gallischen Siedler noch nicht gelungen.

Die militärische Besetzung des mittleren Neckarlaufs erfolgte von Süden her. Unter Kaiser Vespasian kam der Oberlauf des Flusses mit der Gegend um Rottweil in römische Hand. Ein wenig später, unter der Regierung Domitians, besetzten römische Auxiliartruppen den mittleren Neckarlauf und gaben damit dem wohl schon unter römischem Einfluß stehenden Gebiet militärischen Halt. Mit Sicherheit geht das große Holzkastell in Cannstatt noch in die Zeit Domitians zurück. Gleichzeitige Funde gibt es aus Wimpfen, Böckingen und Köngen, doch weiß man bei diesen Orten noch nicht, wie groß die ersten Befestigungen waren. Die Besetzung der Flußlinie ist erst unter Traian endgültig beendet worden. Im Südosten schloß sich an die Neckarlinie bei Köngen die Alblinie an, die unten gesondert behandelt wird.

Die bedeutendste Truppe war die in Cannstatt stationierte Ala. Ihrem Chef dürfte ein erheblicher Abschnitt der Grenze unterstellt gewesen sein. Sonst lagen in den Neckarkastellen Kohorten, denen in mehreren Fällen, wenn nicht überall, kleinere Einheiten, meist *Numeri Brittonum*, beigegeben waren. Bezeichnend für das friedliche Verhältnis der Kastellreihe zu ihrem Vorland war die Existenz einer großen kaiserlichen Domäne jenseits des Limes, die von einem eigenen Prokurator verwaltet wurde (nach einer Inschrift aus Drusae in Bithynien in der heutigen Türkei). – Die Truppen wurden zwischen 148 und 161 n. Chr., vermutlich wohl in der Mitte der fünfziger Jahre des 2. Jahrhunderts an die neue, östliche Linie Welzheim-Miltenberg vorverlegt. An den ehemaligen Kastellorten bildeten sich zum Teil ausgedehnte Zivilsiedlungen.

Sichtbare Reste der Neckarkastelle gibt es wegen der intensiven, späteren Überbauung nur wenige. Zu empfehlen ist der Besuch des Kastells Köngen.

54/55   KASTELL WIMPFEN IM TAL ORL Nr. 54/55. Steinkastell unbekannter Größe; Besatzung anfangs *Cohors II Hispanorum equitata*, später *Cohors I Germanorum (equitata) civium Romanorum*. Die Cohors II Hispanorum wurde nach Stockstadt versetzt. Wo die Cohors I Germanorum vor ihrem Aufenthalt in Wimpfen lag, ist unbekannt; sie befand sich aber schon 82 n. Chr. im Verband des obergermanischen Heeres. Bei der Vorverlegung des Limes kam die Truppe nach Jagsthausen. – Von dem Kastell ist nichts zu sehen. Seine Südmauer liegt unter einem Teil der südlichen mittelalterlichen Stadtmauer. Mitten im ehemaligen Kastell steht die Stiftskirche St. Peter und das Benediktinerkloster, in dem auch römische Inschriftsteine aufbewahrt werden. – Nachdem die Truppe das Kastell verlassen hatte, vergrößerte sich das Kastelldorf und wurde zum Hauptort der *civitas Alisinensium*. Dieser Vicus war eine kleinstädtische Siedlung, hatte aber nicht das Stadtrecht. Er erhielt später eine Wehrmauer, die im Norden ungefähr im Zuge der mittelalterlichen Stadtmauer verlief, sie im Westen etwas, im Süden und Osten erheblich überschritt. Von Wimpfen am Berg, das wegen seiner mittelalterlichen Bauten berühmt ist, sind keine römischen Funde bekannt geworden.

56   KASTELL HEILBRONN-BÖCKINGEN ORL Nr. 56. Steinkastell von 2,0 ha Fläche. Besatzung anfangs: *Cohors V Delmatarum*, später: *Cohors I Helvetiorum*, die bei der Vorverlegung des Limes in das Westkastell von Öhringen kam. Dem Steinkastell ging ein hölzernes Kastell voran, das wohl schon eine Kohorte beherbergte. Vermutlich war Böckingen erst seit Traian Standort einer Kohorte. Doch gibt es bereits Funde domitianischer Zeitstellung,

die auf eine Besetzung des Platzes durch eine kleinere Truppe seit der Regierung Domitians hindeuten. Ob schon damals der ebenfalls in Böckingen bezeugte *Numerus Brittonum Mur(rensium)* anwesend war, ist allerdings ungewiß, denn dieser Numerus kann anfangs in Benningen stationiert gewesen sein. In Böckingen lag der Numerus sicherlich nicht zusammen mit der Kohorte in dem Kohortenkastell, denn dieses war verhältnismäßig klein. Er hatte eher – wie der Numerus in Neckarburken – ein eigenes, bisher noch unbekanntes Lager. – Das Kastell lag im Gebiet einer heutigen Industrieansiedlung am nördlichen Ortsrand von Böckingen. Die Fundamente des Nordtors *(porta principalis sinistra)* sind freigelegt und zu besichtigen. – Zu empfehlen ist der Besuch des Historischen Museums, Heilbronn.

57 KASTELL WALHEIM ORL Nr. 57. Steinkastell von 2,1 ha Fläche für die *Cohors I Asturum equitata.* Die Kohorte wurde in der Mitte des 2. Jahrhunderts in das Kastell Mainhardt am vorderen Limes verlegt, wo sie Steininschriften hinterlassen hat. – Das Kastell, von dem nichts mehr zu sehen ist, liegt unter dem heutigen Ortskern. Das frühmittelalterliche Walheim ist in die römische Ruine hineingebaut worden. Daher haben die Tordurchlässe der alten Befestigung die Lage der heutigen Straßen im Ortskern bestimmt. Die Front des Kastells war auf den Neckar gerichtet.

58 KASTELL BENNINGEN ORL Nr. 58. Steinkastell von 2,2 ha Fläche für die *Cohors XXIV voluntariorum civium Romanorum.* Die Kohorte ist von Sulz, wo sie zur Zeit der Wende des 1. zum 2. Jahrhundert n. Chr. vermutlich noch stand, nach Benningen versetzt worden. Dem Steinkastell ging ein wohl gleichgroßes Holzkastell voran. Möglicherweise lag in Benningen wenigstens zeitweise ein Numerus. Denn der später in Böckingen bezeugte *Numerus Brittonum Mur(rensium)* dürfte seinen Namen von der Murr erhalten haben, die unweit von Benningen in den Neckar mündet, ähnlich den *Brittones Elantienses* von Neckarburken, die ihren Namen von der Elz erhielten. Vielleicht war der *Numerus Brittonum Mur(rensium)* vor der Stationierung der Kohorte die Besatzung von Benningen und ist bei dem Eintreffen der Kohorte nach Böckingen versetzt worden; allerdings hat man in Benningen noch kein kleines Numeruskastell gefunden. – Auch in Benningen überdauerte das Kastelldorf den Abzug der Truppe in der Mitte des 2. Jahrhunderts; die Bewohner des römischen Ortes nannten sich *vicani Murrenses.* – Das

Kastell lag am südöstlichen Ortsausgang zwischen der Eisenbahnlinie und dem Neckar auf einer wasserfreien Terrasse. Zu sehen
ist von dem Kastell nichts mehr. Beim Rathaus ist aber ein Stück
einer römischen Straße des Vicus zu sehen, umgeben von den
Nachbildungen einiger römischer Inschriften. Im Rathaus befindet sich auch ein kleines Heimatmuseum.

59 KASTELL STUTTGART – BAD CANNSTATT ORL Nr. 59. A) Holzkastell von 3,1 ha; B) Steinkastell von 3,7 ha Fläche. Die beiden
aufeinanderfolgenden Kastelle A und B waren für eine fünfhundert Mann starke Ala bestimmt. Inschriften der Truppe sind aus
Cannstatt nicht bekannt. Doch nimmt man als Garnisonstruppe
die *Ala 1 Scubulorum* an. Die Annahme geht auf eine Steininschrift aus dem Kastell Welzheim zurück, das dem Kastell
Cannstatt an der vorderen Limeslinie entsprach. Die Inschrift
nennt aber nur eine *Ala 1* . . ., von denen es drei in Obergermanien gab (die obengenannte *Ala 1 Scubulorum*, die *Ala 1 Flavia
Gemina* und die *Ala Indiana Gallorum*). Das Holzkastell wurde
schon unter Domitian erbaut. – Die Kastelle sind nicht mehr
sichtbar. Sie befanden sich am Westufer des Neckar, gegenüber
dem Ortskern von Bad Cannstatt an der Stelle eines heutigen
Kasernenbaus. An die römischen Befestigungen erinnert dort die
Straße »Am Römerkastell«.

60 KASTELL KÖNGEN ORL Nr. 60. Steinkastell von 2,4 ha Fläche für
eine unbekannte Kohorte. Die militärische Besetzung dürfte
schon in der Zeit Domitians erfolgt sein. Vielleicht wurde das
Kastell etwas früher als die oben beschriebenen, weiter nördlich
liegenden Kastelle der Neckarlinie vom Militär geräumt. Das
Kastelldorf bestand weiter und dehnte sich später auch auf das
Gebiet der ehemaligen Befestigung aus, in der nun u. a. ein Thermenbau errichtet wurde. Das Kastell und der römische Ort führten den Namen *Grinario*. – Das Kastell liegt am südlichen Ortsrand von Köngen auf einer Hochterrasse über dem Neckar. Der
südliche Eckturm des Steinkastells wurde 1911 rekonstruiert und
kann besichtigt werden. Sonst ist von der Umwehrung, die nach
SO (auf den Fluß) orientiert war, außer einigen geringen Geländewellen nichts zu sehen.

Von Trennfurt bis Miltenberg; jüngere Mainlinie
(Strecke 6, Südteil)

Der Mainlimes ist südlich von Wörth erst in der Mitte des 2. Jahrhunderts n. Chr. von römischen Truppen besetzt worden, nachdem die Entscheidung für die Vorverlegung des Odenwald- und Neckarlimes gefallen war. Diese Entscheidung kann erst nach 146 n. Chr. getroffen worden sein; in diesem Jahr wurden an der Odenwaldlinie noch Wachttürme erbaut. 148 n. Chr. wurden in Böckingen an der Neckarlinie vom Militär noch Weihesteine gesetzt. Unmittelbar darauf müssen aber triftige Gründe für die Verlegung der Truppen vorgelegen haben. Sonst wären nicht die zahlreichen Kastelle und Wachttürme der älteren Linie aufgegeben und mit großem Aufwand eine neue Linie errichtet worden. Die Gründe dafür sollen im nächsten Abschnitt erörtert werden (siehe auch oben im Abschnitt »Geschichte des Limes im 2. und 3. Jahrhundert n. Chr.«). – Selbstverständlich konnte die neue Linie nicht mit einem Schlage erbaut werden. Einer der ersten Bauten war das Kohortenkastell Miltenberg-Altstadt, das als vorgeschobener Posten vielleicht fünf bis zehn Jahre vor den übrigen Kastellen der vorderen Limeslinie entstanden ist, vermutlich zwischen 146 und 155 n. Chr., wie sich aus Ausgrabungsfunden ergibt. Als das Kastell Miltenberg im Bau war, wurde der Wachtdienst an der Odenwaldstrecke anscheinend vorerst noch weitergeführt. Wohl um 155 n. Chr. ist die ältere Linie ganz aufgegeben worden. Damals mögen auch die Numeri von Trennfurt und Miltenberg-Ost ihre neuen Lager bezogen haben. Die Mainlinie blieb bis in die Mitte des 3. Jahrhunderts n. Chr. besetzt. – Empfehlenswert ist der Besuch von Miltenberg.

37 KASTELL TRENNFURT ORL Nr. 37. Steinkastell von 0,6 ha Fläche für einen unbekannten Numerus. Das Kastell, von dem nichts zu sehen ist, lag zwischen Bundesstraße und Bahnlinie im nördlichen Teil des Ortskerns. Im Eingang der Kirche (in der Ortsmitte) steht eine Weihinschrift für Jupiter, Silvanus und Diana, die ein Holzbeschaffungskommando *(vexillatio agentium in lignariis)* der 22. Legion aus Mainz im Jahre 212 n. Chr. aufgestellt hat. Ähnliche Inschriften, die den Waldreichtum der Gegend im Altertum bezeugen, sind auch aus Stockstadt und Obernburg bekannt.

38 KASTELL MILTENBERG-ALTSTADT ORL Nr. 38. Steinkastell von 2,7 ha Fläche für die *Cohors I Sequanorum et Rauracorum equi-*

tata. Die Kohorte hatte vorher in Oberscheidental gelegen. Möglicherweise war in dem Kastell Altstadt außerdem noch ein Numerus untergebracht, nämlich die *Exploratio Triputiensis.* Diese Exploratio ist wohl aus dem *Numerus Brittonum Triputiensium* entstanden, dessen Standort vor der Mitte des 2. Jahrhunderts das nördliche Nachbarkastell von Oberscheidental, nämlich Schlossau, gewesen war. – Das Kastell Altstadt liegt westlich von Miltenberg, etwa 1 km vor dem Ortseingang zwischen der Bahnlinie und dem Main. Es war auf den Main hin orientiert. Sichtbar ist der Mauerstumpf der Mainfront des Kastells in unterschiedlich guter Erhaltung, ferner Spuren der nordwestlichen Umwehrung am Springbornbach, der im Nordwestgraben der Befestigung läuft. Das Kastellareal ist im hohen Mittelalter als befestigte Siedlung genutzt worden. Daher findet man mitten im Kastell den Turmstumpf und die Grundmauern des Kirchenschiffs der mittelalterlichen Kirche, die über den Principia des Kastells liegt. Heute stehen nur einzelne Häuser im Kastellbereich, der an das SO-Ende des Fürstlich Löwensteinschen Parks anschließt. Außerhalb (südlich) des Kastells befinden sich geringe sichtbare Reste des z. T. vom Bahnkörper überdeckten Kastellbades.

38a KASTELL MILTENBERG-OST ORL Nr. 38a. Steinkastell von 0,6 ha Fläche für den *Numerus exploratorum Seiopensium.* Das Kastell ist nicht sichtbar. Es lag am Ostrand der Stadt in einem Viertel mit Einfamilienhäusern, etwa 300 m östlich der Luitpoldstraße und 300 m vom Main entfernt, auf den es ausgerichtet war. Nahe am Kastell lief die Limeslinie vorbei und stieg den Berg hinauf in Richtung Wenschdorf.

Der Besucher von Miltenberg wird sich gewiß an der sehenswerten alten Stadt erfreuen und kann dabei auch das Heimatmuseum aufsuchen (am Schnatterloch; römische Funde). Im Hof der Burg über der Stadt steht der viel behandelte Toutonenstein, ein unfertig gebliebener römischer Grenzstein, der auf der Höhe des Greinbergs noch im Steinbruch liegend gefunden wurde. Seine unvollendete Inschrift konnte bisher noch nicht zufriedenstellend ergänzt und gedeutet werden.

Der Greinberg oberhalb von Miltenberg wird von einem vorgeschichtlichen Ringwall umzogen. Darin befand sich ein römisches Mercurheiligtum (heute nur einige schwache Erdaufwürfe sichtbar). Ein zweiter Mercurtempel stand am Nordhang des Berges auf halber Höhe. Die Kultstätte geht zweifellos auf ein älteres, vorgeschichtliches Bergheiligtum zurück. Der inschriftlich überlieferte Beiname des Gottes *Mercurius Cimbrianus* zeigt deutlich an, daß hier ein einheimischer Gott von den Römern als Mercurius gedeutet wurde *(»interpretatio Romana«).* Dieser Gott ist auch auf dem Heiligenberg bei Heidelberg verehrt worden. Ein Zusammenhang mit dem Stammesnamen der Kimbern ist unwahrscheinlich.

Westlich von Miltenberg befindet sich im Odenwald zwischen Rüdenau und Vielbrunn, unweit der Lauseiche, die HEUNE-SCHÜSSEL, eine rechteckige Erdschanze (etwa 0,4 ha Fläche). Sie wird gelegentlich auch »OHRENBACHER SCHANZE« genannt. Die gut erhaltene Schanze ist möglicherweise römischen Ursprungs, da man bei Grabungen römische Funde geborgen hat. Ihre Deutung ist ungewiß. Sie liegt zwischen älterer und jüngerer Limeslinie, mit denen sie aber kaum etwas zu tun hat.

Der vordere Limes vom Main bis Osterburken
(Strecke 7 und Nordteil der Strecke 8)

Während der Regierung des Antoninus Pius wurden im Jahre 146 an der älteren Odenwaldlinie noch steinerne Wachttürme erbaut. Damals rechneten also die für die Bauten zuständigen Offiziere noch mit einem längeren Bestehen des älteren Limes. Kurz darauf muß die Entscheidung gefallen sein, den Odenwald-Neckar-Limes aufzugeben, und östlich davon eine neue Linie aufzubauen. Die letzten Truppeninschriften von der älteren Linie befinden sich auf zwei Altären aus Böckingen, die 148 n. Chr. geweiht worden sind*. Aber schon bald darauf müssen die Truppen an die vordere Linie gezogen sein. In Jagsthausen wurde nämlich an der vorderen Linie eine Steininschrift gefunden, die noch unter Antoninus Pius, also vor 161 n. Chr. gesetzt ist. Demnach sind die Kohorten in den Jahren zwischen 148 und 161, wohl um 155, in ihre neuen Garnisonen gekommen. Wie im vorigen Abschnitt dargelegt wurde, ist das Kohortenkastell Miltenberg-Altstadt am Main als vorgeschobener Posten einige Jahre früher entstanden. Im Süden kann das Kastell Lorch, vielleicht auch Kastell Welzheim als Ausgangsort der Linie gedient haben.

---

* P. Nasellius Proclianus, Centurio der 8. Legion und kommissarischer Befehlshaber der 1. Helvetierkohorte, weihte die Altäre dem pythischen Apollo und der Fortuna.

Diese Kastelle wären dann ein wenig älter als die Kohortenkastelle an der geraden Strecke. Doch auch sie dürften unter der
Regierung des Antoninus Pius entstanden sein.

Technisch ist der lange, gerade Limeszug von Walldürn bis zum
Haghof, der keinerlei Rücksicht auf das Gelände nimmt, eine
bewundernswerte Leistung. Denn die heutigen Meßinstrumente
(z. B. die mit Fernrohren versehenen Theodoliten) waren den
Römern unbekannt. Es ist noch nicht endgültig geklärt, wie die
römischen Meßtechniker vorgegangen sind. Wahrscheinlich haben sie auf den beherrschenden Höhen, über die der Limes ziehen mußte, Richtpunkte erster Ordnung angelegt. Sie wurden
bei guter Fernsicht mit Hilfe von Feuer- oder Rauchsignalen in
die Gerade ausgerichtet. Möglicherweise waren die beiden Wp.
9/83 und 9/116 im Süden der Strecke die Ausgangspunkte der
Vermessung. Nachdem die Hauptpunkte festlagen, konnte man
mit dem gleichen Verfahren zwischen jeweils zwei Hauptpunk-
ten weitere Punkte zweiter Ordnung ausfluchten und von diesen aus die Strecke selbst festlegen. Tatsächlich sind alle Höhen,
die der Limes überschreitet, mit Wachttürmen besetzt worden,
was auch zur Überwachung der Strecke vorteilhaft war. Dort
sind gelegentlich an den Steintürmen Pfostengruben gefunden
worden, die von hölzernen Meßgerüsten herrühren können. Der
gerade Verlauf der Linie war für das Überwachen günstig. Auch
bot das Gelände sonst kein Merkmal, an das der Limes sich etwa
in der gewünschten Richtung hätte anlehnen können.

Es fragt sich nun, was die Römer veranlaßt haben kann, die
Grenze vorzuverlegen. Einige Beobachtungen am Limes, Funde
und Steininschriften geben Hinweise auf die Ursachen. Zunächst
ist es bemerkenswert, daß Wachttürme und Kleinkastelle am
Neckarlimes überhaupt fehlten; darauf wurde im Kapitel über
den Neckarlimes schon hingewiesen. Am Odenwaldlimes gab es
sie zwar. Doch waren die Turmabstände groß. Sie betrugen in
der Streckenmitte bis zu einem Kilometer; die durchschnittliche
Entfernung lag etwas über 700 m. Ganz anders war es an der
neuen, vorderen Linie. Sie war durchgehend mit Wachttürmen
besetzt, deren größte Abstände bei 600 m lagen, während die
durchschnittliche Entfernung etwa 400 m war. Die neue Grenze
ist also viel intensiver überwacht worden als die alte. Die Notwendigkeit dafür muß sich während der Regierung des Antoninus Pius ergeben haben. Tatsächlich lassen sich zu dieser Zeit
auch an anderen Strecken des Limes Bauvorhaben und Verstär-

kungen der Wehranlagen nachweisen. Es handelt sich wohl um
römische Reaktionen auf germanische Übergriffe. Dahinter müssen Völkerbewegungen und Machtverschiebungen im germanischen Raum gestanden haben, Vorboten des zwei Jahrzehnte später ausbrechenden furchtbaren Markomannenkrieges. Warum
aber schob man die Grenze vor und befestigte nicht einfach die
alte Linie stärker? In dem Kapitel über die Neckarlinie wurde
schon angedeutet, daß sich östlich vom Neckar, also vor der
Kastellreihe, römisches Einflußgebiet befand, das wohl zum Teil
schon vom Römerreich aus besiedelt war. Auch existierte eine kaiserliche Domäne jenseits des Limes. Möglicherweise gab es sogar
schon kleinere militärische Vorposten seit der Zeit Hadrians, etwa in Öhringen, doch ist bisher noch keiner nachgewiesen worden. Dieses Gebiet war anfangs kaum durch germanische Überfälle bedroht, vielleicht weil mit den angrenzenden Germanen
(Hermunduren?) ein Bündnisvertrag (*foedus*) bestand. Das friedliche Verhältnis ist offenbar in der Mitte des 2. Jahrhunderts weniger sicheren Zuständen gewichen. So war zum Schutz der römischen Interessen der Bau eines gut überwachten Limes notwendig, der das erwähnte Einflußgebiet einschloß. Sehr rasch wurde
das Gebiet endgültig romanisiert und mit zivilen Selbstverwaltungen versehen. Mehrere solcher Gebietskörperschaften, die
über den ehemaligen Limes hinausreichten, sind uns bekannt:
die *Civitas Alisinensium* (Hauptort Wimpfen im Tal), die *Civitas
Aurelia G. S.* und die *Civitas Sumelocennensium* (Hauptort Rot-
tenburg a. N.).
Die Streckenbauten haben an der vorderen Linie gleich mit der
Bauphase 3 begonnen (steinerne Wachttürme, davor die Holzpa-
lisade). Bei einigen Wachttürmen fand man zwar Spuren von
Holzpfosten, doch waren sie unregelmäßig und klein. Sie rühren
vermutlich von Bau- oder Vermessungsgerüsten her, die zum Ab-
stecken der Linie anfangs aufgestellt worden sind. Hölzerne
Wachttürme hat es an der Strecke nie gegeben. Am Ende des 2.
oder am Anfang des 3. Jahrhunderts kamen Wall und Graben als
Grenzhindernisse hinzu (Bauphase 4). Sie sind aber nicht überall
fertiggestellt worden, das gilt besonders für Strecke 7.
Eine Besonderheit des Limesabschnitts, der nördlich von Osterburken einsetzt und nach Süden bis Jagsthausen reicht, ist das
Auftreten einer steinernen Mauer, die ähnlich wie die raetische
Mauer die Wachttürme miteinander verband. Die Mauer stellte
an dem genannten Limesabschnitt den letzten Ausbauzustand

Abb. 58. Ziegelstempel der Cohors I Sequanorum et Rauracorum. Die Inschrift lautet (Abkürzungen aufgelöst): *Cohortis I Sequanorum et Rauracorum curam agente Claudio Justino centurione legionis XXII Primigeniae Piae Antoninianae.* Die Auflösung der beiden letzten Abkürzungen ist unsicher. – Der Centurio Claudius Justinus war kommissarischer Chef (Praepositus) der Kohorte. Halbe natürliche Größe.

der Grenze dar. Es handelt sich aber, wie schon gesagt, um eine örtlich begrenzte Erscheinung. Wall, Graben und Palisade sind beim Bau der Mauer aufgegeben worden. Diese ist in der ersten Hälfte des 3. Jahrhunderts erbaut worden, vermutlich deswegen, weil der Grenzabschnitt damals in höherem Maß räuberischen Überfällen der Germanen ausgesetzt war. – Der vordere Limes hat bis um 260 n. Chr. bestanden.

Der Pfahlgraben ist zwischen Miltenberg und Osterburken nur an ganz wenigen Stellen zu sehen. Das hängt teilweise damit zusammen, daß Wall und Graben nicht überall ausgeführt waren, insbesondere am nördlichen Ende der Strecke. Hier zieht der Limes durch das Buntsandsteingebiet des östlichen Odenwaldes. Bei Walldürn tritt er in die Muschelkalkzone des süddeutschen Stufenlandes; in dieser Gegend hat der Ackerbau viele Limesanlagen zerstört. Sehenswert sind der Limeslehrpfad und einige sichtbare Limesbauten bei Walldürn. Zu erwähnen ist ferner ein Limesstück nördlich Osterburken (Römerpfad) und natürlich das z. T. noch sichtbare Kastell Osterburken.

Nahe dem Numeruskastell Miltenberg-Ost verließ der Pfahlgraben den Main und zog den Berg hinauf in Richtung Wenschdorf. Er lief dabei an der Südwestseite eines kleinen Tals hinauf, das sich hier in den Berg einschneidet. Ziemlich weit oben in dem Tal, wo es schon recht steil wird, liegt Wp. 7/6 an der Steigenklinge im Wald, ungefähr 500 m nordwestlich vom oberen Ende des Tals. Hier stand ein Steinturm, dessen Fundament noch zu sehen ist. Außerdem fand man zwei Nebengebäude; die Grundmauern des größeren sind westlich vom Turm zu erkennen. Bei dem kleineren Nebengebäude, von dem nichts zu sehen ist, kamen gestempelte Militärziegel zutage; die gleichen Stempel fand man am Kastell Miltenberg-Altstadt (Abb. 58).

Am oberen Ausgang des Tals muß ein Wp. 7/7 gelegen haben. Hier knickte der Grenzwall, von dem aber nichts zu erkennen ist, ziemlich genau nach Süden ab und lief schnurgerade auf Wp. 7/13 zu. Er zog unmittelbar am östlichen Ortsrand von Wenschdorf vorbei. Bei Wenschdorf trifft eine römische Straße auf den Limes, die vom Kohortenkastell Miltenberg-Altstadt ausgeht. Sie steigt an der Südwestflanke des Greinbergs auf und zieht dann in einem Bogen auf Wenschdorf zu; streckenweise kann man sie noch verfolgen.

Südlich von Wenschdorf sind die Spuren der Wp. 7/11–13 im Wald zu sehen. Sie sind aber nicht leicht zu finden, weil der Pfahlgraben nirgends erhalten ist. Wp. 7/11 Heunschhecken-Nord (auf der Karte auch Höschhecken) wird als flacher, langgestreckter Hügel sichtbar, auf dem noch Bausteine herumliegen. Der nächste Wp. 7/12 Heunschhecken-Süd ist ebenfalls nur ein flacher Hügel. Bei Wp. 7/13 Hagwald erblickt man einen hohen Schutthügel (Gestrüpp) nahe dem Waldrand. Er enthält die Reste des Steinturms und eines Nebengebäudes. Hier knickte der Limes in Richtung auf Walldürn ab. Nach dem Knick bei Wp. 7/13 nahm er bis Walldürn wieder eine schnurgerade Richtung an. Die geknickte Limesführung des Abschnitts vom Main bis Walldürn steht in einem Gegensatz zu dem langen, völlig geraden Teil des vorderen Limes zwischen Walldürn und dem Haghof. Die Absteckung des Limes nördlich von Walldürn ist auf die Absicht zurückzuführen, die Täler zu vermeiden und den Grenzwall oben auf der Hochfläche nach Walldürn zu führen.

Einige Turmreste befinden sich in dem Wald zwischen Reichartshausen und Gottersdorf. Aber auch hier ist der Pfahlgraben nicht vorhanden. Deswegen sind die Turmstellen schwer zu finden. Wp. 7/15 Sauergras liegt östlich von dem Weg am Waldrand; der niedrige Hügel zeigt Grabungsspuren. Bei Wp. 7/16 Weiße Mauer sieht man einen flachen, länglichen Hügel. Hier stand ein hausartiger Bau von der Art der Nebengebäude mancher Türme dieser Strecke (wie etwa bei dem sichtbaren Wp. 7/31). Einen Turm fand man nicht. Die Entfernung zu dem nächsten Wp. 7/17 in der schwarzen Sutte, der dicht an der Grenze zwischen Bayern und Baden-Württemberg liegt, beträgt auch nur 209 m. Von dem Turm Wp. 7/17 ist ein deutlicher Schutthügel verblieben. Der

nächste Wp. 7/18 ist an der Stelle der Erasmuskapelle anzunehmen, die möglicherweise über den Grundmauern des Turms errichtet wurde. Die Kapelle liegt an der Landstraße Wenschdorf–
Gottersdorf–Walldürn.

Bis Wp. 7/24 ist vom Limes nichts erhalten. Auf dieser Strecke
lag zwischen Gerolzahn und Reinhardsachsen das KLEINKASTELL
HASELBURG etwa 70 m hinter der Linie des Pfahls (Steinkastell
von 0,2 ha Fläche; nicht sichtbar).

Wp. 7/24 Tannenwald (etwa 1 km nordwestlich Neusaß) ist als
Schutthügel im Wald sichtbar. Bis Wp. 7/31 sind wieder alle
Limesbauten verschwunden.

Die seit dem Anfang der Strecke am Main beschriebenen Limesreste liegen vereinzelt und sind z. T. schwer zu finden. Anders ist
es mit dem zwischen Wp. 7/31 und 7/35 angelegten Limeslehrpfad, der dem Wanderer sehr empfohlen werden kann. Die freigelegten Turmruinen sind bezeichnet und durch einen bequemen
Weg verbunden; Parkplatz am Waldrand nordöstlich Walldürn.
Das Ende des Limeswanderwegs befindet sich am Waldrand südlich Glashofen. Vom Pfahlgraben ist anfangs nichts zu sehen.

Wp. 7/31 Steinernes Haus bestand aus einem Steinturm (kleines
Fundament) und einem vermutlich einstöckigen Nebengebäude
(größeres Fundament). Die Grundmauern sind konserviert. Zwischen Wp. 7/31 und 7/32 setzen geringe Spuren des Pfahlgrabens
ein. Bei Wp. 7/32 im Großen Wald sind der Fundamentrest des
Turms und der viereckige Traufgraben außen um den Turm zu
sehen. Zwischen Wp. 7/32 und 7/33 fehlen Reste des Pfahls. Ein
schön wieder hergerichtetes Turmfundament findet man bei Wp.
7/33 Lindig-Nord (Abb. 59). Der Pfahlgraben wird dann in geringen Spuren wieder sichtbar. Hier wie auch weiter südlich sind
Reste des römischen Begleitwegs (flacher Damm) hinter dem
verflachten Wall und Graben des Limes vorhanden. Der nächste
Wp. 7/34 ist lediglich vermutet, aber bisher noch nicht gefunden
worden. Dagegen sind die Fundamente des Turms von Wp. 7/35
Lindig-Süd wieder sichtbar. Bis zum Waldrand wird man
schwache Spuren des Grenzwalls wahrnehmen. Am Waldrand
steht ein Gedenkstein, der auf den Limes hinweist. Unweit davon
liegt der Parkplatz (mit Erklärungstafel).

Die Grenze zog nun gerade weiter über Wiesen und Äcker bis
Wp. 7/39 Langer Markstein vor dem Kastell Walldürn. Zu sehen ist von ihr nichts. Bei Wp. 7/39 knickte der Limes nach Süden ab.

Abb. 59.   Steinturmfundament von Wp. 7/33 Lindig-Nord.

39   KASTELL WALLDÜRN ORL Nr. 39. Steinkastell von 0,8 ha Fläche
für den *Numerus Brittonum Stu (. . .)*. Dem Steinkastell ging ein
etwas kleineres Holzkastell voran, das ungefähr die Größe des
Numeruskastells Miltenberg-Ost (0,6 ha) gehabt haben kann. Das
längst verschwundene Kastell lag etwa 1 km südöstlich von Walldürn auf einer flachen Anhöhe in Äckern, wo nur noch flache Bodenwellen die Stelle der ehemaligen Umwehrung angeben. Jedoch ist das Kastellbad am nahegelegenen Marsbach freigelegt
worden und kann besichtigt werden. Der Bach hat seinen Namen
wohl von dem Fund einer Weihinschrift für Mars und Victoria
erhalten, die vor Jahrhunderten hier gefunden worden ist. – Das
Bad hatte zwei Bauphasen, von denen die spätere freigelegt
wurde und besichtigt werden kann (Abb. 60). Bemerkenswert ist
der hölzerne Umkleideraum, der vor den eigentlichen, steinernen
Baderäumen lag. – Das ältere Bad, das unter der sichtbaren Ruine
liegt, war etwas kleiner, hatte aber sonst einen ähnlichen Grundriß. Eine Inschrift (jetzt im Landesmuseum Karlsruhe) berichtet
vom Bau des späteren Bades im Jahre 232 n. Chr. durch den
schon genannten *Numerus Brittonum Stu(. . .)*. Außerdem wa-

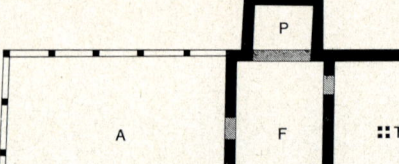

Abb. 6o. Grundriß des jüngeren Bades von Walldürn. A Auskleideraum (Apodyterium; Holzbau); F Kaltbad (Frigidarium) mit Kaltwasserbecken P; T lauwarmes Bad (Tepidarium) mit Nebenraum T_1; C Warmbad (Caldarium) mit Warmwasserbecken C_1 und C_2; S vermutlich Schwitzraum (Sudatorium); H Heizräume zur Bedienung der Heizung; a Mauerrest des älteren Bades. M. 1:400.

ren an dem Bau *Brittones gentiles, officiales Brittonum dediticiorum Alexandrianorum* beteiligt. Die *Brittones gentiles* waren Anführer einer irregulären Hilfstruppe von *Brittones dediticii*. Es ist unwahrscheinlich, daß diese Truppe zusammen mit dem Numerus in dem ohnehin sehr kleinen Kastell Walldürn lag. Vermutlich bildete sie die Besatzung eines oder mehrerer der nahegelegenen Kleinkastelle.

Von dem Limesknick bei Wp. 7/39 vor dem Kastell Walldürn zog der Grenzwall noch 3 km in südsüdwestlicher Richtung durch die Äcker. Er ist völlig verschwunden. Knapp 300 m nördlich von dem Großen Wald zwischen Walldürn und Rinschheim ist bei Wp. 7/46 Zentgrafengereut ein Steinturm ausgegraben worden. Er ist heute nicht mehr zu sehen. Er lag ungefähr 250 m östlich der Landstraße Walldürn–Altheim etwas vertieft und ist topografisch durch nichts ausgezeichnet. Hier begann aber die 80 km lange gerade Strecke des vorderen Limes. Die Stelle ist sicher kein Zielpunkt der antiken Vermessung gewesen. Ein solcher ist eher auf der Höhe des Rehbergs beim Kleinkastell Hönehaus zu suchen.

Man folgt der Landstraße nach Altheim nunmehr einige hundert Meter in den Wald und findet an ihrer Westseite den ersten sichtbaren Turmrest der langen, geraden Limesstrecke: Wp. 7/48 an der Altheimer Straße. Seine Grundmauern sind freigelegt. Etwa 400 m weiter südlich beschreibt die Straße eine deutliche Kurve. Hier lag das KLEINKASTELL AN DER ALTHEIMER STRASSE, z. T. unter der Straße, z. T. östlich von ihr im Wald (Steinkastell von 0,2 ha Fläche). Nur ganz geringe Spuren (Bodenunebenheiten) sind im Wald neben der Straße wahrzunehmen. Das Kastell hat als Vorgänger des nahe und viel günstiger gelegenen Hönehaus vermutlich nur ganz kurze Zeit bestanden. Das Hönehaus ist von hier nur 350 m entfernt. Es liegt auf einer Höhe unweit westlich von der Straße (Parkplatz). Der Pfahlgraben ist nicht zu sehen, er lief etwa 80 m vor dem Hönehaus dicht an der Landstraße.

Das KLEINKASTELL HÖNEHAUS (Steinkastell von 0,2 ha Fläche) ist vorzüglich erhalten und einen Besuch wert. Die Umwehrung ist mit ihren beiden Toren vollständig freigelegt und konserviert worden (Abb. 16,4). Das Bauwerk gehört einem Typus an, zu dem auch die Kleinkastelle Haselburg, das nahegelegene an der Altheimer Straße und das in Rinschheim zählen. Sie sind auf den Nordteil des vorderen Limes beschränkt, wo es vielleicht noch weitere dieser Wehrbauten gab. Am Südabschnitt des vorderen Limes haben die Kleinkastelle eine geringere Größe (»Feldwachen«, 300–500 m² Fläche). – Die Besatzungen der Kleinkastelle am Nordabschnitt sind nicht durch Inschriften bekannt. Zweifellos waren diese kleinen, taktisch nicht selbständigen Truppenabteilungen dem Kommandanten des nächsten Limeskastells unterstellt (hier: Walldürn). Möglicherweise bildeten jene *Brittones dediticii* die Besatzungen der Kleinkastelle, deren *officiales* (Unteroffiziere) sich am Wiederaufbau des Kastellbades in Walldürn beteiligt hatten. Wenn diese Auffassung stimmt, so lagen in den Kleinkastellen kleine, irreguläre Truppenabteilungen, die der nächsten größeren Auxiliareinheit nachgeordnet waren.

Einen Verteidigungsgraben hatte das Hönehaus nicht. Im Inneren standen Holzbauten, die sich anscheinend unmittelbar an die Wehrmauer lehnten. Nach den Funden hat das Kastell in der ersten Hälfte des 3. Jahrhunderts bestanden. Es ist also erst nachträglich an dem bereits einige Jahrzehnte bestehenden Limes erbaut worden. Man vermutet daher in seiner Nähe einen Wp. 7/49, der aber nicht gefunden wurde. Vielleicht ist er durch die Landstraße zerstört worden. Die Höhe des Rehbergs muß jedenfalls von einem Turm oder Meßgerüst aus einen außerordentlich weiten Blick längs des Limes gewähren und kommt daher als

einer der Hauptvermessungspunkte dieser Strecke in Betracht.
Am Rehberg hört die Limesstrecke 7 auf und die Strecke 8 beginnt. Es sei noch einmal darauf hingewiesen, daß diese Strecken-
einteilung neuzeitlich ist und nicht etwa auf die römische Organisation des Limes zurückgeht.

Wp. 8/1 läßt sich ebenfalls vom Parkplatz am Hönehaus zu Fuß
erreichen, denn die Entfernung vom Kleinkastell beträgt nur etwa 250 m (unweit westlich von der Landstraße nach Altheim,
neben einem Spielplatz). Die Grundmauern des Steinturms sind
sichtbar. Das gilt auch für den nächsten Wp. 8/2. Man findet ihn
wenige Meter westlich der Landstraße, wenn man vom Parkplatz
Hönehaus etwa 1 km in Richtung Altheim fährt. Die Straße beschreibt an der Stelle eine kräftige Linkskurve.

Von hier ab ist vom Limes bis Osterburken nur wenig zu sehen.
Die Linie lief östlich an Rinschheim vorbei. Am nordöstlichen
Ortsrand lag das KLEINKASTELL RINSCHHEIM (Steinkastell von
0,3 ha Fläche), das völlig verschwunden ist. Es war ähnlich gebaut wie das Hönehaus an der Altheimer Landstraße.

Fast unkenntliche Spuren des Wp. 8/11 Hönehaus sind auf der
Höhe etwa 800 m östlich Götzingen in einem Lesesteinhaufen zu
finden. Die Grenzlinie zog nun auf der Ostseite des Rinschbach-
tales in Richtung Bofsheim, wo nur kümmerliche Reste (ganz
flache Hügel) der Wp. 8/13 Kerrenberg und 8/18 Altenhaus in
den Äckern vorhanden sind. Zwischen dem zuletzt genannten und
dem Wp. 8/19 (von dem nichts sichtbar ist) fand man bei Grabungen in der Nähe des Friedhofs von Bofsheim die nördlichsten
Spuren der Mauer, die hier die letzte Phase der römischen Grenzhindernisse darstellte. Die Mauer verband die Türme miteinander. Sie hatte eine Breite bis zu 1,20–1,25 m. Mit den Türmen
stand sie nicht im Verband. Meist befand sich zwischen ihrem
Fundament und dem des Turms eine merkliche Lücke. Einige
Bauwerke (»Einbauten«), die mit der Mauer in Verbindung
standen, griffen über Wall und Graben des Pfahls hinweg. Diese
Beobachtungen beweisen, daß der Pfahlgraben bereits aufgegeben war, als die Mauer bestand. Von ihr ist an der Oberfläche
nichts zu sehen. – Geringe Spuren sind von Wp. 8/21 Kuppelroth
etwa 1 km südöstlich Bofsheim an einem Waldrand vorhanden
(sehr flacher Hügel).

Deutlich sichtbar ist dagegen der Hügel des Wp. 8/23 Roschle auf
der Höhe der Bofsheimer Kalbe in einer Waldecke. Es handelt
sich hier um einen Meß- und Signalpunkt erster Ordnung, und

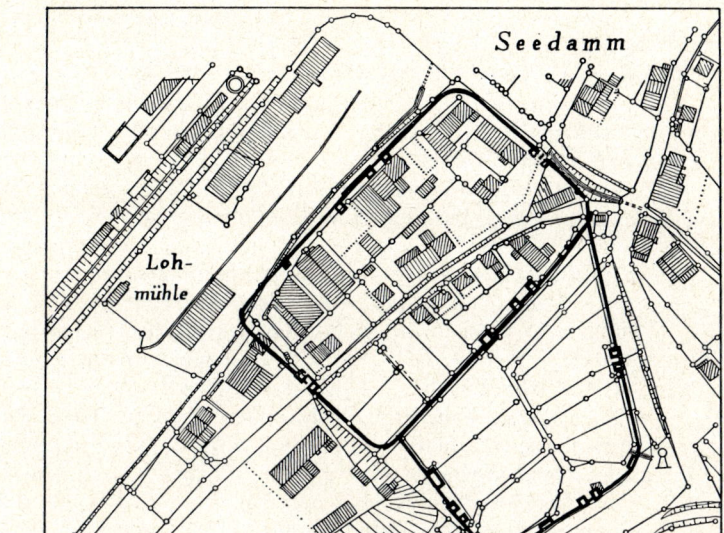

Abb. 61. Grundriß des Kastells Osterburken (Landesdenkmalamt Baden-Württemberg). M. 1 : 4000.

auch heute wird sich der Besucher an dem weiten Blick nach Süden erfreuen.

Von Wp. 8/23 folgt ein Weg ungefähr der Richtung des Limes etwa 300 m weit durch Äcker, wo vom Limes nichts zu sehen ist. Dann tritt die Grenzlinie in den Wald ein. Hier sind sichtbare Reste des Limes durch einen »Römerpfad« zugänglich gemacht worden. Schon nördlich von Wp. 8/25 wird der Limeswall als Böschung im Wald sichtbar, verliert sich aber kurz vor dem Wp. wieder. Bei Wp. 8/25 im Barnholz sieht man die Grundmauern des Steinturms. 200 m südlich davon wird wieder ein Stück des Pfahls – teilweise sogar mit dem Graben – sichtbar. Noch im Wald hört diese Strecke auf. Bis zum Kastell Osterburken sind dann keine Reste des Limes zu sehen. Etwa 60 m südlich vom Waldrand (in Richtung Osterburken) fand man bei Grabungen einen steinernen Einbau von der Art eines Kleinkastells in der

Limesmauer. Die Bedeutung des Einbaus ist aber noch nicht recht geklärt.

40 KASTELL OSTERBURKEN ORL Nr. 40. Steinkastell von 2,1 ha Fläche für die *Cohors III Aquitanorum equitata.* Diese Kohorte hatte vorher in Neckarburken gelegen. Das Steinkastell besitzt nach Süden hin einen Anbau, der den Hang hinaufgeht (Abb. 61). Während das Kohortenkastell in der Mitte des 2. Jahrhunderts erbaut wurde, ist der Anbau erst unter Kaiser Commodus am Ende des 2. Jahrhunderts von der *Legio VIII Augusta* (aus Straßburg) ausgeführt worden. Nachbildungen der Bauinschriften befinden sich in der Wehrmauer des Kastells. Der Anbau hatte eine Fläche von 1,3 ha und beherbergte vermutlich den *Numerus Brittonum Elantiensium.* Dieser Numerus war schon in Neckarburken der 3. Aquitanerkohorte beigegeben. Bei Flächenvergleichen mit anderen Kastellen ist zu bedenken, daß der Anbau wegen seiner Lage am steilen Hang keine so dichte Bebauung haben konnte wie ein Kastell in ebener Lage. Möglicherweise besaß der Numerus in der Zeit von der Mitte des 2. Jahrhunderts bis zur Fertigstellung des Anbaus unter Commodus ein eigenes Kastell. Es kann ähnlich wie in Neckarburken vor dem Kohortenkastell im heutigen Stadtkern von Osterburken gelegen haben. Dort ist allerdings bis heute noch kein Numeruskastell festgestellt worden. – Das Kastell Osterburken, von dem ein erheblicher Teil sichtbar ist, liegt am südwestlichen Ortsrand von Osterburken. Das Tal ist hier verhältnismäßig eng, und so mußte das Kohortenkastell dicht an die steile Talflanke gerückt werden. Von dieser wird es stark überhöht, was man bei antiken Wehrbauten an sich stets für einen taktischen Fehler hielt. Die sorglose Platzwahl kam wohl durch den Wunsch nach guter Wasserversorgung und durch Verkehrsgegebenheiten zustande. Sie zeigt, wie wenig man in der Mitte des 2. Jahrhunderts in dieser Gegend mit Angriffen oder gar Belagerungen rechnete. Das änderte sich offenbar nach drei Jahrzehnten. Der nachträgliche Anbau einer Wehranlage, die den Hang so weit hinauflief, bis ein flacherer Anstieg einsetzte, glich den ursprünglichen taktischen Fehler weitgehend aus. – Sichtbar ist heute die konservierte, südöstliche Wehrmauer des Kohortenkastells, das im übrigen überbaut ist. Ferner ist die gesamte Wehrmauer des Anbaus mit ihren Toren und Türmen zu sehen. Von den Innenbauten hat man bisher nur wenig feststellen können. – Das Kastell liegt 500 m hinter dem Limes, auf den es ausgerichtet ist.

Abb. 62. Kultbild des Mithreums von Osterburken. Mithras tötet den Stier. Im Bogen darüber die Zeichen des Tierkreises. Links oben der Sonnengott, rechts oben die Mondgöttin, beide Götter mit ihren Gespannen. In den Seitenfeldern sind Szenen aus der Mithras-Mythologie dargestellt (Foto Landesmuseum Karlsruhe). Breite 1,70 m.

Zwischen dem Limes und dem Kastell kamen Reste eines Kastelldorfes zutage, das sich auch auf das rechte Kirnachufer ausdehnte. Dort fand man unweit der Kirnachbrücke am Beginn der Bofsheimer Straße das bekannte Mithrasrelief, das sich jetzt im Landesmuseum Karlsruhe befindet (Abb. 62).

Neue Inschriftenfunde haben die Aufmerksamkeit auf die Beneficiarierstation von Osterburken gelenkt (vgl. Abb. 52 a). Sie muß sich in der Nähe des Kastells befunden haben, doch ist ihre genaue Lage noch unbekannt.

Der vordere Limes von Osterburken bis Mainhardt
(Südteil der Strecke 8 und Nordteil der Strecke 9)

Der mittlere Teil des vorderen Limes, der hier beschrieben wird, läuft von Osterburken bis etwa 5 km südöstlich von Öhringen über ein gewelltes Plateau aus Muschelkalk. Einige Flüsse und Bäche, besonders Jagst und Kocher, haben sich kräftig in das Plateau eingeschnitten, das heute vorwiegend landwirtschaftlich genutzt wird. Im Altertum war diese Gegend ebenfalls besiedelt, und zwar auch vor dem Limes. Hier war eine jener verhältnismäßig seltenen Stellen, an denen der Grenzwall germanische Siedlungsgebiete berührte. Die germanischen Wohngebiete vor dem Limes sind allerdings erst wenig erforscht. Vielleicht mußte der Limes wegen dieser Germanen stellenweise in seiner letzten Bauphase durch eine Mauer verstärkt werden. Die ungewöhnliche Konzentration von Auxiliartruppen in Öhringen dürfte gleichfalls damit zusammenhängen.

Südlich von Öhringen beginnt mit dem Mainhardter Wald die Keuperstufe des süddeutschen Stufenlandes. Die Verwitterungsprodukte des Keupers sind wechselnd sandig oder sehr schwer und daher für die Landwirtschaft weniger günstig. Aus diesem Grund überwiegt dort der Wald, der in römischer Zeit noch erheblich geschlossener gewesen sein muß. Die Gegend war damals nur ganz dünn besiedelt, was in der Keupergegend auch für weite Strecken vor dem Limes gilt.

Die Geschichte der Grenzstrecke wurde bereits am Anfang des letzten Abschnitts dargelegt. In der Mitte des 2. Jahrhunderts sind die Kohortenkastelle und die steinernen Wachttürme der Limeslinie mit der Palisade entstanden. Pfahl und Graben kamen als zusätzliche Grenzhindernisse am Ende des 2. oder am Anfang des 3. Jahrhunderts hinzu. Von Öhringen bis Jagsthausen ist als letzte Ausbaustufe der Grenze eine steinerne Mauer beobachtet worden, die noch auf den Bau von Wall und Graben folgte. Ähnlich wie die raetische Mauer verband sie die Steintürme miteinander. Auf diese lokale Erscheinung, die sonst am obergermanischen Limes nicht vorkommt, wurde im vorigen Abschnitt schon hingewiesen. Leider ist von der Mauer an der Oberfläche nichts zu sehen.

Der Erhaltungszustand der Limesbauten ist im Muschelkalkgebiet wegen des jahrhundertelangen Ackerbaus fast überall ungünstig. Eine Ausnahme bildet der Pfahldöbel nördlich Öhrin-

gen. Etwas besser ist der Pfahl in den Wäldern des Keupergebiets
nördlich Mainhardt erhalten. Auch die Kastelle der Strecke sind
fast völlig verschwunden. Nur ein Mauerstück des Kastells Mainhardt ist noch zu sehen.

Der Pfahlgraben zog etwa 500 m vor dem Kastell Osterburken
vorbei durch den Ostrand des heutigen Orts, ist dort aber verschwunden. Erst etwa 2,5 km südöstlich Osterburken (Luftlinie)
liegt Wp. 8/34 auf der Marienhöhe an der Straße vom Wemmer-
hof zum Hof Marienhöhe. Das sichtbare Steinturmfundament
befindet sich 10 m nördlich von der Straße im Wald. Der Wp.
gehört wegen seiner günstigen Höhenlage zu den Meßpunkten
erster Ordnung, die bei der Vermessung der geraden Limesstrecke als erste angelegt werden mußten. Seine Sicht dürfte
besonders nach Norden recht weit gewesen sein. Tatsächlich fand
man bei Ausgrabungen westlich neben dem Turm vier kleine
Pfostengruben in einem Viereck, die sicherlich von einem hölzernen Meßgerüst herrührten, das älter ist als der Turm. Der
Pfahlgraben ist auch hier nicht sichtbar. Er taucht aber jenseits
einer freien Ackerfläche 1 km weiter südlich im Hergenstädter
Wald auf. Allerdings wird er dort nicht durch einen Weg erschlossen, und so ist der einsame Abschnitt nicht leicht zu begehen. Das erste Stück des Pfahls findet man wenige Meter vom
Waldrand entfernt am Welschen Buckel. Auf der Höhe ist er
vortrefflich erhalten, hier wird auch der Limesgraben sichtbar.
Dort befindet sich Wp. 8/37 an dem Welschen Buckel, ein durch-
wühlter Steinturmhügel, in dem ein Mauerrest des Turms zu
sehen ist. Auch südlich von dem Wp. bleibt der Grenzwall noch
etwa 150 m weit sichtbar. Dann verschwindet er. Die Linie zog
nun durch zwei Schluchten im Wald. Auf dem Vorsprung zwischen ihnen stand Wp. 3/38 im Oberwald. Weiter südlich kommen nur geringfügige Spuren des Pfahls mit weiten Unterbrechungen in diesem Wald vor. Auch von Wp. 8/39 im Hergenstädter Wald ist nur ein niedriger Hügel zu sehen. Er befindet
sich auf der flachen Anhöhe östlich von Hergenstadt, südlich von
dem langen, geraden Forstweg, der vom Forsthaus herkommt.
Wp. 8/39 muß ähnlich wie Wp. 8/34 ein Meßpunkt erster Ordnung gewesen sein, der eine hervorragende Sicht nach Süden
hatte. – Bis zum südlichen Rand des Waldes treten nur geringe
Spuren des Pfahls auf.

Sodann zieht die Linie etwa 1 km durch die offene Gemarkung
von Hopfengarten, wo nichts von ihr erhalten ist. Erst am Wald-

rand beim ehemaligen Tolnaishof am Denzer östlich Leibenstadt
tritt der Pfahlgraben wieder auf. Der Waldrand folgt der Grenzlinie und markiert sie weithin. Zu sehen ist der verflachte Wall
des Pfahls. In den gepflügten Äckern kann man gelegentlich einen
Steinstreifen wahrnehmen, ein letzter sichtbarer Rest der Limesmauer, die hier mehrfach durch Grabungen festgestellt wurde.
Oben auf der Höhe zieht die Autobahn Heilbronn–Würzburg
und kreuzt den Limes. Genau unter ihrer Fahrbahn lag Wp. 8/44
beim Tolnaishof.

Jenseits der Autobahn bezeichnet der Waldrand noch für ein
kurzes Stück ungefähr den Zug des Limes, zu sehen ist aber
nichts mehr. Zwischen der Autobahn und Jagsthausen ist vom
Pfahl auch sonst nichts sichtbar. Die wenigen erhaltenen Wacht-
turmhügel rechtfertigen kaum den Besuch dieses Abschnitts. Sie
sollen dennoch beschrieben werden. Sie befinden sich alle drei
in den Wäldern am steil eingeschnittenen Kessachtal, das von der
Grenze durchquert wird. Wp. 8/48 Heiligenrain liegt in einem
Waldstück nördlich über dem Kessachtal, etwa 400 m vom Übergang der Linie über das Flüßchen entfernt. Der Steinturmhügel
ist ziemlich durchwühlt. Südlich der Kessach ist Wp. 8/50 »am
Birkenwald« (heute Buchenwald!) gelegen. Über der römischen
Turmruine wurde ein neuzeitliches Jagdhaus gebaut, das nun
auch wieder zerfallen ist. Die sichtbaren Fundamentreste gehören zum Jagdhaus. Der Wp. liegt etwa 300 m von der Übergangsstelle des Limes über die Kessach entfernt.

Etwa 400 m südlich von Wp. 8/50 findet man den nächsten Wp.
8/51 Vogelherd. Es ist ein hoher Steinturmhügel, ungefähr 80 m
nördlich vom Waldrand. – Bis Jagsthausen gibt es nur ganz un-
bedeutende sichtbare Reste des Limes. Etwa 1 km nördlich der
Jagst sind bei Wp. 8/56 Fasslenäcker die südlichsten Spuren der
Limesmauer ausgegraben worden. Die Mauer reichte aber sicherlich bis an die Jagst. Oben an dem Steilhang, der zur Jagst ab-
fällt, wurde der letzte Turm der Strecke 8, Wp. 8/58, nachgewiesen. Er hatte Sichtverbindung zum Kastell.

41 KASTELL JAGSTHAUSEN ORL Nr. 41. Steinkastell von 2,8 ha
Fläche für die *Cohors I Germanorum (equitata) civium Romanorum.* Die Truppe hatte vorher im Kastell Wimpfen im Tal
gelegen. Das Kastell Jagsthausen ist nicht mehr sichtbar. Es lag
am Nordrand des Städtchens. Das Rote Schloß steht ungefähr
in seiner Mitte. Der nördliche Teil des Kastells reicht unter den
Park der Freiherren von Berlichingen, er hört kurz vor der Göt-

zenburg auf. In der Götzenburg befindet sich ein kleines Museum, in dem die berühmte eiserne Hand des Götz von Berlichingen gezeigt wird, das aber auch einige interessante Funde aus dem Kastell enthält.

Das Kastell war mit seiner Vorderseite auf die Jagst und den Limes ausgerichtet, der auf der anderen Seite des Flusses in knapp 400 m Entfernung durch die Pfahläcker lief. Dicht an der Jagst nimmt man den Wp. 9/1 an. Doch sind weder dort noch sonst an der Strecke zwischen Jagst und Kocher sichtbare Reste des Pfahlgrabens erhalten. Die Linie überschritt den Kocher östlich von Sindringen. Neben der Kirche fand man Mauerwerk des KLEINKASTELLS SINDRINGEN (nicht sichtbar). Die Größe des Bauwerks konnte nicht ermittelt werden.

Südlich vom Kocher beginnen sichtbare Reste des Limes in der Nähe des Schießhofs. Wp. 9/14 In der Hölle befindet sich 250 m südlich vom Kocher am Hang im Wald. Die Grundmauern sind sichtbar. Wp. 9/15 beim Schießhof liegt etwa 100 m nordöstlich vom Hof am Waldrand (flacher Hügel).

Dicht an der Ostseite der Straße Sindringen–Pfahlbach, knapp 300 m südlich vom Schießhof, liegt die Ruine von Wp. 9/16 Orock im Wald. Etwa 80 m nördlich davon treten Spuren des Pfahls auf, laufen am Wp. vorbei und verschwinden dann bald an der Straße. Von Wp. 9/16 bis Pfahlbach verläuft die heutige Landstraße im Zuge der römischen Grenze. An ihr ist auch noch Wp. 9/17 Göckenwendleshölzle sichtbar. Die Mauern der Steinturmruine liegen 12 m westlich von der Straße, 150 m südlich der Kreuzung mit der Straße Eichach–Zweiflingen. Dann kommt Wp. 9/18 im Gerbersholz unmittelbar am östlichen Straßenrand, ebenfalls mit Resten des Mauerwerks.

Südlich Pfahlbach folgt man der Straße nach Westernbach. Etwa 400 m südöstlich Westernbach befindet sich östlich der Straße, die hier einen weiten Bogen beschreibt, eine Anhöhe. Unweit der Straße liegt darauf in einer Wiese der ganz flache Hügel des Wp. 9/22 im Bezenfeld. Die Straße ersteigt nun eine Höhe. Westlich von ihr sieht man einen Wald, in dem die besterhaltene Strecke des vorderen Limes liegt, der Pfahldöbel. Wall und Graben des Pfahls sind hier vorzüglich ausgeprägt. Ein wenig weiter, beim Abstieg nach Westernbach, kreuzt die Straße die Linie des Limes. Das Ende des Pfahldöbels ist hier durch einen Hinweisstein markiert. – Etwa in der Mitte des gut erhaltenen Limesstücks befindet sich Wp. 9/23 am Pfahldöbel wenige Meter südlich vom

Kärcherweg im Wald. Er ist nur an einigen Grabungsspuren kenntlich. Dieser Wp. muß eine vorzügliche Fernsicht gehabt haben. Er gehörte daher wohl zu den Meßpunkten erster Ordnung am Limes. Er hatte außerdem den alten Höhenweg zu überwachen, der noch heute in dem Kärcherweg fortbesteht. Zwischen Pfahldöbel und Öhringen zieht die Grenzlinie durch offenes Gelände, wo alle Spuren verschwunden sind.

41a KASTELL WESTERNBACH ORL Nr. 41a. Das Steinkastell von 1,0 ha Fläche hatte zwar die Fläche eines größeren Numeruskastells, nicht aber seinen Grundriß. Ähnlich wie die Kleinkastelle am Nordabschnitt des vorderen Limes besaß es nur zwei Tore in den einander gegenüberliegenden Schmalseiten. Seine Besatzung ist unbekannt. Vielleicht lag hier eine Abteilung irregulärer Hilfstruppen, die einer der Kohorten in Öhringen nachgeordnet war. Der Wehrbau hat wohl nur kurze Zeit bestanden, denn trotz seiner Ausdehnung kamen nur sehr wenige Funde zutage. Er lag östlich von Westernbach an einem flach geneigten Hang in den Äckern. Erhalten ist nichts. – Nur 3 km weiter südlich lagen die

42 KASTELLE ÖHRINGEN ORL Nr. 42 und 42a. Von den Bauwerken ist nichts mehr zu sehen. Das BÜRGKASTELL (Westkastell) hatte in allen Bauphasen eine Fläche von 2,4 ha. In der Mitte des 2. Jahrhunderts wurde zuerst ein Holzkastell errichtet. Diesem folgten zwei Steinbauphasen der Umwehrung. Durch Inschriften aus den Jahren 231 und 241 kennen wir für diese Zeit die *Cohors I Septimia Belgarum* als Besatzung. Diese Kohorte ist aber erst unter Septimius Severus aufgestellt worden und hielt sich noch bis nach 222 in Mainz auf. Sie kann also erst zwischen 222 und 231 nach Öhringen gekommen sein. Möglicherweise hat sie die *Cohors I Helvetiorum* abgelöst, die seit der Mitte des 2. Jahrhunderts ihre Vorgängerin im Bürgkastell gewesen sein kann. Auch von ihr sind eine Steininschrift und Ziegelstempel in Öhringen gefunden worden, allerdings nicht nur im Bürgkastell. Das Kastell lag im Gelände des Krankenhauses. Die Kenntnis der Bauphasen der Umwehrung der Öhringer Kastelle beruht auf Grabungen, die H. Schönberger vor wenigen Jahren durchführte.

Das RENDELKASTELL (Ostkastell) hatte zwei Bauphasen (ältere, schmalere Wehrmauer mit hölzernen Torbauten, später kräftigere Wehrmauer mit steinernen Wehrbauten). In der zweiten Bauphase betrug die Fläche 2,2 ha; sie war anfangs etwas geringer. Die Besatzung ist nicht durch Steininschriften aus dem Ka-

stell selbst bekannt. Doch fand man in Öhringen außer den In-
schriften der beiden oben bereits genannten Kohorten noch den
Numerus Murrensium erwähnt, der schon in Böckingen der *Co-
hors I Helvetiorum* zugeteilt war und mit ihr zusammen in der
Mitte des 2. Jahrhunderts nach Öhringen gekommen sein dürfte.
Außerdem ist ein *Numerus Brittonum Cal(. . .)* und ein *Numerus
(Brittonum?) Aurelianensium* bezeugt. Der zuletzt genannte Nu-
merus könnte durch Verschmelzung der beiden zuerst erwähnten
Numeri entstanden sein. Vielleicht lagen die Numeri im Rendel-
kastell, die Anordnung der Kastelle wäre dann ähnlich wie in
Neckarburken und Welzheim. Doch ist die Frage der Truppen-
belegung der Öhringer Kastelle noch weitgehend ungeklärt. –
Das Kastell ist heute überbaut, es lag etwa zwischen Pfaffen-
mühlweg und Hallerstraße.
Öhringen war einer der wichtigsten Plätze am vorderen Limes.
Neben der starken Garnison entwickelte sich eine bedeutende
Zivilsiedlung, der *Vicus Aurel(ianus)*, der wohl nach Kaiser Marcus Aurelius benannt war. Der Ort gedieh sicherlich wegen des
Handels über die Grenze hinweg, denn hier dürfte eine der
wenigen Kontaktstellen mit den Germanen gewesen sein. Ein
collegium convenarum, ein Verein von Händlern, die regelmäßig
zusammentrafen, ist in Öhringen bezeugt. Der Ort war vielleicht
sogar Zentrum der *Civitas Aurelia G. S.*, die durch Inschriften
aus Neuenstadt und Hagenbach am Kocher bekannt ist. – In
Öhringen ist der Besuch des Weygangmuseums zu empfehlen.
Der Limes lief etwa 200 m vor dem Rendelkastell vorbei, ist aber
nicht zu sehen. Weiter nach Süden zog er durch offenes Gelände,
ist aber weiterhin nicht erhalten. Er lief mitten durch den Ort
Baierbach. Südlich davon stieg er über mancherlei Einschnitte
zur hochragenden Keuperstufe des süddeutschen Stufenlandes
auf.
Sichtbare Reste des Pfahlgrabens liegen erst auf ihrer Höhe, der
sog. Beckemer Ebene (ein bewaldeter Berg!), zwischen Harsberg
und Gleichen (Zugang über Gleichen). Bei Wp. 9/51 am Nordrand der Beckemer Ebene ist das Fundament des ungewöhnlichen, sechseckigen Steinturms wieder aufgesetzt worden. Die
Stelle muß eine besondere Bedeutung bei der Vermessung der
geraden Limesstrecke gehabt haben. – Schon nördlich von Wp.
9/51 werden Spuren des Pfahlgrabens sichtbar. Ein wenig südlich
vom Turm knickt der Pfahl aus seiner bisherigen geraden Richtung ab, um das Hinabsteigen in die steile Gießklinge zu ver-

meiden. Es ist die einzige nachgewiesene Abweichung der Strecke
von der Geraden, in die sie 1,5 km weiter südlich wieder zurück-
kehrt. – Noch vor dem etwa 400 m von Wp. 9/51 entfernt liegenden Wp. 9/52, in der Mitte der Beckemer Ebene, setzt der
Pfahlgraben eine Strecke weit aus. Von Wp. 9/52 findet man nur
einige Grabungsspuren. Die Grenzlinie läuft nun sichtbar durch
bis Wp. 9/53 an der Südseite der Beckemer Ebene (hoher Schutthügel), wo er einbiegt, um wieder in seine ursprüngliche Richtung zu gelangen. An der Kante der Gießklinge verschwindet
der Pfahl, taucht aber danach auf der Höhe für ein kurzes Stück
noch einmal auf. Die folgende Limesstrecke ist bis Wp. 9/64 viel-
mals unterbrochen und nicht überall gut gangbar.

Der nächste Wp. 9/56 Hohe Ebene liegt jenseits von den sumpfigen Wiesen, etwa 300 m südlich vom Gleicher See (Schutthügel
des Steinturms). Im Wald bei Wp. 9/56 ist ein Stück des Pfahls
zu sehen, nicht aber in den südlich davon befindlichen Wiesen.
600 m entfernt liegt der hohe Schutthügel von Wp. 9/57 Bühl.
Auch hier treten – mit Unterbrechungen – Spuren des Pfahls
auf. Nunmehr kreuzt die Straße Gleichen–Geißelhardt die Linie
des Limes bei Neuwirtshaus. Vom Pfahl ist hier nichts erhalten.
Beim Straßenknick südlich Neuwirtshaus trennt sich die Straße
von der Linie des Limes, der 150 m weiter südlich im Wald wieder sichtbar wird. Wp. 9/60 an der Morgenweide ist nur durch
einige Grabungsspuren kenntlich. In dem folgenden Ackerland
ist der Pfahlgraben verschwunden. Er taucht im nächsten Waldstück wieder auf. Wp. 9/62 an der Grenze der Waldbezirke Vogelherd und Buchrain liegt auf einer Kuppe im Wald, man erblickt einen Schutthügel mit Grabungsspuren. Auch der nächste
Wp. 9/63 im Buchrain ist als flacher Hügel sichtbar. Der Pfahlgraben läuft in unterschiedlicher Erhaltung und mit einer Unterbrechung (Schlucht) weiter und zieht dann am Waldrand auf ein
Gasthaus zu, wo der Grenzwall unterbrochen ist. Unmittelbar
südlich vom Gasthaus befindet sich Wp. 9/64 Röschenhau. Neben
dem Schutthügel des römischen Steinturms befindet sich eine
falsche Rekonstruktion eines angeblichen Limesturms. Abgese-
hen davon, daß es am vorderen Limes keine Holztürme gab, ist
ein Blockbau mit Betonsockel von allem, was wir von römischen
Holztürmen kennen, völlig verschieden. – Bei Wp. 9/64 setzt der
Grenzwall sehr flach wieder ein und zieht, mit einer Hecke bewachsen, noch etwa 200 m weiter nach Süden. Bis Mainhardt
sind alle Spuren des Pfahlgrabens und seiner Türme verschwun-

den. An der Vordermühle an der Brettach sind Reste eines römischen Bauwerks beobachtet worden, wohl eines KLEINKASTELLS, doch auch davon ist nichts zu sehen.

43 KASTELL MAINHARDT ORL Nr. 43. Steinkastell von 2,4 ha Fläche für die *Cohors I Asturum equitata*. Die Truppe war vorher die Besatzung des Kastells Walheim am Neckar. Die Frontseite (Ostseite) des Kastells liegt an der heutigen Hauptstraße. Westlich davon ist ein Stück der Westmauer des Kastells hinter der Sporthalle sichtbar. Einige interessante Inschriftsteine und Funde sind in der ehemaligen katholischen Kapelle an der Hauptstraße ausgestellt. Darunter befinden sich Weihealtäre für Jupiter Optimus Maximus, die von der Truppe alljährlich bei Wiederkehr des Regierungsantritts des Kaisers oder zu Neujahr in einem feierlichen Akt aufgestellt worden sind. Von Zeit zu Zeit mußte für neue Altäre Platz geschaffen werden, und so wurden die jeweils ältesten Altäre sorgfältig bestattet. Die ausgestellten Altäre stammen aus einer solchen Bestattung. Sie wurden zwischen Kastell und Limes gefunden, wo man den Exerzierplatz der Truppe vermuten darf. Der Limes lief in etwa 320 m Entfernung vor dem Kastell vorbei.

Der vordere obergermanische Limes von Mainhardt bis zu seinem Ende bei Lorch (Südteil der Strecke 9 und Beginn der Strecke 12)

Der Limesabschnitt umfaßt den Südteil der Strecke 9 (Südende der geraden Limesstrecke) und den Anfang der Strecke 12 bis zum Ende des obergermanischen Limes am Rotenbachtal. – Die gerade Grenzlinie zieht über die Lias-Hochfläche des Mainhardter, Murrhardter und Welzheimer Waldes. Die Hochfläche wird durch zahlreiche Wasserläufe gegliedert, die sich zum Teil schluchtartig eingetieft haben. Diese überquert der Limes ohne jede Rücksicht auf die Geländeform. Die Waldgebiete dürften im Altertum noch viel geschlossener gewesen sein als heute und waren kaum besiedelt. Das gilt ebenso für das Vorland des Limes. Die gerade Limesstrecke endet am Haghof südlich Welzheim. Von hier ab ist der Limes nach einem völlig anderen Prinzip geführt worden. Er paßt sich in mancherlei Windungen dem Gelände an und erreicht das Remstal bei Lorch. Hier knickt er nach Osten um und folgt dem Nordhang des Tals.

Die Geschichte des geraden Limesabschnitts von Walldürn bis zum Haghof wurde oben im Kapitel »Vom Main bis Osterbur-

ken« bereits dargelegt. Die gerade Linie ist um 155 n. Chr. entstanden. Sie war anfangs mit Steintürmen und der Palisade be-
wehrt, zu denen später am Ende des 2. oder am Anfang des 3.
Jahrhunderts Wall und Graben hinzutraten. Das wird gerade
an dieser Strecke recht deutlich, weil der Limeswall an vielen
Wp. so dicht an den Türmen aufgeschüttet wurde, daß der Turm
im Wallfuß steht.

Man nimmt an, daß die gerade Limesstrecke zwei Zonen der römischen Grenze miteinander verband, die schon vor 155 von
Auxiliartruppen besetzt worden waren. Älter als die gerade Limesstrecke war das Kastell Miltenberg, während im Süden die
Kastelle Lorch und vermutlich auch Welzheim als ältere Anla-
gen anzusehen sind. Allerdings sind auch diese Kastelle unter
Antoninus Pius entstanden. – Die drei Kastelle Murrhardt, Welzheim und Lorch entsprechen den Kastellen Benningen, Stuttgart-
Bad Cannstatt und Köngen an der älteren Linie (Neckarlinie).

An der Limesstrecke zwischen dem Haghof und Lorch, die dem
Gelände angepaßt ist, kamen ebenso wie an der geraden Strecke
keine Holztürme vor. Sie wurde gleich mit Steintürmen versehen, vor denen anfangs nur die Palisade stand. Später kamen
Wall und Graben als Grenzhindernisse hinzu. Da an keiner
Stelle des obergermanischen Limes Steintürme vor der Regierung des Antoninus Pius nachzuweisen sind, dürfte auch die
Strecke Haghof–Lorch nicht vor der Regierung dieses Kaisers
angelegt worden sein. So kann sie allenfalls einige Jahre älter
sein als die gerade Strecke, vielleicht ist sie sogar gleichzeitig. Es
ist nämlich möglich, daß die Kastelle Welzheim und Lorch einige
Jahre bestanden haben, ohne daß eine Grenzlinie mit Türmen
und Palisade existierte. Diese Grenzsicherung nur durch Kastelle,
ohne durchlaufende Annäherungshindernisse mit Wachttürmen
war im anstoßenden Teil Raetiens streckenweise noch bis zur
Mitte des 2. Jahrhunderts üblich. – Man hat gelegentlich in der
unterschiedlichen Linienführung (gerade Strecke – vielfach ge-
wundene Anpassung an das Gelände) einen Hinweis auf einen
erheblichen Zeitunterschied der Limesstrecken sehen wollen,
doch gab es ein solches Nebeneinander auch schon am älteren
Limes im Odenwald.

Von der geraden Limesstrecke sind zwar in dem hier besproche-
nen Abschnitt noch vielerorts Reste erhalten. Wegen der rück-
sichtslosen Linienführung ist die Grenzlinie aber meist schwer
zu begehen. Zu empfehlen ist ein Limesstück südlich Mainhardt,

das durch einen Wanderweg erschlossen wird (bei den Wp. 9/72 bis 9/77). Es lohnt sich auch, die konservierten Steinturmfundamente bei Murrhardt aufzusuchen. – Ein empfehlenswertes Stück der an sich nicht gut erhaltenen, dem Gelände angepaßten Limesstrecke nördlich Lorch findet man bei den Wp. 12/7–12/11 (Limeswanderweg). Östlich und südöstlich von Mainhardt gibt es in den Wiesen kurze Strecken, wo der Pfahl als Bodenwelle sichtbar wird. – Südlich von der Bundesstraße 14 zieht ein asphaltierter Feldweg in Richtung des Limes. Ihm folgt ein Wanderweg, der zu sichtbaren Resten des Grenzwalls führt, die im Wald liegen. Sie beginnen kurz vor Wp. 9/72 am Waldrand und reichen bis an den Nordrand von Grab südlich Wp. 9/80. Auf dieser Strecke ist der Pfahlgraben oft recht gut erhalten, er hat nur gelegentlich kleine Unterbrechungen. Der Wanderweg läuft bis in die Gegend des verschwundenen Wp. 9/74 direkt am Limes, bleibt aber noch bis Wp. 9/77 in seiner Nähe.

Wp. 9/72 Mönchswald liegt etwa 200 m südlich vom Waldrand (hoher Schutthügel). Sichtbar ist erst wieder Wp. 9/75 Hofbergle, der unmittelbar über der Schlucht des Kümmelsbach steht (an der Nordseite). Hier befinden sich die konservierten Grundmauern des Turms. Der Limes klettert auf den Vorsprung zwischen Kümmelsbach und Rot, auf dem ein (nicht mehr vorhandener) Wp. 9/76 gestanden haben muß, und zieht hinunter ins Tal der Rot. Hier stand 50 m hinter der Linie des Limes, der unten im Tal verschwunden ist, das KLEINKASTELL HANKERTSMÜHLE am Nordufer der Rot (Steinkastell von etwa 300 m² Fläche). Es ist nicht sichtbar. Dagegen ist der nächste Wp. 9/77 Färberwald oben auf der Höhe zwischen Rot und Schöntaler Bach noch gut erhalten (konservierte Fundamente). Südlich von ihm ist am Pfahl die merkwürdige Erscheinung zu beobachten, daß beim Anlegen des Grabens der Aushub nicht nur auf den Limeswall, sondern zum Teil auch abwärts nach außen geworfen ist. Der Limes überschreitet nun den Schöntaler Bach und läuft sichtbar bis zum Waldrand weiter. Auch in den Äckern und Wiesen nördlich Grab finden sich Spuren.

Südlich Grab wird die Richtung des Limes anfangs durch die Straße nach Morbach angedeutet. Am Fuß des Heidenbuckels wird der Pfahl im Wald südlich der Straßenbiegung sichtbar. Er steigt den Berg hinauf (Unterbrechung durch einen Steinbruch). Wenige Meter vor der Höhe befindet sich ein rekonstruiertes Stück des Pfahlgrabens mit Palisade. Oben auf dem Heidenbukkel erblickt man die Reste der ausgebrochenen Steinturmruine Wp. 9/83 Mehlhaus. Es ist wohl kein Zufall, daß der Turm genau auf der isolierten, die Gegend beherrschenden Höhe liegt. Wie Paret erkannt hat, ist dieser Punkt kaum durch den Zug der Grenzlinie bestimmt worden. Er dürfte eher umgekehrt einer der beiden ersten Hauptpunkte gewesen sein, von denen aus die gerade Limeslinie festgelegt wurde. So ist es auch ganz verständlich, daß bei der Ausgrabung unter dem Turm die Pfostengruben des hölzernen Meßgerüsts gefunden worden sind. Nach Norden müßte der Blick vom Turm aus bis Wp. 9/64 nördlich Mainhardt gereicht haben, nach Süden bei guten Sichtverhältnissen bis Wp. 9/116, der wohl der andere, entsprechende Hauptpunkt der Limesvermessung war. – Südlich von Wp. 9/83 ist der Pfahlgraben noch über 800 m weit durch den Wald und ein Stück Wiese zu verfolgen, dann verschwindet er. Die hier anzunehmenden Wp. 9/84 und 9/85 sind völlig oder fast ganz vergangen.

Ein kurzes Stück des Pfahlgrabens wird nördlich Steinberg sichtbar, etwa 200 m westlich vom Winterhaus in einem Waldstück. Dort liegt auch der Schutthügel von Wp. 9/87 Katzenbach.

Vor Murrhardt ist nur noch ein Stück des Pfahlgrabens im Wald sichtbar. Es beginnt etwa 1,2 km südöstlich von Steinberg. An diesem Limesstück steht das wiederhergerichtete Fundament des Wp. 9/91 Hirschreute.

Sichtbare Wachtturmreste befinden sich nordöstlich Murrhardt am Linderst. Am weitesten nördlich liegt Wp. 9/96 Heidenbühl. Von den beiden konservierten Steinturmresten, die man vorfindet, stand der westliche Turm zuerst. Er ist abgebrannt und wurde durch den östlichen Turm ersetzt. – Oben auf dem Linderst erhebt sich Wp. 9/98. Das Fundament wurde konserviert. Unter dem Fundament fanden sich zwei Pfostengruben. Sie rühren von einem der Vermessungsgerüste her und sind auf der Höhe des Linderst zu erwarten, denn hier ist ein römischer Vermessungspunkt zweiter Ordnung anzunehmen. – Sichtbar ist ferner Wp. 9/99 am Südhang des Linderst (Steinturmfundament). Das Bauwerk hatte eine ungewöhnliche Größe und wurde in den Berg hineingebaut. Der Pfahlgraben ist auf dem Linderst überall verschwunden.

44 KASTELL MURRHARDT ORL Nr. 44. Steinkastell von 2,2 ha Fläche für die *Cohors XXIV voluntariorum civium Romanorum*. Die Kohorte hatte vorher in Benningen am Neckarlimes gelegen. Das Kastell befand sich am südöstlichen Stadtrand und ist heute völ-

lig überbaut. Die Burggasse läuft etwa über der Via principalis des Kastells, das auf den Limes ausgerichtet war. Ungewöhnlich ist seine Entfernung vom Limes, die 1,2 km beträgt. Man hat daher vermutet, daß ähnlich wie in Welzheim oder Neckarburken noch ein zweites, kleineres Kastell für einen Numerus näher am Limes im Murrtal lag, doch ist ein solches bisher nicht gefunden worden. – In Murrhardt ist der Besuch des Carl-Schweizer-Museums zu empfehlen (Funde aus dem Kastell und vom Limes).

Südlich von Murrhardt ist der Limes zunächst nicht erhalten. An der Straße Köchersberg–Käsbach findet man das konservierte Fundament des Wp. 9/104 (2,5 km südöstlich Murrhardt). 1,1 km weiter südlich liegt der nächste sichtbare Wp. 9/107 Gies im Wald. Nur noch eine Ecke des Fundaments ist zu sehen. Hier ist auch ein kurzes Stück des Pfahlgrabens erhalten.

Der Grenzwall setzt erst in einigem Abstand kurz vor Wp. 9/109 wieder ein. Er ist mit Unterbrechungen bis über Wp. 9/111 zu sehen, ist aber nicht leicht zu begehen. Der Wp. 9/109 im Oberen Wald (Nord) liegt etwa 450 m östlich Schloßhof (Schutthügel). Er stand auf einem nach W abfallenden Bergvorsprung, wurde also von der Feindseite überhöht. Der Limesgraben ist vor dem Wp. sichtbar; er wurde hier in den Felsen eingearbeitet, wobei vor dem Turm eine natürliche Felsbrücke stehen blieb. Südlich Wp. 9/109 wird der Pfahlgraben durch eine kleine Schlucht unterbrochen, wird aber an deren Südseite wieder deutlich. Von Wp. 9/110 im Oberen Wald (Süd) erkennt man den stark gestörten Schutthügel unmittelbar am Limeswall, gleich nördlich von einem asphaltierten Waldweg. – Wp. 9/111 im Rehwald wird als hoher Schutthügel dicht am Grenzwall sichtbar. Er liegt unmittelbar südlich der Landstraße 1120. Der Pfahlgraben ist von hier aus etwa 140 m weiter im Wald zu verfolgen.

Im offenen Gelände westlich vom Weidenhof sind kaum noch Spuren erhalten. Sie setzen erst südwestlich vom Weidenhof am Waldrand ein. Der nun folgende sichtbare Abschnitt des Pfahlgrabens liegt im Wald; er reicht bis Wp. 9/118 und ist schwer zu begehen. Der Grenzwall steigt hier auf die Welzheimer Liashochebene und erreicht bei Wp. 9/116 mit 561 m die größte Höhe am gesamten vorderen Limes. – Wp. 9/116 ist nicht nur wegen seiner Höhenlage bedeutsam. Der hohe Schutthügel, der ein Steinturmfundament ungewöhnlicher Größe birgt (etwa 6 mal 6 m), liegt unweit östlich der Landstraße L 1120 nach Welzheim

(Hinweisschild an der Straße), etwa 300 m südöstlich vom Spat-
zenhof. Nach Süden muß der Blick von diesem Turm bis zum
Ende der geraden Limesstrecke am Haghof gereicht haben. Im
Norden war bei guter Sicht noch Wp. 9/83 zu sehen. Es wurde
vermutet, daß dieser Turm, der in auffallender Lage an der
Spitze der von Welzheim nach Norden laufenden Hochebene
liegt, der Ausgangspunkt für die Vermessung der geraden Limesstrecke bildete, und zwar zusammen mit dem Richtpunkt Wp.
9/83. – 400 m weiter südlich befand sich das KLEINKASTELL EBNI-
SEE (Steinkastell von etwa 450 m² Fläche). Es lag etwa 30 m hinter dem Grenzwall. Heute ist von dem Kastell, das als Wp. 9/117
gezählt wurde, nur noch eine verwühlte Terrasse im Wald zu erkennen. Bis Wp. 9/118 an der Königseiche (die Reste des Wp.
sind verschwunden) ist der Pfahlgraben im Wald sichtbar, dann
verschwindet er in den Äckern von Gausmannsweiler.
Östlich Gausmannsweiler treten wieder Spuren des Pfahls in den
Wiesen auf (flacher Wall). Ein wenig weiter südlich zieht er am
Waldrand entlang. Die Linie läuft hier etwa 200 m östlich und
parallel zur Landstraße nach Welzheim. Auch südöstlich Eckarts-
weiler tauchen Spuren auf, darunter der flache Hügel des Wp.
9/124 (in einer Wiese). Dann ist bis Welzheim vom Pfahlgraben
nichts mehr zu sehen. Allerdings folgt der Linie heute streckenweise ein ausgebauter Feldweg.
Etwa 1,5 km nördlich vom Westkastell Welzheim lag das KLEIN-
KASTELL RÖTELSEE (Steinkastell von etwa 340 m² Fläche) dicht
an der Grenzlinie (westlich von Schafhof). Seine freigelegten und
konservierten Mauern sind sichtbar, ebenso der Grundriß der
sehr interessanten Innenbebauung (Abb. 16, 3).

45 WEST- UND OSTKASTELL WELZHEIM ORL Nr. 45. Das WEST-
KASTELL war ein Steinkastell von 4,2 ha Fläche. Es war für eine
Ala quingenaria bestimmt. Man kennt aus Welzheim Reiter-
inschriften; auf einer ist eine *Ala I . . .* erwähnt. Von den ober-
germanischen Alen kommen dafür die *Ala I Scubulorum*, die *Ala
I Flavia Gemina* und die *Ala Indiana Gallorum* in Betracht.
Die Truppe dürfte vorher im Kastell Stuttgart-Bad Cannstatt am
Neckarlimes gelegen haben. – Das Kastell befand sich südwestlich
vom Ortskern und wird von der Straße nach Schorndorf durchschnitten, die ungefähr in Richtung der Via principalis läuft. Das
Kastell ist überbaut und völlig verschwunden. Seine Front war
nach Osten gerichtet. Über dem ehemaligen Kastellbad steht das
katholische Gemeindehaus.

Durch eine 530 m lange Straße war das OSTKASTELL mit dem Westkastell verbunden. Dieses Steinkastell von 1,6 ha Fläche diente zur Zeit der gemeinsamen Regierung des Kaisers Septimius Severus und seines Sohnes Caracalla (198–211) zwei kleinen Truppenteilen als Unterkunft. Aus einer Weiheinschrift ihres damaligen gemeinsamen Kommandanten, eines Centurio der 8. Legion, erfahren wir, daß es sich um einen *Numerus Brittonum* und eine Einheit *Exploratores* handelte. Aus Ziegelstempeln geht hervor, daß es ein *Numerus Brittonum L . . .* war. Weitere Stempel nennen einen *Numerus Brittonum Cr . . .* (oder *Gr . . .*), aber es ist ungewiß, ob diese Truppe wirklich in Welzheim lag. – Der Grundriß der Kastellumwehrung ist ungewöhnlich. Auch das innerhalb des Kastells gefundene Bad entspricht nicht der Norm. Von dem Kastell, das am Ostrand von Welzheim unweit der Lein in Wiesen lag, ist nichts zu sehen.

Sehr ungewöhnlich ist, daß das Ostkastell außerhalb der Linie des Pfahlgrabens liegt. Allerdings ist der Grenzwall hier nicht sichtbar, er ist auch in der Nähe der Kastelle nicht hinreichend untersucht worden. Er müßte die Verbindungsstraße zwischen ihnen etwa 130 m westlich vom Ostkastell schneiden. Aber das ist kaum anzunehmen. Eher hat er das Ostkastell in einem Bogen umgangen. Wenn das zutrifft, dürfte das Kastell älter als die Anlage der geraden Grenzlinie sein.

Südlich von Welzheim erstreckt sich das letzte Stück der geraden Limeslinie bis zum Haghof. Der erste sichtbare Rest ist Wp. 9/134 Göckelersturm, etwa 1,5 km südöstlich von Welzheim im Wald (erreichbar über Wanderweg 1 vom Minigolfplatz Welzheim). Der Steinturm, dessen Grundmauern freigelegt sind, hat den ungewöhnlichen Abstand von etwa 50 m vom Pfahlgraben. Einen verhältnismäßig großen Abstand vom Grenzwall hatte auch der nächste beobachtete Wp. 9/136. Sonst standen die Türme der geraden Linie stets ziemlich dicht am Limeswall. Man hat daher vermutet, daß die beiden Türme die Zeugen eines älteren Limeszuges sind, der schon vor dem Festlegen der geraden Grenzlinie die Kastelle Lorch und Welzheim verband. Außer den beiden Türmen ist aber von der vermuteten Linie nichts bekannt. Übrigens geht die Sage, daß zur Neujahrsnacht am Göckelersturm ein Gockel kräht und jedem, der es hört, Glück bringt.

Schon vor Wp. 9/134 setzt der Graben des Limes sichtbar ein, verschwindet aber etwa 200 m südlich von dem Wp. dicht an der Lein. Der Limes stieg dann wieder im Wald auf, wo man in

Abb. 63. Der Pfahlgraben am Haghof südlich von Welzheim (Aufnahme Nr. 6508 Strähle, Schorndorf/Württ.).

800 m Entfernung vom Göckelersturm Wp. 9/156 Birkach als Schutthügel erblickt (600 m östlich vom Birkachhof). Ein wenig nördlich von Wp. 9/156 ist ein Stück des Pfahlgrabens zu sehen, der bei dem Wp. aber undeutlich wird. Er ist weiterhin im Wald markiert worden. Südlich vom Wald setzt der Pfahlgraben in den Äckern und Wiesen als flache Bodenwelle ein und läuft östlich am Haghof vorbei (Abb. 63). Er endet an der Straße Welzheim–Pfahlbronn, unweit südöstlich des Haghofs. Hier ist zugleich das Ende der geraden Limesstrecke. Der Pfahlgraben biegt nach Südosten in die Richtung der Landstraße ein. An der Biegung ist der Steinturm Wp. 9/158 (= 12/1) unmittelbar südwestlich von der Straße ausgegraben worden (nicht mehr sichtbar). An dieser Stelle beginnt die Limesstrecke 12.

Die heutige Straße folgt dem Zug der Grenzlinie bis Pfahlbronn, das wie manche anderen Orte seinen Namen von der römischen Grenze erhielt. Sichtbar sind neben (südlich) der Straße nur ganz geringe Spuren des Limeswalls.

In Pfahlbronn wendet sich die Grenze nach Süden. Sie folgt einem Höhenrücken, der auf das Remstal zuläuft. Seine Höhe

wird vom Pfahlbronner Wald bedeckt. Südlich von Pfahlbronn
nimmt ein asphaltierter Weg die Richtung des Limes auf. Er
führt zu Wp. 12/7, der etwa 60 m nördlich vom Waldrand liegt
(flache Erhöhung in der Wiese unmittelbar am Weg). In der
Nähe befindet sich ein Parkplatz, von dem der nun folgende,
empfehlenswerte Limeswanderweg ausgeht.

Der Pfahlgraben setzt bei Wp. 12/7 als ganz flache Bodenwelle
ein. Er wird dann im Wald gut sichtbar und läuft bis in die
Nähe des nächsten, sichtbaren Turms Wp. 12/8 Kreuzbühl auf
dem Kamm eines Bergrückens im Wald. Sein Fundament wurde
freigelegt und erneuert. Der Pfahlgraben verschwindet hier und
taucht erst südlich von Wp. 12/9 Bemberlesstein auf. Das sichtbare Fundament des Bemberlessteins steht auf dem östlichen
Ausläufer einer Bergkuppe.

Etwa 180 m südlich vom Bemberlesstein wird der Pfahlgraben
sichtbar. Er verläuft in flachen Bögen dem Gelände angepaßt
auf der Höhe. Streckenweise ist er recht gut erhalten. Wp. 12/10
ist völlig verschwunden, aber die Mauern von Wp. 12/11 sind an
der Westseite einer Kuppe bei dem TP. 372,5 zu sehen. Die beiden in der Nähe befindlichen Hügel sind natürlichen Ursprungs.
Auf der ganzen Strecke begleitet der Limeswanderweg den
Grenzwall in geringem Abstand oder läuft unmittelbar auf dem
Wall. Schließlich zieht der Pfahlgraben den Hang hinab zur
Götzenmühle. Kurz vor der Mühle verschwindet er.

Bei der Götzenmühle lief die Grenzlinie durch den heutigen
Mühlweiher und dann den jenseitigen Hang schräg hinauf. Sie
ist nicht sichtbar. Oben auf der Höhe stand Wp. 12/12, der ebenfalls nicht erhalten ist. – Mitten auf der Hochfläche, auf hal-
bem Weg zum Kloster Lorch, wurde an der Stelle eines Wp.
12/13 ein quadratisches Gebäude von 10,5 m Seitenlänge gefunden (»Feldwache« im Klosterfeld). Das Bauwerk war mit Ziegeln gedeckt, was bei den Steintürmen nicht üblich war. Von
hier aus zog der Limes auf einen Punkt zu, der etwa 100 m
östlich vom Kloster Lorch liegt. Nördlich vom Kloster ist ein
flaches Stück des Pfahlgrabens in der Wiese und in Äckern sichtbar. Es hört an der Straße auf, die vom Kloster ausgeht. Hier
oder ein wenig südlich von der Straße muß der Limes nach Osten
abgeknickt sein. Ein Wp. 12/14 ist an dieser Stelle vorauszuset-
zen, wurde aber nicht sicher nachgewiesen. In unmittelbarer
Nähe ist heute ein hölzerner Wachtturm rekonstruiert worden,
der schon von weitem zu sehen ist. Leider ist die Rekonstruktion

falsch. Bei Lorch sind am Limes keine hölzernen Wachttürme
gefunden worden. Außerdem hat man die Blockbauweise ohne
senkrechte Träger noch nie bei einem Limeswachtturm beobachtet. Der Turm steht zudem auf einem störenden Betonfunda-
ment.

63 KASTELL LORCH ORL Nr. 63. Steinkastell von 2,5 ha Fläche für
eine unbekannte Cohors quingenaria. Zeitweise haben Zweifel
bestanden, ob das Kastell Lorch noch in der römischen Provinz
Obergermanien lag. Nun nimmt das Kastell am vorderen Limes
den Platz ein, den Köngen am Neckarlimes innehatte. Ähnlich
ist das Verhältnis der beiden Kastelle Stuttgart-Bad Cannstatt
und Welzheim-West. Köngen gehörte aber mit Sicherheit in die
Provinz Obergermanien, und so ist dies auch für Lorch anzunehmen. Die Grenze der beiden Provinzen Obergermanien und Raetien ist demnach östlich von Lorch zu suchen. Sie dürfte am Ende
der raetischen Mauer im Rotenbachtal gelegen haben. – Als Besatzung des Kastells Lorch kommt eine jener obergermanischen
Kohorten in Betracht, deren Garnisonsort noch unbekannt ist,
vielleicht die *Cohors V Dalmatarum* oder die *Cohors XXX voluntariorum civium Romanorum*. – Das Kastell lag unten im Remstal im Ortskern von Lorch. Es war mit der Frontseite nach
Osten, also talaufwärts, gerichtet. Die Kirche von Lorch steht
innerhalb der Kastellumwehrung. Von dem Kastell ist nichts
mehr zu sehen (Hinweistafeln im Ort).

Über dem Westportal der Klosterkirche ist ein römischer Inschriftstein (aus dem Kastell Lorch?) eingemauert. An seinem
linken oberen Ende ist gerade noch der Anfang der Inschrift mit
Teilen des Kaisertitels IMP · CAE ... lesbar (der Mittelteil des
römischen Steins wurde 1879 ausgewechselt). Im Klostergebäude
befindet sich ein kleines Museum mit Limesfunden.

Oben am Kloster Lorch bog der Limes nach Osten ab, um nunmehr dem Nordhang des Remstals zu folgen. An dieser Strecke
ist der Pfahlgraben bis zum Ende des obergermanischen Limes
am Rotenbachtal nirgends zu sehen. Es gibt sogar Gründe für
die Annahme, daß er dort nie bestanden hat. Man hat nur die
steinernen Wachttürme 12/17, 12/19, 12/21 und das Kleinkastell
Klein-Deinbach gefunden, vor denen als Grenzhindernis wohl
lediglich die Palisade lief. Anscheinend erschien diese Strecke des
Limes weniger gefährdet. Es lohnt kaum, den kurzen Abschnitt
aufzusuchen. Von Wp. 12/17 Kammerberg sieht man den Schutthügel. Er liegt auf der Höhe östlich vom Schweizerbach im Wald,

200 m von dem Fahrweg im Tal entfernt. – Wp. 12/19, etwa
250 m nördlich Hangen-Deinbach, zeigt sich als ganz flacher Hügel in einer Wiese. – Wp. 12/21 Gairen ist nicht mehr sichtbar.
Hier oder bei dem vermuteten Wp. 12/20 lag der südlichste Punkt
der obergermanischen Grenzlinie.

Das KLEINKASTELL KLEIN-DEINBACH liegt etwa 400 m nordöstlich von dem genannten Ort im Wald (Steinkastell von etwa
600 m² Fläche, ein Tor im Süden). Es liegt auf einer Terrasse
oberhalb vom Rotenbachtal und nimmt die Stelle eines Wp. 12/22
ein. Nur ganz geringe Spuren sind zu sehen. Der Limes (Palisade)
zog in 50 m Entfernung nördlich an dem Kastell vorbei (nicht
sichtbar). Etwa 200 m weiter östlich begann die raetische Mauer.
Sie wird im nächsten Abschnitt besprochen.

Der raetische Limes

*Vom Beginn des raetischen Limes bei Schwäbisch Gmünd bis zum
Kocher nördlich Aalen (Mittelteil der Strecke 12)*

Am südlichen Ende des obergermanischen Limes schwenkt die
Grenzlinie bei Lorch nach Osten ein, noch vor der hochragenden
Stufe des Albrandes. Von nun an läuft sie in einigem Abstand
nördlich vom Albrand und etwa parallel zu diesem. Mit den vor-
gelagerten, markanten Zeugenbergen (Hohenstaufen, Rechberg)
bildet er für viele Kilometer den landschaftlichen Hintergrund
des Limes.

Zunächst zieht der Limes am Nordhang des Remstales entlang.
Beim Kolbenberg nördlich Essingen nimmt die Linie dann die
nordöstliche Richtung an, die durch die geologischen Verhältnisse
vorgezeichnet wurde. Sie liegt nämlich meistens auf dem Lias-
Plateau, das nördlich vom Braun- und Weißjura zutage tritt.
Unmittelbar vor den Liasflächen befindet sich im Norden die
breite Keuperstufe des süddeutschen Stufenlandes. Sie war es vor
allem, die den Zug des Limes bestimmte. Noch heute trägt sie
ausgedehnte Waldgebiete, die im Altertum recht unwirtlich und
wenig bewohnt gewesen sein müssen. Der Kontakt mit den Be-
wohnern des freien Germanien war infolgedessen an diesem
Grenzabschnitt besonders gering, zumal sich auch jenseits des
Keupergürtels kein bedeutender germanischer Siedlungsschwer-
punkt befand. Die zweifellos bewußt zur Erleichterung der

Grenzüberwachung gewählte Linie schloß im Süden das frucht-
barere Vorland der Alb ein, das so unter den Schutz des Limes
kam.

Zwar richtet sich der Zug des Limes offensichtlich nach dem
Gelände. Das geschah aber nicht in gleicher Weise wie nördlich
von Lorch, wo die Linie in vielen Windungen einem Bergrücken
folgt. Zwischen Schwäbisch Gmünd und dem Kocherübergang
ist sie vielmehr mit längeren, geraden Abschnitten polygonal
geführt worden. Die Absteckung der Grenzlinie stellt einen
Kompromiß dar zwischen einer völlig geraden Linienführung
einerseits und einer sehr engen Anpassung an die Oberflächenformen andererseits.

Das Westende des raetischen Limes, das hier behandelt wird, war
der zuletzt gebaute Abschnitt der Provinzgrenze. Die Kastelle
und die Grenzlinie mit den Wachttürmen und der Palisade sind
erst unter Antoninus Pius in der Mitte des 2. Jahrhunderts entstanden, vermutlich einige Jahre vor dem Bau der geraden Strecke
des vorderen obergermanischen Limes. Bevor die Truppen die
Kastelle der neuen Linie bezogen, standen sie ein wenig weiter
südlich. Der Vorgänger des Kastells Aalen war das Kastell Heidenheim. Dem Kastell Unterböbingen dürfte das Kastell Urspring
entsprochen haben, während das Kastell Schirenhof möglicherweise das kürzlich erst entdeckte Lager Eislingen-Salach ersetzte.
Die älteren Kastelle gehörten zur Alb-Linie.

Dieser ältere Limes, der bis in die Mitte des 2. Jahrhunderts bestand, besaß keinerlei Annäherungshindernisse vor den Kastellen, es gab auch keine Linie von Wachttürmen. Er stellte also
noch keine eigentliche G r e n z l i n i e dar, sondern verharrte als
letzter Abschnitt des raetischen Limes in dem älteren Zustand
der G r e n z z o n e. Das wird durch die geringere Bedrohung von
außen erklärlich, auf die schon hingewiesen wurde.

Die Abfolge der Grenzhindernisse ist an der Strecke von Schwäbisch Gmünd bis zum Kocherübergang nördlich Aalen noch nicht
völlig geklärt. An dem Abschnitt ist nur ein Holzturm gefunden
worden (Wp. 12/45 nordöstlich Böbingen, auch noch heute sichtbar). Es ist der westlichste Holzturm des gesamten raetischen
Limes. Möglicherweise gab es westlich von ihm noch weitere
Holztürme, die bisher nicht entdeckt worden sind. Es ist aber
auch denkbar, daß die Holztürme erst östlich vom Kastell Unterböbingen einsetzten. Der Grenzabschnitt vom Beginn des raetischen Limes bis Unterböbingen besaß vielleicht von Anfang an

Steintürme. Sollte diese Ansicht zutreffend sein, so dürfte der Abschnitt zwischen den Kastellen Schirenhof und Unterböbingen etwas später errichtet worden sein als der östlich von Unterböbingen. In der zweiten Hälfte des 2. Jahrhunderts sind aber alle noch bestehenden Holztürme durch Steintürme ersetzt worden. Seit dem Bau der Grenzlinie in der Mitte des 2. Jahrhunderts bestand vor den Wachttürmen die Palisade. Am Ende des 2. oder am Anfang des 3. Jahrhunderts wurde ihre Aufgabe durch die raetische Mauer übernommen. Diese Mauer ist es, die den raetischen Limes heute vor allem charakterisiert. Ihr zerfallener Schuttwall zieht sich noch über weite Strecken durch das Gelände. Sein ursprünglicher Name »Pfahl« hat sich in vielen Orts- und Flurnamen erhalten. Als man im Mittelalter von der Herkunft der Mauer nichts mehr wußte, erhielt sie im Volksmund auch die Bezeichnung »Teufelsmauer«.

Zwischen Schwäbisch Gmünd und dem Kocherübergang ist der Limes nicht gut erhalten. Längere, zusammenhängende Strecken sind nirgends vorhanden. Immerhin gibt es einige sichtbare Wachtturmreste und kleinere Strecken der raetischen Mauer. Es mag etwa interessant sein, den Anfang der raetischen Mauer im Rotenbachtal nordwestlich Schwäbisch Gmünd aufzusuchen; die Stelle ist sichtbar. Auf keinen Fall aber sollte man versäumen, das Limesmuseum in Aalen zu besuchen. Es enthält eine einzigartige Fülle von Anschauungsmaterial über den gesamten Limes. Ferner sind unmittelbar vor dem Museum die Grundmauern der Porta principalis sinistra des Alenkastells zu sehen.

64 KASTELL SCHIRENHOF ORL Nr. 64. Steinkastell von 2,0 ha Fläche für die *Cohors I Raetorum*. Die Kohorte könnte vorher in dem neuentdeckten Kastell Eislingen-Salach gestanden haben. – Heute ist Schirenhof ein Ortsteil von Schwäbisch Gmünd und liegt südwestlich vom Stadtkern. Das Kastell befand sich auf einer Terrasse südlich von der Rems, die von zwei kleinen Seitentälern eingefaßt wird. Seine Umwehrung ist als verschliffene Kante in den Äckern und Wiesen sichtbar. Mit seiner Hauptfront war es nach Nordwesten gegen die Rems und den Limes gerichtet. Diese Kastellseite ist heute teilweise überbaut; dort stehen der Schirenhof sowie einige Häuser. Neben dem Kastell befindet sich eine neue Kirche. – Kürzlich wurde das vorzüglich erhaltene Kastellbad untersucht, das westlich vom Schirenhof am Abhang liegt. Seine Grundmauern wurden konserviert und sind zugänglich. Der Limes lief etwa 1,5 km vom Kastell entfernt nördlich von

der Rems. Westlich von Schwäbisch Gmünd begann unweit der Stadt im Rotenbachtal die raetische Mauer. Um sie aufzusuchen, begibt man sich zum Eingang des Tals nördlich der Rems (Parkmöglichkeit am Taleingang). Nahe dieser Stelle liegt an der Ostseite des Tals auf einer bewaldeten, vorspringenden Höhe das KLEINKASTELL FREIMÜHLE (Steinkastell von 0,3 ha Fläche). Einige Reste des Kastells sind im Wald sichtbar (flache Erhebungen mit Grabungsspuren). Südlich vom Kastell befand sich ein kleines Bad. Diese Reste liegen z. T. in Schonungen und Gestrüpp. Bis zum Limes sind es von hier 750 m.

Um zur raetischen Mauer zu gelangen, folgt man dem Weg, der an der Ostseite des Rotenbachtals nach Norden führt. 900 m vom Taleingang entfernt erblickt man an der Ostseite des Wegs den Schuttwall der zerfallenen raetischen Mauer. Er zieht sich den steilen Osthang des Tals hoch. Früher durchzog die Mauer auch die Talsohle. Dort ist sie jetzt völlig verschwunden. Der Beginn der Mauer lag am gegenüberliegenden Westhang des Tals, etwa 90 m vom Rotenbach entfernt. Leider ist der Bach hier nicht leicht zu überschreiten. Der Anfang der Mauer (Schuttwall) ist im Wald sichtbar, ist aber nicht leicht zugänglich. Bei Ausgrabungen fand man die untersten Lagen des Mauerkopfes; es ist also sicher, daß die Mauer wirklich nicht weiterlief. In der Nähe lag der Oberteil eines großen Altars. Vielleicht war er ähnlich wie die Steine am Vinxtbach an der Grenze zwischen Ober- und Untergermanien den *Fines* (Grenzgottheiten) geweiht. So vermutet man, daß hier die Grenze zwischen den Provinzen Obergermanien und Raetien einsetzte. Allerdings liegt der Beginn der Mauer an einer im Gelände so zufällig anmutenden Stelle, daß man die Provinzgrenze auch an anderen, nahegelegenen Stellen gesucht hat. – Wall und Graben des obergermanischen Limes sind im unmittelbaren Anschluß an den Beginn der raetischen Mauer nicht zu sehen. Sie waren hier auch im Altertum nicht ausgeführt (siehe voriges Kapitel). Die Grenzlinie wurde dort nur durch die Palisade bezeichnet.

Am Osthang des Rotenbachtals ist der Schuttwall der Mauer vorzüglich erhalten und auch begehbar (Wanderweg) bis zum Heusteig kurz unterhalb des Wustenrieter Plateaus, dessen Südspitze den Namen »Pfahl« trägt. Im Ackerland auf der Höhe sind alle Spuren verschwunden.

Nennenswerte Spuren des Limes treten erst am Schießbachtal nordöstlich Schwäbisch Gmünd auf. Man begibt sich von Schwäbisch Gmünd etwa 2 km talaufwärts an der Südostseite des mit Industriebauten erfüllten Tals. Nach knapp 2 km steht ein Hinweisstein an der Straße. Die Reste der Mauer ziehen hier sichtbar im Wald den Südosthang des Tals hinauf. Auf der Höhe liegt 9 m hinter der Mauer das Wachthaus (»Feldwache«) Wp. 9/33 Hintere Orthalde. Man erblickt im Wald ein flaches, verschliffenes Mauerviereck. Das rechteckige Bauwerk maß 14,75 mal 15,15 m. Die sichtbare Strecke des Limes hört gleich hinter Wp. 12/33 auf.

Die Grenzlinie zog nun auf der Hochfläche südlich an Herlikofen vorbei. Dort sind kaum noch Reste erhalten. Einige kurze, flache Stücke des Schuttwalls erblickt man am Westhang des Taleinschnitts am Airlinghofer Bach und auf der Zimmerhalde südlich Iggingen. Dann nähert sich die Linie dem Remstal und steigt zur Rems hinab (Limes nicht sichtbar). Etwa 1,5 km westlich von Böbingen berührte die Linie den Fluß, änderte hier ihre Richtung und stieg den Nordhang des Tals wieder hoch. Oben auf der Höhe werden Spuren der Mauer sichtbar. Ein Feldweg zieht auf dem Schuttwall entlang. An der höchsten Stelle der Hochfläche übersteigt er den Hügel des Wp. 12/41 Roter Sturz. Von hier aus hat man einen vorzüglichen Blick auf die Stelle des Kastells Unterböbingen unten im Remstal. Der Limes bleibt sichtbar bis zur Straße Schönhardt–Böbingen.

65 KASTELL UNTERBÖBINGEN ORL Nr. 65. Steinkastell von 2,0 ha Fläche für eine unbekannte Kohorte, vielleicht die *Cohors VI Lusitanorum*. Die Truppe könnte vor der Mitte des 2. Jahrhunderts im Kastell Urspring gelegen haben. – Das Kastell Unterböbingen lag auf einem abgestuften Bergvorsprung zwischen Rems und Klotzbach, südöstlich vom heutigen Stadtkern. Er war nach Norden, auf die Rems orientiert; in seinem vorderen Teil steht heute eine Schule. Bemerkenswert und eigentümlich ist die starke Stufung des Geländes im Kastellinneren. Das Kastell mußte 1973 untersucht werden, bevor es überbaut wurde. Dabei wurden u. a. die Porta decumana sowie die südöstliche Ecke der Umwehrung mit Eckturm freigelegt und konserviert; sie können besichtigt werden. Die Lage des Kastells zum Limes war sehr günstig. Von hier aus konnten mindestens 15 Wachttürme direkt gesehen werden.

Der Limes zieht etwa 1 km vom Kastell entfernt jenseits der Rems über die Hochfläche. Auch östlich der Straße Schönhardt–Böbingen, die bereits erwähnt wurde, setzt sich ein Feldweg in

Richtung des Limes fort. – Ein gut erhaltenes Stück des Limes findet man am Waldrand etwa 1,5 km südlich Heuchlingen. Die sichtbare Strecke setzt etwa 250 m östlich vom Braunhof am Nordrand des Grubenholzes ein. 500 m nach dem Beginn der sichtbaren Strecke gelangt man zum Wp. 12/45 im Grubenholz (West). Es ist der westlichste Holzturmrest des raetischen Limes, der bisher bekannt wurde. Er liegt unmittelbar vor der Mauer, etwa 20 m westlich vom Grenzstein 14 im Fichtenhochwald. Man erkennt ihn an dem Ringgraben. Seine Lage zur Mauer zeigt, daß er beim Bau der Mauer aufgegeben worden ist. Sicherlich befindet sich in der Nähe ein Steinturm an der Mauer, der seine Aufgabe übernahm. Die Lage dieses Steinturms ist unbekannt. In der Umgebung breitet sich ein Hügelgräberfeld der Hallstattzeit aus, so daß es nicht leicht ist, die römischen Turmreste von den vorgeschichtlichen Hügeln zu unterscheiden. – Nach etwa 200 m hört die sichtbare Limesstrecke auf. Sie verläßt den Wald und läuft in die nördlich vorgelagerte Wiese.

In der Wiese besaß die Grenzlinie einen Knick. Ein wenig weiter östlich setzt die sichtbare Strecke im Wald wieder ein. Hier befindet sich der Steinturmrest Wp. 12/46 im Grubenholz (Ost) dicht hinter der Mauer. Der Schutthügel ist von den vorgeschichtlichen Grabhügeln in der Nähe gut zu unterscheiden. 40 m südlich von ihm liegt ein alter Kalkofen. Die sichtbare Limesstrecke zieht sich weiter durch den Wald bis an die Straße Heuchlingen–Mögglingen (Hinweisstein an der Straße).

Östlich von der Straße sind die Reste der Grenzlinie stärker zerstört. Ein gut erhaltenes Stück findet man im Wald Bibert. Die Linie zog nun (nicht sichtbar) dicht nördlich am Sixenhof vorbei in Richtung auf den Kolbenberg. An seinem Nordwesthang befand sich der inzwischen verschwundene Wp. 12/54. Er diente als Richtpunkt für die zwei hier in einem stumpfen Winkel aneinanderstoßenden Limesstrecken.

Vom Kolbenberg lief die Limesstrecke nach Nordosten. Ein kurzes Stück ist in einiger Entfernung westlich der Straße Essingen–Dewangen zu sehen (Wald und Acker). – Nach einiger Unterbrechung findet man sichtbare Reste (meist nur eine Bodenwelle) südwestlich Treppach. Die etwa 1 km lange, sichtbare Strecke zieht sich über zwei kleine Bäche, Wiesen und Äcker; sie endet im Südwesten in einem Waldstück in der Nähe des verschwundenen Wp. 12/60 Bockschafhaus. Die Strecke ist nicht durchgehend gangbar.

Die Linie nähert sich nordöstlich von Treppach dem Kocher, den sie zwischen Niederalfingen und Hüttlingen bei der Straubenmühle überschritt. Auf dieser Strecke verdient nur ein sichtbarer Limesrest Erwähnung, der Wp. 12/66 im Brückleaholz südöstlich Seitsberg. Der Steinturmhügel liegt auf dem höchsten Punkt eines flachen Bergrückens am Waldrand (noch im Wald; Hinweisschild).

Verhältnismäßig weit entfernt vom Limes (etwa 4 km in Luftlinie) lag das

66 KASTELL AALEN ORL Nr. 66. Mit 6,0 ha Fläche ist das Steinkastell das größte am obergermanisch-raetischen Limes. Es diente zur Aufnahme einer Truppe mit besonders hohem Platzbedarf, einer *Ala milliaria* (tausend Mann starkes Reiterregiment). Als Besatzung ist die *Ala II Flavia pia fidelis milliaria* nachgewiesen. Nach dieser Truppe erhielt wohl auch der Ort seinen noch heute gebräuchlichen Namen. In ähnlicher Weise sind die Städte Leon in Spanien und Caerleon in Britannien einfach nach der Legion, die dort lag, benannt worden. – Die Ala war bis zur Mitte des 2. Jahrhunderts in Heidenheim stationiert. Die oft geäußerte Vermutung, die Truppe sei mit der zeitweise in Obergermanien bezeugten *Ala II Flavia Gemina* identisch, läßt sich nicht beweisen. Diese Ala war allem Anschein nach nur 500 Mann stark. – Der Chef des Aalener Reiterregiments, der bedeutendsten Auxiliartruppe Raetiens, war ein Offizier aus dem Ritterstand mit dem Titel *Tribunus*. Er hatte zweifellos die benachbarte Limesstrecke mit mehreren Kohortenkastellen unter seinem Kommando.

Das Kastell befindet sich am Westrand von Aalen. Seine Front war nach Nordosten gerichtet. Hinter dem freigelegten Nordwesttor (Porta principalis sinistra), dessen Grundmauern sichtbar sind, liegt das Limesmuseum Aalen. Sein Besuch ist für jeden, der sich für den Limes interessiert, dringend zu empfehlen (dort auch weitere Informationsschriften über das Kastell und den Limes). Im Park hinter der Stadthalle wurde ein Freilichtmuseum eingerichtet, in dem Nachbildungen römischer Inschriften und Bildwerke zu sehen sind.

Vom Kocher nördlich Aalen bis Halheim (Ostteil der Strecke 12)

Die hier beschriebene Strecke beginnt am Kocher nördlich Aalen und endet an der württembergisch-bayerischen Grenze etwa 7 km südöstlich von Dinkelsbühl. Sie überquert den Kocher und die Jagst. Sodann zieht sie in nordöstlicher Richtung über das Lias-Plateau. Beim Freihof nordöstlich Halheim hat sie den Rand des Plateaus erreicht. Hier nimmt sie die Richtung auf den Hesselberg ein und steigt hinunter zur tieferen Stufe des Stubensandsteins (Keuper). Ähnlich wie am vorher beschriebenen Mittelteil der Strecke 12 paßt sich die Linie der Geländegestalt in großen Zügen an. Sie ist aber stets auf längere Strecken gerade geführt worden. – Zum Teil dürfte der Verlauf der Grenzlinie entwicklungsgeschichtlich bedingt sein. Darauf deutet der Limesverlauf bei Halheim hin. Hier nimmt die Linie offensichtlich Rücksicht auf das Kastell, das infolgedessen wohl schon vor dem Abstecken der Grenzlinie vorhanden war. Das gleiche könnte für das Kastell Buch gelten.

Über die Geschichte dieses Grenzabschnitts ist man zum Teil auf Vermutungen angewiesen, da die alten Untersuchungen nur wenig auswertbares Material erbrachten. Die neuen Ausgrabungen in Buch werden es sicherlich erlauben, die Abfolge der Limesbauten besser beurteilen zu können. – Das Kastell Buch war vermutlich Nachfolger des älteren Kastells Oberdorf am Ipf. Die Umwehrung des Kastells Oberdorf war noch nicht als Mörtelmauer ausgeführt worden, als es aufgegeben wurde. Daher ist es wohl schon vor der Mitte des 2. Jahrhunderts verlassen worden. Damit erhält man einen Hinweis auf den Beginn des Nachfolge-Kastells in Buch. Es wäre demnach um wenigstens ein Jahrzehnt älter als das große Kastell in Aalen, das in der Mitte des 2. Jahrhunderts erbaut worden ist. Möglicherweise haben die Kastelle Buch und Halheim eine zeitlang ohne die Grenzlinie mit den Türmen bestanden. Als die Linie dann gezogen wurde, war sie anfangs mit Holztürmen und mit der Palisade versehen. Vermutlich ist sie kurz vor der Mitte des 2. Jahrhunderts gezogen worden, spätestens um die Mitte des Jahrhunderts. Die Tatsache, daß die Türme und die Palisade verhältnismäßig spät entstanden sind, läßt darauf schließen, daß der Grenzabschnitt nicht so sehr durch äußere Feinde bedroht war. In der zweiten Hälfte des 2. Jahrhunderts dürften die Holztürme durch Steintürme abgelöst worden sein. Leider sind an unserer Strecke keine Spuren von Holztürmen mehr sichtbar. Erst am Ende des 2. oder am Anfang des 3. Jahrhunderts kam die Mauer hinzu und übernahm die Aufgabe der Palisade. Von der Limesmauer (Pfahl, »Teufelsmauer«) ist heute nur ein Schuttwall erhalten.

Der Ostteil der Strecke 12 ist nicht gut erhalten. Empfehlenswert ist der Besuch des Kastells Buch (Teile der Umwehrung sichtbar) und der nahe gelegenen, erhaltenen Limesstücke (Wanderweg). Alle diese Limesreste werden z. Z. als »Limesfreilichtmuseum Schwabsberg-Buch« hergerichtet. Dabei sei besonders auf die Limesrekonstruktionen bei Wp. 12/77 hingewiesen. Westlich von Wp. 12/77 befindet sich ein recht gut erhaltenes Stück des Pfahls. Ferner sind die Reste eines eigenartigen Gebäudes an der Limesmauer bei Dalkingen zu erwähnen. – Kleinere Stücke der Grenzmauer sind auch sonst zu finden. Erwähnenswert ist ferner das Kastell Halheim, das sich gut im Gelände abzeichnet, wenn auch kein Mauerwerk mehr sichtbar ist.

Am Kocherübergang bei der Straubenmühle westlich Hüttlingen ist nichts vom Limes zu erkennen. Ein recht gut erhaltenes Stück der Mauer findet man hingegen zwischen dem verschwundenen Wp. 12/75 und dem sichtbaren 12/77. Dort, wo die Straße von Hüttlingen auf die Straße von Oberlengenfeld nach Buch trifft, lag Wp. 12/75 (Stein mit Hinweis auf den Limes an der Straße). Nordöstlich davon beginnt am Waldrand der Schuttwall der Mauer. Er läuft zur Senke des Strutbachs hinab, wo er in der Bachaue unterbrochen ist. Nordöstlich vom Bach wird der Damm wieder sichtbar und läuft durch den Hochwald und am Waldrand zum Wp. 12/77 (Wanderweg!). Der Sockel des Steinturms Wp. 12/77 Mahdholz sowie ein Stück der anstoßenden Grenzmauer sind konserviert und teilweise rekonstruiert. Die Rekonstruktion gibt einen vorzüglichen Eindruck vom ursprünglichen Aussehen der Mauer. Ebenso wurde ein Stück der Palisade aufgestellt. Der in der Nähe befindliche Holzwachtturm stellt ebenfalls eine Rekonstruktion dar. Bei Wp. 12/77 wurde bisher kein Holzturm durch Grabungen nachgewiesen. Leider ist die Rekonstruktion zum Teil anfechtbar. Die verwendete Blockbauweise ist für die Holztürme des Limes nirgends nachzuweisen. Man erreicht den sehenswerten Wp. 12/77 und die anschließende Limesstrecke am besten vom Parkplatz »Am Limes« an der B 290 bei km 2,4 (Hinweisschilder). Der Rest der Limesmauer ist noch nordöstlich von Wp. 12/77 bis an die Bundesstraße sichtbar (Hinweisstein).

67   KASTELL BUCH ORL Nr. 67. Steinkastell von 2,1 ha Fläche für
eine unbekannte Kohorte, vielleicht die *Cohors III Thracum vete-*
rana. Das Kastell liegt über dem Altbach, etwa 500 m östlich von
Buch in Äckern. Seine Front ist nach Osten gerichtet. Um das Kastell zu erreichen, benutzt man die Eisenbahnunterführung am
Ostrand des Ortes (Abb. 64). Das Kastell wird als Freilichtmuseum ausgebaut. Es soll in den nächsten Jahren weiter ausgegraben werden (Untersuchung durch das Landesdenkmalamt Baden-
Württemberg). Bisher sind die Grundmauern von Teilen der
südlichen Umwehrung mit der Porta principalis dextra und einem
Zwischenturm zu sehen. Nordöstlich vom Kastell lag dicht an
der Mündung des Altbachs in die Jagst ein großes Kastellbad. Der
Vicus erstreckte sich südlich und östlich vom Kastell.

Der Limes bleibt von dem Kastell stets mehr als 1 km entfernt.
Er scheint einen Bogen um das Militärlager zu schlagen, der
indessen auch durch die komplizierte Geländegestalt verursacht
worden sein kann. Er wird im offenen Gelände mit einer Hecke
bepflanzt und durch einen Wanderweg begehbar gemacht. Südlich von Schwabsberg überschreitet der Limes die Jagst und läuft
dann nur wenig südlich vom Auerbach zu dem konservierten
Gebäude bei Dalkingen Wp. 12/81. Das am Limes völlig ungewöhnliche Bauwerk wurde 1973 vom Landesdenkmalamt Baden-
Württemberg ausgegraben und soll konserviert werden. Ungewöhnlich ist die mit Pilastern architektonisch betonte Südfassade,
unerwartet waren auch Funde von Teilen einer überlebensgro-
ßen Bronze-Panzerstatue. Ein Besuch dieser gut erhaltenen Ruine
ist sehr zu empfehlen. Sie liegt etwa 1,2 km nordwestlich von
Dalkingen. Schon 180 m westlich von dem Bau bei Wp. 12/81
werden Reste der Teufelsmauer sichtbar (Terrasse in Äckern).
Südöstlich von Wp. 12/81 sind sie über mehrere hundert Meter
durch den Heckenbewuchs kenntlich. Dort, wo die sichtbare
Strecke aufhört, lag Wp. 12/82. Hier knickte die Linie ziemlich
genau nach Osten ein. Sie lief scharf am Nordrand von Dalkingen
vorbei. In dem Wäldchen, das etwa 1 km nordöstlich von Dalkingen liegt, befindet sich ein kurzes Stück der Mauer (schwer zugänglich, in der Nähe beginnt ein Truppenübungsplatz). Hier
läuft die Mauer wieder in nordöstlicher Richtung, in die sie kurz
vor dem Wald am verschwundenen Wp. 12/84 eingebogen ist.
Nordöstlich von der Straße Neunstadt–Haisterhofen (Hinweisstein an der Straße) treten die Mauerspuren wieder in Erscheinung. Sie bilden einen z. T. mit Hecken bewachsenen Ödland-

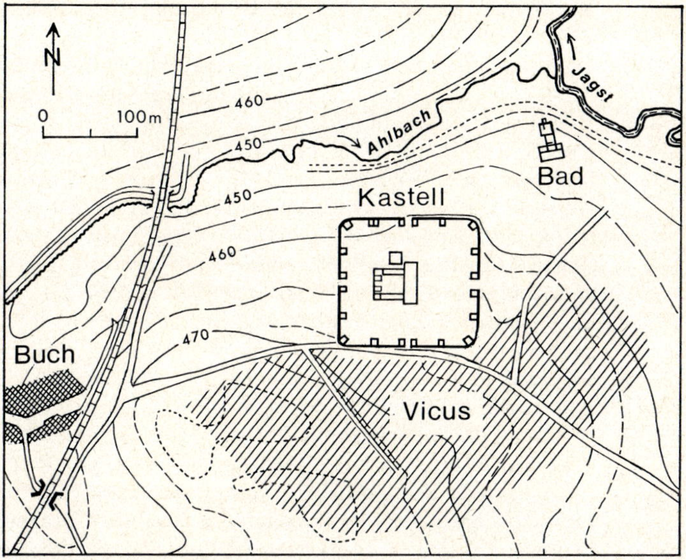

Abb. 64. Lageplan des Kastells Buch.

streifen in den Äckern und Wiesen. Der sichtbare Abschnitt ist etwa 500 m lang und endet an einem Bach, der in die Röhlinger Sechta fließt.

In Röhlingen hat die Teufelsmauer den Zug der Hauptstraße bestimmt. Zu sehen ist sie allerdings nicht. Die Grenzlinie zog nun in gerader Linie auf Pfahlheim zu, das seinen Namen von ihr erhielt. Zwischen Röhlingen und Pfahlheim überschritt die Linie zweimal die Sechta, sie ist aber gänzlich verschwunden. Dann läuft die Straße Erpfental–Pfahlheim großenteils über der römischen Grenze. Die Linie zieht weiterhin am Nordwestrand von Pfahlheim entlang. Dann folgt ihr die Straße von Pfahlheim nach Halheim.

Kurz vor Halheim beobachtet man einen Knick in der Straßenführung. An dieser Stelle stand Wp. 12/101 (nicht sichtbar; Hinweisstein). Hier knickte auch der Limes ab, um das Kastell Halheim, das vermutlich älter ist als die Grenzlinie, mit einzuschließen. Neben der Südostseite der Straße erblickt man noch vor dem Ortseingang geringe Spuren der Mauer. Die Linie zog durch den Nordwestrand des Dorfs. Jenseits (nordöstlich) von Halheim sind die Spuren der Mauer bis zum Kastell nahezu völlig verschwunden.

67a KASTELL HALHEIM ORL Nr. 67 a. Steinkastell von 0,7 ha Fläche für eine unbekannte, kleine Truppe (Abb. 65). Der quadratische Wehrbau besaß nur zwei Tore. Er entsprach in dieser Hinsicht nicht den obergermanischen Numeruskastellen, die mindestens drei Tore hatten. So ist es zweifelhaft, ob die hölzernen Innenbauten (die nicht ausgegraben worden sind) dem Schema eines Numeruskastells entsprachen. Vielleicht war die Besatzung daher kein Numerus von der Art, wie wir sie aus Obergermanien kennen. Eine abkommandierte Abteilung der Kohorte in Buch, vielleicht eher eine ihr angegliederte kleine Hilfstruppe, könnte die Besatzung des Kastells gebildet haben.

Das Kastell liegt 1 km nordöstlich von Halheim in Wiesen und Äckern. Der Kastellumriß ist gut sichtbar, weil die Schuttwälle der Umwehrung mit Gebüsch bewachsen sind. Man findet ein Hinweisschild an der Straße von Halheim nach Gerau und von dort einen ausgebauten Fahrweg zum Kastell.

Der Limes zog dicht an der Westecke des Kastells vorbei (Abstand etwa 40 m). Er ist dort aber nicht zu sehen. Erst jenseits (östlich) der Straße Birkenzell–Gerau setzen die Mauerreste als Bodenwelle ein. An der Straße steht ein Hinweisstein. Von dort

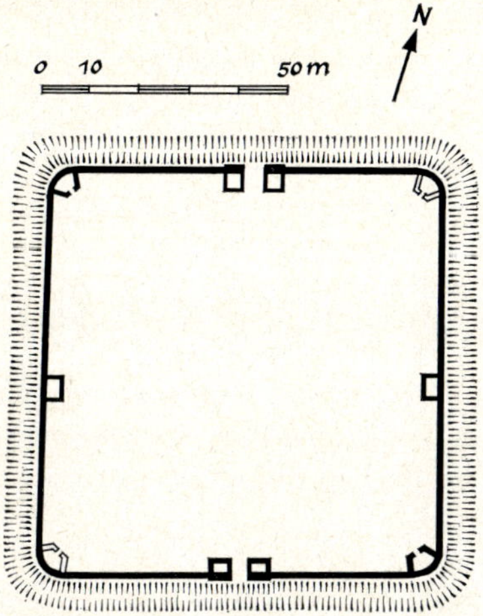

Abb. 65. Grundriß des Kastells Halheim (Umzeichnung nach ORL).

bis zum Anfang der sichtbaren Strecke sind es etwa 100 m. Zunächst läuft die Mauer (als Damm) über Äcker und Wiesen (auf etwa 400 m). Dann ist sie für eine kurze Strecke unterbrochen und tritt am Waldrand wieder in Erscheinung. Unweit südlich vom Freihof hört die sichtbare Strecke auf. Hier an der Waldecke stand Wp. 12/106; zugleich ist es der höchste Punkt der Strecke 12 (550 m). Der Wp. ist nicht sichtbar.

Die Linie befindet sich nun dicht an der Kante des Lias-Plateaus, die sie östlich vom Freihof erreicht. Man hat von dort eine beherrschende Sicht bis über Dinkelsbühl hinaus und zum Hesselberg hinüber. Der letzte Wp. oben an der Kante des Plateaus war Wp. 12/109 Steinäcker, etwa 300 m nordöstlich Oberzell. Er lag auf einem bastionsartigen Bergvorsprung. Die Stelle diente wohl als Richtpunkt für den nun folgenden geraden Limesabschnitt, der bis kurz vor Weiltingen genau auf einen Punkt in der Mitte des Hesselbergs zielt. Wp. 12/109 ist nicht sichtbar.

Auch die Grenzlinie ist an dieser Stelle nicht mehr vorhanden. Sie zog schräg den Abhang hinunter auf die tiefere Fläche des Stubensandsteins. Dann lief sie durch den Südostrand von Dambach. Erst kurz vor der württembergisch-bayerischen Landesgrenze wird ein Stück der Mauer sichtbar.

Am Ortsausgang von Dambach (Richtung Eck am Berg) befindet sich ein Parkplatz. Die Straße folgt hier für ein kurzes Stück der

Grenzlinie. Sie verläßt die Linie bald (kräftige Rechtskurve). An dieser Stelle folgt man einem Feldweg, der nach Nordosten durch die Wiesen auf einen kleinen Fichtenwald hinführt. Kurz vor dem Wald setzt der flache Damm des Limes ein. Er zieht am Waldrand weiter. An der Südecke des Waldes lag der kaum noch wahrnehmbare Wp. 12/112 Eckerheide. Nach dem Wald folgt die feuchte Niederung des Strambachs. Kurz vor dem Bach lag der letzte Turm der Strecke, Wp. 12/113. Die Reste des Limes sind hier weitgehend verschwunden. Im Schwedenholz jenseits des Bachs ist der flache Schuttwall der Mauer wieder sichtbar. Die Linie erreicht die Landesgrenze an der Straße Mönchsroth–Tannhausen (Hinweisstein an der Straße).

Von Ruffenhofen bis Gunzenhausen (Strecke 13)

Der Abschnitt von Ruffenhofen bis Gunzenhausen stellt etwa die Mitte des raetischen Limes dar. In einem großen Bogen führt die Grenzlinie nach Norden und schließt den Hesselberg ein. Der Berg beherrscht weithin die Landschaft. Als Zeugenberg steht er isoliert vor dem Nordrand der Alb. Seine Gipfelfläche ist wie die Alb aus Weißjura aufgebaut. Man sollte den Berg nicht nur wegen der eindrucksvollen Fernsicht aufsuchen, die sich von seinem Gipfelplateau eröffnet (Fahrstraße von Gerolfingen, Parkplatz oben auf dem Berg). Der größte Teil der Limesstrecke 13 ist von hier aus einzusehen. Der Berg zog in verschiedenen Epochen schutzsuchende Menschen an, die auf seiner Höhe Wehranlagen errichteten. Ein wesentlicher Teil der alten Ringwallanlagen, die auf dem Berg zu sehen sind, dürfte in die vorgeschichtliche Urnenfelderzeit (späte Bronzezeit bis Hallstatt B 3) zurückgehen. Danach scheint der Berg für Jahrhunderte nur gelegentlich von Menschen aufgesucht worden zu sein. Aus der römischen Kaiserzeit liegen nur vereinzelte Funde vor. Eine größere Bedeutung erhielt der Berg erst wieder im frühen und hohen Mittelalter, als er zeitweise verschiedene Wehranlagen trug, die allerdings nicht genau untersucht worden sind. Es ist nicht verwunderlich, daß man auf seiner Höhe keinen Verteidigungsbau aus römischer Zeit fand. Die Befestigung herausragender Höhen war in der Zeit des Limes weder bei den Römern noch bei den Germanen üblich. Sie entsprach nicht den damaligen militärischen Vorstellungen. So besaß der Berg weder für die Römer noch für die Germanen einen militärischen Wert. Er dürfte allenfalls eine kleine Beobachtungs- und Signalstation für den Limes getragen haben. Aus diesem Grund ist die Linienführung des Limes an Strecke 13 auch nicht in erster Linie aus der Absicht zu erklären, den Hesselberg in römisches Gebiet einzubeziehen. Die Ausbuchtung nach Norden in der Mitte der raetischen Limesstrecke hatte andere Ursachen. Wie oben schon ausgeführt wurde, ist die Linie so gelegt worden, daß sie die Alb und das für die Besiedlung ebenfalls zum Teil geeignete nördliche Vorland der Alb einschloß. Darauf folgt im Norden die breite Stufe des Sandsteinkeupers. Sie war im Altertum von ausgedehnten, siedlungsfeindlichen Laub- und Nadelwäldern bewachsen. Diese unwirtliche Zone stellte einen natürlichen Schutz der Provinz dar und erleichterte die Grenzüberwachung. Nahe am Südrand des Keupergebiets ist daher der Limes angelegt worden. So ergab sich eine Linienführung, die den Hesselberg gewissermaßen von selber in römisches Gebiet brachte.

Darüber hinaus galt es hier, einen besonders wertvollen Teil der römischen Besitzungen nördlich der Donau zu schützen, nämlich das fruchtbare Nördlinger Ries mit seinen Lößböden. Die Riesebene liegt als runder Kessel am Nordrand der Alb. Sie enthielt zahlreiche römische Landgüter. Sie beginnt etwa 10 km vom Limes entfernt südlich vom Hesselberg, von dem sie durch die Wörnitzniederung und den Oettinger Forst getrennt ist. Durch diesen Abstand von der Grenzlinie wurde ein erhöhter Schutz für die Riesebene erreicht, deren Sicherung eine der wichtigsten Aufgaben des Limesabschnitts gewesen sein muß. Damit wurde zugleich der Zugang zur Provinzhauptstadt Augsburg (*Augusta Vindelicum*) gesperrt, die mit dem Ries durch eine ausgebaute Straße verbunden war. Vermutlich kreuzten an dem Grenzabschnitt zwischen Ruffenhofen und Weißenburg auch die einzigen nennenswerten Fernverbindungen die raetische Grenze. Sie führten durch Franken nach Thüringen in das Siedlungsgebiet der Hermunduren; die Kerngebiete dieses germanischen Stammes lagen indessen weit vom Limes entfernt.

Die Riesebene ist schon in den letzten Regierungsjahren Domitians von römischen Truppen besetzt worden (Kastell Munningen, vielleicht auch Nördlingen). Gleichzeitig sind die Kastelle Oberdorf, Gnotzheim und Unterschwaningen entstanden. Sie waren noch nicht durch eine Grenzlinie verbunden, die mit Türmen versehen war. Die römischen Militärlager befanden sich z. T. mitten im Siedlungsgebiet des Rieses (Munningen), sicher-

ten die Zugänge zum Ries (Oberdorf) oder lagen im nördlichen
Vorland des Fränkischen Jura (Gnotzheim). Sie bildeten eine
breite, militärisch besetzte Grenzzone.
Schon nach kurzer Zeit wurden die Truppen aus dem Ries gezogen und in die Nähe der späteren Limeslinie gelegt. Das geschah in den ersten Jahren des 2. Jahrhunderts n. Chr. unter
Kaiser Traian. Damals ist vielleicht schon das Kastell Ruffenhofen entstanden. Das Kastell Gnotzheim blieb weiterhin besetzt.
Wann die ersten Lager in Dambach und Gunzenhausen errichtet
worden sind, ist ungewiß. In der Mitte des 2. Jahrhunderts waren sie sicherlich schon vorhanden. Die älteste Anlage des Limes
geht demnach frühestens in die Zeit zurück, in der die römischen
Einheiten aus dem Ries vorverlegt worden sind. Wenn damals
schon die eigentliche Limeslinie gezogen worden ist, was wir
nicht sicher wissen, so bestand sie aus einem Postenweg, der von
Holztürmen aus überwacht wurde. Vielleicht ist die Linie aber
erst etwas später unter Hadrian abgesteckt worden. In diesem
Fall könnten Holztürme und Palisade gleichzeitig entstanden
sein. Sicher ist nur, daß Holztürme und Palisade am Ende der
Regierung Hadrians gestanden haben. Spätestens zu dieser Zeit
sind die Kastelle Oberdorf und Unterschwaningen aufgegeben
worden. – In der Mitte des 2. Jahrhunderts oder etwas später
wurden die Holztürme durch Steintürme ersetzt. Bald darauf
muß die Palisade baufällig geworden sein. An ihre Stelle trat –
wenigstens streckenweise – ein hölzerner Flechtwerkzaun. Erst
am Ende des 2. oder zu Beginn des 3. Jahrhunderts ist die raetische Mauer erbaut worden. Sie verband die Steintürme miteinander. Als Baumaterial für die Mauer ist der anstehende Sandstein verwendet worden, der leicht verwittert. Daher sind die
Reste der Mauer an Strecke 13 meistens nicht besonders eindrucksvoll. Sie bilden nur einen flachen Damm (Pfahl, »Teufelsmauer«). Empfehlenswert sind die Strecken von Wp. 20–23 nordwestlich vom Hesselberg (Pfahl als flacher Damm im Wald), ferner das Limesstück nördlich vom Hesselberg, das zwischen
Ehingen und Beyerberg durch Äcker und Wiesen läuft (Feldweg). Ein schönes Stück der Mauer liegt östlich von Dambach
im Wald (etwa bis Wp. 13/38). Weitere geringe Reste findet man
in den Wäldern in Richtung auf Gunzenhausen. Das letzte Stück
der Linie westlich Gunzenhausen läuft über etwa 2,5 km durch
Äcker und Wiesen; es wird durch einen Feldweg markiert, an
dessen Seite an einigen Stellen Reste der Mauer wieder aufge-

Abb. 66. Reste der Palisade bei Wp. 13/3 während der Ausgrabung (nach ORL).

führt worden sind. – Von den Kastellen ist wenig erhalten. Nur der Umfang des Kastells Gnotzheim läßt sich im Acker erkennen (Böschungen und Bodenwellen). Gut erkennbar ist auch die Erdschanze südöstlich von Aufkirchen, doch ist es zweifelhaft, ob es sich um ein römisches Kastell handelt. Unbedingt empfehlenswert ist, wie schon eingangs gesagt, ein Besuch des Hesselbergs.

Die Strecke 13 beginnt an der württembergisch-bayerischen Grenze südlich Mönchsroth. Etwa 1 km südlich vom Ortsausgang findet man an der Landstraße einen Hinweisstein. Er steht etwa 250 m südlich von der Stelle, an der die Straße in den Wald eintritt. Spärliche Reste des Pfahls sind östlich von der Straße auf einer kurzen Strecke im Wald zu erkennen. Etwa 50 m von der Straße entfernt liegt der große, aber recht flache Hügel des Wp. 13/1 im Maihinger Schlag. Der Limes zog von hier in einer geraden Linie, die auf die Mitte des Hesselbergs weist, gut 6 km bis zur Übergangsstelle über die Wörnitz bei Weiltingen.

Nach einer Unterbrechung der sichtbaren Strecke findet man den Wp. 13/3 im unteren Espan südlich der Straße Mönchsroth–Wittenbach im Wald (Holz- und Steinturm). Nach der Ausgrabung des Holzturms ist der Ringgraben offen geblieben. Vom Steinturm ist nur der Hügel sichtbar. Von der Mauer sind hier nur geringe Spuren vorhanden. Etwa 300 m von dem Wp. entfernt werden sie von der schon erwähnten Straße gekreuzt. Östlich von der Straße läuft der Pfahl auf den Höllweiher zu. Die Strecke ist auch hier nicht gut erhalten und nicht leicht zu begehen. Das gilt ebenso für das Stück zwischen Höllweiher und Bundesstraße 25. Östlich von Wp. 13/3 fand man bei der Ausgrabung noch Holzreste der Palisade (Abb. 66).

Etwa 150 m östlich vom Höllweiher liegen die geringen Spuren von Wp. 13/5 Hetschenlache auf beiden Seiten des dort befindlichen Waldwegs (an der Westseite: Reste des Holzturms, der von der Mauer überschnitten wurde).

Der Pfahl verschwindet am Waldrand kurz vor der Bundesstraße 25. Am Westrand der Bundesstraße steht einer jener alten Limesdenksteine, die König Max 1861 errichten ließ. Seine Inschrift entspricht verständlicherweise nicht dem heutigen wissenschaftlichen Stand.

Der Pfahl wird erst 1,1 km jenseits der Bundesstraße an einem Waldrand schwach sichtbar. Hier liegen auch die geringen Spuren des Wp. 13/7 (Hügel). Die Linie steigt nun auf und nähert sich im Wald der Straße Wilburgstetten–Weiltingen. Zugleich kommt sie der Wörnitz näher. Am höchsten Punkt des Bergrückens befindet sich Wp. 13/8 im hinteren Grünhof. Der zerfallene Rest des Steinturmfundaments ist gerade noch zu erkennen. Der Holzturm lag westlich davon unter der Mauer. Schon vor dem Wp. setzt ein Waldweg ein, der dem Limes folgt. Der steinige Damm des Pfahls ist von dem Wp. über 1 km bis an die Landstraße zu verfolgen. Hier stand der (nicht mehr sichtbare) Wp. 13/10 im Gigät dicht an der Straße, unweit der Wörnitz. Man erkennt an dieser Stelle unmittelbar, daß die Richtung des Limes auf den Hesselberg zielt.

Die Spuren des Pfahls verschwinden nun. Zwischen Wp. 13/10 und Weiltingen überschritt der Limes den Fluß. Anfangs zog der Limes in gerader Richtung von Wp. 13/10 aus weiter, wie sich bei Grabungen ergab (Lauf der Palisade). Die spätere Limesmauer lief hingegen noch etwa 700 m am Südufer der Wörnitz weiter; sie bildete also bei Wp. 13/10 einen Knick. Erst dann überschritt sie den Fluß. Nördlich der Wörnitz nahm die Linie eine andere Richtung an. Sie ging nun nach Nordnordosten, um den Hesselberg in einem weiten Bogen einzuschließen.

Die Linie zog zunächst unmittelbar westlich an Wörnitzhofen vorbei. Sie ist aber weder hier noch in dem nördlich von dem Ort folgenden Ackerland wahrzunehmen. Sie überquerte mehrere kleine Seitenbäche der Wörnitz, kreuzte die Straße von Illenschwang nach Wittelshofen und ging (weiterhin nicht sichtbar) dicht westlich an der Gelsmühle bei Untermichelbach vorbei. Eine alte Sage berichtet, »daß die jedesmaligen Besitzer der Gelsmühle in der Christnacht Kacheln aus dem Zimmerofen lösen, damit der Satan, wenn er in dieser Nacht auf der Mauer seine Fahrt macht, nicht gezwungen ist, den ganzen Ofen über den Haufen zu werfen«. Dazu bemerkte ein Forscher am Anfang des 19. Jahrhunderts mit wissenschaftlichem Ernst: »Ich konnte mich nicht entschließen, dieser Erzählung Glauben beizumessen, weil die Mauer nicht durch das Zimmer des Müllers, sondern durch die Scheune läuft« (Fr. A. Mayer, 1828). Einige alte Berichte und Beobachtungen deuten darauf hin, daß in der Nähe der Mühle ein KLEINKASTELL gestanden haben könnte.

2 km vom Limes entfernt liegt auf der anderen Seite der Wörnitz das

68 KASTELL RUFFENHOFEN ORL Nr. 68. Steinkastell von 3,7 ha Fläche für eine unbekannte Truppe, entweder eine Ala quingenaria oder eine Cohors milliaria. Obgleich das Kastell wegen seiner Größe der wichtigste Stützpunkt des Limesabschnitts am Hesselberg war, ist es bisher nur wenig untersucht worden. Möglicherweise ist es schon unter Traian entstanden, als das Kastell Munningen im Nördlinger Ries aufgegeben wurde. Allerdings kann das Holzkastell Munningen (2,7 ha) nicht Vorgänger des Ruffenhofener Lagers gewesen sein. Möglicherweise hatte die Truppe vorher im westlichen Ries (Nördlingen?) gelegen. – Das Kastell befindet sich etwa 700 m südöstlich von Ruffenhofen auf einem flachen Höhenrücken über der Wörnitz. Es war nach Nordosten orientiert. Außer ganz schwachen Erhöhungen in den Äckern ist von dem Wehrbau nichts wahrzunehmen. Die Gemarkungsgrenze zwischen Ruffenhofen und Aufkirchen läuft durch das Lager.

Der Pfahl setzt in den Wiesen 1,2 km nördlich von Untermichelbach wieder ein. Auf der flachen, dammartigen Erhöhung läuft
anfangs ein Weg, später ein Feldrain. Bald erreicht die Mauer
den Wald und zieht darin aufwärts. 800 m nordöstlich vom
Waldrand beschreibt der Pfahl einen Bogen, der offensichtlich
durch das Gelände bedingt wurde. Hier stand Wp. 13/22 in der
Hüll, der aber nahezu völlig verschwunden ist. Neben dem Turm
fand man zwei Unterbrechungen der Mauer, durch die ein alter
Weg in das freie Germanien führte. – Die neue Richtung des
Pfahls zielt nun nach Ostnordost, in Richtung Gunzenhausen.
Allerdings läuft der Limes nicht völlig gerade bis Gunzenhausen.
Er überwindet die Strecke in mehreren geraden Abschnitten, mit
geringen Richtungsunterschieden. – Leider ist der flache Damm
des Pfahls hier im Wald bei Wp. 13/22 stellenweise durch den
Waldweg beschädigt worden, der die Mauer streckenweise bedeckt. Östlich von der Biegung bei Wp. 13/22 folgt der Waldweg nur noch etwa 200 m weit der Mauer. Dann ziehen die
Reste der Mauer durch das Dickicht des Waldes weiter (flacher
Damm). Wer ihnen folgt, stößt etwa 600 m von der Limesbiegung entfernt auf den flachen Steinturmhügel von Wp. 13/24
am Ostende der Hüll. Nach 100 m wird der Limes von dem Weg
Ammelbruch–Dühren gekreuzt. Auch östlich von diesem Weg
finden sich Spuren der Mauer, die mit Unterbrechungen bis zu
dem etwa 700 m entfernten Waldrand reichen. Die Strecke ist
aber nicht gut gangbar. Östlich vom Wald ist der Limes im freien
Gelände zunächst nicht sichtbar.
Das nächste erkennbare Stück der Grenzlinie liegt in den Äckern
und Wiesen zwischen Ehingen und Beyerberg. Man fährt am
besten zum Pfahlweiher, der an der Straße von Ehingen nach
Beyerberg liegt (1 km vom Ortsausgang von Ehingen). An der
Straße steht nördlich vom Weiher ein Hinweisstein auf den
Limes. Man folgt dem Feldweg, der vom Weiher nach Westen
führt. Bis auf eine kurze Anfangsstrecke läuft er etwa 1,7 km
weit über den Resten der Mauer, von der allerdings kaum sichtbare Spuren auftreten. Doch ist der Blick auf die Landschaft
großartig, der Nordhang des Hesselbergs tritt beherrschend in
Erscheinung, und man erhält einen Eindruck, wie die geradlinige Limesstrecke das Gelände überwindet. Unmittelbar westlich vom Pfahlweiher, wo der heutige Weg die Linie verläßt,
vermutet man den Wp. 13/28.
Auch östlich vom Pfahlweiher läuft ein Feldweg, der über oder

neben der Mauer entlangzieht (Zugang zu dem Weg südlich vom Weiher). Wie auf der Westseite ist die Linie auch östlich vom Pfahlweiher im Tal zunächst nicht zu sehen. Sie setzt in etwa 100 m Entfernung jenseits des Talhangs ein (Weg über den Mauerresten). Der Feldweg zieht über gut 1 km durch Äcker und Wiesen. Streckenweise wird der Schuttdamm der Mauer neben dem Weg sichtbar. Der Feldweg nähert sich einem Wald. Noch bevor er ihn erreicht, biegt er ab, und die Mauerreste verschwinden. Sie tauchen aber kurz vor dem Wald wieder auf (flacher Damm und Weg).

Neben dem Fahrweg, der von Ehingen kommt, tritt die Linie in den Wald ein. Der Damm des Pfahls wird sogleich deutlicher. Nach knapp 200 m erblickt man den flachen Steinturmhügel des Wp. 13/31 im Frauenholz. Der Pfahl ändert hier seine Richtung geringfügig und zieht südlich am Bischofsweiher vorbei zum Kreutweiher. Bis zum Waldrand vor dem Kreutweiher läuft ein Wanderweg am Limes. Die Spuren der Mauer sind in dem Wald nicht gleichmäßig gut erhalten. Von den Wp. 13/32–13/34 ist nichts erhalten. Südöstlich vom Bischofsweiher durchschneidet der Limes ein vorgeschichtliches Hügelgräberfeld; hier wird Wp. 13/33 vermutet. Noch vor dem Waldrand südlich vom ehemaligen Kreuthof verschwindet der Pfahl.

Die Linie trat aus dem Wald und lief durch eine Bachaue auf den Kreutweiher zu. Beim Ablassen des Weihers fand man den Pfahlrost, auf dem die Mauer in der morastigen Niederung gegründet war (Abb. 67). Unmittelbar südlich vom Weiher, im Gebiet der Kreutmühle, befand sich das

69 KASTELL DAMBACH ORL Nr. 69. Hier stand zuerst ein kleines Steinkastell von 1,0 ha Fläche. Es konnte nur eine kleinere Hilfstruppe ähnlich den obergermanischen Numeri aufnehmen. Später wurde das Kastell vergrößert. Mit 2,2 ha Fläche bot es genug Platz für eine Cohors quingenaria, vielleicht die *Cohors II Aquitanorum equitata*. Das Kastell war nicht auf den Limes orientiert, sondern lag parallel zu ihm; das Haupttor wies nach Osten. – Es ist weder genau bekannt, wann das erste Steinkastell entstanden ist, noch wann das größere Lager erbaut wurde. Möglicherweise ist das kleine Kastell Nachfolger des Holzkastells Unterschwaningen gewesen. Falls die 2. Aquitanerkohorte in dem größeren Lager stationiert war, kann es nicht vor den Markomannenkriegen erbaut worden sein, denn bis in diese Zeit lag die Kohorte in Regensburg-Kumpfmühl. – Heute ist von dem

Abb. 67. Pfahlrost unter der raetischen Mauer im Kreutweiher (nach ORL).

Kastell Dambach nichts zu sehen. Indessen bemerkt man 250 m östlich vom Kastell (d. h. von der Kreutmühle) eine ovale Schanze im Wald; sie liegt etwa 70 m südlich vom Pfahl. Es ist zwar nicht völlig sicher, ob sie römischen Ursprungs ist. Es könnte sich aber um eines jener kleinen Amphitheater handeln, wie sie mitunter neben Auxiliarkastellen gefunden worden sind. In Raetien ist kein zweites Beispiel bekannt, wohl aber in Obergermanien (Kastell Zugmantel im Taunus). – Etwa 5 km südöstlich von hier lag das

K   KASTELL UNTERSCHWANINGEN. Das Holzkastell von 0,7 ha Fläche hatte ähnlich wie das Kastell Halheim nur zwei Tore. Die Besatzung (ein Numerus?) ist unbekannt. Die Funde erweisen, daß das kleine Lager schon um 90 n. Chr. in den letzten Regierungsjahren Domitians erbaut worden ist. Früher nahm man an, daß es bis zur Mitte des 2. Jahrhunderts bestanden habe. Das Kastell

dürfte indessen nur kurze Zeit besetzt gewesen sein und wurde
wohl schon am Anfang des 2. Jahrhunderts aufgegeben. Die Besatzung könnte damals in das Kastell Dambach versetzt worden
sein. Die späteren Funde, die bekannt geworden sind, rühren
vermutlich von einer zivilen Überbauung des ehemaligen Kastells her (Villa rustica?). Von dieser ist innerhalb des Kastell-
gebiets ein kleines, steinernes Badegebäude ausgegraben worden.
– Das Kastell lag in Äckern 1 km südlich von Unterschwaningen.
Es befand sich auf der flachen Anhöhe über dem Zusammenfluß
von Arrabach und Mühlbach. Es ist völlig verschwunden. Seine
Besatzung war zweifellos der Kohorte in Gnotzheim unterstellt,
deren Lager noch weiter vom Limes entfernt war.

70 KASTELL GNOTZHEIM ORL Nr. 70. Steinkastell von 2,2 ha Fläche
für eine Cohors quingenaria. Das Kastell ist wohl zunächst als
Holzbau um 90 n. Chr. errichtet worden, vielleicht von der *Cohors V Bracaraugustanorum*, die später nach Künzing verlegt
worden ist. Damals war die Limeslinie noch nicht vorhanden.
Das Kastell sicherte anfangs das nördliche Vorland des Fränkischen Jura und damit auch einen wichtigen Zugang zum Nördlinger Ries. Sein antiker Name war *Mediana*. Es bildete einen Kno-
tenpunkt römischer Straßen. Vor allem zog hier die wichtige
Straße vorbei, die von Weißenburg kommend in das Ries führte.
– Spätestens 144 n. Chr. kam die *Cohors III Thracum civium
Romanorum equitata bis torquata* nach Gnotzheim. Sie hat in
diesem Jahr den Bau des Steinkastells vollendet (Bauinschrift
heute an der Südseite der Kirche von Gnotzheim). Inzwischen
war auch die Limeslinie entstanden, von der das Kastell 6 km
entfernt liegt. Die Kohorte war für einen Limesabschnitt zuständig, der vom Altmühlübergang bei Gunzenhausen bis in die Gegend des Kastells Dambach gereicht haben dürfte. – Die Reste
des Wehrbaus befinden sich wenige hundert Meter südwestlich
von Gnotzheim auf der Höhe zwischen dem Weilbach und dem
Wurmbach. Die Unwehrung ist in den Äckern rundum durch
eine mehr oder weniger hohe Abböschung kenntlich. Rund um
das Kastell läuft ein Feldweg. Das Haupttor war nach Südosten,
auf den Wurmbach gerichtet.

Wir kehren zur Limesstrecke bei Kastell Dambach zurück. Östlich vom Kreutweiher wird der Schuttdamm des Pfahls schon in
etwa 100 m Entfernung im Wald sichtbar. Anfangs wenig gut
erhalten, wird der Damm bald etwas höher. Allerdings ist die Linie selbst nicht gut begehbar. Indessen läuft nördlich in etwa

40–60 m Abstand ein breiter Waldweg parallel zum Limes. Ungefähr 800 m vom Kreutweiher entfernt befindet sich der deutliche Steinturmhügel Wp. 13/36 auf der Kohlplatte. Von hier aus ist es nicht weit bis zur Landstraße Unterschwaningen–Heinersdorf, die den Limes kreuzt (Abstand vom Wp. etwa 100 m; Hinweisstein an der Straße).

Östlich von der Straße zieht sich der Damm recht gut sichtbar durch den Wald. Er wird hier von einem Weg begleitet. Wp. 13/37, der vielleicht 400 m östlich von der Straße liegen müßte, ist verschwunden. Eine kurze Strecke weiter muß man ein Stück Jungholz umgehen, durch das der Pfahl hindurchzieht. Etwa 1,15 km östlich von der Landstraße liegt dort der hohe Schutthügel des Steinturms Wp. 13/38 in der Stelze. Die Erhaltung des Pfahls nimmt danach ab, er ist aber mit Unterbrechungen bis an den Waldrand zu verfolgen.

Der Limes überwindet nun die sumpfige Niederung des Mühlbachs, wo aber nichts erhalten ist. Am jenseitigen Hang steigt er zwischen den Äckern auf einem Ödlandstreifen hoch. Auf der Höhe verschwinden alle Spuren. Hier muß Wp. 13/39 gelegen haben. Die Linie zieht nun am Oberteil eines Hangs – nicht sichtbar – südlich an Großlellenfeld vorbei. Kurz vor Kleinlellenfeld trifft man auf eine Straße, die genau über der Mauer verläuft. Sie bildet die Hauptstraße von Kleinlellenfeld und zieht nach Osten noch etwa 1 km in Richtung des Limes weiter. Erst 200 m vor dem Wald östlich von Kleinlellenfeld trennt sich der Fahrweg von der Grenzlinie. In den Wiesen unterhalb des Wegs wird der Pfahl zunächst nicht sichtbar. Der Weg beschreibt einen Bogen, um einem Tal auszuweichen, und kehrt nach etwa 500 m im Wald zur Grenzlinie zurück.

Dazwischen wird der Pfahl eine Strecke weit im Wald sichtbar; der Damm setzt wenige Meter östlich vom Waldrand ein. 200 m vom Waldrand entfernt stößt man auf den Wp. 13/43 im Mittlach. Der große, aber recht flache Steinturmhügel ist nicht besonders eindrucksvoll. Dennoch ist die Stelle interessant, weil sich hier einer der wenigen Limesdurchgänge befand. Dieser bestand schon zu der Zeit, als der Holzturm (östlich vom Steinturm ausgegraben) und die Palisade den Limes sicherten. Später befand sich unmittelbar an der Ostseite des Steinturms ein Durchgang durch die Limesmauer. Er war 2,85 m breit und konnte vermutlich durch ein hölzernes Tor verschlossen werden. Man fand hier sogar vergoldete Bronzebuchstaben einer Inschrift, deren Text

wir leider nicht kennen. Ferner ist Wp. 13/43 die westlichste
Fundstelle des Flechtwerkszauns, der während des Bestehens der
Steintürme zu einer Zeit gesetzt wurde, als die Palisade baufällig
geworden war, die Mauer aber noch nicht stand. Der Limesdurchgang war sicherlich mit dem Kastell Gnotzheim verbunden. – Der Schuttdamm der Mauer bleibt noch über ein kurzes
Stück gut kenntlich, bis der breite Waldweg sich wieder der
Grenzlinie anschließt und mehr oder weniger genau auf ihr weiterläuft. Sichtbare Spuren der Mauer verschwinden.

Bald tritt der Weg aus dem Wald und zieht am Waldrand weiter.
Er überschreitet sodann eine offene Höhe, wo man Wp. 13/44
vermutet. Dann tritt er südlich Unterhambach in den Wald ein.
Von hier ab treten wieder Spuren des Pfahls auf.

Etwa 400 m vom Waldrand entfernt ersteigt der Pfahl eine Höhe.
Dort liegt – am Westrand einer Kiesgrube – Wp. 13/45 im Fil-
chenharder Gemeindewald. An der Stelle des Wp. stand zunächst
ein Holzturm. Der später daneben erbaute Steinturm wurde nicht
mit der Mauer verbunden; er liegt 10 m südlich von ihr. Sein
Fundament ist schwach kenntlich. Unmittelbar westlich daneben
erblickt man die schwachen Reste des Holzturmgrabens. In einer
späteren Bauphase wurde der Steinturm aufgegeben und 50 m
weiter westlich ein neuer Turm unmittelbar an der Mauer gebaut. Die Stelle ist jetzt kaum zu erkennen.

Östlich von Wp. 13/45 läuft der Pfahl als flacher Damm weiter
durch den Wald bis zum Waldrand. Dann folgt lediglich ein
Feldweg knapp 300 m weit der Richtung des Limes. Nun verschwindet die Linie bis auf ganz geringe Spuren. Sie kreuzte in
spitzem Winkel das Tal des Hambachs. Östlich von dem Tal
nimmt der Weg Unterhambach–Unterwurmbach die Richtung
der Mauer auf. Der Weg tritt nach kurzer Strecke in den Wald
ein und bleibt dort noch 800 m weit auf der Linie des Pfahls, von
dem aber kaum Spuren auftreten. Dann biegt der Weg ab. Jenseits einer Sandgrube, die sich dort befindet, wird der flache
Schuttwall noch für ein kurzes Stück bis zum Waldrand sichtbar,
doch ist die Strecke nicht besonders eindrucksvoll.

Nun tritt die Linie in freies Ackerland ein, wo ihr ein z. T. gut
ausgebauter Feldweg folgt. Der Pfahl selber ist nicht zu sehen.
Man erkennt hier, daß der Limes genau auf die Höhe des Vorderen Schloßbucks oberhalb von Gunzenhausen zielt, wo Wp. 14/4
als Richtpunkt der Strecke diente.

Etwa 500 m vom Wald entfernt kreuzt die Landstraße Unter-

wurmbach–Streudorf die Grenzlinie. Hier befand sich neben dem
verschwundenen Wp. 13/50 ein Durchgang durch die Grenzmauer. Östlich von der Landstraße, die offenbar der Nachfolger
eines alten Weges ist, läuft der ausgebaute Feldweg noch 1,5 km
weiter in Richtung des Pfahls. Er hört erst am Rand der Altmühlniederung auf. An mehreren Stellen sind neben dem Weg kurze
Stücke der Teufelsmauer wieder hochgezogen und sichtbar gemacht worden. Vom Ende der Strecke in der Altmühlniederung
ist nichts zu sehen. Dieser Abschnitt ist auch nicht durchgehend
begehbar, weil er von einer Bahnlinie gekreuzt wird.

Der Limes überschritt die Altmühl etwa 60 m oberhalb der heutigen Straßenbrücke. Der letzte Wp. 13/54 der Strecke 13 befand
sich knapp 100 m westlich vom Fluß in den Wiesen, wo heute
eine umzäunte Scheune steht. Unmittelbar hinter der Limesmauer wurde eine schmale, aber gut ausgebaute römische Straße
festgestellt. Über eine gepflasterte Furt erreichte sie das andere
Ufer des Flusses. Sie wurde von den Wachttrupps und Grenz-
patrouillen benutzt, die vom Kastell Gunzenhausen ausrückten,
um den Limes zu überwachen. Zugleich vermittelte sie den Verkehr zum Kastell Gnotzheim, zu dem eine römische Straße
führte.

Von Gunzenhausen bis Weißenburg (Strecke 14, Westteil)

Bei Gunzenhausen erreichte der raetische Limes seinen nördlichsten Punkt. Bis hier war die Grenzlinie so abgesteckt worden, daß
sich die unwirtlichen, bewaldeten Keuperflächen vor ihr befanden. Auf diese Weise wurde die Sicherung der Provinz erleichtert. Die landwirtschaftlich nutzbare Hochfläche der Alb und ihr
z. T. fruchtbares Vorland wurden vom Limes eingeschlossen. Bald
aber wendet sich die Fortsetzung der Alb, der Fränkische Jura,
nach Norden. Jetzt war es nötig, den Limes auf kürzestem Weg
an die Donau zu führen. Andernfalls hätte der Limes weite Gebiete, vielleicht gar den böhmisch-mährischen Kessel mit ein-
schließen müssen. Das aber ist den Römern militärisch nie möglich gewesen. So beginnt sich der Limes bei Gunzenhausen nach
Südosten zu biegen, um die Hochfläche des Fränkischen Jura zu
überschreiten. Zunächst aber mußte er über das wellige Jura-
Vorland hinweg in Richtung Weißenburg ziehen. Unweit von
Weißenburg berührte die Linie den Fuß des Jura; hier erstieg
sie die steile Kante der Hochfläche.

Der älteste und zugleich wichtigste Militärbau der Römer war an diesem Grenzabschnitt das Kastell Weißenburg (*Biriciana*). Es ist wohl um 90 n. Chr. in den letzten Regierungsjahren Domitians entstanden. Ob damals schon die eigentliche Limeslinie abgesteckt worden ist, erscheint ungewiß. Vielleicht ist sie erst während der Regierung Traians entstanden, möglicherweise gleichzeitig mit dem Kastell Theilenhofen (*Iciniacum*). Die Limeslinie bestand anfangs nur aus Holztürmen, die durch einen Postenweg verbunden waren. Unter Hadrian ist die Palisade hinzugekommen. Als sie nach einiger Zeit verfiel, wurde sie durch einen Flechtwerkzaun ersetzt. Das ist aber nicht überall gleichzeitig geschehen. Stellenweise ist der Zaun gesetzt worden, als die Holztürme noch standen. Diese sind in der Mitte des 2. Jahrhunderts oder ein wenig später von Steintürmen abgelöst worden. Vielleicht sind auch die beiden kleinen Kastelle Gunzenhausen und Ellingen etwa zur gleichen Zeit gebaut worden, doch ist ihre Zeitbestimmung aus Mangel an Funden schwierig, ähnlich wie bei Theilenhofen. – Bei einigen Steintürmen zeigte es sich, daß der Flechtwerkzaun erst entstanden sein kann, als der Steinturm schon vorhanden war. So zog vor den Steintürmen anfangs stellenweise noch die Palisade vorbei, an anderen Stellen aber schon der Flechtwerkzaun. Dieser stellte ein leichteres und unregelmäßigeres Grenzhindernis dar als die Palisade; er hatte mehr provisorischen Charakter. Am Ende des 2. oder zu Beginn des 3. Jahrhunderts sind dann die hölzernen Grenzhindernisse durch die Limesmauer ersetzt worden. Sie verband die Steintürme miteinander.

Dem Besucher bietet die Strecke einiges. Zunächst ist das Kastell Weißenburg zu erwähnen, dessen Mauern kenntlich gemacht worden sind (römische Fundstücke im Städtischen Museum). Nahe am Kastell Theilenhofen (das nicht sichtbar ist) wurde das zugehörige Bad freigelegt. Seine Grundmauern sind vollständig sichtbar. Sodann gibt es einige empfehlenswerte Strecken am Limes selbst. Die erste liegt auf dem Schloßbuck östlich Gunzenhausen (Wp. 14/4–14/6 sichtbar). Sehenswert ist auch die Strecke zwischen Pfofeld und Thannhausen, die großenteils im Wald liegt und sich für eine Wanderung eignet (Wp. 14/14–14/19). Schließlich ist ein Abschnitt nordöstlich von Ellingen zu erwähnen (Wp. 14/30–14/33), der durch freies Ackerland führt und gut gangbar ist. Von hier aus hat man einen schönen Blick auf die steile Kante des Juraplateaus, die der Limes dann ersteigt.

In Gunzenhausen befand sich eine günstige Übergangsstelle über
das Altmühltal. Daher überschreitet auch heute eine Bundesbahn-
linie und eine Bundesstraße an dieser Stelle den Fluß. In römischer Zeit ging der Verkehr über eine ausgebaute Furt, die schon
im vorigen Kapitel beschrieben wurde. Dieser Flußübergang war
es, der den Zug des Limes über Gunzenhausen bestimmt hat. Zu
seinem Schutz entstand das

71   KASTELL GUNZENHAUSEN ORL 71. Steinkastell von 0,7 ha Fläche für eine unbekannte, kleine Truppe (Numerus?). Es ist vermutlich in der Mitte des 2. Jahrhunderts entstanden und war bis
zum Ende des Limes besetzt. Das Kastell lag im Zentrum der
Stadt, im Bereich der Kirche, die ganz innerhalb der Kastellfläche
steht. Zu sehen ist nichts. Das Heimatmuseum (Marktplatz 49)
enthält Funde vom Limes.

Die Grenzlinie zog 320 m vor der Front des Kastells vorbei. Wp.
14/1 wurde an der Spitalstraße (östlich von der Spitalkirche) ausgegraben (nicht sichtbar). Die Mauer lief dann in Richtung der
Hensoltstraße zum Schloßbuck hinauf.

Hier treten die ersten Spuren jenseits des Diakonissenhauses im
Wald auf. Neben einem Wasserreservoir findet man dort einen
Gedenkstein mit der Aufschrift »Teufelsmauer«. Ganz geringe
Spuren des Holzturms Wp. 14/3 liegen südwestlich vom Wasser-
behälter (dort Parkbänke). Der Steinturm ist verschwunden. An
dieser Stelle beginnt eine kurze, sichtbare Strecke des Pfahls, der
als flacher Damm in Erscheinung tritt. Noch vor der Höhe des
Schloßbucks verschwindet er.

Nun steigt man zum Vorderen Schloßbuck hinauf, auf dem ein
Bismarckdenkmal steht. Wenige Meter südöstlich davon bemerkt
man die Grundmauern des Wp. 14/4. Der ungewöhnlich große
Turm (4,7 mal 6,3 m) hatte eine innere Unterteilungsmauer. Später ist der Steinturm in einen Ringwall des frühen Mittelalters
einbezogen worden, der die Höhe des Vorderen Schloßbucks um-
zieht (jetzt nicht sichtbar). – Westlich von dem Turm fand man
einen Limesdurchgang in der Mauer, der auch schon in der Palisade vorhanden war. Wp. 14/4 diente als Richtpunkt der geraden,
westlich anschließenden Limesstrecke. Von seiner Höhe muß eine
weite Fernsicht möglich gewesen sein. Der Schuttwall der Limesmauer ist auf dem Vorderen Schloßbuck nicht erhalten, weil er
für den Bau der frühmittelalterlichen Ringmauer abgeräumt
worden ist.

In sehr geringem Abstand – es sind nur 165 m – folgt der nächste

Wp. 14/5 am Osthang des Vorderen Schloßbuck. Der heutige
Weg geht mitten durch den Turm, dessen Grundmauern sichtbar
sind. Auch der Ansatz der Limesmauer an den Turm ist zu erkennen. Dieser Wachtturm war ebenfalls ungewöhnlich groß (5,5
mal 7,4 m). Er muß wegen der notwendigen Sichtverbindung
mit Wp. 14/4 mindestens 5 m hoch gewesen sein. In der Palisade
fand man neben dem Turm einen Limesdurchlaß, nicht aber in
der späteren Mauer. Die Limesdurchgänge bei Wp. 14/4 und 14/5
deuten darauf hin, daß im Altertum eine Wegeverbindung über
den Schloßbuck hinweg in das freie Germanien lief. Sie ging auf
römischer Seite wohl vom Kastell Theilenhofen aus. Der alte Weg
führte nicht durch Gunzenhausen, weil die breite, sumpfige Niederung nördlich der Stadt damals wohl schwer zu passieren war.
Zur Sicherung des Limesdurchgangs sind vermutlich zwei so große
und so dicht beieinander liegende Steintürme erbaut worden. –
Bei den Ausgrabungen auf dem Schloßbuck fand man auch Spuren
des Flechtwerkzauns. Er löste die Palisade ab, folgte aber nicht
ihrer Richtung, sondern zog in einem Bogen um den Schloßbuck.
Östlich von Wp. 14/5 ist ein kurzes Stück des Pfahls sichtbar. Man
folgt dem heutigen Weg, der nahe am Limes bleibt. Über eine
Einsattelung, die von einem alten Weg (»Schaftrieb«) gekreuzt
wird, gelangt man zum Hinteren Schloßbuck. Hier setzt der
Pfahl wieder ein (südlich vom Weg). 18 m südlich vom Pfahl befinden sich die Reste des KLEINKASTELLS AUF DEM HINTEREN
SCHLOSSBUCK. Man erkennt Erdaufwürfe, die von Grabungen
herrühren, und Spuren der Fundamente. Der quadratische Steinbau von 400 m² Fläche hatte scharfe Ecken. Ein Verteidigungsgraben fehlte. Inmitten der Reste steht ein Gedenkstein mit der
Inschrift »Castrum Romanum«.
70 m weiter östlich erblickt man die Reste von Wp. 14/6. Hier
sind sogar Spuren des Holzturms sichtbar (ein niedriger Turmhügel, vom Ringgraben eingefaßt, knapp hinter dem Pfahl). 15 m
östlich davon befinden sich die Grundmauern des Steinturms.
Zwischen dem Kleinkastell und Wp. 14/6 erreicht der raetische
Limes seinen nördlichsten Punkt. Er knickt leicht nach SO ab und
beginnt nun, in einem weiten Bogen zur Donau zu ziehen. Der
Pfahl bleibt im Wald weiterhin sichtbar. Etwa 270 m entfernt
wurde Wp. 14/7 an der Ostseite des Hinteren Schloßbucks ausgegraben, doch ist er nicht mehr sichtbar. Von hier aus kann man
den Pfahl noch weitere 300 m im Wald verfolgen, dann verschwindet er bis auf ganz geringe Spuren.

Die Linie tritt nunmehr aus dem Wald in offenes Ackerland ein. In den Äckern südlich Frickenfelden sind aber alle Spuren verschwunden. Sodann folgt die Grenzlinie ein Stück der Straße Frickenfelden–Gundelshalm. Die Teufelsmauer lief alsdann mitten durch Gundelshalm (nicht sichtbar). Östlich Gundelshalm steigt sie auf und wird für ein kurzes Stück als Böschung am Abhang sichtbar (etwa 300 m östlich vom Ort). Oben auf der Höhe stand Wp. 14/12 auf dem Gundelshalmer Buck. Hier wurden durch Grabungen sowohl ein Holz- als auch ein Steinturm festgestellt. Ferner gab es einen Limesdurchgang (Durchlaß durch die Mauer westlich vom Turm). Der Wp. hatte eine vorzügliche Sicht nach Osten und Westen längs der Limesstrecke, man konnte von hier aus aber auch das Kastell Theilenhofen sehen und dorthin Nachrichten übermitteln (Entfernung 2,6 km). So ist es verständlich, daß der Turm ziemlich groß war (6,0 mal 4,5 m). Heute ist nichts mehr zu sehen. Reste des Pfahls sind nicht vorhanden, treten aber 300 m weiter östlich in einer Wiese auf. Zwischen Wp. 14/12 und 14/14 hatte die Palisade einen anderen Verlauf als die Mauer. Sie bildete einen geringen Vorsprung nach Norden, wo der Holzturm Wp. 14/13* stand (ganz flacher Hügel in der Wiese, etwa 60 m vor der Linie des Pfahls). Als die Steintürme erbaut wurden, ist gleichzeitig die Grenzlinie begradigt worden. So kam der aufgegebene Holzturm vor die Linie des Pfahls. Der Steinturm Wp. 14/13 ist nicht zu sehen.

Kaum wahrnehmbare Reste des Pfahls ziehen sich durch die Wiese zur Straße Pfofeld–Rehenbühl. Dann steigt die Mauer einen Hang hinauf (Ödlandstreifen mit Resten des Schuttwalls). Oben befand sich Wp. 14/14 auf dem Langlauer Buck. Die geringen Reste des Holz- und des Steinturms (flache Erhöhungen) sind mit Gestrüpp bewachsen. – Ein wenig über 2 km südlich vom Limes lag das

71a KASTELL THEILENHOFEN ORL Nr. 71a. Steinkastell von 2,7 ha Fläche für die *Cohors III Bracaraugustanorum (equitata)*. Um 132 n. Chr. verließ die Kohorte für etwa ein Jahrzehnt die Provinz, um am jüdischen Krieg teilzunehmen (Niederschlagung des Bar Kochba-Aufstandes). – Aus Mangel an Funden hat man das Anfangsdatum des Kastells noch nicht sicher bestimmen können. Es könnte Nachfolger des gleichgroßen, am Anfang des 2. Jahrhunderts aufgegebenen Kastells Munningen gewesen sein. Auch ist es ungewiß, ob die 3. Bracaraugustaner-Kohorte schon vor dem jüdischen Krieg in Theilenhofen lag, und von welcher

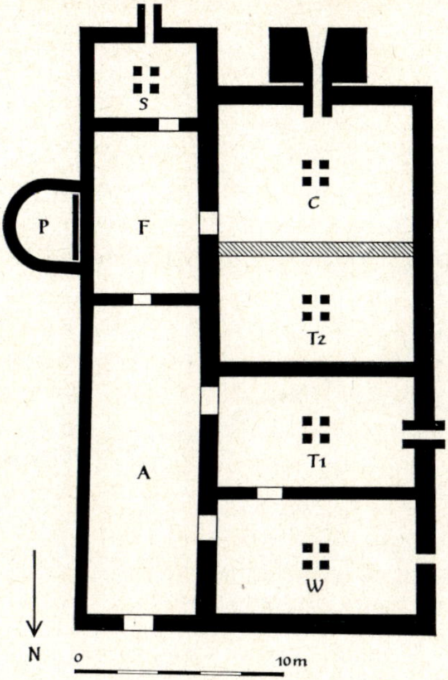

Abb. 68. Badegebäude (jüngere Phase) am Kastell Theilenhofen (nach F.-R. Herrmann). A Apodyterium, F Frigidarium, P Piscina, S Sudatorium, W vermutlich geheiztes Winterapodyterium, T 1 und T 2 zweigeteiltes Tepidarium, C Caldarium (Erklärung der Bezeichnungen: Abb. 13). Die mit Hypokausten heizbaren Räume sind jeweils durch vier Quadrate gekennzeichnet. M. 1:400.

Truppe sie während des Krieges vertreten wurde. – Das Kastell, das vielleicht den Namen *Iciniacum* trug (Station *Iciniacis* der Tabula Peutingeriana), liegt in den Äckern an der Straße Pfofeld–Theilenhofen, etwa 500 m nordwestlich von Theilenhofen. Es ist völlig verschwunden. Sein Umriß wird indessen durch einen umlaufenden Feldweg angegeben. An der Straße, die über die NO-Ecke der Umwehrung geht, steht ein Hinweisstein. Von dem rauhen Hochplateau, auf dem es in fast 500 m Höhe lag, hat man einen guten Ausblick und kann sogar im Westen den Hesselberg erkennen. – Westlich vom Kastell befindet sich das zugehörige Bad, dessen Besuch zu empfehlen ist (neben einem heutigen Weiher). Die Grundmauern der jüngeren Bauphase sind sichtbar (Abb. 68). Darunter befand sich ein älteres Badegebäude. Die Räume des älteren Bades waren nur teilweise in Steinbauweise errichtet, andere bestanden aus Holz (älteres Bad nicht sichtbar). Wir begeben uns zurück zur Limeslinie nördlich Pfofeld. – Von Wp. 14/14 führt ein Feldweg längs der Grenzlinie nach Osten. Er berührt bald den Südrand des Waldes Fichtet. Hier treten

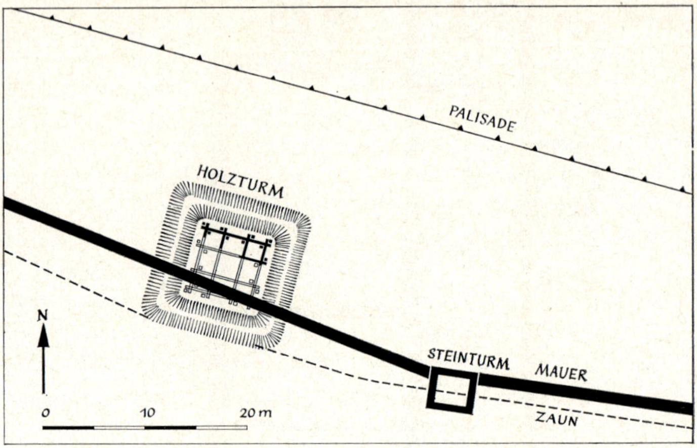

Abb. 69. Wp. 14/17 auf dem Ritterer Espan (Umzeichnung nach ORL). Zuerst bestanden der Holzturm und die Palisade. Dann wurde die Palisade durch den Zaun ersetzt. Ein wenig später wurde der Holzturm aufgegeben und der Steinturm gebaut. Der Zaun dürfte zunächst stehengeblieben sein. Schließlich entstand die Limesmauer, die an beiden Seiten an den Steinturm anstößt.

Spuren des Pfahls auf (Böschung, Damm). Ein wenig weiter tritt der Wald ein Stück von der Linie zurück, dann berührt er sie wieder. Hier, an der höchsten Stelle des Plateaus, befand sich Wp. 15/15 auf der Pfofelder Nutzung (nicht sichtbar). Außer dem Steinturm wurde ein Holzturm mit besonderen Konstruktionsdetails festgestellt (»Blockhaus«, ähnlich Wp. 14/17).

Nun tritt der Pfahl in den Wald ein, wo auf dem Schuttdamm ein Weg läuft. Dadurch ist der Damm z. T. verflacht und ausplaniert worden. Nahe am östlichen Rand des Waldes vermutet man Wp. 14/16.

Es folgt offenes Ackerland, durch das ein Feldweg auf dem Pfahl entlangzieht. Schon von weitem erkennt man das wieder aufgesetzte Mauerwerk des Wp. 14/17 auf dem Ritterer Espan (Abb. 69). Westlich vom Steinturm wurde der Holzturm ausgegraben (nicht sichtbar). Innerhalb des Ringgrabens fand man eine Plattform, die durch ein Kastenwerk aus horizontalen Balken verfestigt worden war. Zwischen den Balkenlagen ist Erde eingefüllt worden. Die horizontalen Balken sind am Rand der

Plattform durch senkrechte Pfosten gehalten worden. Man hat die Holzreste gelegentlich als Rest eines »Blockhauses« angesehen. Man vermutete also, daß bei Wp. 14/17 nicht einer der üblichen Holztürme stand, sondern ein etwas größerer, dafür weniger hoher Holzbau. Ähnliche Beobachtungen sind bei den Holzturmstellen von Wp. 14/6 und 14/15 gemacht worden. Die echte Blockbauweise verwendet allerdings ausschließlich horizontale Hölzer; senkrechte Pfosten sind nicht notwendig. Aus diesem und anderen Gründen sind erhebliche Zweifel daran angebracht, ob sich auf der Plattform des Holzturms Wp. 14/17 ein Blockhaus befand. Der Ringgraben ist keineswegs größer als bei denjenigen Holzturmstellen des raetischen Limes, bei denen man die vier mächtigen Pfostengruben des Holzturms gefunden hat. Möglicherweise ist die Grabung am Ritterer Espan nicht tief genug geführt worden. Die Spuren der vier Turmpfosten stecken vielleicht noch im Boden und sind seinerzeit bei der Grabung übersehen worden. Auf jeden Fall erscheinen die hölzernen »Blockhäuser« am Limes problematisch.

Der Limes überschneidet in seinem Lauf die Straße Rittern–Thannhausen. Er tritt dann in den Wald ein, wo ein gut gangbarer Weg auf dem verflachten Damm des Pfahls läuft. 500 m östlich von der Straße befinden sich die kaum sichtbaren Reste von Wp. 14/18 im Herrlesloh (Holzturm: ganz flacher Hügel nördlich vom Waldweg; Steinturm: unregelmäßige, flache Spuren südlich vom Weg). Der Waldweg geht noch bis zum östlichen Waldrand auf dem Limesdamm.

Im Acker verschwinden die Spuren des Pfahls vollständig, doch zieht zunächst ein Feldweg in seiner Richtung weiter. Knapp 200 m östlich vom Waldrand lag Wp. 14/18, der völlig verschwunden ist. Hier knickte die Grenzmauer nach Südosten ab. Von hier ab ist die Linie über einige Kilometer schlecht erhalten und nicht gut begehbar. In der Wiese südöstlich vom vermuteten Wp. 14/18 werden nur ganz schwache Spuren des Pfahls sichtbar. Sodann zog die Linie durch den Wald am Südhang des Mistelbergs und ging – wiederum durch offenes Gelände – nördlich an Dorsbrunn vorbei. Hier findet man nur auf kurzen Strecken geringe Spuren des Pfahls.

Etwa 1 km östlich von Dorsbrunn setzt ein Feldweg in Richtung des Pfahls ein. Man erkennt noch die schwache, dammartige Erhöhung des Weges, die vom Pfahl herrührt. Die Linie zieht nun in einen Wald, wo weiterhin Spuren des Pfahls wahrnehmbar

sind. Sie ist aber nicht gut begehbar. Der Pfahl geht dann am
Waldrand südwestlich von Gündersbach weiter. Hier befinden
sich die Reste von Wp. 14/24. Die Spuren des Holz- und des Steinturms sind sichtbar. Der Steinturm tritt als Hügel am Pfahl in
Erscheinung; der Ringgraben des Holzturms wird von der Mauer
überschnitten. Er ist gut zu erkennen.

Der Pfahl läuft am Waldrand weiter, geht mitten durch ein kurzes Waldstück und bildet dann einen nach Süden offenen Waldrand. Hier befanden sich die Reste des Wp. 14/25 auf dem Gün-
dersbacher Espan (120 m vom westlichen Ende des Waldes); sie
sind kaum zu sehen. Dann läuft ein Feldweg in Richtung des
Limes über ein offenes Geländestück. 220 m weiter östlich zieht
die Linie wieder an einem Waldrand, der sich diesmal nach Norden öffnet. Der Pfahl ist nur durch Abböschungen kenntlich. Von
hier ab beginnt die Linie in das Tal der Schwäbischen Rezat hin-
abzusteigen.

Etwa 90 m vom Beginn des Waldes entfernt erkennt man im
Wald die Reste des KLEINKASTELLS BEI GÜNDERSBACH (Steinkastell von etwa 360 m² Fläche). Es nimmt die Stelle eines Wp.
14/26 ein und liegt 1000 m südöstlich von der Ortsmitte von
Gündersbach. Das Bauwerk ist 15 m vom Limes entfernt. Seine
zerfallene Umfassungsmauer bildet einen niedrigen Wall.

Die Spuren des Pfahls verschwinden bald östlich vom Kleinkastell. Die Linie tritt in ein Waldstück ein, wo ihr eine Schneise
folgt. Dicht am Talrand auf einer Erhöhung über der Eisenbahnlinie lag Wp. 14/27 in der hinteren Troppel (nicht mehr sichtbar).

Im Rezat-Tal ist vom Pfahl nichts zu sehen. Man kann das Tal
etwa 1,3 km weiter südlich überschreiten und gelangt auf der
anderen Seite zur Bundesstraße 2 Ellingen–Pleinfeld. Dort, wo
die Linie des Pfahls die Bundesstraße schneidet, steht an der
Westseite der Straße ein alter Gedenkstein, der auf den Limes
hinweist. Der Pfahl ist in der Nähe des Steins im Acker nicht
erhalten, wird aber westlich davon im Pfahlholz sichtbar.

Am Ostufer der Rezat, zwischen dem Fluß und der Bundesstraße,
liegt ein niedriger, bewaldeter Berg, das Pfahlholz. Um ihn zu
besteigen, kann man von dem schon beschriebenen Gedenkstein
ausgehen und wendet sich von hier nach Westen. Allerdings
folgt dem Limes hier kein Weg. Einige Meter westlich von der
Hochspannungsleitung tritt der Pfahl in Erscheinung. Er steigt
im Wald den Berg hinauf und wird langsam deutlicher. Oben

auf der Höhe stößt man auf den Wp. 14/28 im Pfahlholz. Dicht an der Mauer liegt der typische Hügel des Steinturms. Der Rest des Holzturms befindet sich einige Meter westlich davon; er wird von der Mauer überschnitten. In Richtung auf die Rezat ist der Pfahl noch auf etwa 200 m Länge im Wald zu verfolgen. – Auf der Bundesstraße 2 gelangt man zu dem wichtigsten Kastell dieser Limesstrecke, nach Weißenburg.

72 KASTELL WEISSENBURG ORL Nr. 72. Steinkastell von 3,1 ha Fläche für die *Ala I Hispanorum Auriana* (eine Ala quingenaria). Die Ala verließ nach der Mitte des 2. Jahrhunderts zeitweise die Provinz Raetien, war aber spätestens um 183 n. Chr. wieder dort. Aus Weißenburg ist außerdem eine Inschrift der *Cohors IX Batavorum equitata milliaria exploratorum* bekannt, die der Praefectus M. Victorius Provincialis zu Ehren von Jupiter Optimus Maximus setzen ließ. Diese Truppe muß also zeitweise die Ala Auriana vertreten haben; beide Einheiten können unmöglich gleichzeitig in dem Kastell gelegen haben. Die Kohorte bildete später die Besatzung des Kastells Passau. – Das Lager ist schon in den letzten Regierungsjahren Domitians am Ende des 1. Jahrhunderts erbaut worden. Damals bestand die Limeslinie wahrscheinlich noch nicht. Sie hatte von dem Kastell die recht große Entfernung von 5,7 km. Das Kastell war bis in die Mitte des 3. Jahrhunderts vom Militär besetzt. – Die *Ala Auriana* war die vornehmste Truppe des Limesabschnitts. Ihrem Präfekten war daher die Kohorte in Theilenhofen unterstellt, er hatte außerdem das Kommando über die Besatzungen der kleinen Kastelle in Gunzenhausen, Ellingen, Oberhochstatt (?) und im Kleinkastell in der Harlach. – Das Kastell liegt am westlichen Ortsrand von Weißenburg. Die Grundrisse der Umwehrung und der steinernen Innenausbauten sind durch Betonplatten in einer städtischen Anlage sichtbar gemacht worden. Man erhält einen guten Eindruck von der Ausdehnung des Wehrbaus. Allerdings bestanden nur einige Innenbauten aus Stein (Abb. 70). Die Mannschaftsunterkünfte, Pferdeställe, Werkstätten und manche anderen Gebäude waren aus Fachwerk und sind bei den alten Ausgrabungen nicht untersucht worden. Sie erfüllten die weißen Flecken auf Abb. 70 im Innenraum des Kastells. – Neben dem Lager entwickelte sich wie üblich ein Vicus, hauptsächlich vor der Südseite. Auch ein Kastellbad wurde gefunden (südwestlich vom Kastell). Zu sehen ist von diesen Bauwerken aber nichts. Der römische Name des Kastells war vermutlich *Biriciana* (Sta-

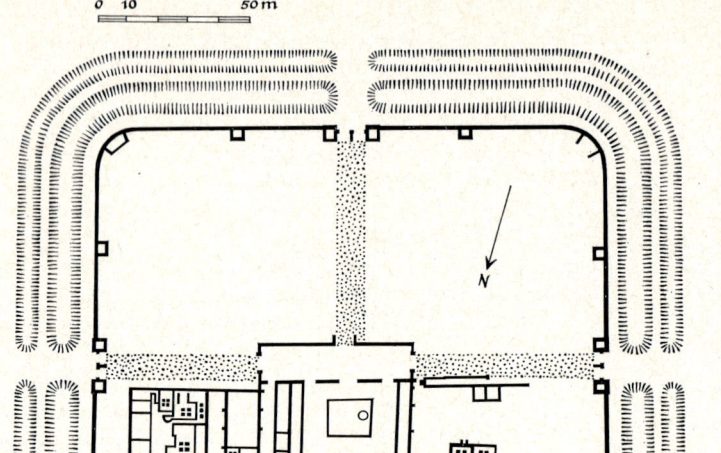

Abb. 70. Grundriß des Kastells Weißenburg (Umzeichnung nach ORL). In der Mitte des Kastells befinden sich die Principia. Östlich davon liegt das Praetorium (P) und ein Horreum (H). M. 1 : 2500.

tion *Biricianis* der Peutingerkarte). Zu empfehlen ist der Besuch des Städtischen Museums in Weißenburg, wo die Ausgrabungsfunde aufbewahrt werden (Martin-Luther-Platz 3). – Näher an den Limes vorgeschoben war das kleine

K   KASTELL ELLINGEN. Steinkastell von 0,6 ha Fläche für eine unbekannte, kleine Truppe (Numerus?). Es hatte vermutlich nur je ein Tor in den beiden Schmalseiten, ähnlich dem Kastell Halheim. Über seine Entstehungszeit und sein Ende ist nichts bekannt. – Das Kastell liegt 1,5 km östlich von Ellingen, etwa 150 m nördlich von der Straße Ellingen–Höttingen im Acker. Zu sehen ist nichts. Die Entfernung zum Limes beträgt 1,7 km.

Wir begeben uns zum Limes an die Stelle, wo er von der Bundesstraße 2 gekreuzt wird, zu dem bereits erwähnten Gedenkstein 2,5 km nördlich von Ellingen am Pfahlholz. Etwa hundert Meter nördlich vom Gedenkstein zweigt ein Weg von der Bundesstraße ab, der in östlicher Richtung am Waldrand entlang nach Ottmarsfeld führt. Der Pfahlgraben verlief südlich vom Weg in der Bachaue, wo aber kaum Spuren vorhanden sind.

Südwestlich von Ottmarsfeld ersteigt er eine Hochfläche. Die ersten Spuren treten schon beim Aufstieg neben einem Waldstück auf (Ödlandstreifen mit Resten des Mauer-Schuttdamms). Oben auf der Höhe läuft über dem Pfahl ein Feldweg, der dammartig erhöht ist. Er zieht südlich von Ottmarsfeld durch die Äcker. Man erreicht ihn am besten über den Ort. Neben der Straße Oberdorf–Ottmarsfeld, die den Limes kreuzt, wird Wp. 14/31 vermutet. Östlich davon läuft ein Fahrweg (Richtung Fiegenstall) über dem Pfahl weiter.

Hier auf der Hochfläche hat man einen vorzüglichen Ausblick auf die Landschaft und kann den Pfahl über eine längere Strecke überblicken und begehen. Nach Osten folgt dem Pfahl über mehr als 1 km der bereits erwähnte Fahrweg und danach ein Feldweg. Nachdem man ein Wäldchen passiert hat, das südlich vom Limes liegt, wird der Blick nach Südosten auf die hochsteigende Kante des Weißjura frei. Etwa 200 m östlich von dem Wäldchen lag Wp. 14/33 (nicht sichtbar). Hier knickte der Limes merklich ab, um nach kurzer Entfernung den Aufstieg auf die Weißjura-Hochfläche zu beginnen. Zunächst aber zieht der Pfahl hinab zum Felchbach. Der Weg in den Äckern hört auf, und es wird schwierig, den Pfahl weiter zu begehen. Vom Pfahl verbleibt nur ein schmaler Feldrain, der stellenweise mit einer Hecke bewachsen ist. Schließlich kreuzt die Straße Höttingen–Fiegenstall den Pfahlrain (schöner, alter Gedenkstein). Etwa 100 m südöstlich von der Straße verschwindet der Pfahl. Hier vermutet man den Wp. 14/34, der den nahe gelegenen Übergang über den Felchbach zu überwachen hatte.

Von Weißenburg bis Kipfenberg an der Altmühl
(Strecke 14, Ostteil)

Einige Kilometer nordöstlich von Weißenburg ersteigt der Limes die Hochfläche des Fränkischen Jura. Er überquert sie auf seinem Weg zur Donau. Die hier beschriebene Strecke beginnt am Aufstieg des Limes zum Jura und endet an der Altmühl bei Kipfenberg. Sie besteht aus zwei ungefähr geradlinigen Stücken, die an dem Limesknick westlich von Petersbuch zusammentreffen. Der Grund für die eigentümliche Einbuchtung des Limes bei Petersbuch ist darin zu sehen, daß der Limes durch diese Linienführung das Tal der Anlauter vermeiden konnte. Es ist tief in die Hochebene eingeschnitten. So ergab sich eine erheblich übersichtlichere Grenzstrecke, die fast überall auf der Hochfläche verbleiben konnte. Nur an der Osthälfte der Strecke waren einige kleinere Seitentäler der Anlauter zu überwinden. Obgleich die beiden Teile des Grenzabschnitts in sich im großen und ganzen geradlinig geführt worden sind, beobachtet man doch oft von Turm zu Turm kleine Richtungsänderungen. Die Grenzlinie ist demnach keineswegs so gerade abgesteckt worden wie etwa der vordere obergermanische Limes.

Die Geschichte der Limesstrecke beginnt mit dem Bau der beiden großen Kastelle Weißenburg und Pfünz am Ende des 1. Jahrhunderts n. Chr. Sie liegen einige Kilometer vom Limes entfernt. Nicht nur aus diesem Grund darf man vermuten, daß die eigentliche Grenzlinie erst etwas später abgesteckt worden ist. Der Zeitunterschied zwischen dem Bau der Kastelle und der Anlage der Limesstrecke kann aber nicht groß gewesen sein. – Die Kommandanten der beiden größeren Einheiten hatten jeweils einen Grenzabschnitt unter ihrem Befehl (zu Weißenburg: siehe voriges Kapitel). Vermutlich reichte der Abschnitt des Kastells Pfünz nach Osten kaum über die Altmühl bei Kipfenberg hinaus.

Im übrigen erfolgte die Entwicklung der Grenzlinie so wie am Anfang des vorigen Kapitels beschrieben: anfangs nur Holztürme mit einem Postenweg – sodann Holztürme mit Palisade – stellenweise Ersatz der Palisade durch den Flechtwerkzaun – Ablösung der Holztürme durch Steintürme, diese zunächst noch mit Palisade oder Zaun – schließlich Errichtung der Mauer, die die Türme verbindet. Während das Kastell Weißenburg sicher noch bis in die Mitte des 3. Jahrhunderts besetzt war, scheint das Kastell Pfünz schon bei dem Alemanneneinfall von 233 zerstört und aufgegeben worden zu sein. Allerdings gibt es auch aus Pfünz noch einige Münzfunde aus der Zeit nach 233, so daß auch hier mit einer zeitweiligen oder schwachen Besetzung nach 233 zu rechnen ist.

Es ist auffällig, wie wenige Kastelle für die Sicherung der Limesstrecke auf der Jura-Hochfläche für ausreichend erachtet worden sind. Das gilt auch für den östlich anschließenden Grenzabschnitt von der Altmühl bis zur Donau (Strecke 15). An diesem langen Grenzabschnitt liegen die großen Kastelle weit hinter dem Limes. Unmittelbar an der Strecke befindet sich nicht einmal ein Numeruskastell. Das kann kein Zufall sein. Die einzige Erklärung dafür ist, daß die von außen drohende Gefährdung an dem Grenzabschnitt gering gewesen ist, viel geringer jedenfalls als an der Strecke Ruffenhofen–Weißenburg, wo die Militärlager viel dichter aneinanderliegen. Es gab offenbar vor dem Limes auf dem Fränkischen Jura weder ein bedeutendes germanisches Siedlungsgebiet noch kreuzten wichtige Fernverbindungen die Grenze.

Der Abschnitt von Weißenburg bis Kipfenberg gehört zu den schönsten des raetischen Limes. Landschaftlich eindrucksvoll, aber nicht ganz leicht begehbar ist der Aufstieg des Limes vom Felchbach zur Jura-Hochfläche. Sehr zu empfehlen ist das anschließende, lange Stück auf der Hochfläche selbst, gut zu begehen von Wp. 14/40–14/53. Nahe am Pfahl liegt hier der sog. Burgus in der Harlach (südwestlich von Burgsalach im Wald), dessen Mauerwerk vorzüglich erhalten ist. Man sollte ihn unbedingt aufsuchen. Eindrucksvoll ist auch die Pfahlhecke von der Limesecke bei Wp. 14/56 bis nördlich von Petersbuch. Ein weiterer, gut begehbarer Abschnitt liegt östlich von Erkertshofen (Wp. 14/64–14/65 im Wald). Wer einige Kletterei nicht scheut, kann versuchen, den interessanten, sehr steilen Übergang des Pfahls über die beiden Wassertäler zu verfolgen (Wp. 14/65 bis 14/67). Wohl das besterhaltene Stück des raetischen Limes liegt unweit der Altmühl nördlich Böhming (Wp. 14/75–14/78; im Wald).

Ausgangsort einer Limeswanderung kann die alte, sehenswerte Stadt Eichstätt sein. Hier werden im Museum in der Willibaldsburg Ausgrabungsfunde vom Limes aufbewahrt. Östlich von Eichstätt liegen im Altmühltal und an seinem Rand auf der Höhe die Kastelle Böhming und Pfünz. Beide sind sichtbar, allerdings findet man nur bei Pfünz aufgehende Reste des Mauerwerks der

Umwehrung. – Schließlich sei darauf hingewiesen, daß eine alte
Römerstraße über weite Strecken hinter dem Limes zieht. Sie
ist fast überall noch sichtbar und stellt – ähnlich wie der Limes –
ein interessantes Wanderziel dar. Die Straße kam von der Donau und zog über Pfünz, Preith und das Kleinkastell in der Harlach nach Weißenburg. Sie ist auf den amtlichen topografischen
Karten 1 : 25 000 und 1 : 50 000 eingetragen, kann aber in diesem Führer nicht näher beschrieben werden. Sie gehörte zu den
wichtigen Nachschubstraßen und ermöglichte eine rasche Bewegung der römischen Truppen längs der Grenze. Für die Organisation und Wirksamkeit der Grenzwehr war sie von großer Bedeutung. Sie ist daher – ähnlich wie der Limes – von einer
Turmreihe überwacht worden, allerdings hatten die Türme größere Abstände als am Limes.

Der Beginn der hier beschriebenen Limesstrecke liegt nordöstlich von Weißenburg bei Höttingen (Besprechung der Kastelle
Weißenburg und Ellingen im vorigen Kapitel). An der Landstraße von Höttingen nach Fiegenstall steht etwas über 1 km
nordöstlich von Höttingen ein alter Limes-Gedenkstein. Hier
wird der Pfahlrain von der Straße gekreuzt. Östlich von der
Straße läuft der Felchbach. In seiner Niederung sind keine Reste
des Pfahls zu sehen. Bei Grabungen wurde indessen eine Folge
hölzerner Grenzhindernisse (Palisade, Bretterzaun 1, Bretterzaun 2, Flechtwerkzaun, Mauer) entdeckt. Anscheinend hat der
Bach die hölzernen Sperranlagen mehrmals weggerissen.

Gleich südöstlich vom Bach wird der Pfahl am steilen Hang im
Wald sichtbar. Er zieht 500 m weit durch ein Waldstück, wobei
er bald recht deutlich als Schuttdamm in Erscheinung tritt. Wp.
14/35, den man hier vermuten muß, ist allerdings nicht zu sehen.
Dann durchzieht der Pfahl für eine kurze Strecke offenes Ackerland. Hier ist er mit einer Hecke bewachsen. In guter Erhaltung
steigt der Schuttdamm darauf im Wald den Hang hinauf. An
manchen Stellen wird das Mauerwerk der Limesmauer sichtbar.
Der Pfahl trifft schließlich auf den Zufahrtsweg zum Auhof,
neben dem nur noch eine Böschung als Rest des Limes ein kleines Stück weiterläuft. Der Weg führt an eine Geländekante und
biegt hier in einer Kurve zum Auhof ab. An dieser Stelle stand
Wp. 14/37 (350 m westlich vom Auhof). Da ein Taleinschnitt
nach Südwesten vorstößt, muß der Limes noch einmal hinabsteigen, bevor er die Kante der Hochfläche endgültig gewinnt. Er
zieht südlich am Auhof vorbei durch offenes Ackerland (etwa

1 km weit), folgt dann einem Waldrand und tritt kurz vor der Kante der Hochfläche ganz in ein Waldstück ein. Dieser Verlauf der Linie ist von der Stelle des Wp. 14/37 gut zu übersehen.

Allerdings ist der Pfahl unterhalb (südöstlich) Wp. 14/37 zunächst kaum sichtbar. Nach 100 m folgt ein Feldweg ungefähr seiner Richtung; zu sehen ist von der Grenzlinie nichts. Südlich von Rohrbach verläuft der Pfahl, von dem wieder Spuren auftreten, an einem Waldrand. In dem Wald befindet sich unweit von der Teufelsmauer die »Steinerne Rinne«, ein merkwürdiges Naturspiel aus Sinterkalk. Über ein kurzes Stück ist der Limes noch zu sehen (als Böschung und Damm). Er läuft in den Wald hinein, verschwindet aber kurz vor dem letzten, recht steilen Anstieg zur Hochfläche.

Oben an der Kante der freien Hochfläche befand sich Wp. 14/40 (nicht sichtbar). Hier setzt ein Wanderweg ein, der dem Pfahl folgt. Dieser bildet einen dammartigen Feldrain, der meist mit einer Hecke bewachsen ist. Die Pfahlhecke zieht nun über die Äcker auf der einsamen Hochfläche, weit an den Dörfern vorbei; es ist eine der schönsten Strecken des Limes.

Etwa 100 m nordwestlich von der Strecke Oberhochstatt–Kaltenbuch befindet sich eine breite, flache Erhöhung unmittelbar hinter dem Pfahl. Sie bezeichnet die Stelle des Wp. 14/41 zwischen Höhenberg und Salacherberg.

Die Pfahlhecke läuft weiter nach Südosten in Richtung auf den 3 km entfernten Waldrand. Neben der Straße Burgsalach–Oberhochstatt, die den Limes schneidet, ist ein Stück der Teufelsmauer freigelegt (nordwestlich von der Straße). – Zwischen der Straße und dem Wald ist der Pfahl bis auf eine größere Unterbrechung vorhanden. Die Hecke hört bald auf, doch der Feldrain mit dem Schuttdamm ist meist noch vorhanden. An einer Stelle wurde er leider beseitigt und südlich Burgsalach zur Abfallagerung mißbraucht. – Am Waldrand südlich Burgsalach wird der Pfahl von der Straße Burgsalach–Bieswang geschnitten.

Folgt man der Straße in Richtung Bieswang, so erreicht man über einen Seitenweg den Parkplatz am sog. Burgus in der Harlach (Parkplatz des Naturparks Altmühltal). Das KLEINKASTELL IN DER HARLACH liegt 1,3 km vom Limes entfernt im Wald. Es befindet sich dicht an der Straße Pfünz–Weißenburg, die es zweifellos zu überwachen hatte. Auch diese Straße ist noch vorhanden (als Waldweg). Die Mauern des kleinen Steinkastells (1050 m² Fläche) sind vorzüglich erhalten. Man kann sie von einer

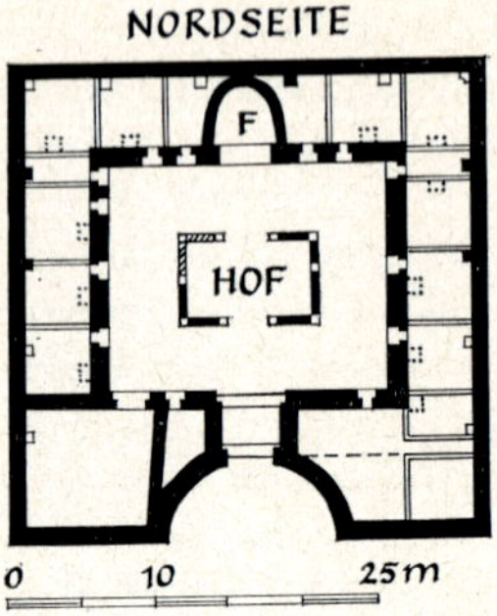

NORDSEITE

Abb. 71. Kleinkastell (»Burgus«) in der Harlach, Grundriß (Umzeichnung nach ORL). F: Fahnenheiligtum. M. 1 : 1000.

künstlich angelegten Plattform aus gut übersehen (Abb. 71). – Der Bau war quadratisch und hatte ein einspringendes Tor. Die Innenräume waren an die Wehrmauer angelehnt. Sie öffneten sich auf einen offenen Umgang, der einen kleinen Hof einschloß. Dem Tor gegenüber befand sich ein Raum mit Apsis, der dem Fahnenheiligtum in den Principia der Limeskastelle entspricht. Die Einheit, die in dem Kastell stationiert war, hatte also eine eigene Fahne. Vermutlich war der kleine Truppenkörper der Ala in Weißenburg unterstellt. – Die meisten anderen Räume waren Unterkünfte. Man findet zehn gleichgroße Unterkunftsräume für die Mannschaft (*contubernia*), die gleiche Anzahl wie in einer normalen Centurienbaracke. Die Seitenwände der Unterkünfte waren aus Fachwerk. Sie sind jetzt nicht mehr zu sehen, konnten aber bei der Grabung nachgewiesen werden. Jedes *contubernium* enthielt einen Herd zum Kochen und Heizen. In der Südostecke der Befestigung befand sich ein Apartement mit mehreren Räumen; hier dürfte der Centurio gewohnt haben. Die Befestigung konnte also eine Centurie aufnehmen. – Der große Raum in der Südwestecke wird als Treppenhaus gedient haben. Ob im Obergeschoß lediglich eine Galerie für Verteidigungszwecke war oder nochmals ähnliche Unterkunfsräume wie im Erdgeschoß, entzieht sich unserer Kenntnis. Bei der großen Stärke der Innenmauern des Bauwerks ist ein Obergeschoß sicher anzunehmen. – Der Grundriß des Kleinkastells ist am obergermanisch-raetischen Limes einmalig. Das besondere an ihm ist die quadratische, recht kräftige und zweifellos ziemlich hohe Wehrmauer, der zweistöckige Aufbau und die Tatsache, daß die Innenräume unmittelbar an die Umwehrung angebaut worden sind. Sein Bautyp steht am Übergang zu den stärkeren Grenzfestungen der Spätantike. Es dürfte in der ersten Hälfte des 3. Jahrhunderts entstanden sein. Der Ausgräber F. Winkelmann bezeichnete das kleine Kastell als *burgus*. In der Zeit des Limes ist diese Benennung aber wohl nur für Wachttürme verwendet worden (inschriftlich z. B. bei Wp. 10/37 im Odenwald). Erst später ist sie auf größere Wehrbauten übertragen worden. W. Schleiermacher hat darauf hingewiesen, daß das Kastell als Unterkunft einer Centurie und auch vom Bautyp her als Vorläufer der späteren *centenaria* anzusehen ist. Diese *centenaria*, die seit dem 3. Jahrhundert nachzuweisen sind, waren befestigte Unterkünfte für eine Centurie. Möglicherweise ist das Kleinkastell in der Harlach schon während seiner Benutzungszeit in der ersten Hälfte des 3. Jahrhunderts als *centenarium* bezeichnet worden.

K Vielleicht darf man als Vorgänger des Kleinkastells in der Harlach ein noch nicht sicher nachgewiesenes KASTELL nördlich von OBERHOCHSTATT vermuten. In den Äckern dicht an der Kante der Hochfläche sind Funde zutage gekommen, die auf einen militärischen Steinbau hindeuten. Er kann die Größe des Kastells Ellingen besessen haben.

Wir begeben uns zum Limes zurück, zur Waldecke südlich Burgsalach. Ein wenig südöstlich vom Beginn des Waldes lag Wp. 14/47 (nicht sichtbar). Vom Waldbeginn ab läuft der Pfahl 2,3 km weit am Waldrand entlang. Der Schuttwall des Pfahls ist nicht überall zu sehen. Er befindet sich auch nicht immer auf der gleichen Seite des Weges, der dem Waldrand folgt. – Nach knapp 600 m gelangt man zu dem Wp. 14/48, dessen Grundmauern konserviert worden sind. Hier befindet sich ein leichter Knick in der Grenzlinie. – Ein Holzturm ist bei Wp. 14/48 nicht gefunden worden, aber zu vermuten. Der in der Nähe vor dem Limes erbaute Aussichtsturm soll das Aussehen eines hölzernen Limesturms wiedergeben. Er steht nicht an der Stelle eines römischen Turms. Die Bauweise des Turms entspricht auch keineswegs den Grabungsbeobachtungen am raetischen Limes (vgl. dazu die Ausführungen zu Wp. 12/77 und 14/17). Die Rekonstruktion ist demnach abzulehnen. – An dieser Stelle befindet sich ein Rastplatz mit Erklärungstafeln zum Limes.

Wp. 14/49 muß gut 500 m weiter auf einer leichten Bodenwelle gestanden haben. Noch ein Stück weiter, 1,55 km von der Waldecke südlich Burgsalach entfernt, befindet sich das KLEINKASTELL

RAITENBUCH. Die geringen Spuren des Bauwerks lagen 20 m hinter der Mauer im Wald; sie sind nicht leicht zu finden. Das Kastell war ein kleiner Steinbau (360 m² Fläche) mit abgerundeten Ecken, dessen einziges Tor auf den Limes zeigte. Nur die NW- und die SW-Seite der Umwehrung sind als niedrige Schuttdämme zu sehen.

Auf einer leichten Anhöhe, die der Pfahl überschreitet, findet man die Reste des Holzturms Wp. 14/50. Der Ringgraben ist sichtbar. Er befindet sich unmittelbar hinter dem Zug der Mauer (südwestlich vom Weg im Gestrüpp). Der zugehörige Steinturm wurde bisher nicht gefunden. Der Holzturm liegt 210 m südöstlich vom Kleinkastell Raitenbuch.

Noch ein Stück zieht die Mauer am Waldrand entlang. Dann überschreitet der Pfahl eine offene Ackerfläche südlich Raitenbuch. Er wird als flacher Damm in einem Ödlandstreifen sichtbar.

Nach etwa 1 km berührt er hinter dem Sportplatz von Raitenbuch wieder den Wald. Vor dem Sportplatz befand sich Wp. 14/52 (nicht sichtbar).

Auf etwa 500 m Länge läuft der Pfahl nochmals am Waldrand entlang. Etwa in der Mitte der Strecke erkennt man die zerfallenen Reste des Steinturms Wp. 14/53 im Walddistrikt Mähderwiesen. Er liegt unmittelbar am Schuttwall der Teufelsmauer.

260 m südöstlich von Wp. 14/53 tritt der Pfahl in den Wald ein. Von hier bis zur Limesecke bei Wp. 14/56 gibt es nur streckenweise einen Weg am Limes; der Pfahl ist nicht überall gut begehbar. Seine Erhaltung ist indessen gleich anfangs vorzüglich. Man erkennt an manchen Stellen den Mauerkörper der Teufelsmauer, er schaut oben aus dem Schuttdamm heraus. Nach etwa 400 m kreuzt ein Weg, der von Reuth kommt, die Grenzlinie. 200 m weiter liegen die zerfallenen Grundmauern des Steinturms Wp. 14/54 auf einer flachen Höhe im Wald.

Nach kurzer Entfernung verläßt der Pfahl den Wald und läuft über eine Wiese. Er ist dort unterbrochen. Dann bildet er die Grenze des Waldes gegen die Wiese und tritt schließlich wieder in den Wald ein. 1,05 km vom letzten Wp. entfernt entdeckt man den Mauergrundriß des Steinturms Wp. 14/55 Paradies. Der Turm ist vor längerer Zeit konserviert worden. Bis zur Limesecke beträgt die Entfernung 1 km. Der Schuttwall der Mauer zieht in guter Erhaltung weiter durch den Wald.

Noch vor der Limesecke, etwa 270 m von ihr entfernt, befindet

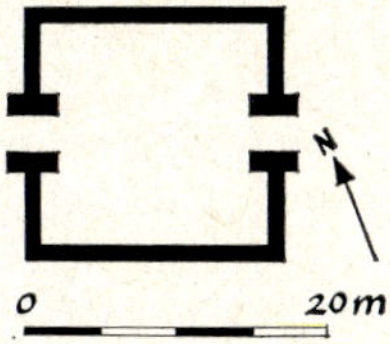

Abb. 72. Kleinkastell bei Petersbuch westlich
von der Limesecke (nach ORL).

sich ein KLEINKASTELL. Es liegt 28 m hinter der Mauer im Wald
und wendet ihr sein einziges Tor zu (Abb. 72). Der kleine Steinbau hatte etwas über 400 m² Fläche; er besaß scharfe Ecken. Die
Umwehrung ist zu erkennen. Sie hat einen flachen Schuttwall
hinterlassen. Neben dem Kleinkastell erblickt man zwei natürliche Vertiefungen (Dolinen).

Kurz vor der Limesecke tritt der Pfahl aus dem Wald in offenes
Ackerland über. Er ist mit einer Hecke bewachsen. Von hier ab
wird die Grenzlinie über viele Kilometer bis Wp. 14/65 von Wegen oder Straßen begleitet. Sie ist also gut zugänglich.

Wp. 14/56 an der Limesecke westlich Petersbuch ist nicht sichtbar. Der Pfahl ist hingegen gut erhalten. Unmittelbar an der
Ecke des Pfahls wurde ein Steinturm ausgegraben, an den die Limesmauer von beiden Seiten angestoßen war. Die Reste der Palisade wurden vor der Mauer ausgegraben. Sie zeigten ebenfalls
einen Knick. In der Palisade gab es sogar im Gegensatz zur Mauer
einen Limesdurchlaß. Zweifellos hat in der Nähe ein Holzturm
gestanden, doch wurde er noch nicht gefunden. Auch Reste des
Flechtwerkzauns fanden sich bei der Grabung.

In vortrefflicher Erhaltung läuft der Pfahl durch die Äcker weiter. Gelegentlich wurde er durch Lesesteine zusätzlich erhöht.
Die Hecke über der Mauer bezeichnet schon von weitem die ehemalige römische Grenze. Die Mauer zieht nördlich an Petersbuch
vorbei und stößt dann an die Straße Petersbuch–Erkertshofen
(Abb. 73).

Durch die Straße und einen dann folgenden Steinbruch ist der
Pfahl streckenweise zerstört worden. In der Nähe des Steinbruchs
wird Wp. 14/60 vermutet; hier überschritt der Limes eine flache
Erhöhung. Nun läuft eine Straße in Richtung des Limes auf Erkertshofen zu. Der Pfahl ist nicht erhalten, auch nicht in Erkertshofen, wo die Grenzlinie mitten hindurchzog.

Von Erkertshofen aus folgt dem Pfahl ein Weg nach Osten. Nach
etwa 500 m wird an der Südseite des Weges der Pfahl sichtbar.

Er nähert sich dem Wald, wobei er deutlicher wird. Im Wald ist er meist vortrefflich erhalten, und diese Strecke ist auch für Wanderer sehr zu empfehlen. – 150 m östlich vom Waldrand gelangt man an eine Wegekreuzung. Hier steht einer der schönen Limesgedenksteine. Bis Wp. 14/65 folgt dem Pfahl nun ein Waldweg. Einige Meter vor dem Schuttwall bemerkt man streckenweise eine leichte, grabenartige Vertiefung im Waldboden. Es ist die Spur der Palisade. Nachdem die unteren Teile der Palisade vermodert waren, sackte von der Seite her in die entstandenen Hohlräume Erde nach. Dadurch bildete sich die grabenartige Vertiefung. Immerhin ist es bemerkenswert, daß sie sich fast über zwei Jahrtausende gehalten hat. Sie wird auch noch an anderen Abschnitten der Limesstrecke 14 und vor allem an Strecke 15 zu sehen sein. Die Sichtbarkeit des Palisadengrabens ist an felsigen Boden gebunden. – Ein wenig über 300 m vom Gedenkstein entfernt findet man den konservierten Sockel des Steinturms Wp. 14/64 im Herlingsharder Wald. Unmittelbar westlich von ihm lag der Holzturm, der von der Mauer überschnitten wird. Seine Reste sind nur schwach wahrnehmbar. Nach weiteren 700 m gelangt man im Wald an den Westrand des westlichen Wassertals. Hier steht Wp. 14/65 im Emsinger Gemeindewald. Der Steinturm wurde vor längerer Zeit konserviert, er ist etwas zerfallen.

Abb. 73. Die Pfahlhecke nördlich von Petersbuch.

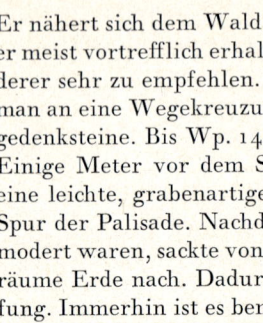

Er steht ausnahmsweise mit der Mauer nicht im Verband, sondern hält einen Abstand von 18 m von ihr. Unmittelbar nordöstlich daneben liegen die zerwühlten Reste des Holzturms.

Nun steigt der Pfahl in schräger Richtung die steile Flanke des westlichen Wassertals hinab. Er ist nur anfangs sichtbar und verschwindet, je mehr er sich der Talsohle nähert. Der Limes ist im Bereich der beiden Wassertäler schwer zu begehen. Immerhin gibt dieser Grenzabschnitt einen Eindruck davon, mit welcher Rücksichtslosigkeit die Mauer mitunter das Gelände durchquert.

An der Ostseite des Tals setzt sie gleich unten neben der Straße ein (als Terrasse) und zieht durch den Wald zur Hochfläche zwischen den beiden Wassertälern. Oben wird der Schuttwall recht deutlich. Am Ostrand der Hochfläche liegt Wp. 14/66 Biebig. Der zerwühlte Steinturmhügel liegt etwa 10 m südlich vom Pfahl. Von dieser Stelle aus konnte nur das östliche Wassertal überwacht werden. Nach Westen bestand Sichtverbindung zu Wp. 14/65, der das westliche Wassertal überblicken konnte. Nach Osten waren das Kleinkastell Hegelohe sowie Wp. 14/67 jenseits auf der Hochfläche zu sehen.

25 m östlich von Wp. 14/66 kreuzt ein Waldweg den Limes. Folgt man ihm ungefähr 100 m nach Süden, so gelangt man zu dem KLEINKASTELL BIEBIG. Die Erdschanze hatte eine Fläche von 0,15 ha. Sie wird von einem Hohlweg durchzogen, der sich verdoppelt. Der Erdwall der Umwehrung ist deutlich zu sehen. In seinem Kern soll eine Trockenmauer stecken. Ein Verteidigungsgraben wurde nicht festgestellt. Da die römischen Funde spärlich sind, erscheint der römische Ursprung der Schanze nicht völlig gesichert.

Der Pfahl kreuzt nun das östliche Wassertal. Er zieht als flacher Damm den steilen Hang im Wald hinab. Auf der Talsohle befindet sich eine Wiese. Auch hier ist der Pfahl zu erkennen. Er hatte drei Wasserdurchlässe, vermutlich für das Schmelzwasser im Frühjahr. Der Rest eines Kalkofens vor dem Limes im Talgrund ist wohl nicht römisch. Solche Öfen fanden sich auch an anderen Stellen nahe der Teufelsmauer. In ihnen ist vermutlich in nachrömischer Zeit aus den Steinen der Mauer Kalk gebrannt worden. – Der Pfahl steigt am Osthang des Tals hoch, ist dort aber ziemlich verrutscht. Oben angelangt, kreuzt ihn die Straße Altdorf-Hirnstetten. Ein ganz kurzes Stück des Pfahls wird jenseits der Straße im Wald auf der Hochfläche sichtbar.

Unweit südlich von der Straße liegen die sehr geringen Reste des
KLEINKASTELLS HEGELOHE im Wald; sie befinden sich auf der
Hochfläche dicht an der Kante des östlichen Wassertals.

Die Grenzlinie tritt nun in offenes Ackerland ein. Dicht am Waldrand vermutet man Wp. 14/67. Der Pfahl verschwindet unter der
Straße nach Hirnstetten. Nach etwa 70 m löst er sich von ihr und
zieht in einem Stück Ödland auf eine kleine Anhöhe nordwestlich
Hirnstetten. Hier sind die Reste von Wp. 14/68 östlich Hegelohe
als grasüberwachsene Erdaufwürfe zu erkennen. Es wurden ein
Steinturm und östlich davon ein Holzturm festgestellt. Leider
dient die Umgebung heute als Lagerplatz für Abfälle.

Der Pfahl geht zunächst als flacher Schuttwall weiter und zieht
dann als Böschung und Feldrain durch die Äcker. Er ist teilweise
von einer Hecke bewachsen. Nordöstlich von Hirnstetten durchquert er ein Wäldchen (Böschung). Noch einmal kreuzt er Ackerland, dann zieht er an einem Waldrand entlang. 250 m vom Beginn dieses Waldes entfernt knickt der Limes ab, um ein kleines,
bewaldetes Trockental (Pimer Tal) zu überwinden. An der Ecke
befinden sich in einer Wiese die geringen Spuren von Wp. 14/70
(ganz flacher Hügel).

An den beiden Flanken des Pimer Tals ist der Pfahl im Wald erhalten, allerdings nicht gut zu begehen. Im Talgrund ist er für
ein kurzes Stück unterbrochen.

Östlich vom Pimer Tal tritt der Pfahl wieder in offenes Gelände
ein. Der Schuttwall ist anfangs gut erhalten. Bald setzt ein beto-
nierter Feldweg ein, und der Pfahl verschwindet. Nordwestlich
von Pfahldorf ist nochmals ein Stück des Pfahlrains, mit Hecken
bewachsen, erhalten. Dort wo die Hecke aufhört, lag Wp. 14/72
(nicht sichtbar). Der Feldweg folgt noch eine Strecke weit dem
Limes, der aber nicht erhalten ist. Er zog nördlich an Pfahldorf
vorbei. Der Feldweg hört nahe der vermuteten Stelle des Wp.
14/73 auf (Anhöhe). Dann ist vom Pfahl bis zum Wald nichts zu
erkennen.

Sichtbare Reste der Mauer setzen an der Landstraße Pfahldorf–
Kipfenberg ein. Sie beginnen nahe am Waldrand in einem Waldstück südöstlich von der Straße. Ein Wanderweg erschließt diese
später im Wald vorzüglich erhaltene Limesstrecke. Anfangs ist
der Schuttdamm flach. 200 m von der Straße entfernt befindet
sich der Steinturmhügel Wp. 14/75. Er ist nicht ganz leicht zu
finden, da er nicht unmittelbar am Pfahl liegt, sondern 25 m südlich von ihm.

Abb. 74.   Schuttdamm der raetischen Mauer östlich von Wp. 14/77.

Der Schuttwall zieht nach etwa 500 m an einer Lichtung vorbei.
Er hält sich an den Waldrand. Hier befand sich Wp. 14/76 (nicht
sichtbar). Dann tritt er nochmals in den Wald ein, wo er recht
gut erhalten ist (Abb. 74). 350 m von der Lichtung entfernt sieht
man die zerfallenen Reste vom Steinturm Wp. 14/77 im Taferl-
schlag. Der Limes hat hier einen leichten Knick. Östlich von Wp.
14/77 trifft man wohl die beste Erhaltung des Pfahls am ganzen
raetischen Limes an. Die Grenzlinie zieht nun auf einen immer
schmaler werdenden Bergsporn über der Altmühl. Nahe seiner
östlichen Spitze stehen die Reste von Wp. 14/78 auf dem Pfahlbuck (Abb. 75). Der Steinturm ist zerfallen. Sehr gut kenntlich ist
östlich davon der Ringgraben des Holzturms. Innerhalb des Grabens sind bei der Grabung die vier Turmpfosten festgestellt und
offengelassen worden. Man kann sie noch sehen. Die Limesmauer
ist wie üblich nachträglich an den Turm gesetzt worden. Sie ändert am Turm ihre Richtung und zieht nur noch 53 m weiter
nach Nordosten an den Steilhang. Dort hört sie auf. In der Palisade stellte man einen Durchlaß fest.
Bis zur Altmühl sind keine Spuren der Mauer erhalten. Sie muß
aber einst auch den Talgrund abgeschlossen haben. Ihre Reste
wurden von Beobachtern des 18. und des frühen 19. Jahrhunderts
noch gesehen. Unten im Tal könnte ein weiterer Wp. 14/79 ge-

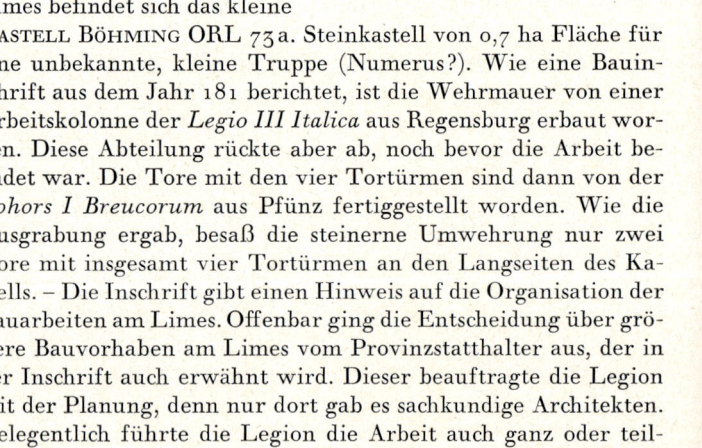

Abb. 75. Lageplan des Wp. 14/78 auf dem Pfahlbuck (nach ORL).
M. 1:5000.

legen haben, der letzte Wp. der Strecke 14. Er dürfte unweit der
heutigen Brücke zu suchen sein, wo der Limes die Altmühl überschritt.

Die Kastelle Böhming und Pfünz, die zum Schutz des Limesabschnitts dienten, liegen beide an der Altmühl. Nicht weit vom
Limes befindet sich das kleine

73a KASTELL BÖHMING ORL 73a. Steinkastell von 0,7 ha Fläche für
eine unbekannte, kleine Truppe (Numerus?). Wie eine Bauinschrift aus dem Jahr 181 berichtet, ist die Wehrmauer von einer
Arbeitskolonne der *Legio III Italica* aus Regensburg erbaut worden. Diese Abteilung rückte aber ab, noch bevor die Arbeit beendet war. Die Tore mit den vier Tortürmen sind dann von der
Cohors I Breucorum aus Pfünz fertiggestellt worden. Wie die
Ausgrabung ergab, besaß die steinerne Umwehrung nur zwei
Tore mit insgesamt vier Tortürmen an den Langseiten des Kastells. – Die Inschrift gibt einen Hinweis auf die Organisation der
Bauarbeiten am Limes. Offenbar ging die Entscheidung über größere Bauvorhaben am Limes vom Provinzstatthalter aus, der in
der Inschrift auch erwähnt wird. Dieser beauftragte die Legion
mit der Planung, denn nur dort gab es sachkundige Architekten.
Gelegentlich führte die Legion die Arbeit auch ganz oder teil-

weise aus, wie es in Böhming der Fall war. Die Legion hatte nämlich mehr und wohl auch bessere Bauhandwerker als die Hilfstruppen. Es wurde aber auch die für den Limesabschnitt zustän-
dige größere Auxiliartruppe – hier die Kohorte von Pfünz – bei
dem Vorhaben eingeschaltet. Leider erfahren wir aus der Inschrift nicht, welche Einheit in dem Kastell Böhming lag. Die
beiden erwähnten Baukolonnen waren ja nur vorübergehend anwesend. – Bei den Grabungen fand man eine Brandschicht, die
älter als die steinerne Umwehrung war. Sie kann während der
Markomannenkriege entstanden sein. Offenbar hatte das Steinkastell also einen hölzernen Vorgänger. Es ist aber unbekannt,
wann das Holzkastell erbaut worden ist. – Das Kastell liegt mitten im Altmühltal außerhalb von Böhming, etwa 400 m westlich
vom Ort. Es ist leicht zu finden, weil die Kirche von Böhming in
der Umwehrung steht. Die zerfallene Umwehrung bildet einen
flachen Erddamm, den man durch die Äcker noch rundum verfolgen kann. Außerhalb des Kastells gab es ein Bad und einen
kleinen Vicus (im Süden und Südwesten; nicht sichtbar).

Abb. 76.   Lageplan des Kastells Pfünz (nach ORL). M. 1 : 8000.

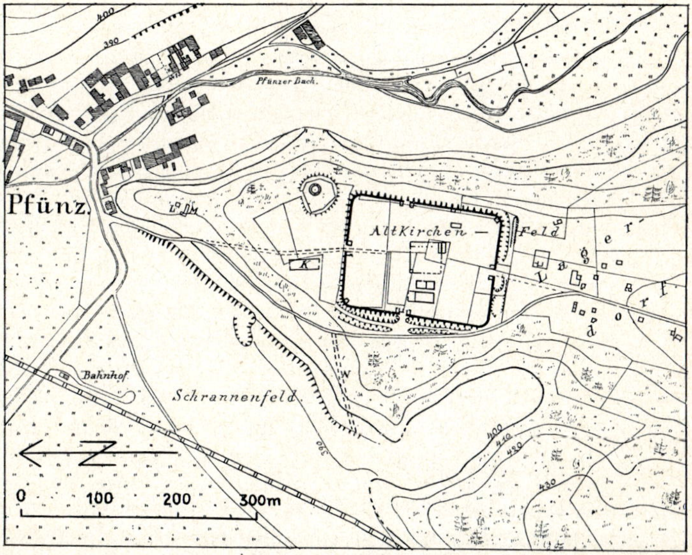

Abb. 77. Kastell Pfünz, Torturm der Umwehrung.

Noch weiter vom Limes entfernt lag der wichtigste Stützpunkt des Grenzabschnitts, das Kohortenkastell Pfünz. In Luftlinie betrug sein Abstand von der Grenzlinie 10 km.

73 KASTELL PFÜNZ ORL Nr. 73. Steinkastell von 2,7 ha Fläche für die *Cohors I Breucorum civium Romanorum equitata* (Abb. 76). Die Kohorte führte zeitweise die zusätzlichen Ehrennamen *Valeria Victrix bis torquata ob virtutem apellata*. Möglicherweise hat sie am jüdischen Krieg Hadrians teilgenommen und dort die Auszeichnung erworben. – Das Kastell ist um 90 n. Chr. erbaut worden. Wahrscheinlich ist es in den Markomannenkriegen in den siebziger Jahren des 2. Jahrhunderts beschädigt worden. Jedenfalls sind danach Bauarbeiten bezeugt (Bauinschrift von 183-185 n. Chr.). Im Jahre 233 wurde das Lager durch die Alamannen zerstört. Funde aus der Zeit zwischen 233 und 260 sind sehr spärlich, so daß das Lager in der letzten Zeit des Limes schwach oder nur zeitweise besetzt war. Sein römischer Name lautete wahrscheinlich *Vetoniana*. – Die Spuren des Kastells liegen südlich vom heutigen Dorf auf der Höhe, die von der Altmühl und einem kleinen Seitental begrenzt wird. Die Reste der Umwehrung –

teils Erdwälle, teils sichtbare Mauerreste – schließen die leicht
erhöhte Plattform der Kastellfläche ein. Stellenweise ist der doppelte Verteidigungsgraben zu sehen. Das Haupttor lag im Norden. Konserviert wurde das Südtor (porta decumana) und das
Westtor (porta principalis sinistra, Abb. 77). Das Mittelgebäude
(Principia) zeichnet sich im Acker in der Mitte der Kastellfläche
als leichte Erhöhung ab. Außer Inschriftsteinen und zahlreichen
Funden kam bei der Ausgrabung in den Principia eine eiserne
Kette zum Vorschein, in deren verschließbarem Ring noch die
Knochen des unglücklichen Gefangenen steckten, der von der
letzten Zerstörung des Kastells überrascht wurde.

Vor der Nordostecke erblickt man einen Schutthügel. Er enthielt
einen Rundbau (Tempel?), dessen römischer Ursprung nicht völlig sicher ist. Vom Südtor des Kastells ging die römische Straße
nach Nassenfels aus, wo sich eine größere römische Siedlung befand (*vicus Scuttarensium*). An dieser Straße breitete sich südlich
vom Kastell das Lagerdorf aus, in dem sich auch Heiligtümer befanden (u. a. für Jupiter Dolichenus). Zu sehen ist davon nichts.
Auch das Kastellbad (östlich vom Kastell im Tal) ist verschwunden. Durch dieses Seitental lief am Fuß des Kastellberges die römische Straße von der Donau über Kösching, die bei Pfünz die
Altmühl überschritt und nach Weißenburg führte.

Von der Altmühl bei Kipfenberg zur Donau (Strecke 15)

Der Grenzabschnitt beginnt am Altmühlübergang bei Kipfenberg und endet an der Donau, und zwar gerade dort, wo am linken Ufer die Steilwände des Donaudurchbruchs anfangen. Flußabwärts hat die Donau ihren Weg durch den Jura gebahnt. Hier
stellten die steilen Ufer und der reißende Strom allein schon ein
wirksames Grenzhindernis dar.

Vor dem Limes zog sich das steilwandige Altmühltal von Kipfenberg nach Kelheim. Im Rücken der Linie erstreckte sich das breite, zum Teil sumpfige Donautal. Der Versuch eines germanischen
Aufgebots, an dieser Stelle in die Provinz einzudringen, mußte
durch die Geländeform erschwert werden; die Angreifer saßen
gleichsam in einer Falle, aus der das Herauskommen schwierig
sein mochte. Wegen der geschilderten geographischen Gegebenheiten war der Grenzabschnitt wenig gefährdet. Auch befand sich
in seinem unmittelbaren Vorfeld kein bedeutendes germanisches
Stammesgebiet.

Die beiden großen Auxiliarkastelle Kösching und Pförring lagen weit vom Limes entfernt. Beide beherbergten jeweils eine Ala quingenaria. In dem schon damals landwirtschaftlich genutzten, offenen Gelände unmittelbar nördlich der Donau konnten die Reiterregimenter die ihnen eigentümliche Taktik entfalten. Als ältester Militärbau entstand schon unter Kaiser Titus im Jahre 80 n. Chr. das Kastell Kösching. Anfangs gab es noch keine Limeslinie mit Wachttürmen. Die lößbedeckte, fruchtbare Siedlungskammer nördlich der Donau bildete vielmehr zunächst nur eine militärisch gesicherte Grenzzone. Sie wurde im Norden durch die weiten Wälder des Köschinger und Hienheimer Forstes begrenzt. Der römischen Verwaltung erschien es offenbar nicht ratsam, ein so fruchtbares Gebiet in einem militärischen Vakuum zu belassen. Allzuleicht hätte sich ein unerwünschter Germanenstamm dort niederlassen können. Das Gebiet war allerdings schon seit der Gründung des Kastells Oberstimm südlich der Donau in der Mitte des 1. Jahrhunderts n. Chr. unter einen gewissen römischen Einfluß gekommen. Dieser wurde nun um 80 n. Chr. durch den Bau des Kastells Eining (ebenfalls am rechten Donauufer) und des schon erwähnten Kastells Kösching verstärkt.

Erst am Anfang des 2. Jahrhunderts unter Traian entstand das Kastell Pförring. Vielleicht ist damals auch die Limeslinie gezogen worden, sie könnte aber auch etwas später unter Hadrian abgesteckt worden sein. Man hat sie möglichst weit von dem Siedlungsgebiet entfernt in waldreiche Gegenden gelegt. Ähnlich wie die im vorigen Kapitel beschriebene Strecke besteht der Abschnitt hauptsächlich aus zwei geraden Stücken, die einen einspringenden Winkel bilden. Offenbar bestand ursprünglich die Absicht, das Schambachtal zu umgehen. Anscheinend wurde noch während des Ausbaus der Strecke der Plan geändert und die Schambach bei Sandersdorf und Neuenhinzenhausen zweimal überschritten, so daß ein Brückenkopf nördlich des Flüßchens entstand. An dieser Stelle dürfte ein alter Weg nach Norden geführt haben. Es ist nicht ausgeschlossen, daß hier am Schambachtal ein noch unbekanntes (Numerus-?) Kastell lag. Ob durch den Brückenkopf der Zugang zu den Eisenerzlagern bei Than nördlich vom Limes gesichert werden sollte, ist ungewiß. Die beiden Teilabschnitte von Wp. 15/3 bis 15/22 und von Wp. 15/33 bis 15/47 sind mit ziemlicher Genauigkeit geradlinig abgesteckt worden. In dieser Hinsicht unterscheiden sie sich von den beiden Teilabschnitten der im vorigen Kapitel beschriebenen Grenzstrecke von Weißenburg nach Kipfenberg, bei denen die Geradlinigkeit nur ungefähr angestrebt worden war. Da die beiden Limeskastelle Kösching und Pförring weit vom Limes entfernt lagen, muß es weitere Truppenunterkünfte, vor allem Kleinkastelle, unmittelbar an der Grenzlinie gegeben haben. Nur zwei von ihnen sind bekannt. Zweifellos lagen noch andere, bisher nicht entdeckte Bauten dieser Art am Limes.

Die Geschichte der eigentlichen Grenzlinie verlief ähnlich wie im vorigen Kapitel geschildert, und wir verweisen auf die dort beschriebene Abfolge der Streckenbauten. – Der Grenzabschnitt ist heute einer der besterhaltenen am raetischen Limes. Allerdings zieht er streckenweise durch einsame Wälder, wo er nicht immer leicht zu begehen ist. – Für Wanderer ist das östlichste Stück der Strecke von Wp. 15/41 bis zur Donau am Südrand des Hienheimer Forstes besonders zu empfehlen. Es ist durchweg gut zu begehen. – Am Nordrand des einsamen Köschinger Forstes zwischen Zandt und Sandersdorf sind zwar an vielen Stellen eindrucksvolle Reste der Teufelsmauer vorhanden (Wp. 15/15 bis 15/25). Oft aber fehlt ein Weg an der Grenzlinie, sie zieht auch gelegentlich (wie bei Wp. 15/16) ohne Rücksicht auf steile Taleinschnitte durch das Gelände. Es ist schon ein kleines Abenteuer, dieser Strecke zu folgen. – Außerdem gibt es noch einige kürzere, gut zugängliche und sehenswerte Stellen des Limes, auf die unten in der Beschreibung hingewiesen wird. – Das Kastell Pförring ist als erhöhte Plattform schon von weitem in den Feldern zu erkennen. An der Umwehrung sind einige Mauerreste erhalten. Besonders aufschlußreich ist der Besuch des Kastells Eining am rechten Donauufer. Die Ruine des Wehrbaus ist konserviert worden. Die Wehrmauer und Teile der Innenbebauung sind zu sehen, ferner die Grundmauern der Bäder außerhalb der Umwehrung.

Der Limes überschritt die Altmühl bei Kipfenberg direkt an der heutigen Brücke. Der erste Steinturm stand etwa 50 m östlich vom Fluß, man hat ihn in der Nähe eines Transformatorhauses ausgegraben (Wp. 15/1; nicht sichtbar). Die Mauer, von der nichts erhalten ist, lief nun durch die Stadt, unmittelbar nördlich am alten Stadtkern vorbei. Dann stieg sie nördlich vom Schloß den steilen Hang hinauf und lief zum Wp. 15/3 Vögelebuck. Man wird dort zunächst die zerfallenen Grundmauern eines mittelalterlichen Wartturms entdecken, der etwa 8 m vor der Limesmauer lag, die als schwacher Schuttwall sichtbar ist. 30 m südöstlich vom mittelalterlichen Turmrest liegt die römische Holzturm-

stelle (geringe Spuren des Ringgrabens) und der Steinturmhügel
(mit Grabungsloch). Vor der Mauer kann der aufmerksame Beobachter die Spur der Palisade wahrnehmen. Sie tritt als flaches
Gräbchen in Erscheinung, etwa 9 m vor der Teufelsmauer. Diese
Spur wird auf Strecke 15 noch häufig wiederkehren. Wie es möglich ist, daß sie heute noch sichtbar ist, wurde im vorigen Kapitel
bei Wp. 14/64 erörtert.

Bei Wp. 15/3 setzt eine schnurgerade Strecke des Limes ein, die
sich bis Wp. 15/22 hinzieht. Allerdings waren weder Wp. 15/3
noch Wp. 15/22 Hauptrichtpunkte der Absteckung. Für den Verlauf der Linie dürfte neben dem vorgegebenen Altmühlübergang
bei Kipfenberg das Trockental im Norden des Köschinger Forstes
maßgeblich gewesen sein. An den Südhang des Tals schließt sich
der Limes eine Strecke weit an. Als Hauptrichtpunkte der geraden Strecke dienten Wp. 15/5, 15/15 und 15/20.

Südöstlich von Wp. 15/3 ist der Schuttwall der Mauer flach. Er
zieht sich schräg den Hang hinab in ein Tal, wo er gelegentlich
unterbrochen ist und nicht ganz leicht verfolgt werden kann.
Dann schließt er sich an einen Waldweg an, der ihn z. T. bedeckt.

Die Grenzlinie wird nun von der Straße Kipfenberg–Gelbelsee
gekreuzt. Unmittelbar südlich an der Straße liegen die unscheinbaren Reste des Wp. 15/5 (Holz- und Steinturm ausgegraben;
heute nur noch flache, unregelmäßige Grabungslöcher). Der
Steinturm hatte eine ungewöhnliche Größe, was wohl durch
seine sehr günstige Lage zu erklären ist (wichtiger Signal- und
Richtpunkt der Linie). Außerdem gab es in der Limesmauer anfangs einen Durchgang, der in einer späteren Bauphase verschlossen worden ist.

Der Pfahl zieht südöstlich von der Straße durch ein Waldstück
(flacher Schuttdamm). Hier überquert er ein kleines Trockental.
Da dem Limes heute kein Weg folgt, ist die Strecke kaum zu begehen. Nach 850 m tritt er aus dem Wald. Er bildet nunmehr die
Waldgrenze zur offenen Feldmark von Gelbelsee.

Am Waldrand südwestlich Gelbelsee ist der Pfahl nur stellenweise als flacher Damm erhalten. Etwa 450 m von der Stelle entfernt, wo der Limes aus dem Wald tritt, befindet sich Wp. 15/7
am Pfahl. Die Reste eines Holz- und eines Steinturms liegen in
einem Ödlandstück. Der Ringgraben, der von der Mauer überschnitten wird, ist teilweise offen. Östlich davon bemerkt man
den Steinturmhügel. Der Steinturm stand nicht mit der Limes-

mauer im Verband, sondern erhob sich in geringem Abstand frei dahinter.

Im weiteren Verlauf ist der Pfahl südlich von Gelbelsee vielfach unterbrochen und daher nicht leicht zu verfolgen. Er zieht durch ein Wiesental, in dem sich eine große Doline befindet. Knapp oberhalb von der Doline läuft die Mauer abwechselnd als Rain, Terrasse oder flacher Wall quer durch das Tal.

Östlich von der Straße Gelbelsee – Denkendorf sind Reste der Mauer nur in dem Waldstück zu finden, das etwa 100 m von der Straße entfernt beginnt. Bis zur Kreuzung mit der Autobahn nördlich Denkendorf ist jenseits vom Wald in den Äckern und Wiesen nichts erhalten.

Die Autobahn kreuzt man bei Denkendorf (Autobahnabfahrt und Unterführung) und folgt der Staatsstraße nach Beilngries. Etwa 300 m von der Autobahn entfernt bemerkt man an der Westseite der Straße einen Gedenkstein, der auf den Limes hinweist. Er wurde 1861 unter König Max II. errichtet. Seine Inschrift ist ein Zeugnis der damaligen Kenntnis des Limes, sie entspricht natürlich nicht dem heutigen Stand der Kenntnisse.

Von dem Gedenkstein zieht ein Feldweg nach Nordwesten in Richtung Autobahn. Er bezeichnet den ehemaligen Verlauf des Pfahls. Etwa dort, wo die Autobahn die Linie der Mauer kreuzt, wird der Wp. 15/10 vermutet.

Südöstlich vom Gedenkstein wird der Pfahl durch eine Hecke im Acker markiert. Die Hecke führt zu einem Wald, in dem der Schuttwall der Mauer sichtbar wird. Etwa 100 m vom Waldrand entfernt liegt Wp. 15/11 in der Brünst. Der Steinturmhügel tritt deutlich in Erscheinung. Westlich von ihm sind Spuren des Holzturms zu sehen (Reste des Ringgrabens vor der Mauer, welche die Holzturmstelle überschneidet). Der Pfahl läuft südöstlich von Wp. 15/11 noch etwa 850 m weit in den Wald hinein. Er verschwindet dann noch vor dem Ende des Waldes. Da heute kein Weg am Limes entlangführt, ist die Strecke nicht gut zu begehen. Etwa dort, wo der Pfahl im Wald aufhört, vermutet man den Wp. 15/12.

Am Ostrand des Waldes trifft die Grenzlinie auf die Straße nach Zandt. Die Straße kurvt hier in die Richtung der Mauer ein und läuft dann über ihr nach Zandt hinein. Reste der Mauer oder eines Wachtturms sind nicht vorhanden.

Der Pfahl tritt erst in dem Wald östlich von Zandt in Erscheinung. Gut 100 m östlich der Waldspitze, die dem Ort zugewandt

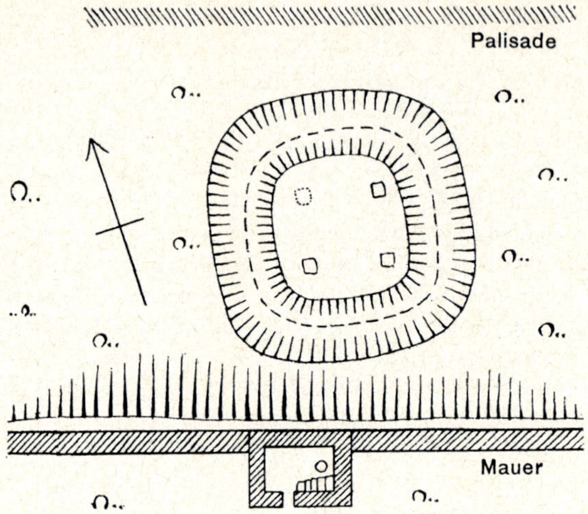

Abb. 78. Wp. 15/15 auf dem Fuchsberg mit Holz- und Steinturm (nach ORL). M. 1 : 500.

ist, befindet sich eine Felsgruppe. Dort setzt der Schuttwall zunächst ganz flach ein und zieht zum Fuchsberg hinauf. Der Palisadengraben ist stellenweise vor der Mauer sichtbar.

Oben angekommen, bemerkt man die Reste des Wp. 15/15 auf dem Fuchsberg (Abb. 78). Der große Schutthügel des Steinturms ist unverkennbar. Wie üblich stößt die Mauer von beiden Seiten an den Turm. Unmittelbar vor dem Pfahl erblickt man die Spuren des Holzturms. Auf dem flachen Turmhügel, der von dem Ringgraben umzogen wird, sind noch drei der ursprünglich vier Pfostengruben der großen Turmständer zu sehen. Sie sind nach der Ausgrabung offen liegengeblieben. Der Palisadengraben ist ebenfalls sichtbar; er läuft in dem großen Abstand von 35 m vor der Mauer. Bei Wp. 15/15 erreicht der Limes die größte Höhe zwischen Altmühl und Schambachtal. Zweifellos war der Wp. daher einer der wichtigsten Signal- und Richtpunkte der Strecke.

Von hier aus ist der Pfahl über viele Kilometer in den einsamen Wäldern des Köschinger Forstes erhalten. Steile Abhänge, Wildgatter, Unterholz und Schonungen erschweren indessen an vielen Stellen das Begehen der Strecke. Auf gut begehbare Abschnitte wird daher besonders hingewiesen.

Von Wp. 15/15 läuft der Pfahl in vortrefflicher Erhaltung durch den Wald in ein Trockental hinab, das er nach 600 m erreicht (Palisadengraben sichtbar; kein Weg!). Er überquert unten im Tal die Wiesenaue, wo er unterbrochen ist, und zieht – ohne Rücksicht auf die Geländegestalt – geradlinig über einen Vorsprung des Breitenhiller Berges. Auf der Höhe des Bergvorsprungs vermutet man in der Waldabteilung Kalteneck einen Wp. 15/16. Obgleich der Pfahl gut erhalten ist, erscheint nicht die geringste Spur des Wp.

Nun kreuzt der Pfahl ein zweitesmal das Trockental und zieht sodann südlich vom Tal parallel zur Talsohle durch den Wald. In der Waldabteilung Geisknack ist Wp. 15/17 zu vermuten. Schuttwall und Palisade des Limes sind beide zu sehen. Hier folgt dem Limes ein Weg, so daß der Abschnitt, der zu den schönsten und einsamsten der römischen Grenze gehört, leicht zu begehen ist.

An dem Waldweg, der die Waldabteilungen Teufelskopf und Güßgraben trennt, befindet sich 9 m hinter dem Pfahl das Grabungsloch des Steinturms Wp. 15/18 Teufelskopf. Vom Holzturm ist nichts zu sehen.

100 m südöstlich von Wp. 15/18 bemerkt man die Umwehrung des KLEINKASTELLS GÜSSGRABEN (niedrige Schuttwälle). Der kleine Steinbau hatte knapp 400 m² Fläche. Vermutlich besaß er zwei Tore nach Nordwesten und Südosten. Der Abstand vom Pfahl beträgt etwa 27 m.

Pfahl und Palisadengraben sind weiterhin hervorragend erhalten und können bis zu dem knapp 500 m entfernten, breiten Forstweg gut verfolgt werden. Jenseits des Forstwegs wird ein kleines, trockenes Seitental überschritten.

Dann beginnt die Mauer zum Öchsel-Berg hinaufzusteigen. Der Schuttwall wird von einem Steinbruch unterbrochen. An dessen oberer Kante vermutet man den Wp. 15/19. Von hier ab wird es schwieriger, dem Pfahl zu folgen, obgleich er an sich gut erhalten ist (auch der Palisadengraben ist streckenweise sichtbar). 600 m vom Steinbruch entfernt stößt man auf die Reste von Wp. 15/20 Öchselberg-Mitte. Der hohe Schutthügel des Steinturms ist nicht zu übersehen (Grabungsloch in der Mitte). Westlich davon liegt der Ringgraben des Holzturms, der von der Mauer überschnitten wird. Wp. 15/20 war vermutlich der östliche Richtpunkt der geraden Limesstrecke.

Südöstlich von Wp. 15/20 ist der Pfahl weniger gut erhalten, er ist auch nicht leicht zu verfolgen (kein Weg vorhanden). Der Palisadengraben ist hingegen meist recht deutlich. 1,1 km von Wp. 15/20 entfernt zieht der Pfahl durch ein Trockental. Im Tal sind die Reste der Mauer nahezu völlig verschwunden. Es ist daher nicht einfach, vom Tal aus den Anfang der sichtbaren Strecken aufzufinden.

Am Osthang des Tals, ein wenig über der Talsohle, liegt das KLEINKASTELL AM HINTEREN SEE-BERG. Der kleine Steinbau von knapp 300 m² Fläche ist 30 m vom Pfahl entfernt. Die Umfassungsmauer wurde konserviert und ist sichtbar, sie ist allerdings etwas zerfallen (Abb. 79). Lange nach der Römerzeit wurde das Kleinkastell im frühen Mittelalter noch einmal benutzt, wie sich aus einigen Funden ergibt. Östlich von dem Wehrbau hat man in 65 m Entfernung den Steinturm Wp. 15/22 gefunden. Er ist nicht zu sehen.

Der Pfahl bleibt weiterhin sichtbar. Er steigt zum Hinteren See-Berg auf. Dicht an der Mauer, mitunter auch auf dem Schuttwall, läuft ein Weg, so daß der Abschnitt gut zu begehen ist. Etwa 400 m vom Kleinkastell entfernt biegt die Mauer aus ihrer bisherigen Richtung nach Osten ab. Recht deutlich ist der Knick am Palisadengraben zu erkennen. Die neue Richtung des Limes führt zum Schambachtal.

Auf der Höhe liegt Wp. 15/23 auf dem Hinteren See-Berg (Abb. 24). Der Schutthügel des Steinturms befindet sich wie üblich im Zuge des Pfahls. Westlich davon erblickt man den Ringgraben des Holzturms. Er wird von der Mauer überschnitten. Im Holzturmhügel sind wie bei Wp. 15/15 drei der ursprünglich vier Pfostengruben des Holzturms nach der Ausgrabung offen geblieben. Man kann sie heute noch sehen. Die Palisade läuft 17 m vor der Mauer.

Der Pfahl läuft nun in östlicher Richtung den Berg hinab (ziemlich flacher Schuttwall). Unten überquert er eine Wiesenniederung, wo er als breiter, flacher Wall erscheint.

An der Stelle, wo der Pfahl aus den Wiesen wieder in den Wald eintritt, vermutet man den Wp. 15/24. Nun steigt er über den Südhang des Kesselbergs, um zum Schambachtal zu gelangen. Die Reste der Mauer sind im Wald nicht gleichmäßig gut erhalten. Der römischen Grenzlinie folgt auch kein heutiger Weg, so daß der Abschnitt bis zum Schambachtal nicht gut zu begehen ist (Palisadengraben sichtbar). An der höchsten Stelle, die der Pfahl auf dem Bergrücken erreicht, befindet sich der etwas undeutliche

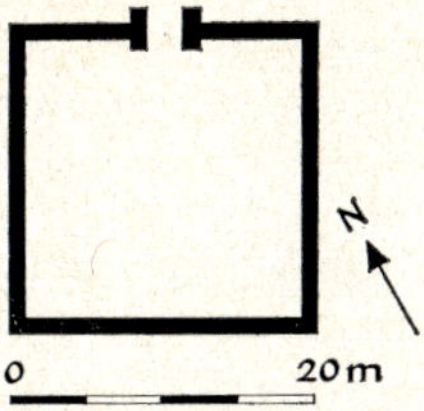

Abb. 79. Kleinkastell am Hinteren See-Berg (nach ORL).

0   20 m

Steinturmhügel von Wp. 15/25 auf dem Kesselberg. Östlich daneben ist der Ringgraben des Holzturms gut zu erkennen. Er wird von der Mauer überschnitten.

Nicht weit von Wp. 15/25 steigt der Pfahl zur Schambach hinunter. Am steilen Westhang des Tals ist er abgestürzt und verschwunden. Unten im Tal kreuzt die Bundesstraße 299 Sandersdorf–Schamhaupten den Limes. Die Palisade lief ziemlich genau dort, wo der Kilometerstein 67,5 steht. Unmittelbar am Ostrand der Straße wurde Wp. 15/26 im Schambachtal ausgegraben (Steinturm). Weder vom Turm noch vom Pfahl ist etwas zu sehen.

Die Grenzlinie überquerte die Schambach und zog am gegenüberliegenden Osthang des Tals im Wald hoch. Sie ist nicht mehr sichtbar. Erst westlich von dem Wald, der den Talhang bedeckt, wird auf der Hochfläche in den Äckern ein kurzes Stück des Pfahls in einer Hecke sichtbar (östlich vom Sportplatz). Bald verschwindet die Hecke mit den Resten der Mauer. Die Linie lief in einem Bogen nördlich an Neuenhinzenhausen vorbei und kreuzte die Schambach an der untersten der vier Mühlen von Neuenhinzenhausen. Wegen der unbedeutenden Reste der Mauer lohnt es kaum, den Limesbogen nördlich der Schambach aufzusuchen.

Südlich von der Schambach lief der Limes zunächst einige hundert Meter dicht an der Eisenbahnlinie nach Südosten; hier ist nichts erhalten. Etwa 300 m südwestlich von Sollern erstieg die Linie die Hochfläche. Spuren des Pfahls treten schon am bewaldeten Hang auf. In den Äckern der Hochfläche zieht er als wallartig erhöhter Feldrain weiter. Etwa 130 m von der Talkante entfernt, bemerkt man einen Knick in der Richtung der Mauer. An dieser Stelle befand sich der Steinturm Wp. 15/30 auf dem Meßner-Berg (flache Erhöhung im Mauerwinkel).

Der Pfahl läuft als deutlich erhöhter Feldrain durch die Äcker weiter zum oberen Rand eines steil eingeschnittenen Trockentals, des Tettenagger Grundes. An der sehr steilen Westflanke des Tals sind die Spuren der Mauer verschwunden, ebenso unten im Tal.

Hingegen finden sich an der gegenüberliegenden, bewaldeten SO-Seite des Tals beachtliche Reste der Mauer. Sie setzen erst etwa 100 m von der Talstraße entfernt ein. Wer die Kletterei am steilen Hang nicht scheut, wird sogar Reste der eigentlichen Mauer noch im Verband oben aus dem Schuttwall herausragen sehen (Palisadengraben ebenfalls sichtbar). Der Pfahl führt zu Wp. 15/31 Koch-Berg (West), der oben an der Talkante im Wald steht, nicht weit vom Waldrand. Der hohe Schutthügel des Steinturms (mit Grabungsloch) liegt im Zug der Mauer. Nordwestlich von ihm erblickt man die geringen Reste des Holzturms (geringe Vertiefung als Rest des Ringgrabens vor der Mauer; flacher Holzturmhügel am Wegrand). Von dem Wp. aus konnte der Tettenagger Grund bequem überwacht werden; zugleich hatte der Turm Sichtverbindung zu Wp. 15/30, der auf der gegenüberliegenden Hochfläche stand.

Der Pfahl tritt nun aus dem Wald und zieht in unterschiedlich guter Erhaltung an der Waldgrenze weiter. Schon nach 400 m knickt die Linie deutlich ab. An dieser Stelle wurden drei aufeinanderfolgende Steintürme des Wp. 15/32 Koch-Berg (Süd) entdeckt. Das Vorkommen von drei Steintürmen ist eine sonst am raetischen Limes ungewöhnliche Beobachtung. Heute findet man nur noch einen breiten, mit Gestrüpp bewachsenen Schutthaufen. Unmittelbar nordwestlich von den Steintürmen wurde auch ein Holzturm festgestellt.

Die Teufelsmauer zieht als Feldrain durch den Acker weiter. Nach gut 600 m bemerkt man einen weiteren, etwas schwächer ausgeprägten Knick im Zug der Mauer. Dort befand sich Wp. 15/33 am Grashausener Weg (nicht sichtbar). An dieser Stelle geht der Limes in die östliche, geradlinige Strecke über, die nun in einem Zug bis zur Donau läuft. Der Turm hatte eine hervorragende Sicht nach Osten: bei klarem Wetter erblickt man die Höhen jenseits der Donau südlich Weltenburg. Wp. 15/33 war zweifellos der westliche Richtpunkt der letzten, zur Donau führenden Limesstrecke. – Östlich von Wp. 15/33 ist der Pfahl nur noch ein kurzes Stück am Feldweg sichtbar. Dann verschwindet er.

Die Linie zog nun in schnurgerader Richtung an Hagenhill und Laimerstadt vorbei. Dabei überquert sie meist offenes Ackerland, wo auf längere Strecken ausgebaute Feldwege der Linie des Pfahls folgen. Die Reste der Mauer sind an den meisten Stellen verschwunden. Spuren des Schuttwalls entdeckt man nur in dem Wäldchen nordöstlich Hagenhill, auch unmittelbar östlich von diesem Wäldchen in den Äckern (Feldrain mit Hecke). – Als terrassenartig abgestufter Feldrain wird der Pfahl nördlich von Laimerstadt über einige hundert Meter sichtbar. Kurz vor dem Feldkreuz, das sich etwa 500 m nordöstlich von Laimerstadt an einer Wegekreuzung befindet, verschwindet er wieder.

In der Nähe des Feldkreuzes wird Wp. 15/40 vermutet. Der Pfahl ist zunächst nicht erhalten. 800 m östlich vom Feldkreuz tritt die Grenzlinie in den Hienheimer Forst ein. Gleich am Waldrand befinden sich schwache Bodenunebenheiten, die letzten Spuren des Wp. 15/41 am Hienheimer Forst. Der Pfahl beginnt gleich im Wald als flacher, breitgezogener Schuttwall. Nach gut 300 m tritt eine kurze Unterbrechung ein. An dieser Stelle kreuzen mehrere Wege den Limes. Bald setzt der Pfahl in vortrefflicher Erhaltung wieder ein. Von hier aus bis zur Donau ist er gut zu begehen und fast durchgehend erhalten.

Etwa 250 m nach dem Wiedereinsetzen des Pfahls an dem breiten Waldweg findet man Wp. 15/42 im Dürrschlag. Der hohe Steinturmhügel liegt im Zuge des Pfahls. Nordwestlich von ihm lag vor der Mauer die ebenfalls deutlich erkennbare Holzturmstelle mit Ringgraben.

Die Mauer steigt nun in ein kleines Tal hinab. Hinter der Mauer bemerkt man alle 20–30 m flache Mulden. Vermutlich sind dort von den Römern die Steine gebrochen worden, die zum Bau der Mauer nötig waren. Der aufmerksame Beobachter wird die gleiche Erscheinung gelegentlich auch an anderen Stellen des raetischen Limes finden. – In der Talsohle kreuzt ein Waldweg den Limes. Dann steigt die Mauer wieder auf. Knapp 300 m vom Talweg entfernt liegt Wp. 15/43 im Stieber. Hier ist nur ein Steinturmhügel zu sehen. Die Mauer lief dicht an dem Turm vorbei, der Turm lag also nicht wie üblich im Zug der Mauer. Der Holzturm (nicht sichtbar) befand sich vermutlich vor der Mauer.

Der Pfahl zieht weiterhin gut erhalten durch den Wald. Streckenweise ist in einem Abstand von etwas über 10 m der Palisadengraben vor der Mauer zu sehen. Nach etwa 700 m gelangt man zum Wp. 15/44 in der Waldabteilung Lacke. Das Mauerwerk des Steinturmsockels ist sichtbar (konserviert). Östlich davon liegt der Holzturmhügel mit dem Ringgraben. Diese recht deutliche Holzturmstelle wird von der Mauer überschnitten.

Nach kurzer Entfernung tritt die Mauer aus dem Wald und läuft am Waldrand nach Osten weiter. Sie tritt als hoher Schuttwall in Erscheinung. Nach etwa 500 m verläßt die Linie den Waldrand und läuft ein kurzes Stück über offenes Gelände, wo sie ein kleines Trockental überquert. In dieser Gegend wird Wp. 15/45 vermutet. Der Pfahl bildet einen niedrigen Damm, stellenweise auch nur eine Böschung. Auf dem Boden des Trockentals befindet sich eine kurze Unterbrechung (Wasserdurchlaß). Der Schuttwall ist östlich davon undeutlich. Dann zieht der Pfahl als erhöhter Feldrain parallel zum Waldrand weiter. Nahe der Waldecke befindet sich Wp. 15/46, etwa 120 m westlich von der Straße Hienheim–Kelheim. Nur ganz geringe Spuren sind von dem Holz- und dem Steinturm verblieben. Die Stelle des Steinturms wird durch eine geringe Erhöhung des Schuttwalls markiert. Die Holzturmstelle (westlich vom Steinturm) wird von der Mauer überschnitten. Daher ist der Schuttwall dort etwas niedriger, wo er den Ringgraben überquert (auch geringe Grabungsspuren). – In der Nähe von Wp. 15/46 soll demnächst ein Holzturm rekonstruiert werden.

Der Pfahlrain führt nun zur Landstraße Hienheim–Kelheim, an der die »Hadrian-Säule« steht (2 km nördlich von Hienheim). Dieses Denkmal erleichtert das Auffinden des Limesendes an der Donau. Es wurde unter König Max II. im Jahre 1861 über der Mauer errichtet. Die Aufschrift entspricht dem wissenschaftlichen Stand der damaligen Zeit. – Von der Hadrianssäule aus hat man einen schönen Blick auf das Donautal. 3,7 km südlich von hier lag auf der anderen Donauseite das nächste Limeskastell Eining. Sein Besuch ist sehr zu empfehlen.

Von der Hadrian-Säule zieht der Pfahl als leicht erhöhter Feldrain zur Donau hinab. 280 m östlich von dem Denkmal wird er von einem Feldweg gekreuzt. An dessen Ostseite fand man bei Grabungen die etwas unsicheren Reste des letzten Steinturms Wp. 15/47 kurz vor der Donau. Heute sind nur geringe Spuren an der Oberfläche zu sehen. Immer flacher werdend, läuft der Pfahl nach gut 100 m aus, noch bevor er die Donau erreicht. Durch Ausgrabungen konnte die Mauer bis zur Donau verfolgt werden. Ihre Reste liegen dort etwa einen Meter unter der heutigen Oberfläche.

Der Grenzabschnitt zwischen Altmühl und Donau wurde von

den beiden Reiterkastellen Kösching und Pförring geschützt, die weit vom Limes entfernt lagen.

74 KASTELL KÖSCHING ORL Nr. 74. Steinkastell von etwa 4 ha Fläche für eine Ala quingenaria. Zunächst ist 80 n. Chr. ein Holzkastell vermutlich von der *Ala I Augusta Thracum* errichtet worden. Diese Truppe verließ aber schon gegen Ende der Regierungszeit Traians die Provinz. Sie wurde durch die *Ala I Flavia Gemelliana* ersetzt. Die neue Truppe erbaute 141 n. Chr. das Steinkastell. Dieses befand sich in der Westhälfte des heutigen Ortskerns; die Kirche steht im Bereich der Principia. Es war nach Süden orientiert. Zu sehen ist nichts mehr. Indessen hat das Lager die Richtung einiger Straßen und einen Teil des Ortsplans bestimmt. Möglicherweise lag das ältere Holzkastell nicht an der gleichen Stelle, sondern ein wenig weiter südlich. – Der römische Name des Kastells war *Germanicum*.

75 KASTELL PFÖRRING ORL Nr. 75. Steinkastell von 3,9 ha Fläche für die *Ala I Flavia Singularium civium Romanorum pia fidelis*. Das Kastell ist etwa zwei Jahrzehnte später entstanden als das Kastell Kösching, unter der Regierung Traians. Genau wie dort ist das ursprüngliche Holzkastell im Jahre 141 n. Chr. in Stein ausgebaut worden. Sein antiker Name war *Celeusum*. – Die Reste des Kastells liegen 1 km nordwestlich von Pförring in den Äckern auf einer weithin sichtbaren Erhöhung (Biburg). Das Lager war nach Nordwesten orientiert. Der nördliche Eckturm und das rechte Seitentor (Nordosttor) wurden freigelegt; inzwischen sind die Mauern zerfallen, aber noch teilweise sichtbar. Die Principia treten inmitten des Kastells als geringe Erhöhung im Acker in Erscheinung (nahe der Westecke zerfallener neuzeitlicher Bierkeller).

Das Limesende an der Donau wurde durch das Kastell Eining gedeckt, das bereits am rechten Donauufer liegt (5 km nördlich von Neustadt an der Donau). Es ist das am besten erhaltene Kastell am raetischen Limes. Seine sehenswerten Reste liegen unmittelbar an der Landstraße Neustadt–Eining, 500 m südlich von Eining.

K KASTELL EINING. Steinkastell von 1,8 ha Fläche. Sowohl die Geschichte des Lagers als auch sein Grundriß sind etwas ungewöhnlich (Abb. 80). Das Lager ist zwischen 79 und 81 n. Chr. entstanden, also etwa gleichzeitig mit dem Kastell Kösching. Anfangs war es ein Holzkastell. Ebenso wie die Kastelle Kösching und Pförring wurde es unter Antoninus Pius in Stein ausgebaut. Der

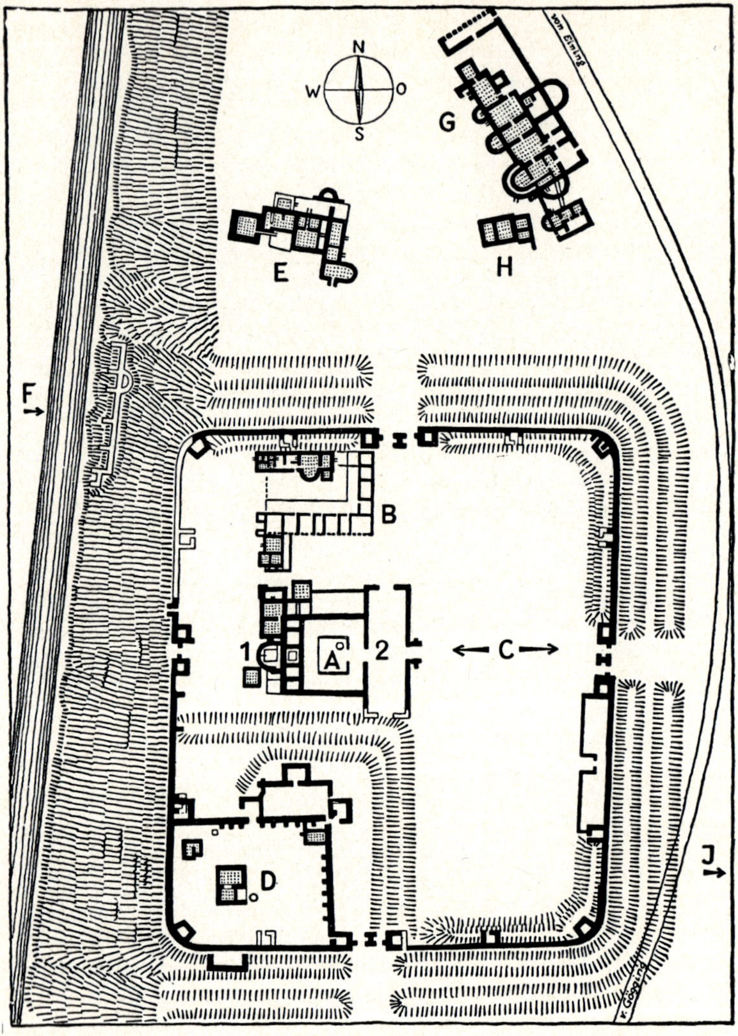

Abb. 80. Grundriß des Kastells Eining (nach P. Reinecke). A Principia, B Praetorium, C Via Praetoria, D spätrömische Befestigung, E heizbares Gebäude, F älteres Kastellbad, G jüngeres Kastellbad. M. 1:2130.

römische Namen des Platzes war *Abusina*. Als Besatzung ist in der ersten Hälfte des 2. Jahrhunderts eine für längere Zeit abkommandierte Abteilung *(vexillatio)* einer Kohorte bezeugt, deren Stammabteilung in Britannien lag. Der Name der Abteilung lautete: *Cohortis II Tungrorum milliariae vexillatio.* Noch um 147 lag sie in Eining. Sie wird bald darauf die Provinz verlassen haben. Aus dem Anfang des 3. Jahrhunderts ist eine andere Truppe als Besatzung bekannt, die *Cohors III Britannorum equitata.* Das Kastell dürfte wie die übrigen Lager am raetischen Limes in den Markomannenkriegen und beim Alamanneneinfall von 233 Zerstörungen erlitten haben. Es blieb aber weiterhin besetzt und spielte auch eine Rolle bei den Kämpfen in der Mitte des 3. Jahrhunderts. Vermutlich gegen Ende des 3. Jahrhunderts entstand die kleine, spätrömische Befestigung in der Südwestecke des Kastells (Abb. 81). Sie war weiterhin der Sitz des Tribunen der *Cohors III Britannorum.* Der Plan des Kastells ist etwas verwirrend, weil es oftmals umgebaut worden ist und dabei auch seine Orientierung änderte. Die spätrömische Befestigung in der Südwestecke des Lagers wurde bereits erwähnt; sie ist erst nachträglich entstanden. Von ihrer Höhe aus hat man einen vorzüglichen Blick über das Kastellgelände. Die Mauern der Umwehrung und die Grundmauern der in Stein ausgebauten Innenbauten liegen wie ein Plan vor den Augen des Betrachters. An der Lage der Tore ist zu erkennen, daß das Kastell anfangs nach Norden orientiert war. Später änderte sich die Orientierung; die Principia weisen nach Osten. Aus dem Osttor führte eine Straße in ein ausgedehntes Lagerdorf, von dem in den Äckern indessen nichts zu sehen ist. Dafür sind nördlich vom Kastell Bäder und heizbare Wohnbauten erhalten.

K Unmittelbar nördlich vom Ortsausgang von EINING befinden sich im UNTERFELD die Reste eines weiteren römischen Militärbaus. Dort zieht von Südosten her ein breiter, flacher Graben auf die Landstraße zu. Man kann ihn von der Straße aus etwa 180 m weit verfolgen. Dann biegt er für ein kurzes Stück nach Südwesten um und verschwindet. In manchen amtlichen Kartenwerken findet man die Eintragung »Reste eines römischen Legionslagers«. Tatsächlich haben früher einige Wissenschaftler an dieser Stelle ein römisches Legionslager vermutet. Bei den neuen Grabungen H. Schönbergers konnte der nur stellenweise sichtbare Graben weiterverfolgt werden. Vor ihm lagen zwei weitere, heute nicht mehr sichtbare Verteidigungsgräben. Die Wehrmauer

Abb. 81. Eining. Südbastion der spätrömischen Befestigung.

war nicht aus Stein, sondern wohl nur aus Rasensoden gebaut. Sie umschloß eine etwa rechteckige Befestigung, die bis an die Donau hinabreichte. Ihre Fläche betrug 11 ha; das reicht zur Lagerung einer vollen Legion nicht aus. In der Befestigung standen Steinbauten mit gestempelten Ziegeln der *Legio III Italica*. Diese Ziegel sprechen ebenso wie die übrigen Funde dafür, daß die Befestigung um 171 n. Chr. während der Markomannenkriege angelegt worden ist. Sie war vermutlich nicht lange vom Militär besetzt und diente wohl als Flotten- und Umschlagplatz zur Unterstützung der römischen Abwehr während der Markomannenkriege.

Der Donaulimes von Regensburg bis Passau

Wie im letzten Kapitel dargelegt wurde, stößt der Limes nördlich von Eining an die Donau. Die Stelle liegt nur wenig oberhalb des malerischen Durchbruchs der Donau durch den Jura südwestlich von Kelheim. Von hier ab bildete die Donau flußabwärts für viele hundert Kilometer die Grenze des Römerreichs.

Der Donaulimes ist zwischen Regensburg und Passau verhältnismäßig spät von römischen Truppen besetzt worden. Westlich von dieser Strecke sind an der oberen Donau dagegen schon seit den dreißiger und vierziger Jahren des 1. Jahrhunderts n. Chr. Grenzkastelle entstanden. Die Strecke zwischen Regensburg und Passau war aber durch die schwer passierbaren Mittelgebirge des Böhmerwaldes und des Bayerischen Waldes so gut durch die Natur geschützt, daß ein Grenzschutz mit Kastellen erst ein Menschenalter später unter den flavischen Kaisern (69–96 n. Chr.) aufgebaut wurde. Er bestand aus den Auxiliarkastellen Regensburg-Kumpfmühl, Straubing, Künzing und Passau. Die verhältnismäßig geringe Gefährdung des Grenzabschnitts erlaubte es, die Kastelle weit voneinander entfernt anzulegen; ihr Abstand lag bei 30–40 km. Wachttürme und Palisaden sind am raetischen Donaulimes nicht gefunden worden.–Eine wichtige Neuerung trat während der Markomannenkriege unter Kaiser Marcus Aurelius ein. In Regensburg entstand ein Legionslager. Von dem Lager sind bedeutende Reste erhalten geblieben, die den Besuch Regensburgs sehr empfehlenswert machen. – Der Donaulimes ist von den Römern nach mancherlei Kämpfen und organisatorischen Änderungen bis zum Anfang des 5. Jahrhunderts gehalten worden. Der spätrömische Limes kann hier aber nicht beschrieben werden.

K REGENSBURG (AUXILIARKASTELL UND LEGIONSLAGER). Das AUXILIARKASTELL REGENSBURG-KUMPFMÜHL war zunächst ein Holz-, später ein Steinkastell von etwa 2,2 ha Fläche. Anfangs lag dort eine uns unbekannte Kohorte. Wohl schon zwischen 107 und 116 n. Chr. (spätestens 140) kam die *Cohors II Aquitanorum equitata* nach Regensburg. Das Kastell wurde unter Kaiser Vespasian erbaut. Während der Markomannenkriege wurde es durch das weit größere Legionslager ersetzt. Es befand sich indessen nicht an der gleichen Stelle wie das Legionslager. Das Auxiliarkastell lag etwa 1,5 km südwestlich vom heutigen Stadtkern am unteren Teil eines über die Stadt aufsteigenden Hanges. Es ist vollständig verschwunden.

Vom LEGIONSLAGER sind dagegen bedeutende Reste verblieben.
Nach einer erhaltenen, monumentalen Bauinschrift hat die *Legio
III Italica Concors* im Jahre 179 die steinerne Umwehrung mit
Toren und Türmen fertiggestellt (die Inschrift selbst wurde erst
im folgenden Jahr 180 angebracht; sie befindet sich heute im
Städtischen Museum). Die Mauer schloß eine Fläche von etwas
über 24 ha ein. Das Lager wurde bei dem Alamanneneinfall von
233 beschädigt, aber bald wieder repariert. Im 4. Jahrhundert
sind die Wehranlagen durchgreifend umgebaut und verstärkt
worden. Die heute noch sichtbaren römischen Reste der Umwehrung dürften aus dieser Zeit stammen. Die römische Besiedlung
beschränkte sich aber nicht auf die Befestigungen. Schon neben
dem Auxiliarlager war ein Kastellvicus entstanden. Auch neben
dem Legionslager bildete sich rasch eine Zivilsiedlung *(canabae
legionis)*, und zwar besonders westlich von dem Lager. Von dieser Siedlung, die vielleicht sogar stadtartigen Charakter hatte, ist
indessen nichts mehr zu sehen. – Der mächtige Mauerring des
Legionslagers blieb auch nach dem Ende der Römerzeit erhalten
und bestimmte bis heute die Lage und den Grundriß des Stadtkerns. Aus den ersten Jahrhunderten nach dem Ende der Römerzeit ist wenig bekannt. Etwa um 770 n. Chr. zeigte sich der Bi-
schof Arbeo von Freising von der Wucht der alten Mauern be-
eindruckt. In dieser Zeit war Regensburg der Sitz der bairischen
Herzöge aus dem Haus der Aigilolfinger. Nicht zuletzt dürften
die vorhandenen Wehrbauten für die Wahl der Residenz maßgeblich gewesen sein. Im 9. und frühen 10. Jahrhundert war Regensburg die Hauptstadt des ostfränkischen Reiches. So gehört
Regensburg in die Reihe der bedeutenden europäischen Städte, in
denen der Übergang von der römischen Antike zum Mittelalter
faßbar wird.
Der römische Name des Legionslagers war *Castra Regina*. Daneben lebte ein älterer Ortsname keltischen Ursprungs weiter,
Radasbona. Er tritt noch in Quellen des frühen Mittelalters auf
und wird auf eine bisher unbekannte keltische Siedlung zurückgehen. Vielleicht trug auch das Auxiliarkastell diesen Namen.
Abb. 82 zeigt die Lage des Legionslagers im Stadtkern. Die Porta
Praetoria befindet sich nördlich vom Dom und war auf die Donau
gerichtet. Ihr östlicher Torturm hat sich bis heute erhalten und
gehört zu den schönsten Beispielen römischer militärischer Wehrarchitektur (P auf Abb. 82). Der Turm sowie ein Teil des mächtigen Tordurchgangs sind in die Nordfassade des Bischofshofs

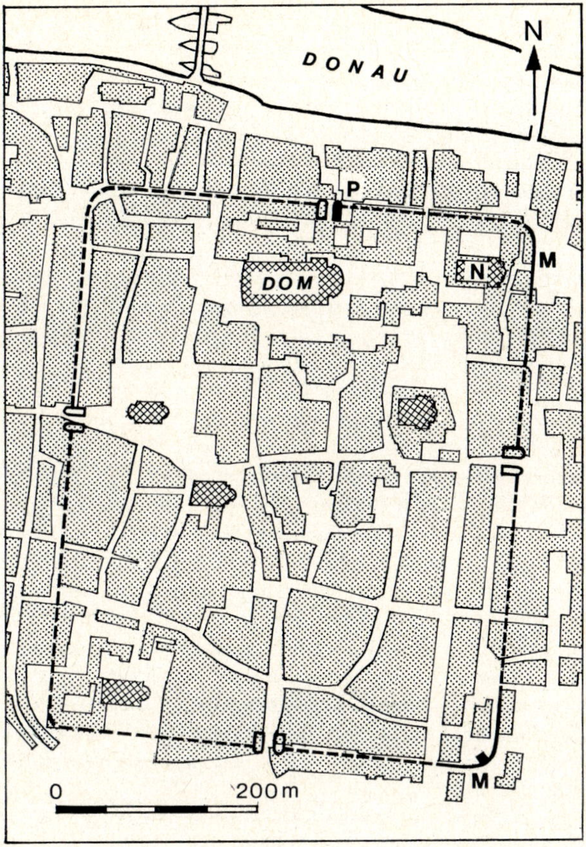

Abb. 82.   Legionslager Regensburg, Übersichtsplan. M. 1:7500.

eingebunden. Wir beginnen dort einen Gang um die Wehrmauer und wenden uns nach Osten. Nach kurzer Entfernung
gelangt man zur Nordostecke der Umwehrung, die ebenfalls frei-
liegt. Die unteren großen Quader, die man hier und an dem
südlich anschließenden Mauerstück erblickt, sind römische Arbeit. Unter ihnen befinden sich wiederverwendete Steine, die anfangs in anderen Bauwerken eingemauert waren. Die oberen
Teile der Mauer sind aus kleineren Steinen aufgebaut; sie sind

bei Reparaturen der Mauer in nachrömischer Zeit hinzugekommen. – Ein wenig weiter südlich steht ein neues Parkhaus im Zuge der Wehrmauer. Bei seinem Bau entdeckte man gut erhaltene Reste der Mauer, die von einem Besichtigungsbalkon aus eingesehen werden können. – Ferner ist die Südostecke des Lagers mit einem anschließenden Mauerstück freigelegt worden. Hier ist auch ein Eckturm vorhanden. – Die übrigen Teile der Umwehrung sind nicht mehr sichtbar. Doch hat der Verlauf der Wehrmauer den heutigen Stadtplan geprägt. Am stärksten ist die westliche Mauer des Lagers verschliffen worden, weil sie bereits bei der Stadterweiterung des Herzogs Arnulf 917 n. Chr. aufgegeben worden ist.

Nur wenige Teile von Innenbauten des Lagers sind bekannt. Man kann lediglich die Reste besichtigen, die vor wenigen Jahren unter der Niedermünsterkirche ausgegraben worden sind (N auf Abb. 82). Die Grabung deckte Teile von römischen Mannschaftsunterkünften auf. Sie bestanden anfangs aus Holz und sind später in Stein umgebaut worden. Sie liegen ähnlich hinter der Lagermauer wie die Centurienbaracken des Legionslagers Neuß (Abb. 7). Zugleich zeigte die überaus aufschlußreiche Grabung, wie an dieser Stelle der Übergang in das Mittelalter erfolgte (dazu verweisen wir auf den Führer von K. Schwarz, Die Ausgrabungen im Niedermünster zu Regensburg, Kallmünz 1971). – Man sollte nicht versäumen, das Museum der Stadt Regensburg (Dachauplatz) aufzusuchen. Hier werden zahlreiche römische Inschriftsteine, Skulpturen und weitere Funde aus dem römischen Regensburg aufbewahrt. – Etwa 40 km östlich von Regensburg befand sich das

K KASTELL STRAUBING. Das älteste, unter Kaiser Vespasian erbaute kleinere Holzkastell war von der *Cohors II Raetorum* besetzt (die Truppe darf nicht mit der gleichnamigen obergermanischen Einheit verwechselt werden). Die Größe des Kastells ist nicht bekannt. In der ersten Hälfte des 2. Jahrhunderts wurde die Raeterkohorte durch die *Cohors I Flavia Canathenorum milliaria (equitata?) sagittariorum* abgelöst. Diese erbaute zunächst ein hölzernes Kastell, dessen Holzumwehrung aber bald durch eine Steinmauer ersetzt wurde (Fläche 3,1 ha). Die Truppe blieb wohl bis in die Mitte des 3. Jahrhunderts in Straubing. Der Name des Kastells war *Sorviodurum*. Er geht auf eine keltische Siedlung der Spätlatènezeit zurück, deren Spuren gefunden worden sind. Auch in römischer Zeit breitete sich eine Zivilsiedlung

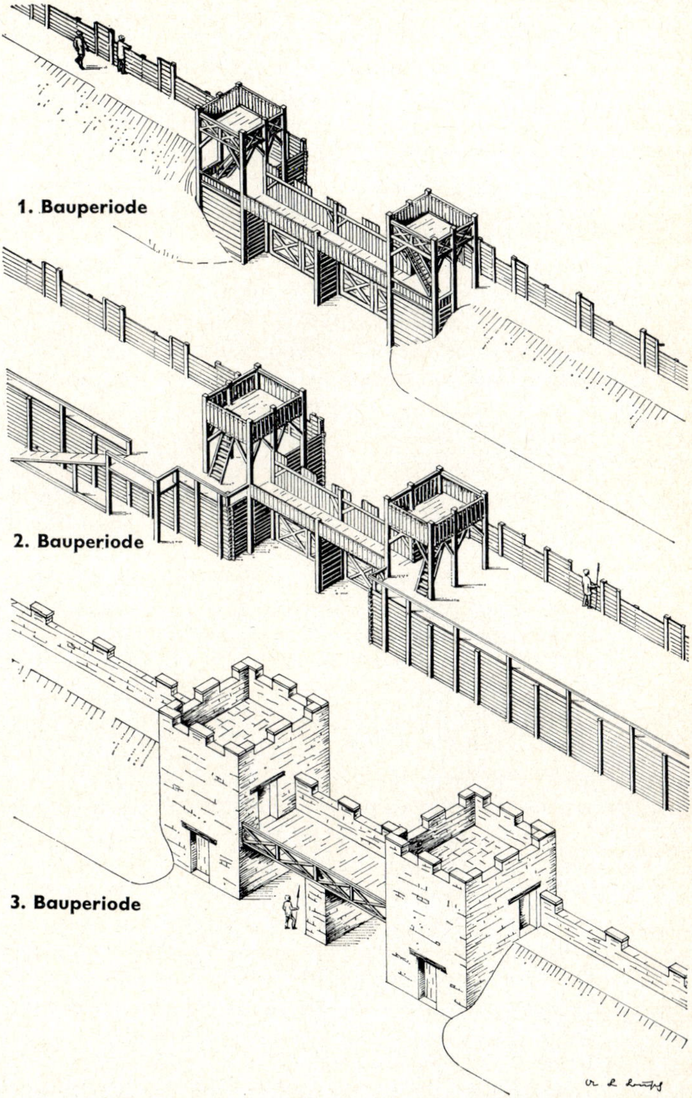

1. Bauperiode

2. Bauperiode

3. Bauperiode

Abb. 83. Kastell Künzing, Bauphasen des Osttors
(nach H. Schönberger).

(vicus) um das Kastell aus. – Das Lager befand sich ungefähr 2 km östlich vom heutigen Stadtkern. Es ist zwar nicht überbaut, jedoch nicht mehr sichtbar. Doch sind wichtige Funde im Gäubodenmuseum zu sehen. An ihrer Spitze steht der berühmte Schatzfund mit Stücken römischer Kavallerie-Paradeausrüstung. Er ist nicht im Kastell, sondern an einer römischen Villa rustica gefunden worden, die am südwestlichen Ortsrand von Straubing lag. Die Helmmasken und anderen Rüstungsteile dürften von Reitern der *Cohors I Canathenorum* getragen worden sein, die daher wohl eine teilweise berittene Kohorte *(cohors equitata)* war.

Wegen der großen Entfernung der beiden Kohortenkastelle Straubing und Künzing (etwa 44 km) entstand ungefähr in ihrer Mitte um 100 n. Chr. das KLEINKASTELL STEINKIRCHEN. Festgestellt wurde ein kleines Steinkastell von ungefähr 0,4 ha Fläche. Von dem kleinen Bauwerk, das dicht am Donauufer lag, ist nichts mehr zu sehen. – Es ist nicht ausgeschlossen, daß sich am Donaulimes noch weitere Kleinkastelle befanden, doch sind keine Baureste bekannt. Immerhin könnten die frühen Funde von Moos (östlich Plattling) auf einen solchen Wehrbau hinweisen.

K   KASTELL KÜNZING. Um 90 n. Chr. erbaute die *Cohors III Thracum civium Romanorum equitata* ein 2,2 ha großes Holzkastell in Künzing. Die erste Holzumwehrung wurde schon nach etwa drei Jahrzehnten umgebaut (Abb. 83). In den dreißiger Jahren des 2. Jahrhunderts n. Chr. wurde die Kohorte zur Teilnahme am jüdischen Krieg Hadrians abkommandiert (Bar-Kochba-Aufstand). Sie kehrte nicht nach Künzing zurück, sondern kam nach dem Ende des Feldzugs in das Kastell Gnotzheim. Anscheinend war das Kastell Künzing in dieser Zeit nur ganz schwach besetzt. Zwischen 140 und 150 n. Chr. rückte die *Cohors V Bracaraugustanorum* in das Lager ein. Sie erbaute die steinerne Wehrmauer (Abb. 83). Nach ihr erhielt das Kastell den Namen *Quintana*, der aus späten Quellen überliefert ist *(castra quintana* »Lager der Fünften«). Der Name lebt in dem heutigen Ortsnamen weiter. Das Kastell wurde in der Mitte des 3. Jahrhunderts zerstört, wobei auch die Kohorte unterging. Im 4. Jahrhundert befand sich in Künzing ein römischer Grenzstützpunkt außerhalb des zerstörten Kastells, von dem aber archäologisch noch nichts bekannt ist.

Das Kastell breitete sich südlich von der Kirche von Künzing aus; es wird von der Bundesstraße 8 durchquert. Zu sehen ist nichts mehr. Die Bedeutung der Ausgrabung, die 1958–1966 unter der Leitung von H. Schönberger unternommen wurde, liegt vor allem darin, daß ein nahezu vollständiger Plan der Innenbebauung des Lagers der *Cohors III Thracum* ermittelt werden konnte. Einen so detaillierten Plan kannte man von den Kohortenkastellen des obergermanisch-raetischen Limes bisher nicht (Abb. 9). Von Bedeutung ist ferner ein großer Eisenhortfund mit zahlreichen Waffen und Geräten. Er zeigt, welche Ausrüstung kurz vor dem Fall des Limes in der Mitte des 3. Jahrhunderts üblich war.

K KASTELLE IN PASSAU. Der Inn mündet bei Passau in die Donau. Er bildete an seinem Unterlauf die Grenze zwischen den römischen Provinzen Raetia und Noricum. Der heutige Stadtkern von Passau liegt noch auf ehemals raetischem Gebiet. Hier befand sich das Lager der *Cohors IX equitata Batavorum milliaria exploratorum*, nach dem die Stadt noch jetzt ihren Namen hat (römischer Name: *Batavis*). Das Kastell in der Altstadt wurde bisher nicht archäologisch untersucht. Die Truppe kam erst um 140 n. Chr. nach Raetien und erbaute damals in Passau ihr Lager. Möglicherweise ging diesem Wehrbau aber ein älterer voran.

Im Stadtgebiet von Passau gab es am rechten (norischen) Ufer des Inn ein weiteres Kastell in Passau-Innstadt, das den Namen *Boiodurum* führte. Die Lage seiner Umwehrung ist bekannt, doch sind seine Mauern nicht mehr sichtbar. In *Boiodurum* gab es außerdem neben dem Kastell eine Zollstation. Die Provinzgrenze zwischen Raetien und Noricum war zugleich die Grenze zweier großer Binnenzollbezirke des Römerreichs (des $2^1/_2 \%$-Zolles der *quadragesima Galliarum* und des *portorium Illyrici*). – Römische Ausgrabungsfunde befinden sich im Oberhausmuseum zu Passau.

Ältere Truppenlager hinter dem Limes

Legionslager in Obergermanien

Den Legionen kam eine entscheidende Bedeutung für die Grenzverteidigung zu. Ihre Lager sind daher ein wichtiger Bestandteil des Limes; darauf wurde oben im Kapitel »Zweck und Funktion des Limes« bereits hingewiesen. – Als die römischen Eroberungen östlich vom Rhein unter Kaiser Vespasian (69–79 n. Chr.)

wieder begannen, gab es drei Legionslager im obergermanischen Grenzbezirk: *Mogontiacum* (Mainz), *Argentorate* (Straßburg) und *Vindonissa* (Windisch bei Brugg/Schweiz). Das Lager in *Vindonissa* wurde um 100 n. Chr. aufgegeben; die beiden anderen bestanden bis in die Spätantike weiter.

Das Legionslager *Mogontiacum* war stets die bedeutendste Militärbasis Obergermaniens. Mehr als einmal weilten römische Kaiser hier. Bekannte Heerführer und hohe Verwaltungsbeamte des Reichs hatten in Mainz ihren Wirkungskreis. Das Militärlager bestand schon seit dem Beginn der Germanenkriege unter Kaiser Augustus und war seitdem mit zwei Legionen belegt. Sie wurden mitunter aus gewichtigen militärischen oder politischen Gründen ausgewechselt. Am Anfang der Regierung Vespasians kamen die *Legio I Adiutrix* und die *Legio XIV Gemina Martia Victrix* in das Lager. Sie nahmen in den folgenden Jahren einen entscheidenden Anteil an den Eroberungen der flavischen Kaiser. Nach dem Chattenkrieg Domitians (83–85 n. Chr.) wurde die *Legio I Adiutrix* an die gefährdete Donaugrenze versetzt. An ihre Stelle trat die *Legio XXI Rapax*, die sich schon an dem Chattenkrieg beteiligt hatte. Wenige Jahre später nahmen die beiden Legionen an dem mißglückten Putsch des obergermanischen Statthalters *L. Antonius Saturninus* teil. Kaiser Domitian löste nach dem Aufruhr die übergroße Truppenkonzentration in Mainz auf, indem er die 21. Legion ebenfalls an die Donaugrenze beorderte. Seit dieser Zeit war das Mainzer Lager nur noch mit einer Legion belegt. Aber auch die verbliebene *Legio XIV Gemina Martia Victrix* mußte etwa um 92 n. Chr. Mogontiacum verlassen, um an den Kämpfen gegen die Daker teilzunehmen. Ihren Platz nahm nun für sehr lange Zeit die *Legio XXII Primigenia Pia Fidelis* ein. Sie bildete bis zu ihrem Untergang in der Mitte des 4. Jahrhunderts die Besatzung des Lagers. Diese Legion begegnet auch immer wieder auf Steininschriften am Limes, weil der gesamte obergermanische Limes von Mainz aus verwaltet und beaufsichtigt wurde. – Mit dem Ende der Legion wurde auch das Legionslager aufgegeben. Die neben ihm im Lauf der Zeit entstandene Stadt bestand indessen weiter.

Das Mainzer Legionslager (etwa 36 ha Fläche) lag in beherrschender Position auf der Höhe des Kästrich über dem heutigen Stadtkern. Es erstreckte sich bis in den Bereich der Universitätskliniken. Heute ist es völlig verschwunden. Von seiner Bedeutung kündet nur noch der eigens für die Legionen in der Zeit Kaiser

Vespasians erbaute steinerne Aquaedukt. Eine Reihe steinerner Pfeiler dieses Bauwerks sind noch im Zahlbachtal zu sehen (»Römersteine«). Auf die komplizierte Geschichte der römischen Zivilsiedlungen neben dem Legionslager kann hier nicht näher eingegangen werden (*canabae legionis* und das spätere *municipium* im heutigen Stadtkern). In ihnen ist das *praetorium*, der Amtssitz des Statthalters von Obergermanien, zu suchen. Dieser zweifellos palastartige Bau ist bis heute noch nicht gefunden worden. – Die Siedlung zwischen Legionslager und Rhein im Bereich des heutigen Stadtkerns erhielt in spätrömischer Zeit eine Wehrmauer und auch das Stadtrecht. Die Mauer bildete auf weiten Strecken bis in die beginnende Neuzeit die Grundlage der Stadtverteidigung. Dieser Umwehrung und der günstigen Verkehrslage ist es zu verdanken, daß die Stadt in der Völkerwanderungszeit nicht völlig unterging, und daß sie ihren alten Namen noch heute trägt. – Von den Zivilbauten ist nur noch ein großes Grabmal erhalten, der fälschlich mit Drusus in Verbindung gebrachte Eichelstein in der Zitadelle, ferner einige geringe Reste der spätrömischen Stadtmauer auf dem Kästrich. – Sehr zu empfehlen ist der Besuch des Mittelrheinischen Landesmuseums und des Römisch-Germanischen Zentralmuseums in Mainz.

In *Argentorate* (Straßburg) befand sich schon seit der Zeit des Augustus ein Militärposten (Auxiliarlager). Um 16 n. Chr. errichtete die *Legio II Augusta* ein Lager auf einer Insel, die von Flußarmen der heutigen Ill gebildet wird. 43 n. Chr. wurde die Legion zur Eroberung Britanniens abgezogen. In Argentorate verblieb nur eine geringe Besatzung, bis um 71 n. Chr. die *Legio VIII Augusta* das Lager bezog und auch erneuerte. Diese Legion stand bis zu ihrem Ende in der Mitte des 4. Jahrhunderts in Argentorate. Sie bildete für eine lange Zeit den südlichen Stützpfeiler der obergermanischen Grenzverteidigung. Das Lager verwandelte sich in spätrömischer Zeit in eine befestigte Stadt, die in der zweiten Hälfte des 4. Jahrhunderts einen mächtig verstärkten, mit zahlreichen Rundtürmen versehenen Mauerring erhielt. Ähnlich wie in Regensburg und Mainz ermöglichte die Befestigung das Weiterleben der Stadt nach dem Ende der Römerzeit. – Heute bildet das Areal des Legionslagers (20 ha Fläche) den inneren Kern der Altstadt. Von den militärischen Bauten ist nichts mehr zu sehen. Doch scheinen Umfang und innere Einteilung des Lagers noch immer im heutigen Stadtplan durch. Das Legionslager war nach Südwesten orientiert. Die *via praetoria* wird ungefähr von der rue des Hallebardes markiert, an deren Südwestende die *porta praetoria* lag. Aus der *via principalis* ist die rue du Dôme geworden. Das Straßburger Münster steht in der ehemaligen *praetentura* (im Vorderteil) des Lagers, ähnlich wie der Regensburger Dom. – Zahlreiche interessante römische Funde aus Argentorate werden im Musée Archéologique, Château des Rohan, aufbewahrt.

Vindonissa (Windisch bei Brugg im Kanton Aargau/Schweiz) erhielt schon unter Augustus eine kleine Besatzung (Auxiliartruppe?). Um 17 n. Chr. errichtete die *Legio XIII Gemina* das erste große Lager. Die Legion wurde um 46 n. Chr. nach Pannonien versetzt. Danach beherbergte das Lager, das mehrmals umgebaut worden ist, nacheinander die *Legio XXI Rapax* (etwa 46–69 n. Chr.) und die *Legio XI Claudia Pia Fidelis* (70–101 n. Chr.). Mit dem Abzug der 11. Legion an die Donaufront 101 n. Chr. hört die Geschichte des Legionslagers auf. Für den obergermanisch-raetischen Limes hatte das Lager daher nur in dessen Anfangsphase eine Bedeutung.

Das Legionslager (22 ha Fläche) befand sich östlich von Brugg und erstreckte sich von der Heilanstalt Königsfelden bis in das Dorf Windisch. Es gehörte zu den Lagern mit unregelmäßiger, polygonaler Umwehrung. Einige Reste der Wehranlagen sind noch zu sehen. Die Fundamente des Westtors liegen im Bereich der Heilanstalt frei. Allerdings gehört der sichtbare Torgrundriß zu einer Wiederbefestigung des alten Lagers in der Mitte des 3. Jahrhunderts, die unmittelbar nach dem Fall des Limes erfolgte. Die erneute Befestigung hatte aber keinen langen Bestand. Ferner sind Reste des Nordtors sichtbar und eines Turms (»Bühlturm«) in der Ostfront. – Außerhalb des Legionslagers ist wie üblich eine Zivilsiedlung entstanden. Zu ihr gehörte das heute noch sichtbare Amphitheater, dessen Mauerwerk aus der Mitte des 1. Jahrhunderts stammt. Schließlich kann man in Windisch ein kleines römisches Bad unter einem Schutzbau sehen (im Bereich des heutigen Friedhofs), das indessen nicht von der Legion angelegt wurde. Es gehörte zu einer Zivilsiedlung, die im Bereich des verlassenen Lagers im 2. und 3. Jahrhundert bestand. – Der Besucher des Legionslagers sollte keineswegs die Besichtigung des Vindonissa-Museums in Brugg versäumen. Das Museum enthält eine Fülle von z. T. einzigartigen militärischen Fundgegenständen aus dem Lager. Man erhält dort auch Informationsschriften über Vindonissa.

Ältere Auxiliarlager in Obergermanien

Im obergermanischen Grenzbezirk gab es schon zur Zeit des Augustus einige Grenzkastelle am Rhein, in denen römische Hilfstruppen lagen. Auf die Frühzeit der römischen Oberrheingrenze kann hier indessen nicht weiter eingegangen werden. Für das Verständnis des späteren Limes sind jene Kastelle wichtiger, die am Anfang der römischen Okkupation unter den flavischen Kaisern (69–96 n. Chr.) östlich vom Rhein entstanden sind. Die ersten dieser Kastelle, besonders jene, die noch unter Kaiser Vespasian erbaut worden sind, waren noch nicht an einer Limeslinie aufgereiht. Wie in den einleitenden Kapiteln dargelegt wurde, haben die Römer das Land anfangs flächenhaft besetzt. Offenbar fürchtete man Schwierigkeiten mit der neu in das Römerreich einbezogenen einheimischen Bevölkerung. Diese wurde indessen rasch romanisiert. So konnten die Truppen bald zum reinen Grenzschutz eingesetzt werden. Etwa seit 90 n. Chr. wurden sie nach und nach an die neu entstandene Grenzlinie, an den Limes, versetzt.

Von den Kastellen, die am Anfang der flavischen Besetzung entstanden sind, sollen hier nur diejenigen besprochen werden, die eine gewisse historische Bedeutung hatten oder von denen heute noch Reste zu sehen sind.

31   KASTELL WIESBADEN ORL 31. Seit der Zeit des Kaisers Augustus gehörte Wiesbaden zum rechtsrheinischen Brückenkopf vor dem Legionslager Mainz. Vielleicht wurden schon damals die Thermalquellen von den Römern genutzt. Sicher ist der Gebrauch der Quellen in Thermenbauten des Militärs seit der Mitte des 1. Jahrhunderts n. Chr. nachzuweisen. Seit dieser Zeit war Wiesbaden das »Kurbad« der Mainzer Legionen und später auch der Truppen am Limes. Die Wiesbadener Quellen kamen im Altertum zu einem gewissen Ruf; sie werden in den Schriften des älteren *Plinius* und bei *Martial* erwähnt. – Die exponierte Lage des Platzes machte im 1. Jahrhundert n. Chr. einen besonderen militärischen Schutz notwendig. Dieser bestand aus einer Folge von Auxiliarlagern aus Holz, die z. T. auf einer Höhe über den Quellen lagen, auf dem Heidenberg. Zeitweise scheint auch im Tal im mittelalterlichen Stadtkern Wiesbadens ein Holzkastell bestanden zu haben. Die Kastelle auf dem Heidenberg (Abb. 84) sind nicht mehr sichtbar. Heute befindet sich dort das Städtische Krankenhaus. Am besten bekannt ist das unter Kaiser Domitian entstandene

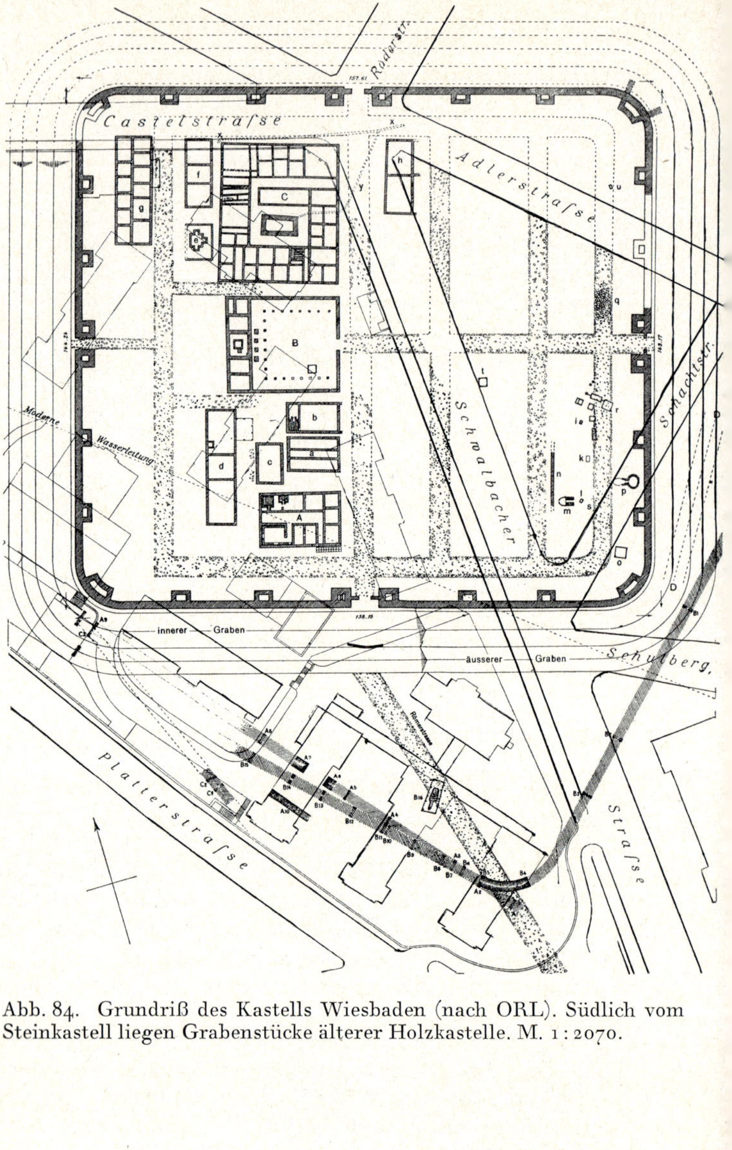

Abb. 84. Grundriß des Kastells Wiesbaden (nach ORL). Südlich vom
Steinkastell liegen Grabenstücke älterer Holzkastelle. M. 1:2070.

späteste Kastell, das Steinkastell (Fläche 2,2 ha). Es wurde in den achtziger Jahren des 1. Jahrhunderts n. Chr. erbaut. Seine erste Besatzung kann die *Cohors II Raetorum* gewesen sein, die wohl um 90 n. Chr. nach Butzbach kam. Sie dürfte von der *Cohors III Dalmatarum* abgelöst worden sein. Diese Truppe kann allerdings nicht lange in Wiesbaden gelegen haben, da sie am Anfang des 2. Jahrhunderts auch noch in Rottweil und Oberscheidental nachzuweisen ist. – Das Kastell wurde am Anfang des 2. Jahrhunderts aufgegeben, wohl nach 110, spätestens 122 n. Chr. Die neben dem Kastell entstandene Zivilsiedlung führte den Namen *Aquae Mattiacorum*. Sie wurde nun Hauptort der *civitas Mattiacorum*. Die Bäder bildeten weiterhin die wirtschaftliche Grundlage des Ortes. Sie sind nach dem Fall des Limes im römischen Einflußbereich geblieben. Auch die Thermen sind in der römischen Spätzeit wieder instandgesetzt worden. Im 4. Jahrhundert n. Chr. haben die Römer sogar den Versuch unternommen, *Aquae Mattiacorum* zu befestigen. Der Wehrbau ist aber nicht fertiggestellt worden. Seine Reste bilden die heute noch sichtbare Heidenmauer. – Römische Funde befinden sich im Städtischen Museum, Wiesbaden.

29 KASTELL HOFHEIM ORL Nr. 29. Südlich vom Ortskern von Hofheim sind zwei Kastelle ausgegraben worden. Sie liegen am heutigen Ortsrand auf der Hochfläche südlich vom Schwarzbach. Von ihnen ist nichts mehr zu sehen. Das ältere ist ein Holzkastell mit unregelmäßigem Grundriß, das bereits in der Mitte des 1. Jahrhunderts n. Chr. angelegt wurde. Damals bezeichnete es die Grenze des römischen Brückenkopfs gegenüber dem Legionslager Mainz. Es lag an der wichtigen römischen Straße, die von Mainz ausging und über Frankfurt a. M.-Heddernheim in die Wetterau führte. Das ältere Holzkastell wurde unter den flavischen Kaisern durch ein regelmäßiges Kastell ersetzt. Dieses entstand unmittelbar neben dem älteren Kastell. Das neue Kastell wurde bald in Stein ausgebaut (Fläche 2,2 ha, Besatzung unbekannt). Am Anfang des 2. Jahrhunderts wurde das Steinkastell aufgegeben.

27 KASTELL FRANKFURT A. M.-HEDDERNHEIM ORL Nr. 27. Die ersten Spuren der römischen Besetzung gehen in die Zeit Kaiser Vespasians zurück. Damals mögen die in der Nähe des Kastells gefundenen älteren Marschlager entstanden sein. Vielleicht ist unter diesem Kaiser auch das erste hölzerne Auxiliarkastell errichtet worden. Es wurde bald – wohl während der Chattenkriege Domitians – in Stein ausgebaut. Im Osten erhielt es einen um-

wehrten Anbau. Mit 5,2 ha Fläche gehörte es zu den größten Auxiliarlagern. Es lag mitten im damaligen Siedlungsgebiet an der alten Vormarschstraße in die Wetterau, auf der schon die Legionen bei den Germanenkriegen des Augustus gezogen waren. Die Besatzung des Kastells dürfte aus zwei Truppenkörpern bestanden haben, vermutlich aus einer *Ala quingenaria* und einer *Cohors quingenaria*. Durch Inschriften sind die *Ala I Flavia Gemina* bekannt, ferner die *Cohors XXXII Voluntariorum civium Romanorum* und die *Cohors IV Vindelicorum*. Es ist anzunehmen, daß während des Bestehens des Kastells ein Wechsel der Truppen eingetreten ist. Noch unter Traian ist das Kastell aufgegeben worden. Die Truppen kamen an den Limes. Das Kastelldorf bestand weiter. Es wurde zum Hauptort der *civitas Taunensium*; sein Name war *Nida*. Als der Limes zunehmend durch die Germanen bedroht wurde, erhielt *Nida* vermutlich am Anfang des 3. Jahrhunderts einen Mauerring. Er konnte indessen die germanische Landnahme um 260 n. Chr. nicht verhindern. *Nida* wurde zerstört und ist danach nicht wieder aufgebaut worden. Von dem Kastell und dem römischen Ort ist nichts mehr zu sehen. – Die reichen Funde werden im Museum für Vor- und Frühgeschichte, Frankfurt, aufbewahrt.

K **KASTELL LADENBURG AM NECKAR.** Unter Vespasian entstand in Ladenburg (römischer Name: *Lopodunum*) ein Holzkastell, das recht bald in Stein ausgebaut wurde. Es lag mitten im Siedlungsgebiet der germanischen *Suebi Nicretes* an einer wichtigen Straße, die von Mainz durch die Oberrheinebene nach Heidelberg führte. Nur geringe Teile des Kastells konnten bisher untersucht werden, denn über ihm erstreckt sich die Altstadt des heutigen Ladenburg. Vermutlich lag seine Fläche über 3 ha, weil die Besatzung eine *Ala quingenaria* war, nämlich die *Ala I Canninefatium*. Am Anfang des 2. Jahrhunderts verließ die Truppe das Kastell, um an den Dakerkriegen Kaiser Traians teilzunehmen. Sie kam nicht mehr nach Obergermanien zurück. – Das Kastelldorf bestand weiter und wurde Hauptort der *civitas Ulpia Sueborum Nicretum*. Wie der Name sagt, wurde die Civitas von dem Kaiser Ulpius Traianus gegründet. Mitten in *Lopodunum* wurde ein Forum mit einer großartigen Marktbasilika errichtet. Am Anfang des 3. Jahrhunderts erhielt der Ort eine Wehrmauer. Trotzdem vermochte er genausowenig wie *Nida* der germanischen Landnahme in der Mitte des 3. Jahrhunderts zu widerstehen. – Neben der ehemaligen St. Sebastianskapelle nahe am Bischofshof ist das

Fundament eines Torturms der Porta Praetoria des Kastells zu sehen. Bemerkenswert ist das schön ausgeführte Sockelprofil des Turms. Reste der römischen Marktbasilika findet man neben der St. Galluskirche und in der Krypta dieser Kirche, die einen Teil der alten Mauern als Fundament benutzt. Weitere Baureste des *vicus Lopodunum* sind neben dem Bischofshof zu sehen, der im übrigen ein gut eingerichtetes Museum mit römischen Funden enthält.

K   HEIDELBERG. Im Stadtteil Neuenheim sind fünf Kastelle festgestellt worden, die wohl alle aus der Zeit Vespasians stammen. Sie lagen wie das Kastell Ladenburg im Gebiet der *Suebi Nicretes*. Offenbar erwies es sich als notwendig, hier einen militärischen Schwerpunkt zu schaffen. Allerdings waren einige der Wehrbauten wohl nur kurzfristig in Benutzung. Nur ein Kastell wurde in Stein ausgebaut und hatte eine etwas längere Dauer (Fläche 3,2 ha, Besatzung *Cohors II Augusta Cyrenaica equitata*). Diese Truppe blieb bis um 135 in Heidelberg und wurde dann nach Butzbach versetzt. Ein dauerhafter Bau war auch das Kastell der *Cohors XXIV voluntariorum civium Romanorum*, das sog. Westkastell. Allerdings war es nur ein Holzkastell, auch wurde die Truppe schon unter Domitian nach Sulz an den oberen Neckar verlegt. Neben den Kastellen war ein ausgedehnter Vicus entstanden, der auch nach Abzug des Militärs weiter existierte, weil er recht verkehrsgünstig an wichtigen Straßenverbindungen lag. Die römische Bergstraße wurde über eine steinerne Neckarbrücke geführt. – Von den Kastellen und Vicusbauten ist nichts mehr zu sehen. Die Funde werden im Kurpfälzischen Museum in Heidelberg aufbewahrt.

62   ROTTWEIL ORL 62. Als das Land am oberen Neckar unter Vespasian dem Römerreich einverleibt wurde, kam Rottweil eine besondere Bedeutung zu. Darauf deutet einmal der Name des Platzes (*Arae Flaviae* »Zu den flavischen Kaiseraltären«), andererseits die Tatsache, daß man drei zum Teil recht ausgedehnte Truppenlager gefunden hat, die alle aus flavischer Zeit stammen. Zwei der Wehrbauten dürften mit den Operationen des obergermanischen Legaten *Cn. Pinarius Cornelius Clemens* zusammenhängen, der um 72/73 n. Chr. das Land am oberen Neckar militärisch sicherte. Kurz darauf ließ der Legat 74 n. Chr. eine Straße vom Rhein über den Schwarzwald bauen, die über Rottweil nach Tuttlingen an der oberen Donau lief und dort in die wichtige römische Straße mündete, welche die Donau südlich begleitete. Ein

anderer Zweig der Straße lief von Rottweil in südlicher Richtung über Hüfingen, Schleitheim und Zurzach zum Legionslager *Vindonissa*. – In Rottweil fand man auf der Hochfläche über der linken Neckarseite im Nikolausfeld ein Lager von über 300 m Ausdehnung, das wohl bei den militärischen Bewegungen der Jahre 72/73 angelegt worden ist. Es hat nur ganz kurze Zeit bestanden. Außerdem kam im Nikolausfeld ein über 5,5 ha großes Kastell zutage, das von allen Rottweiler Truppenlagern am längsten besetzt war. Anfangs war es wie üblich in Holzbauweise errichtet worden. Am Ende des 1. Jahrhunderts wurde seine Umwehrung in Stein ausgebaut. Bis in die Zeit Kaiser Traians war es in Benutzung. Wahrscheinlich diente es zwei Auxiliareinheiten als Unterkunft. – Ein weiteres Holzkastell von etwa 4 ha Fläche ist vor wenigen Jahren auf der rechten Neckarseite in der Flur Hochmauren durch die Grabungen von D. Planck bekannt geworden. Seine Besatzung bestand aus zwei Auxiliarkohorten. Inschriftlich nachgewiesen sind in Rottweil die *Cohors I Biturigum*, die *Cohors II Aquitanorum*, die *Cohors I Flavia (Damascenorum?)* und die *Cohors III Dalmatarum*. Die zuletzt genannte Kohorte kann nur in dem Zeitraum zwischen 89 und 110 in Rottweil gelegen haben und muß zur Besatzung des Steinkastells auf dem Nikolausfeld gehört haben. – Nach dem Abzug der Truppen aus dem Kastell in der Flur Hochmauren entwickelte sich dort eine größere Siedlung, die anscheinend sogar das römische Stadtrecht als *municipium* erhielt. Allerdings war die bebaute Fläche im Vergleich zu anderen römischen Städten verhältnismäßig klein. Anscheinend entsprach die spätere wirtschaftliche Entwicklung nicht ganz den Erwartungen, die der flavische Gründer (Kaiser Domitian?) gehegt hatte. – Auch im Nikolausfeld gab es eine zivile Bebauung, die nach dem Abzug des Militärs erfolgte. Zu ihr gehörte das großartige Badegebäude, dessen Grundmauern vollständig freigelegt worden sind und besichtigt werden können. Es liegt an der Bundesstraße 27, südöstlich vom heutigen Stadtkern. – Sonst sind von den Rottweiler Römerbauten nur noch geringe Reste zu sehen (ein Badebecken vor der Pelagiuskirche in Rottweil-Altstadt, Reste dieses Bades unter der Pelagiuskirche). – Zu empfehlen ist der Besuch des Rottweiler Heimatmuseums, in dem sich die römischen Funde befinden, dabei sehenswerte Mosaikarbeiten. – Gleichzeitig mit den Kastellen in Rottweil haben die KOHORTENKASTELLE SULZ (ORL 61a) und WALDMÖSSINGEN (ORL 61b) bestanden und das Land am oberen Neckar für etwa drei

Jahrzehnte militärisch gesichert. Von beiden Kastellen sind nur geringe Spuren im Gelände zu sehen. Im Kastell Sulz lag die *Cohors XXIV voluntariorum civium Romanorum*, die später nach Benningen kam. Die Besatzung des Kastells Waldmössingen ist unbekannt.

Ältere Auxiliarlager in Raetien

Seit der Regierungszeit des Kaisers Claudius war die obere Donau von Hüfingen bis Oberstimm mit Kastellen versehen. Die Grenzlinie an der Donau ist bis in die frühe Regierungszeit Kaiser Vespasians aufrechterhalten worden. Heute ist von den Kastellen an der Donau fast nichts mehr zu sehen. – Unter Kaiser Vespasian entstanden gleichzeitig mit der Besetzung des Landes am oberen Neckar die ersten Auxiliarlager auf der Hochfläche der Schwäbischen Alb. Die Alblinie ist dann bald unter Kaiser Domitian nach Osten verlängert worden. Die Donaukastelle wurden entsprechend dem Aufbau der Alblinie nach und nach aufgegeben. Die Kastelle der Alblinie stellen einen Vorläufer des raetischen Limes dar. Sie waren aber noch nicht durch eine Grenzlinie mit Türmen und Annäherungshindernissen miteinander verbunden. Sie bildeten Stützpunkte einer militärisch besetzten Grenzzone. Die Auxiliarlager der Alblinie hatten eine unterschiedliche Geschichte. Mit dem Aufbau des raetischen Limes, der langsam von Osten nach Westen fortschritt, verloren die östlichsten Kastelle der Linie schon bald ihre Bedeutung und wurden aufgegeben. Ähnliches gilt für die westlichen Kastelle der Linie, die mit dem Entstehen der Grenzsicherung am mittleren Neckar unter Kaiser Domitian überflüssig wurden. Am längsten wurden die Kastelle in der Mitte der Alblinie gehalten (Ursprung und Heidenheim). Im folgenden werden die Albkastelle in Stichworten beschrieben:

K Bei GEISLINGEN A. R. sind in der Nähe des Häsenbühlhofs Funde zutage gekommen, die auf ein Kastell hindeuten.

K Das Kastell westlich von BURLADINGEN (erst Holzkastell, dann Steinkastell von 2 ha Fläche, Besatzung unbekannt) befindet sich im Tal an der Wasserscheide. Es ist nicht mehr sichtbar. Das Kastell ist in flavischer Zeit entstanden und wurde am Anfang des 2. Jahrhunderts aufgegeben.

K Bei GOMADINGEN und bei DONNSTETTEN hat man aufgrund von Funden Kastelle angenommen.

66a KASTELL URSPRING ORL 66a (erst Holz- dann Steinkastell von
1,8 ha Fläche, Besatzung unbekannt). Der Wehrbau wurde unter
Domitian errichtet und war bis in die Mitte des 2. Jahrhunderts
besetzt. Sein römischer Name war *Ad Lunam*. Möglicherweise
kam die Besatzung später in das Kastell Unterböbingen im Remstal. – Das Kastell Urspring ist das einzige noch sichtbare an der
Alblinie. Es liegt am Hang etwa 600 m nordöstlich von der Lone-
quelle. Seine Reste befinden sich unter einer deutlich sichtbaren,
abgeböschten Terrasse in den Äckern.

66b KASTELL HEIDENHEIM ORL 66b (erst Holz-, dann Steinkastell
von 5,2 ha Fläche; Besatzung: *Ala II Flavia pia fidelis milliaria*).
Das Kastell Heidenheim war, so lange es bestand, das größte
Truppenlager in Raetien. Heute liegt es unter der Stadt Heidenheim. Es ist unter Domitian um 90 n. Chr. erbaut worden und
war bis in die Mitte des 2. Jahrhunderts besetzt. Die Truppe kam
dann nach Aalen in die Nähe des raetischen Limes. Das Kastelldorf blieb bestehen und entwickelte sich zu einem verhältnismäßig bedeutenden Vicus. Der römische Name des Platzes war *Aqui-
leia*. – Die römischen Bauten sind verschwunden, doch können
die Funde im Heimatmuseum besichtigt werden.

67b KASTELL OBERDORF AM IPF ORL 67b. Das Holzkastell von ungefähr 1,7 ha Fläche ist um 90 errichtet worden. Der römische Name *Opia* hängt mit dem Namen des nahegelegenen Berges Ipf zusammen, auf dem sich Reste einer bedeutenden vorgeschichtlichen Befestigung befinden. Noch bevor das Kastell in Stein ausgebaut werden konnte, wurde die Truppe (die uns nicht bekannt
ist) während der ersten Hälfte des 2. Jahrhunderts an den Limes
vorgezogen, vielleicht in das Kastell Buch. Die Spuren des Wehrbaus sind völlig verschwunden. Sie lagen nordwestlich vom heutigen Ortskern am Hang unter einer Neubausiedlung.

K Innerhalb des mittelalterlichen Mauerrings von NÖRDLINGEN
sind Funde herausgekommen, die auf ein ehemaliges Kastell
schließen lassen.

68a KASTELL MUNNINGEN ORL 68a (Holzkastell von 2,7 ha Fläche für
eine unbekannte Kohorte). Das Kastell lag unmittelbar nördlich
von Munningen auf einer flachen Erhebung. Es wurde um 90 erbaut, aber schon spätestens zwei Jahrzehnte darauf verlassen.
Seine Besatzung kam möglicherweise an den Limes nach Theilenhofen. Ähnlich wie in Heidenheim lebte der Kastellvicus an
einer römischen Straßenkreuzung fort. Der römische Name des
Platzes war *Losodica*. – Das Kastell in Munningen und das ver-

mutete in Nördlingen hatten zu Beginn der römischen Besetzung außer dem eigentlichen Grenzschutz zweifellos die Aufgabe, die einheimische Bevölkerung in dem fruchtbaren Nördlinger Ries unter Kontrolle zu halten. Die Tatsache, daß das Kastell Munningen nicht lange besetzt war, deutet darauf hin, daß die Bevölkerung rasch romanisiert wurde und bald keine Gefahr mehr für die römische Verwaltung darstellte.

K. Zwischen den beiden Orten EISLINGEN und SALACH liegt auf der Gemarkungsgrenze ein Holzkastell (2,2 ha Fläche, für eine unbekannte Kohorte). Es befindet sich nördlich von der Alb und könnte zeitweise ein Bindeglied zwischen Neckar- und Alblimes gewesen sein. Von dem Kastell, das westlich von der Fabrikhalle der Fa. Schal in Äckern liegt, ist nichts zu sehen. Die bisher geringen Funde aus dem erst kürzlich entdeckten Kastell zeigen an, daß dieses schon um 100 n. Chr. in Benutzung war.

Anhang

Schriftenverzeichnis in Auswahl

Die grundlegende Veröffentlichung über den obergermanisch-raetischen Limes ist das mehrbändige Limeswerk (abgekürzt ORL): E. Fabricius, F. Hettner, O. von Sarwey, Der obergermanisch-raetische Limes des Römerreichs, 1894–1937. Die Bände der Abteilung A enthalten die Limesstrecken mit den Wachttürmen und Kleinkastellen. Die größeren Limeskastelle werden in Abteilung B behandelt. Manche Grabungsberichte sind vor über 70 Jahren geschrieben worden und sind inzwischen durch neuere Ergebnisse überholt.

Neuere wissenschaftliche Ergebnisse findet man in der Schriftenreihe »Limesforschungen« (seit 1959; im Verlag Gebr. Mann, Berlin). Inzwischen liegen 12 Bände der Reihe vor, von denen Bd. 2 (1962) besonders hervorzuheben ist, weil er einen zusammenfassenden Forschungsbericht von H. Schönberger enthält. Der gleiche Autor hat eine empfehlenswerte, zusammenfassende Darstellung in einer englischen Fachzeitschrift gegeben: H. Schönberger, The Roman frontier in Germany: an archaeological survey. Journal of Roman Studies 59, 1969, S. 144 ff. – Ferner sind die Kongreßberichte der internationalen Limeskongresse zu nennen, die etwa alle Jahre veröffentlicht werden; zuletzt: Studien zu den Militärgrenzen Roms. Beiheft der Bonner Jahrbücher Bd. 19, 1967; ferner: Roman Frontier Studies 1967, Tel-Aviv 1971; Roman Frontier Studies 1969, Cardiff 1974.

Außerdem sind die verschiedenen archäologischen Fachzeitschriften zu erwähnen, besonders »Germania«, »Berichte der Römisch-Germanischen Kommission«, »Bonner Jahrbücher«, »Saalburg-Jahrbuch«, »Fundberichte aus Hessen«, »Fundberichte aus Baden-Württemberg« und »Bayerische Vorgeschichtsblätter«.

Über die römische Heeresorganisation unterrichtet: J. Kromayer, G. Veith, Heerwesen und Kriegführung der Griechen und Römer. Handbuch der Altertumswissenschaft Bd. IV 3,2, 1928; ferner: A. von Domaszewski, Die Rangordnung des römischen Heeres. 2. Auflage, bearb. von B. Dobson. Beiheft der Bonner Jahrbücher Bd. 14, 1967; K. Kraft, Zur Rekrutierung der Alen und Kohorten an Rhein und Donau, 1951.

Die Truppen am Limes: E. Stein, Die kaiserlichen Beamten und Truppenkörper im römischen Deutschland unter dem Prinzipat, 1932. Für Raetien neuerdings auch: H.-J. Kellner, Exercitus Raeticus. Bayerische Vorgeschichtsblätter 36, 1971, 207 ff.

Regionale Übersichten und römische Verwaltung: P. Goessler, F. Hertlein, O. Paret, Die Römer in Württemberg Bd. 1–3, 1928–1932; H.-J. Kellner, Die Römer in Bayern, 1971. Ferner: Germania Romana Bd. 3: Römisches Leben auf germanischem Boden (= Beiheft 7 zu Gymnasium), 1970.

Die Germanen und der Limes: R. von Uslar, Westgermanische Bodenfunde. Germanische Denkmäler der Frühzeit Bd. 3, 1938; H.-J. Eggers,

Der römische Import im freien Germanien. Atlas der Urgeschichte
Bd. 1, 1951; R. Hachmann, G. Kossack, H. Kuhn, Völker zwischen Germanen und Kelten, 1962; R. Nierhaus, Das swebische Gräberfeld von
Diersheim. Römisch-Germanische Forschungen Bd. 28, 1966; G. Mildenberger, Sozial- und Kulturgeschichte der Germanen. Urban-Taschen-
buch 149, 1972; G. Mildenberger, Römerzeitliche Siedlungen in Nordhessen. Kasseler Beiträge zur Vor- und Frühgeschichte Bd. 3, 1972.
Einige kleinere Schriften und regionale Führungsblätter erhält man
beim Saalburgmuseum, 638 Bad Homburg 1, Saalburg-Kastell, und
beim Limesmuseum Aalen, 708 Aalen.
Auch für den niedergermanischen Limes (am Niederrhein) gibt es
einen Führer: J. E. Bogaers und C. B. Rüger (Herausgeber), Der Nie-
dergermanische Limes, Bonn 1974.
Die bekanntesten römischen Limites außerhalb Deutschlands sind die
in Britannien. Über die Hadriansmauer in Nordengland informiert:
J. Collingwood Bruce, Handbook to the Roman Wall, 12. Auflage, herausgegeben von Sir Ian Richmond, 1966. Über den Antoninuswall in
Schottland: G. Macdonald, The Roman Wall in Scotland, 2. Auflage,
1934; A. S. Robertson, The Antonine Wall, 1973. Für beide Limites
gibt es sehr gute Spezialkarten: Hadrian's Wall und The Antonine Wall,
herausgegeben vom Ordnance Survey, Southampton.

Museen mit römischen Funden am Limes
oder in unmittelbarer Nähe

Die folgende Zusammenstellung enthält die wichtigsten Museen nahe
am Limes, ungefähr von Nord nach Süd:

Neuwied	Heimatmuseum
Wiesbaden	Museum, Friedrich-Ebert-Allee
Frankfurt a. M.	Museum für Vor- und Frühgeschichte, Holzhausenschlößchen, Justinianstraße
Saalburg bei Bad Homburg v. d. H.	Museum mit bedeutender Sammlung von Ausgrabungsfunden vom Limes in dem wiederaufgebauten Kohortenkastell
Friedberg (Hessen)	Wetteraumuseum
Höchst a. M.	Heimatmuseum
Darmstadt	Hessisches Landesmuseum, Friedensplatz
Hanau	Historisches Museum, Schloß Philippsruhe
Seligenstadt	Landschaftsmuseum in der ehemaligen Abtei
Aschaffenburg	Museum an der Stiftskirche
Dieburg	Museum im Schloß Fechenbach
Obernburg	Museum Römerhaus
Miltenberg	Heimatmuseum
Amorbach	Heimatmuseum
Eulbacher Park	östlich von Michelstadt im Odenwald; englischer Park mit Inschriftsteinen und Architekturteilen vom Odenwaldlimes
Ladenburg	Heimatmuseum im Bischofshof
Heidelberg	Kurpfälzisches Museum, Hauptstraße
Walldürn	Heimatmuseum

Jagsthausen	Museum im Götzenschloß
Heilbronn	Historisches Museum, Kramstraße
Benningen	Heimatmuseum
Öhringen	Weygangmuseum
Mainhardt	Museum
Murrhardt	Heimatmuseum
Lorch	Museum im ehemaligen Kloster
Rottweil	Heimatmuseum
Aalen	sehr sehenswertes Limesmuseum innerhalb des Alenkastells
Heidenheim	Heimatmuseum
Nördlingen	Heimatmuseum
Ansbach	Stadt- und Kreismuseum
Gunzenhausen	Heimatmuseum
Weißenburg	Heimatmuseum
Eichstätt	Museum in der Willibaldsburg
Kelheim	Heimatmuseum
Regensburg	Museum der Stadt Regensburg, Dachauplatz
Straubing	Gäubodenmuseum

Weitere empfehlenswerte Museen

Außer den Museen am Limes selbst gibt es eine Reihe anderer, zum Teil sehr bedeutender Sammlungen, die einen Einblick in die Geschichte des Limes und seines römischen Hinterlandes gestatten:

Köln	Römisch-Germanisches Museum (am Dom)
Bonn	Rheinisches Landesmuseum, Colmantstraße
Trier	Rheinisches Landesmuseum, Ostallee
Mainz	Römisch-Germanisches Zentralmuseum, Kurfürstliches Schloß; Mittelrheinisches Landesmuseum, Große Bleiche (u. a. bedeutende Sammlung römischer Steininschriften und Skulpturen)
Worms	Museum der Stadt Worms
Mannheim	Reiss-Museum, C 5
Speyer	Historisches Museum
Karlsruhe	Badisches Landesmuseum, Schloß
Stuttgart	Württembergisches Landesmuseum, Altes Schloß
Augsburg	Römisches Museum, Dominikanergasse
München	Prähistorische Staatssammlung (z. Z. im Bau)
Straßburg	Musée Archéologique, Château des Rohan
Augst (Schweiz, Kanton Basel-Land)	Römerhaus und Museum; Ruinen der Colonia Raurica
Brugg (Schweiz, Kanton Aargau)	Vindonissa-Museum (Funde aus dem Legionslager)

Germanische Funde aus der Zeit des Limes sind in einigen der genannten Museen ausgestellt, z. B. im Römisch-Germanischen Zentralmuseum, Mainz, und im Saalburgmuseum. Außerdem gibt es zahlreiche Museen außerhalb des Limes im ehemaligen »freien Germanien«, die germanisches Fundgut zeigen. Um nur einige zu erwähnen: Nürnberg, Germanisches Nationalmuseum, Untere Grasergasse; Schleswig, Schloß

Gottorp. Sehr bedeutende Museen gibt es auf diesem Gebiet auch in den skandinavischen Ländern, in der DDR, in Polen und in der Tschechoslowakei.

Bodendenkmalpflege am Limes

Die Bodendenkmalpflege am Limes ist Sache der Bundesländer. Die unten aufgeführten Dienststellen sind für das jeweilige Land zuständig. Sie nehmen Fundmeldungen entgegen, unternehmen Ausgrabungen und sorgen für die Erhaltung der römischen Baureste, wobei sie dringend auf die Hilfe der Öffentlichkeit angewiesen sind.

RHEINLAND-PFALZ
Staatliches Amt für Vor- und Frühgeschichte Koblenz
54 Koblenz-Ehrenbreitstein, Festung

HESSEN
Landesamt für Denkmalpflege Hessen
Abteilung für Vor- und Frühgeschichte
62 Wiesbaden, Schloß Biebrich

BADEN-WÜRTTEMBERG
Landesdenkmalamt Baden-Württemberg
Zentralstelle, Abt. Bodendenkmalpflege
7 Stuttgart 1, Schillerplatz 1

BAYERN
Bayerisches Landesamt für Denkmalpflege
Abteilung für Vor- und Frühgeschichte
8 München 81, Arabellastraße 1

Regierungsjahre der römischen Kaiser von Augustus bis Gallienus (30 v. – 268 n. Chr.)

Augustus	30 v. – 14 n. Chr.	Pertinax, Didius Julianus	193
Tiberius	14–37	Septimius Severus	193–211
Caligula	37–41	Antoninus Caracalla	211–217
Claudius	41–54	Macrinus	217–218
Nero	54–68	Elagabal	218–222
Galba	68–69	Severus Alexander	222–235
Otho, Vitellius	69	Maximinus Thrax	235–238
Vespasianus	69–79	Gordianus I. und II.	238
Titus	79–81	Pupienus, Balbinus	238
Domitianus	81–96	Gordianus III.	238–244
Nerva	96–98	Philippus Arabs	244–249
Traianus	98–117	Decius	249–251
Hadrianus	117–138	Trebonianus Gallus	251–253
Antoninus Pius	138–161	Aemilianus	253
Marcus Aurelius	161–180	Valerianus	253–260
Commodus	180–192	Gallienus	253–268

Abbildungsverzeichnis

(Herkunftsnachweise im Text unter den Abbildungen)

Ortsregister

Das Register enthält die Orte und Kastelle. Die Textstellen, an denen diese hauptsächlich behandelt werden, sind durch Kursivdruck mit Sternchen hervorgehoben. Die Gemeinde- und Gebietsreform wurde bei den Ortsnamen nicht berücksichtigt.

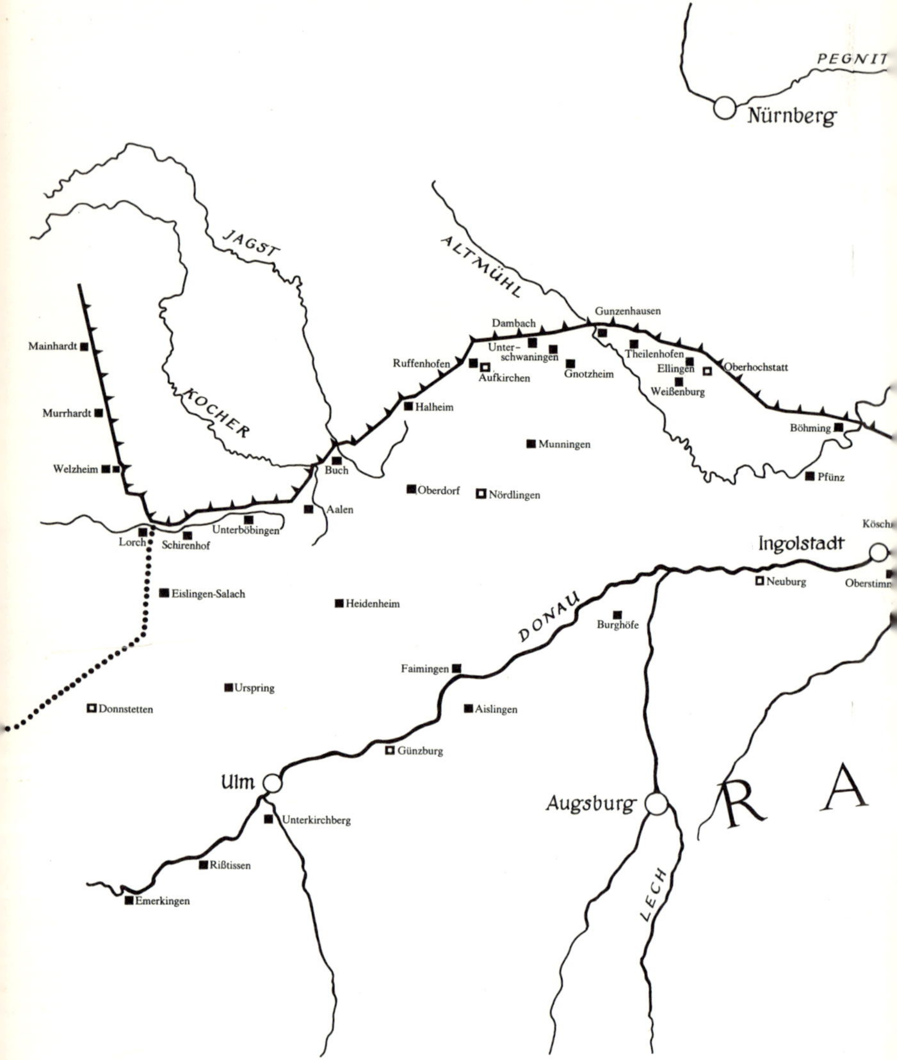
PEGNIT
Nürnberg
JAGST
ALTMÜHL
KOCHER
Mainhardt
Murrhardt
Welzheim
Lorch
Schirenhof
Unterböbingen
Aalen
Buch
Halheim
Ruffenhofen
Aufkirchen
Dambach
Unter-
schwaningen
Gnotzheim
Gunzenhausen
Theilenhofen
Ellingen
Oberhochstatt
Weißenburg
Böhming
Pfünz
Munningen
Oberdorf
Nördlingen
Ingolstadt
Neuburg
Eislingen-Salach
Heidenheim
DONAU
Burghöfe
Faimingen
Urspring
Donnstetten
Aislingen
Günzburg
Ulm
Unterkirchberg
Rißtissen
Emerkingen
Augsburg
LECH
R A